21世纪全国高等院校汽车类创新型应用人才培养规划教材

# 汽车新技术

主编　邹乃威　周大帅
主审　于秀敏

## 内 容 简 介

本书围绕现代汽车新技术的基本原理这条主线组织内容，按照"汽车控制信号的产生—信息的处理—控制信息下达到相应的执行装置—执行装置再按照控制指令的要求实现对应的功能"的顺序，介绍最具代表性的汽车新技术。这样编排内容，不仅便于学生掌握各种典型汽车新技术的基本原理，也便于学生按照汽车电控技术的普遍规律触类旁通地学习其他先进的汽车新技术，还便于教师按照本书对相关知识阐述的层次有序地组织教学内容。

本书可作为高等院校车辆工程、汽车服务工程、载运工具和其他车辆类相关专业学生的教材，也可作为汽车设计、汽车制造、汽车运输、汽车维修管理等工程技术人员及汽车服务业就业群体的学习参考读物和职工培训教材。

**图书在版编目(CIP)数据**

汽车新技术/邹乃威，周大帅主编. —北京：北京大学出版社，2016.11
(21世纪全国高等院校汽车类创新型应用人才培养规划教材)
ISBN 978-7-301-27692-1

Ⅰ. ①汽… Ⅱ. ①邹…②周… Ⅲ. ①汽车—高技术—高等学校—教材 Ⅳ. ①U46

中国版本图书馆 CIP 数据核字(2016)第 265931 号

| | |
|---|---|
| 书　　　名 | 汽车新技术<br>QICHE XIN JISHU |
| 著作责任者 | 邹乃威　周大帅　主编 |
| 策 划 编 辑 | 童君鑫 |
| 责 任 编 辑 | 李娉婷 |
| 标 准 书 号 | ISBN 978-7-301-27692-1 |
| 出 版 发 行 | 北京大学出版社 |
| 地　　　址 | 北京市海淀区成府路205号　100871 |
| 网　　　址 | http://www.pup.cn　新浪微博：@北京大学出版社 |
| 电 子 信 箱 | pup_6@163.com |
| 电　　　话 | 邮购部 62752015　发行部 62750672　编辑部 62750667 |
| 印 刷 者 | 北京溢漾印刷有限公司 |
| 经 销 者 | 新华书店 |
| | 787毫米×1092毫米　16开本　20.75印张　486千字<br>2016年11月第1版　2016年11月第1次印刷 |
| 定　　　价 | 46.00元 |

未经许可，不得以任何方式复制或抄袭本书之部分或全部内容。
版权所有，侵权必究
举报电话：010-62752024　电子信箱：fd@pup.pku.edu.cn
图书如有印装质量问题，请与出版部联系，电话：010-62756370

# 前　言

现代社会对汽车的要求越来越高，为了迎合这些近乎苛刻的要求，汽车正朝着越来越人性化的方向发展。在汽车走向人性化发展的道路上，各种新知识、新技术、新产品不断涌现，发展速度之快令人震惊。本书主要介绍人类进入信息时代以来应用到汽车上的各种新技术和新产品的相关知识，介绍汽车领域的新技术发展的前沿。

从1886年第一辆汽车诞生以来，汽车工业已经走过了130年的历史。近代车辆工程学科从20世纪60—70年代逐步建立并形成完善的理论体系。支撑传统车辆工程理论体系的经典教材主要包括《汽车构造》《汽车理论》和《汽车设计》，在这3本教材的基础上又衍生出了很多分支，从不同方面丰富了车辆工程的理论体系，但究其根本皆源自这3本教材所确定的理论基础。随着信息电子技术的发展、成熟和壮大，人类步入了信息化时代，信息电子技术及其控制思想也逐渐渗透到人们生活的每个环节，汽车作为信息时代的宠儿自然受其影响最大。为了满足人们对汽车功能不断提高的需求，各种带有信息时代特色的汽车新技术层出不穷，为人们的生产和生活提供了巨大的方便。这些汽车新技术既以传统车辆工程学科理论为基础，又在实现途径和作用机理上与其存在较大的区别。当代车辆工程专业的学生亟需掌握这些带有信息时代特征的汽车新技术以应对未来的挑战。本书系统地介绍了各种典型现代汽车新技术的功能、原理及一般的控制方法，为学生将来的职业生涯提供必要的知识储备。

本书受黑龙江省高教学会"十三五"高教科研课题（16G213）、佳木斯大学教学研究项目（2016JL1003）资助，由佳木斯大学邹乃威副教授统稿，编写分工如下：第1章、第2章、第5章和第8章由邹乃威编写，第3章和第4章由常胜编写，第6章和第7章由周大帅编写，全书由吉林大学于秀敏教授主审。在本书的编写过程中，编者参考了相关教材、专著和期刊论文等文献，也得到了领导和同事的关心和支持；佳木斯大学2012级和2013级车辆工程专业学生参与了本书的校对和修改工作，在此一并对他们表示衷心的感谢。

由于编写者水平有限，难免有纰漏和不足之处，敬请读者批评指正。

编　者<br>2016年5月

# 目 录

## 第1章 绪论 ... 1
1.1 汽车技术发展简史 ... 1
1.2 汽车新技术发展的现状与趋势 ... 8
思考题 ... 11

## 第2章 汽车电控技术基础 ... 12
2.1 汽车传感器 ... 13
2.2 电子控制单元 ... 31
2.3 汽车电控执行器 ... 32
2.4 汽车电控系统 ... 38
思考题 ... 42

## 第3章 汽油机电子控制技术 ... 43
3.1 汽油机电控燃油喷射系统 ... 44
3.2 汽油机电子点火控制技术 ... 54
3.3 电控汽油机可变气门控制技术 ... 64
3.4 汽油机稀燃技术 ... 72
3.5 汽油机缸内直喷技术 ... 73
3.6 均质压燃发动机 ... 76
3.7 废气再循环 ... 80
思考题 ... 84

## 第4章 柴油机电子控制技术 ... 85
4.1 第一代电控柴油喷射系统 ... 87
4.2 第二代电控燃油喷射系统 ... 88
4.3 第三代电控燃油喷射系统 ... 92
4.4 柴油机空气系统和排放后处理系统的电子控制 ... 99
4.5 柴油发动机整机管理 ... 104
思考题 ... 109

## 第5章 汽车自动变速技术 ... 110
5.1 概述 ... 111
5.2 机械式自动变速器 ... 114

- 5.3 液力自动变速器 ............................................. 126
- 5.4 双离合器自动变速器 ......................................... 141
- 5.5 无级变速器 ................................................. 148
- 思考题 ....................................................... 164

## 第 6 章 汽车底盘控制技术 ........................................ 165
- 6.1 汽车轮胎防滑技术 ........................................... 166
- 6.2 汽车转向技术 ............................................... 183
- 6.3 汽车悬架控制技术 ........................................... 197
- 6.4 巡航控制技术 ............................................... 218
- 思考题 ....................................................... 226

## 第 7 章 车身控制技术 ............................................ 227
- 7.1 安全气囊及其电子控制技术 ................................... 228
- 7.2 电动天窗及其电子控制技术 ................................... 237
- 7.3 防盗系统及其电子控制技术 ................................... 243
- 7.4 电动座椅及其电子控制技术 ................................... 250
- 7.5 汽车导航系统 ............................................... 258
- 思考题 ....................................................... 261

## 第 8 章 新能源汽车技术 .......................................... 262
- 8.1 电动汽车技术 ............................................... 264
- 8.2 混合动力汽车技术 ........................................... 273
- 8.3 车载动力电源技术 ........................................... 289
- 8.4 燃料电池汽车技术 ........................................... 304
- 8.5 太阳能汽车技术 ............................................. 316
- 思考题 ....................................................... 322

**参考文献** ....................................................... 324

# 第 1 章 绪 论

本章教学要点

| 知识要点 | 掌握程度 | 相关知识 |
| --- | --- | --- |
| 汽车技术的发展简史 | 了解汽车技术的发展过程 | 汽车技术发展与时代背景的关联性 |
| 汽车新技术出现的时代背景 | 了解汽车新技术的发展与科技进步之间的关系 | 汽车新技术形成与发展的两大主要因素 |

　　汽车从发明到现在已经走过了一百余年的历史，当我们回顾汽车百年辉煌的发展历程的时候，不难发现汽车技术的演变和更迭在某种程度上体现了每个时代最先进科学技术。一方面，科技的发展为汽车技术的飞跃提供了坚实的理论基础和技术保证，另一方面，汽车新技术的研究和应用也在一定程度上促进整个社会的科技进步。进入信息社会以来，各种汽车新技术更是发生着日新月异的变化，汽车不但在技术上与人类科技发展息息相关，而且逐渐渗透到文化甚至文明的范畴，正在与人类的生产、生活活动密切融合，人类需要以全新的视角来审视不断发展的汽车新技术。

## 1.1　汽车技术发展简史

　　像大多数产品一样，汽车也不是某一个人发明的，而是由整个人类集体智慧经过漫长的历史凝结而成。它跨越了几个世纪，经过不断发展和演变而成为近代汽车的样子。甚至到了今天，人们对汽车的探索还在继续。回首汽车发展的每个重要历史时期，无数的先驱在汽车技术的各个方面都做出了卓越的贡献。

　　人类历史上的第一辆车是中华民族的祖先发明的。在公元前两千多年的夏初大禹时代，有一个叫奚仲的人，他发明的车由两个车轮架起车轴，车轴固定在带辕的车架上，车架附有车厢，用来盛装货物。这就是世界上的第一辆车。最初的这种车辆都是由人力来推动的，称为人力车。后来人们开始用牛或马拉车，称为畜力车。

1420年，有人制造出了一种滑轮车。人坐在车内，借用人力使绳子不停地转动滑轮驱动车辆前进。

1649年，德国一个钟表匠汉斯·郝丘制造了一辆发条驱动的车辆。

1769年，法国的尼古拉·居纽制造了第一辆大型的蒸汽动力三轮车。这辆笨重的车子，据说可以走32km，最高时速0.8km，如图1.1所示。

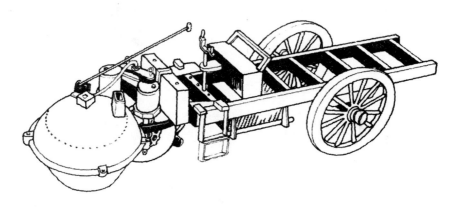

图1.1　第一辆大型的蒸汽动力三轮车

19世纪，经过工业时代的发展，在英国大量蒸汽动力车辆已经商业化，用这种庞大的车辆在城市之间泥泞坎坷的道路上来回运送乘客和货物。然而，这些蒸汽车辆不是按照工业标准生产的，一般是一辆车一个样没有统一的标准。

1825年，英国公爵古涅制成了第一辆蒸汽公共汽车。这辆车的发动机装在后部，采用后轴驱动，前轴转向的结构设计。他巧妙设计了专用转向轴，最前面两个轮并不承担车重，可由驾驶者利用方向舵柄轻便地转动，然后通过一个车辕，引导前轴转动，使转向可以轻松自如。1831年，古涅利用这辆车开始了世界上最早的公共汽车运营业务，所以这辆车也被认为是世界最早的公共汽车。

蒸汽汽车的缺陷促使人们寻求一种质量轻，功率大，可直接使燃料在气缸中燃烧做功的内燃机来作为汽车动力。

1862年，法国人罗彻斯发表了四冲程发动机循环理论（该理论今天仍为内燃机所采用），并取得四冲程的专利。1876年，一直从事煤气机试验的德国人奥托运用四冲程发动机循环理论，试制成功了第一台活塞与曲轴相结合，将煤气与空气的混合气经压缩冲程后再点火燃烧的往复式四冲程煤气机，为提高内燃机效率开辟了新途径。高效率的内燃机为近代汽车提供了理想的动力源。

从第一辆汽车发明至今已有一百三十余年的历史了，当今汽车已成为门对门的随时都能利用的高度自由的运输工具，在社会上已占据相当重要的地位。汽车发展的历史是与人类社会文明进程密切结合的，据汽车界人士一致论断，21世纪将是汽车的社会，世界上汽车工业发达的国家正向着成熟化的汽车社会发展。

总的来说，世界汽车从发明到今天大致经历了七个较明显的阶段。

### 1.1.1 第一阶段：技术开发阶段

1886年卡尔·奔驰制造出世界上第一辆以汽油为动力的三轮汽车，并于同年1月29日为它申请了发明专利，因此1886年1月29日被认为是世界汽车的诞生日。该车上装备了卡尔·奔驰发明的卧式单缸二冲程汽油发动机，排气量为0.984L，功率为0.664kW，车速可达15km/h。该车前轮小，后轮大，发动机置于后驱动桥上方，动力通过链和齿轮驱动后轮前进。卡尔·奔驰制造的第一辆汽车已具备了现代汽车的一些基本特点，如电火花点火、水冷循环、钢管车架、钢板弹簧悬挂、手制动器和齿轮齿条转向器等，如图1.2所示。

图1.2 卡尔·奔驰的第一辆汽车

当时，由于汽车的性能尚未完善，发动机工作时噪声较大，且传递动力的链条时常断裂失效，所以人们总会看到人推车而不是人坐车的场景。在飞驰而过的马车面前，汽车曾一度受到人们的嘲笑，被斥为无用的怪物。为了回击社会舆论的讥讽，奔驰夫人贝尔塔于1888年8月带领两个儿子驾驶着经过奔驰反复改进的汽车从曼海姆出发，途经维斯洛赫并在那里补充了燃料和冷却水，最终一直驶到普福尔茨海姆，全程144km。这次历史性的试验为汽车的发展做出了突出贡献，奔驰夫人被称为世界上第一位女汽车驾驶人，如图1.3所示。

图1.3 世界上第一位女汽车驾驶人——奔驰夫人

在奥托四冲程煤气机和梅巴克关于汽化器设想的基础上,戴姆勒研制了一台排量为 0.46L,功率为 0.82kW,转速为 650r/min 的四冲程汽油发动机。1886 年 3 月 8 日,戴姆勒将他研制的发动机安装在一辆四轮马车上作为其动力源,制造出了世界上第一辆汽油发动机驱动的四轮汽车,该车最高车速可达 18km/h,其外形如图 1.4 所示。

**图 1.4 戴姆勒的第一辆四轮汽车**

从 19 世纪末到 20 世纪初,世界上相继出现了一批汽车制造的先驱,除德国的卡尔·奔驰和戴姆勒外,还有美国的福特,英国的劳斯莱斯,法国的雷诺、标致、雪铁龙,意大利的菲亚特等人,都曾为汽车技术的发展写下过浓墨重彩的一笔。这个时期,人们的主要精力在不断改进汽车的机械结构方法,即想办法提高汽车行驶速度,增强汽车的操纵稳定性,其中较有代表性的事件如下。

1889 年,法国人标致研制成功齿轮变速器、差速器。

1891 年,法国人首次采用前置发动机后轮驱动,开发出摩擦片式离合器。

1895 年,法国人米其林兄弟开发出充气式橡胶轮胎。

1898 年,法国的雷诺 1 号车采用了箱式变速器、万向节传动轴和齿轮主减速器。

1899 年,保时捷设计并制造了世界上第一辆串联混合动力汽车。

1902 年,法国的狄第安采用了流传至今的狄第安后桥半独立悬架。

在欧洲发明的第一辆简陋的三轮汽车引起了大洋彼岸年轻而富有创造力的美国人的极大关注和兴趣。1893 年,杜里埃兄弟经过不懈的努力,造出了美国的第一辆汽车。紧随其后,亨利·兰德成立了卡迪拉克公司。1903 年,大卫·别克创立了别克公司,亨利·福特成立了福特汽车公司,从此开始了美国汽车发展的新纪元。

## 1.1.2 第二阶段:大量生产阶段

1908 年 9 月 27 日,亨利·福特首次推出 T 型车,如图 1.5 所示。T 型车的面世成为世界汽车工业史上具有重要意义的一件大事,它标志着汽车大量生产阶段的开始。在以后近二十年的时间里,共计生产了 1500 余万辆 T 型车。

由于 T 型车结构紧凑,设计简单,坚固耐用,加上驾驶容易,价格低廉,因而深受美国人民的喜爱。它广泛地被城市和乡村的普通家庭所采用,美国老百姓认为 T 型车改变了他们的生活方式,思维方式和娱乐方式,使他们更自由,视野更广阔,并产生了新的人与人之间的关系。T 型车作为一种实用化的交通工具自此走入了寻常百姓之家,美国从此成为了"车轮上的国度"。

T型车由四缸发动机驱动，可为整车提供20马力（14.9kW）的动力，整车自重120lb（54.43kg），轴距100in（2.54m），轻型T型车售价825美元，豪华型T型车售价850美元。1913年，福特成功地创建了全世界第一条汽车生产流水装配线，如图1.6所示，从而节省了生产时间降低了成本。截止到第一次世界大战结束时，福特已控制了北美乃至世界各地的汽车市场，全球几乎一半的汽车都是T型车。

图1.5 福特的T型汽车　　　　　　图1.6 福特公司的流水装配线

### 1.1.3 第三阶段：适用阶段

第一次世界大战期间，福特T型车不能适应欧洲泥泞的战场，使很多汽车厂家意识到，一定要造一种万能车。因为此车由威力斯公司招标承制，所以通常称为威力斯万能车（General-Purpose Wills），通常简写为GPW，没过多久又缩写为GP，也即Jeep，中文"吉普"，如图1.7所示。

图1.7 军用吉普车

吉普车带二挡分动器，四轮驱动，并保持外形低矮（避免侦察时让敌人发现，另外也是为了减小火力目标），该车还采用了可拆放风挡和钢管架支撑的篷顶。为了减轻自重，增大后备载荷能力，车身板件也是能省则省，没有车门，仅是在侧围上开了一个缺口，供上下车用，而且尽量采用曲线形整件侧围。底盘非常坚固，离地间隙大。

汽车新技术

随着战争进展，吉普车的生产数量逐步增加，到第二次世界大战结束时，吉普车的数量竟超过 60 万辆，美国军队打到哪里，吉普车便跑到哪里，它的卓越性能和奇特造型产生了很多美妙的传说，这些战争遗留物掀起一股强劲的"吉普"风，对后来世界各地越野车设计的影响极为巨大。

### 1.1.4 第四阶段：产业化时代

第二次世界大战以后，不仅汽车成为不可缺少的公共和个人交通运输工具，而且汽车工业已成为牵动很多基础材料和相关零部件生产的主导产业。另外，汽车产业的发展促使产生了很多新工业，如公路、建筑等，它们反过来又加速和刺激了汽车的普及和推广。

在美国，进入 20 世纪 50—60 年代，汽车产业不仅带动了整个美国经济的发展，而且成为美国最大的产业。美国汽车总产量比全世界其他国家的总和还多。这个时期，他们完成了兼并大战，使美国汽车行业成为通用、福特和克莱斯勒的天下。汽车产品走向多级化，成为世界第一商品。汽车由此发生质的变化，从手工业作坊式的小工业发展成为资金密集、人员密集的现代化大产业，美国也被誉为"汽车王国"。

在日本，第二次世界大战后的 20 世纪 50 年代，对基础工业做了大量投资，原为小手工业作坊式的汽车厂，如日产、五十铃、丰田、日野等公司才开始加速发展，特别是 1955 年以后，当日本经济已经基本恢复元气，准备进一步赶超欧美发达国家时，日本政府和一些经济学家认识到，为达到这个目的，单纯依靠企业管理的改善已不可能，而必须使产业结构向高度化方向发展，并确定一个能带动整个经济起飞的"战略性产业"，才能使整个国民经济有一个飞跃，实现其赶超欧美的宏愿。众所周知，这个战略性产业就是汽车工业。此时，日本政府制定了一系列扶持汽车工业的法规条例，使日本汽车工业迅速成长起来，汽车产量由 1955 年的 68932 辆跃至 1960 年的 481751 辆，并且乘用车在汽车总产量中的比例也由 1950 年的 5.3% 上升到 1960 年的 34.3%，进入 20 世纪 60 年代，日本的汽车产量更是直线上升，1965 年达到 187 万辆，创造了汽车发展史上的奇迹。

在德国，20 世纪 60 年代是苏联援建德国汽车工业大发展的时代，十年间苏联帮助德国汽车公司共生产了 338 万辆，平均每 1000 人的汽车占有量为 236 辆。

因此，从第二次世界大战后到 20 世纪 60 年代中期称为汽车发展的"产业化时代"，在这个时代汽车工业成为世界上最有活力的一个产业。

### 1.1.5 第五阶段：摩擦时代

20 世纪 70 年代初，受中东战争及石油危机的影响，世界汽车销售量急剧下降，市场严重萎缩，这对汽车制造业特别是中小规模的厂家简直是致命的打击，世界汽车市场的格局发生了重大的变化。石油危机爆发时日本将其省油、价廉的小汽车打入美国市场，抢占了约 30% 原属于美国的乘用车市场，从此引发出一场愈演愈烈的日、美汽车市场争夺战。

越来越严重的汽车排放污染问题及 20 世纪 70 年代美国政府制定的严格的排污法规，又给汽车业的发展带来了阴影。在这个阶段，人们意识到汽车是"行走凶器"，汽车造成的废气污染，引起振动、噪声及导致石油危机等。汽车的普及使原社会系统中产生了各种倾轧和摩擦现象，为了求得社会相容，人们开始研制低公害汽车和低油耗汽车。

### 1.1.6 第六阶段：高级化时代

从20世纪80年代中期以后汽车开始进入高级化时代，浓缩着人类文明的汽车业又展现出一幅波澜壮阔的画卷，老牌群雄势不可挡，新的竞争者也是当仁不让，把世界汽车工业推向一个更高的阶段。1988年，全世界共生产汽车4850万辆，其中日本生产1270万辆，西欧1850万辆，美国1119万辆，日本、美国、德国、西班牙、意大利等六国的产量就占全世界汽车总产量的70%。这些汽车生产大国利用自己的优势，加速企业兼并，推动技术改进，进一步提高了垄断程度和竞争能力。

在美、日等国汽车业龙头的带领下，一些现代工业较发达国家亦不甘落后，且成绩骄人。例如，1981年的巴西汽车产量为78万辆，到1993年已达到139万辆。韩国的汽车产量增加势头更猛，1981年只生产了15万辆汽车，到1993年已达到200万辆。这些新兴的汽车大国的崛起，着实令原有的汽车大国不敢小觑，使世界汽车的竞争更加激烈。

汽车进入高级化时代的第一个标志是：随着世界汽车量的大幅度增加，使得汽车成为人们日常生活中不可缺少的工具。

汽车进入高级化时代的第二个标志是：人们越来越追求汽车驾驶的舒适性、安全性及环境的适应性。环境保护和不断提高的安全技术方面的要求对汽车工业产生重大影响。而解决此类问题的最佳手段就是利用电子技术。汽车电子技术的发展使汽车的一些性能指标达到了前所未有的高度，这对汽车工业的发展产生了强烈的刺激。汽车工业竞争焦点的质量和成本已经发生了质的变化，即成本已退居次要位置，而质量也不再仅靠可靠性和舒适性（包括方便性），在这方面落后的厂家必将丧失竞争力，单纯依靠价格竞争已经没有出路。

汽车进入高级化时代的第三个标志是：人们对20世纪70年代的全球能源危机已经逐渐淡忘，美国人又开始追求大型豪华乘用车了，1990年年底特律人恢复了那曾是不可动摇"越大越好"的信念。同时大型豪华乘用车又成为世界车型的热点。

在美国，20世纪90年代初，大型豪华乘用车的复活不是偶然的，是当代电子技术和电子计算机迅猛发展的必然结果。高技术已对传统工业产生了深远的影响。汽车工业也不例外，借助于高技术，汽车在动力性、经济性、安全性和舒适性等方面，将得到依靠传统的设计所不能达到的改进。这也是这个时代汽车工业发展的总趋势。

### 1.1.7 第七阶段：新技术时代

从20世纪90年代开始，汽车又进入了一个电子化时代，主要表现在汽车的智能化方面，也就是说汽车装上"大脑"，让汽车"学会思考"。可以预计，智能汽车将成为21世纪的主要交通工具。

智能汽车概念的出现只是近几年的事。长期以来，人们在充分享受汽车巨大便利的同时，也开始为它的前途担忧：道路不堪重负，堵车常见，事故不断。单就美国而言，在一些大城市里，人们每年由于堵车而浪费的时间就达人均110h，美国一年因交通事故造成的直接或间接损失更高达1700亿美元。

现实迫使人们改变以往依靠增修道路，加强管理来改善交通状况的思路，转而寻求更科学的方法。既然事故是造成交通阻塞的最直接也是最主要的原因，那么，缓解交通阻塞的最有效的办法就是让车"学会"预防事故。其次，在事故发生的情况下，使汽车能够在

汽车新技术

智能交通管理系统的指挥下，绕道而行。

因为智能汽车在车身各部位有几十个各类传感器，犹如长了眼睛和耳朵，具有敏锐的感知能力，能提供各种信息，由车载计算机（微处理器）对运行状况进行调控。另外，智能汽车还装有事故规避系统，它随时以光、声等形式向汽车驾驶人提供车体周围必要的信息，从而有效地防止事故的发生。

以微处理器大量使用为标志的汽车新技术时代就此拉开帷幕，汽车技术竞争的焦点转移到电子控制技术上来。越来越多的汽车新技术往往都要借助于电子控制技术得以实现。这些推动汽车行业发展的新技术逐渐形成了一个新的体系，它以传统的汽车知识为基础，更多地融入了电子控制技术，解决了汽车运行环境中所特有的技术问题，近年来得到了长足的发展。

## 1.2 汽车新技术发展的现状与趋势

汽车新技术随着电子技术的发展和汽车相关法规（油耗法规、排放法规和安全法规等）要求的提高而逐步发展起来。与传统汽车技术相比，汽车新技术主要包括以计算机为核心的电子控制技术；以质轻、高强度为代表的新材料技术、应用现代设计理论和设计方法；以CAD（计算机辅助设计）为核心的整车及零部件新设计；融合当代制造技术的汽车制造新工艺；以减少石油燃料消耗、降低大气环境污染为目的的新型能源动力汽车技术。

其中，电子装置及控制技术的应用尤为突出。汽车电子化的程度越来越高，特别是集成电路、微机控制技术出现以后，在扩展电子系统各部分功能的同时，减小了电子装置的体积和质量，并推动了传感器、执行机构、显示装置及控制技术的发展。这不但改变了汽车工业的面貌，而且使汽车的结构和性能焕然一新。汽车的动力性、燃油经济性、安全可靠性、乘坐舒适性，以及废气排放和噪声控制等诸方面都得到了显著的改善和提高。目前，汽车电子技术已经成为衡量汽车技术发展水平的主要内容。未来汽车技术的发展和性能的改善，主要依靠汽车新技术的发展。

### 1.2.1 汽车新技术的现状

综合分析电子控制技术应用于现代汽车生产的现状，相对于传统汽车生产，得到了较为广泛的拓展，特别集中体现在汽车的动力传动电子控制系统、底盘电子控制系统、车身电子控制系统以及娱乐与通信系统之中。将电子控制技术应用于汽车的动力传动可以有效提高动力传动的灵敏度，并有效增强动力传动的效率，其通过电子化数据感应采集、电子自动化控制与电子自动化执行，实现对发动机的电子化控制、自动变速器的电子化控制、动力传动总成综合电子控制，从而降低驾驶者的驾驶强度，全面优化简化驾驶的操作，促使动力传动系统的冲力作用得到有效降低，达到全面优化汽车的动力传动系统，让汽车始终保持在最佳的运行状态之中，全面改善汽车的动力系统的经济性、稳定性，并提升汽车驾驶的舒适性与方便性；将电子控制技术应用于底盘控制系统中，可以有效改善汽车的制动防滑性能、转向控制性能、车身控制性能和牵引力控制性能等，同时对于维护保养车辆的轮胎具有重要的作用，由此可以大大增强汽车的动力性能，全面优化和提升汽车的整体安全性能。因此,近年来电子控制技术应用于底盘控制系统的趋势日益加速,呈现出普及的态势。将电子控制技术应用于汽车的车身控制系统,可以更加有效地提升汽车操作的便捷性和安全性,大大提升汽车的舒适度,例如,对汽车的安全气囊实施电子化自动感受控制,将极大地提升汽车的安全性能。又如,将电子控制技术引入车载空调自动控制、汽车座椅的调节控制、车内噪声控制、门窗防夹安全性控制、电源管理控制、刮水器的调节控制及车载各类电器控制等,促使汽车的整体性能和舒适度大大提升。将电子控制技术应用于汽车内部的娱乐与通信系统,可以大大增强汽车的舒适度,促使车辆、人员和外界环境得到深度融合,达到车人合一的境界。例如,电子技术应用于车载语音系统、多媒体影视系统、导航系统等,都属于汽车的娱乐与通信系统应用范畴,无疑对于提升汽车的整体性能起到推波助澜的作用,有助于提升汽车的整体性能和舒适度。

### 1.2.2 汽车新技术的发展轨迹

电子技术的飞速发展和汽车相关法规(节能、安全、排放等)的建立,是汽车新技术形成与发展的两大主要因素。汽车新技术形成和发展过程可分为三个阶段。

第一阶段:20世纪60年代中至70年代末,汽车新技术萌芽及初级发展阶段。这个阶段的主要特点是改善了汽车单个零部件的性能,其中具有代表性的技术包括电子收音机、发电机硅整流器、电压调节器、晶体管无触点点火电子控制燃油喷射。但这些电子系统多为分立电子器件构成,体积大,可靠性不高。

当时这些新技术的应用,存在的共同问题是价格昂贵、可靠性差,复杂的电路使它们的维修费用也很高,因而没有得到推广应用。

第二阶段:20世纪70年代末到90年代中期,是汽车新技术的大发展阶段。进入20世纪70年代,电子工业的长足进步,特别是大规模集成电路和超大规模集成电路技术的快速发展,使微处理器得到广泛应用,被称为"第三次工业革命"。微处理器在汽车上的应用,使汽车的性能发生了重大的改变。从20世纪80年代后,发动机电子控制技术基本成熟,电子技术逐渐向汽车的其他组成部分扩展。其特点主要是有了一定综合性的电子控制系统。在第一阶段发展基础上重视机电一体化技术,开始引入自动控制理论,解决因各机械零部件的单独控制而产生的协调配合上的问题。这一阶段的代表性技术有发动机电子控制系统、自动变速器、防抱死制动系统(Auti - lock Braking System,ABS)、电控悬架、电控转向、电子仪表和娱乐设备等。

第三阶段:20世纪90年代中期至今,电子装置成为汽车设计中必不可少的装置。20世纪90年代以后,汽车电子技术进入广泛应用阶段,几乎渗透到了汽车的各个组成部分。汽车电控技术成为提高和改善汽车性能的主要途径。在此期间,各种控制系统的功能进一步增强,性能更加完善,主要表现在以下几方面:

(1)在发动机管理系统(Engine Management System,EMS)的基础上,增加了变速器的控制功能,组成了动力传动控制系统(Powertrain Control Module,PCM)。

(2)在汽车主动安全控制方面,防抱死制动系统又增加了牵引力控制系统(Traction Control System,TCS)和驱动防滑系统(Acceleration Slip Regulation,ASR)控制的功能。

(3)在车辆稳定性控制方面,有车辆稳定性控制(Vehicle Stable Control,VSC)系统、强化车辆稳定性(Vehicle Stable Enhance,VSE)系统及智能悬架控制系统。

(4) 在被动安全控制方面，发展了安全带和安全气囊的综合控制技术。

(5) 在传统的巡航控制系统的基础上，又出现了智能巡航控制，也称自适应巡航控制（Adaptive Cruise Control，ACC），包括制动防抱死系统、牵引力控制系统及车辆稳定性控制系统。驾驶人即使没有踩制动踏板，ACC 也能在必要的时刻自动完成制动的操作，以保证安全。

此外，在汽车内部环境的人性化设计方面、无线网络通信技术、自动防盗系统和车载防撞雷达等电子装置，都得到了进一步的开发和应用。

由于汽车上的电子控制装置越来越多，车上的线束就变得非常粗大。为了减少导线的数量，控制器局域网（Controller Area Network，CAN）总线技术在此期间有了很大的发展。CAN 总线将各种汽车电子装置连接成为一个网络。在这个网络中，各控制装置独立运行，完成各自的控制功能，同时还可以通过通信线为其他控制装置提供数据服务，实现信息共享。

第三阶段还出现了以大规模集成电路和控制器局域网为特征的多学科综合的汽车新技术，其代表性技术有智能传感器、16 位和 32 位微处理器、车载网络系统。

### 1.2.3 未来汽车新技术的发展趋势

随着信息技术特别是微电子技术的突飞猛进的发展，电子控制技术在各个行业与领域的应用得到空前的活跃，电子技术的应用给汽车发展提供了强大动力，促使汽车的数字化、信息化、自动化层次空前提升，机电一体化的发展趋势日益呈现出来，并开始向智能化方向不断深入发展，实现包括驾驶人与乘坐人员在内的人、汽车整体外饰与内部布局、外部环境之间的协调性达到有机统一。综合梳理电子控制技术在现代汽车产业的应用发展趋势，突出表现为以下几点：

1. 电子控制趋于微处理化

随着电子技术的迅猛发展，电子集成化程度得到空前提升，许多功能的实现都是通过"微型计算机"进行的。例如，当前应用比较多的"MC9S08SC4 微控制器"，将其应用于转向盘的控制，可以将多项功能聚集于转向盘上。在功能效能上，引入该系列微控制器，可以大大增强控制的稳定性和精确性，由于微控制器的内部具有高精确度的时钟发生器，所以精度误差可以得到有效控制。在空间占用上，由于微控制器的集成化程度高度发达，可以将 PCB 面板的面积大大减小。

2. 电子控制与传感器结合更趋于紧密

随着汽车的自动化和智能化程度需求的不断提升，必然要求在汽车的各个部件上布设更加丰富的传感器设备，一方面，应用于汽车上的传感器类型不断增多，同时传感器的体积要求进行微型化升级；另一方面，应用于汽车上的传感器具备多类传感功能，即要求其集成化程度得到不断提升，同时，数字化与信息化程度也必然得到大大增强，由此推动电子控制与传感器的结合必须更加紧密，才能满足日益提升的强大功能性和近乎人性的智能化。

3. 电子控制的理念与策略更新加剧

电子控制的理念与策略对于电子控制技术的影响将是非常关键的，不同的理念与策略对功能实现的效率和功能作用的效能起着决定性作用。当前应用较为普通的在于"输入与输出、线性定常系统相关理论",其中最有代表性的就是"PID控制理论",且非常广泛地应用于汽车电子控制系统中。然而,为满足汽车的高度智能化需求,必须应对的常常是"非线性与变性特征"的数据信息。为有效应对这些情况,只有在电子控制的理念与策略上不断加强改进。因此,对于这方面的研究力量在不断加强,相应地必然会产生许多新的成果,在现实表现中,便是电子控制理念与策略更新的日益加剧。

4. 电子控制的执行器趋于电动式或电磁式

当前众多汽车中所采用的执行器主要以液动式和气动式为主,对于一些较为高级的汽车开始引入电动式、电磁式执行器。由于液动式和气动式的执行器在输出驱动力方面存在很大不足,而为了满足汽车智能化程度不断提升的要求,控制系统输出驱动力的要求必须加强,因此,液动式和气动式的执行器难以有效满足相关要求,必定会走向淘汰。电动式与电磁式执行器以电作为动力源,同时存在体积小、耗能低、反应快、输出驱动力强大等许多的优良特性,因此,传统和当前的液动式和气动式的执行器势必会被电磁式或电动式执行器所取代。

1. 简述汽车技术的发展阶段。
2. 汽车新技术形成与发展的两大主要因素是什么?
3. 汽车新技术形成和发展过程可分为几个阶段?
4. 汽车新技术发展的每个阶段都有哪些典型技术?
5. 汽车新技术的发展趋势突出表现在哪些方面?

# 第 2 章 汽车电控技术基础

本章教学要点

| 知识要点 | 掌握程度 | 相关知识 |
| --- | --- | --- |
| 各类汽车传感器 | 了解汽车传感器的工作原理 | 各类传感器的应用 |
| 汽车电子控制单元（ECU） | 掌握 ECU 的基本组成和功用 | 程序语言的编辑与单片机的应用开发紧密结合 |
| 汽车电控执行器 | 掌握三种主要的执行器 | 汽车各系统的执行器的工作过程 |
| 汽车电控系统的基本控制原理 | 掌握汽车运行环境对电控元件的基本要求及汽车常用的控制原理和方法 | 各种控制技术是如何在汽车各大系统中应用的 |
| 速度传感器测速原理 | 掌握速度传感器的功能、结构及典型应用 | 速度传感器测量的准确度受到哪些因素影响 |

### 导入案例

汽车传感器对温度、压力、位置、转速、加速度和振动等各种信息进行实时、准确的测量和控制。衡量现代高级乘用车控制系统水平的关键之一就在于其传感器的数量和水平。当前，一辆普通家用乘用车上大约安装了近百个传感器，而豪华乘用车上的传感器数量多达 200 个。就全球的汽车传感器市场规模来讲，2012 年是 170 亿美元，其中中国就占了 24 亿美元。根据预测，到 2016 年全球车用传感器市场会增长 33%，达到 225 亿美元的规模，中国则会翻倍，从 24 亿美元增长到 48 亿美元。从数量上看，中国车用传感器的总数在 2012 年是 5 亿个，到 2016 年就会翻倍，达到 10 亿个。

图2.1是汽车传感器外观图，图2.2是速度传感器外观图。下面以速度传感器为例进行案例分析。

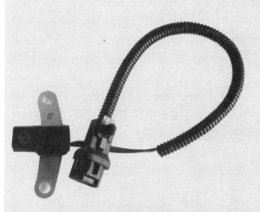

图2.1 汽车传感器外观图

图2.2 速度传感器外观图

速度传感器是汽车较为重要的传感器，也是应用较多的传感器。就其定义而言，速度传感器主要是用来测量速度的传感器，分为转速传感器、车速传感器、车轮转速传感器等。

转速传感器主要用于汽车发动机转速检测。常用的转速传感器都是采用什么原理？

车速传感器用来测量汽车行驶速度。车速传感器信号主要用于仪表板的车速表显示及发动机怠速、汽车加速期间的控制等。那么，仪表板上显示的速度是否一定准确呢？

车轮转速传感器用来测量车轮转速，它是如何安装和工作的？

与其他领域的电控系统相同，一般认为汽车电子控制系统由传感器、执行器和控制单元三部分组成，同时汽车电控系统又有一些独特的要求，如灵敏的实时性、较强的环境适应性、耐久的可靠性、较强的抗电磁干扰性以及较好的互换性、扩展性和兼容性。

本章将系统地介绍这三部分的基本原理和结构组成，这部分内容是学习好汽车电控新技术的基础和关键，为本门课程后续内容的学习奠定坚实理论基础。通过案例学习，可以掌握各类传感器的具体使用情况。

## 2.1 汽车传感器

目前一辆车的传感器多达上百个，从传统的温度和压力测量，到位置和速度测量等，分布在动力总成系统、底盘控制系统、车身安全系统及娱乐舒适系统上，如图2.3所示。传感器技术和工业是汽车电子和汽车工业的重要组成部分。

### 2.1.1 位置/角度传感器

汽车控制系统中很多地方需要用到位置或者角度的测量，如典型的加速踏板位置、制

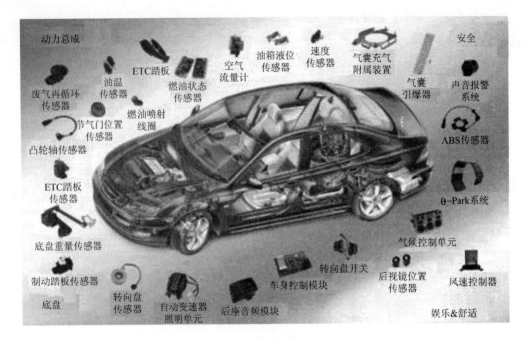

图 2.3 汽车上各类传感器的功能汇总

动踏板位置、悬架位置、节气门位置、车顶天窗位置、车窗位置、液位高度等，都可以转化为位置或者角度的测量。不同的测量范围、精度和可靠性要求，可以采用不同的测量原理和方法。下面重点介绍几种常用的测量方法。

1. 利用电位计测量的方法

典型测量原理是采用电位计的电压（阻值）的变化反应被测量的变化，即可变电阻器测量的方法。典型的应用场合包括直线位移的悬架高度传感器、旋转位移的加速踏板传感器、节气门位置传感器和转向盘转角位置传感器等。

电子节气门传感器一共有两个独立的位置传感器。一个传感器（主传感器，电位计1）的输出随节气门角度的增大而增大；另一个传感器则随节气门角度的增大，其输出线性减小，如图2.4所示。利用两个传感器一方面可以相互进行故障诊断，另一方面也可以通过冗余提高控制系统的可靠性。在传感器设计中，为了保证电位计的检测电刷和电阻的接触，将检测电刷设计为多钢丝组成的多触头及具有良好弹性的电刷，以提高抗振性能和耐磨性能。

2. 利用电磁感应测量的方法

典型测量位置传感器的第二种方法是采用电磁感应，如图2.5所示。该传感器主要由励磁线圈、导磁体和短路环组成。在励磁线圈中通过交变的正弦电流信号，沿着E形导磁体产生变化的磁场，在中间导磁体部分，磁场分布均匀，形成匀强磁场。短路环由良好导电材料如铜或者铝构成，如果有磁链穿过该短路环，就会产生感应电动势，在短路环内部产生巨大的电流，该电流将会产生与外部磁场相反的磁场，使得短路环的感应电动势为零。因此短路环的功能就是使得图2.5中短路环右侧的磁场强度为零，短路环左侧的磁场仍然为匀强磁场。这样，整个传感器的电感值取决于短路环的位置。短路环的位置越靠

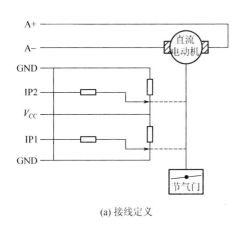 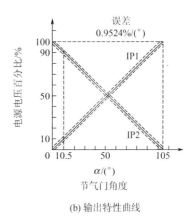

(a) 接线定义　　　　　　　　　　　(b) 输出特性曲线

图 2.4　电子节气门的接线定义和输出特性曲线

左,传感器的电感值越小;短路环的位置越靠右,传感器的电感值越大。通过判断电感值的大小,就可以检测出短路环的位置,从而实现位置的测量。

典型的实际应用的例子如图 2.6 所示,它是 BOSCH 公司用于柴油机直列泵的齿条位置传感器。该传感器包括一个固定短路环和参考线圈来确定传感器的零点,用另外一个检测线圈和与油泵齿条连在一起的短路环来检测柴油机的齿条位移,从而实现对柴油机喷油泵的位置反馈控制。

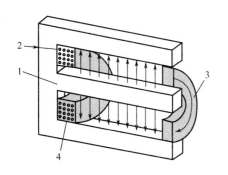 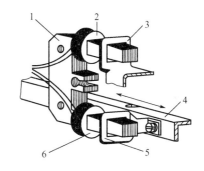

图 2.5　电磁感应短路测量原理　　　　图 2.6　柴油机齿条位置传感器
1—导磁体;2—电流 $I$;　　　　　　　1—导磁体;2—参考线圈;3—固定的短路环;
3—短路环;4—励磁线圈　　　　　　4—油泵齿条被测位移;5—短路环;与齿条一起移动;
　　　　　　　　　　　　　　　　　　6—检测线圈

**3. 利用霍尔效应测量的方法**

霍尔效应传感器被广泛应用于角度检测、位置检测、转速测量等场合。图 2.7 给出了霍尔效应的基本原理。永磁体在空间产生磁场 $B$,这时如果在带有正载流子(也可以是负载流子)的材料中通过电流 $I$,假定载流子在材料中的移动速度是 $v$,电荷量为 $e$,则在磁场 $B$ 的作用下,载流子受到的洛伦兹力为

$$F_m = ev \times B \tag{2-1}$$

于是载流子在洛伦兹力作用下发生偏转,在材料的两侧聚集电荷,并产生电场,形成电势 $V_H$。载流子同时也会受到电场作用力,即

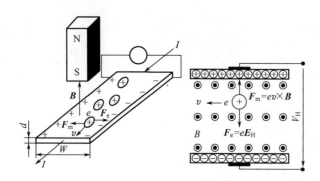

图 2.7 霍尔传感器的工作原理

$$F_e = eE_H = e\frac{V_H}{W} \tag{2-2}$$

式中，$W$ 为电荷聚集两侧之间的距离；$E_H$ 为电场强度。当洛伦兹力与电场力达到平衡时，输出电压 $V_H$ 达到稳态。于是有

$$F_e = F_m \Rightarrow e\frac{V_H}{W} = ev \times B \Rightarrow V_H = Wv \times B \tag{2-3}$$

根据电流的定义（单位时间内流过的电荷），有

$$I = ne \cdot vA = ne \cdot vdW \tag{2-4}$$

式中，$d$ 为材料厚度；$n$ 为材料中载流子的密度，对某种材料为常数；$A$ 为导体横截面积。根据式（2-3）和式（2-4），可以得到

$$V_H = Wv \times B = \frac{I}{ned} \times B = R_H IBd^{-1} \tag{2-5}$$

从式（2-5）可以看出，传感器输出电压取决于材料常数 $R_H$、检测材料的厚度 $d$、励磁电流 $I$ 和电磁场 $B$ 的大小。当其他三个参数不变时（直接集成在一个霍尔芯片中），霍尔芯片的输出正比于电磁场的强度 $B$。利用霍尔效应，可以研制出多种非接触式的开关（脉冲）类型的霍尔传感器和输出连续变化的线性霍尔传感器，分别用来检测位置开关、磁场强度、角度变化、线性位移和电流等信号。

如图 2.8 所示，霍尔传感器及其处理电路已经集成在一个集成芯片中。当永磁体接近霍尔芯片的检测面时，霍尔传感器输出"高"电平；当磁铁远离霍尔芯片的检测面时，霍尔传感器输出"低"电平。这样的霍尔开关具有非接触、耐磨损等特点。

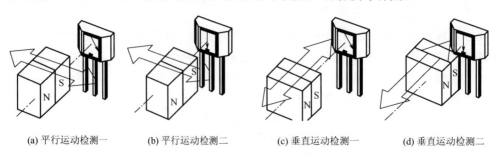

(a) 平行运动检测一　　(b) 平行运动检测二　　(c) 垂直运动检测一　　(d) 垂直运动检测二

图 2.8 霍尔接近开关工作原理图

霍尔传感器还可以用来检测汽车上的各种转速信号，包括 ABS 的轮速传感器、发动机控制系统的凸轮轴和曲轴转速、变速器控制系统中的轴速等。霍尔传感器工作原理如图 2.9 所示。转速传感器中封装有霍尔芯片和永磁铁，霍尔元件位于被检测的齿盘和永磁铁之间，能够检测齿经过传感器时所引起的磁通变化。霍尔元件的输出经过放大、滞回比较后，由晶体管的集电极开路输出给 ECU，在 ECU 一侧需要将其输出通过电阻上拉到电源。霍尔式的转速信号传感器具有低速特性好、信号处理简单等特点，在汽车控制系统中得到了越来越广泛的应用。

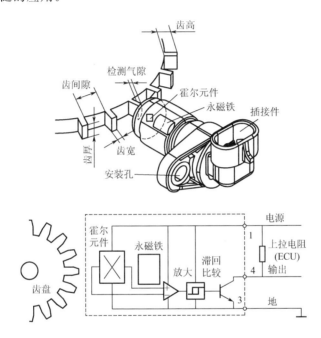

图 2.9　利用霍尔传感器测量转速的结构及原理图

霍尔开关芯片的优点是既可以输出标准的位置脉冲，即输出位置信号，又可以进一步根据位置脉冲之间的时间间隔，计算出被测齿盘的转速，因此在后面介绍的转速测量的方法中，也要用到霍尔传感器。

上文介绍的霍尔传感器，其输出是离散的开关状态，是比较简单的霍尔传感器。近年来，国外已经研制出精密的、可编程的线性霍尔传感器，并在汽车工业中得到广泛的应用。

图 2.10 为利用线性霍尔芯片来检测旋转角度的示意图。被测量的转角部件末端连接一个永磁铁，其下方放置霍尔芯片。当被测角度 $\alpha$ 变化时，永磁铁的 S 极和 N 极相对于芯片的 $x$ 和 $y$ 坐标发生改变，相应的磁通密度 $B_x$ 和 $B_y$ 也发生变化，于是霍尔元件的输出 $V_x$ 和 $V_y$ 也相应成比例地变化，根据 $V_x$ 和 $V_y$ 数值的变化即可推算出被测量轴转过的转角。

随着微电子技术和测控技术的发展，基于霍

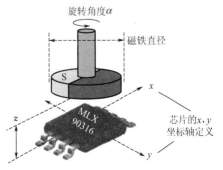

图 2.10　霍尔转角传感器的测量原理

尔原理的传感器在汽车和工业界得到了广泛的应用，表 2-1 是霍尔传感器在汽车工业中的一些典型应用。

表 2-1 霍尔传感器在汽车上的应用

| 序号 | 用途及特点 | 序号 | 用途及特点 |
| --- | --- | --- | --- |
| 1 | 后视镜位置反馈 | 11 | 车前灯位置反馈 |
| 2 | 刮水器极限位置检测 | 12 | 车顶天窗位置传感器 |
| 3 | 转向盘位置反馈 | 13 | 各种简单按钮开关 |
| 4 | 制动踏板位置反馈 | 14 | 安全带锁止状态检测开关 |
| 5 | 悬架高度反馈 | 15 | 无刷直流电动机位置反馈 |
| 6 | 燃油液面高度反馈 | 16 | 座椅位置/重量反馈 |
| 7 | EGR 阀位置反馈 | 17 | 电子节气门位置反馈 |
| 8 | VVT 控制阀位置反馈 | 18 | 轮速传感器 |
| 9 | 凸轮轴位置传感器 | 19 | 变速器轴速传感器 |
| 10 | 曲轴位置传感器 | 20 | 针阀升程传感器 |

### 2.1.2 速度传感器和角速度传感器

在汽车电子控制系统中，速度和角速度传感器是一大类传感器，尤其是角速度传感器，是所有车辆必须装备的传感器。目前转速传感器主要分为磁电式和霍尔式两大类。

1. 直线速度的测量

电磁感应断路环测速原理如图 2.11 所示。与测量位移时的交变励磁电流不同，此时励磁电流必须为恒值，保持不变，或者可以用永磁铁替代励磁线圈，在 E 形电磁铁的空气中产生固定的匀强磁场。于是在断路环（检测线圈）上产生的感应电动势 $U_M$ 为

$$U_M = -N\frac{d\Phi}{dt} = -N\frac{d(Bx)}{dt}$$
$$= -NB\frac{dx}{dt} = NBv \quad (2-6)$$

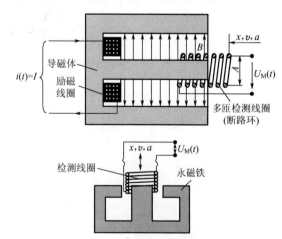

图 2.11 电磁感应断路环测速原理
$x$—位移；$v$—速度；$a$—加速度

式中，$B$ 为磁感应强度；$N$ 为感应线圈的匝数。可见，当磁场为恒定磁场时，断路环的输出电压正比于线圈的运动速度。断路环传感器典型应用在柴油机电磁阀、喷油器针阀的升程测量中。德国大众公司装备的 TDI 乘用车柴油机（装配分配泵）上，采用断路环的原理测量喷油器针阀升程，作为缸内喷射时刻的反馈信号。

## 2. 角速度的测量

角速度的测量方法主要有磁电式和霍尔式两种,它们都采用传感器和测速齿盘之间的相互作用来测量转速。

由式(2-5)可知,霍尔传感器的输出电压取决于磁感应强度 $B$,因此不论转速高低,霍尔式转速传感器的输出幅值都是标准的电平跳变信号,相邻跳变(边沿)的电平之间的时间间隔代表了转速信息,如图2.12所示。在该图中,霍尔传感器由于内部采用滞回比较器对磁感应强度进行检测,因此对图2.12(b)所示的叶轮探测时,正转和反转时的占空比是不一致的,可以利用这个规律来判断叶轮是正转还是反转。

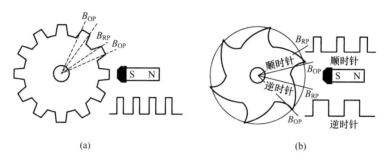

图2.12 霍尔式传感器的输出波形

磁电式转速传感器的工作原理如图2.13所示,由断路环的感应电动势公式(2-6)可知,传感器感应线圈的输出电压取决于线圈的匝数 $N$ 和磁通的变化率 $d\Phi/dt$,而 $d\Phi/dt$ 既和凸齿/缺齿与传感器之间的间隙有关,也和齿盘的转速有关。同样形状的齿盘、同一传感器,在间距不变、不同转速下,尽管转过一个凸齿和缺齿所对应的 $d\Phi$ 一致,但是由于 $dt$ 不一致,因此当转速增大时,由于 $dt$ 变小而导致输出幅值变大。

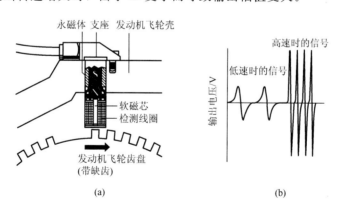

图2.13 磁电式转速传感器及其输出波形

一个齿盘的转速 $n$ 可表示为

$$n = \frac{60}{Zdt} = \frac{60}{Z} \cdot \frac{1}{dt} \tag{2-7}$$

式中,$Z$ 为齿数;$dt$ 为转过一个齿对应的时间。当齿形和齿间距固定不变时,$d\Phi$ 在不同转速下是不变的,于是磁电式转速传感器的输出电压为

$$U_M = -N\frac{d\Phi}{dt} = -N\frac{d\Phi}{1} \cdot \frac{nZ}{60} = -N\frac{nZ\,dx}{60}d\Phi \tag{2-8}$$

由式(2-8)可知，在齿形和齿间距固定不变的情况下，磁电式转速传感器的输出幅值将随着转速的升高而线性增大。

以发动机曲轴转速传感器为例，在发动机起动阶段（对应发动机平均转速为100～200r/min），磁电式转速传感器的输出信号幅值只有0.2～1.0V；但在发动机高速工况（对应发动机转速5000～6000r/min）时，磁电式转速传感器的输出信号幅值可以超过50V。因此磁电式转速传感器在信号处理上，要比霍尔转速传感器复杂。但是磁电式转速传感器也有优点：

(1) 其工作原理就是一个小的发电机，因此传感器本身无须ECU供电。
(2) 结构简单，传感器主要部件就是线圈加上永磁铁，相对霍尔传感器，其成本低。
(3) 齿盘和传感器之间的安装间隙，不像霍尔式传感器要求那么敏感。

### 2.1.3 加速度传感器及其测量原理

**1. 直线加速度的测量**

加速传感器在车辆的动力学控制、被动安全控制系统等领域得到了广泛的应用。采用基于微电子机械系统技术的半导体式加速度传感器，已经逐步成为各种工业应用中测量加速度的主流技术。采用微电子机械系统技术的加速度传感器的工作原理大多基于电容测量的原理。在介绍加速度传感器的工作原理之前，需要首先熟悉基于电容测量的工作原理。

如图2.14所示，一个电容由上、下两个平板组成，则该电容的容值为

$$C = \varepsilon_0 \varepsilon_r \frac{A}{d} \tag{2-9}$$

式中，$C$为电容的容值；$\varepsilon_0$、$\varepsilon_r$为相对介电常数；$A$为两极板之间的相对面积；$d$为两极板之间的距离。根据式(2-9)可知，改变$d$、$\varepsilon_0$、$\varepsilon_r$和$A$，都可以改变电容的容值$C$，通过测量电容的大小可以得到相应的位移变化$x$。电容测量的原理，既可以直接用于位移的测量，也可以用于压力的测量，还能够用于加速度的测量。图2.15为一种采用电容测量原理的液位高度传感器的示意图。

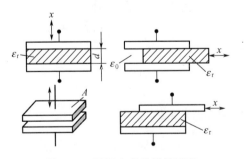

图2.14 基于电容的测量原理

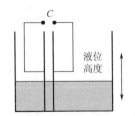

图2.15 基于电容测量的液位测量

采用电容的原理测量加速度的方法如图2.16所示，一共有四个微机械的平板，其中的上层板、下层板和参考板为固定不动的元件，中间的运动板采用细梁进行柔性支撑。当垂直方向有加速度时，中间板（其质量为$m$）受到的惯性力将导致两侧细梁产生

变形，于是中间板和上、下板之间的距离发生变化。当有加速度时，在两侧细梁的结构、中间板质量 $m$ 等几何参数确定之后，加速度 $a$ 和中间板的位移 $x$ 有单调的对应关系，通过检测中间板的垂直位移 $x$，就可以计算出传感器所在的加速度 $a$，而位移 $x$ 可以通过电容测量获得。

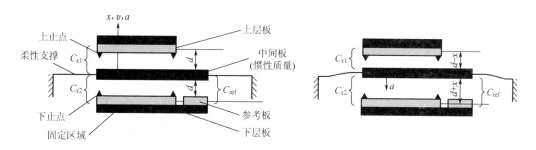

图 2.16 基于电容测量的加速度测量方法

图 2.16 中的参考板与被测的中间板之间构成一个参考电容 $C_{ref}$，该电容的作用是测试和标定传感器。检测单元可以和信号处理单元集成在一个芯片中，专门的处理电路可以独立布置或者重叠布置在芯片内部。为了提高传感器检测的精度、加大电容量，往往采用微电子技术，将传感器检测元件设计为平板阵列，运动平板和固定平板组成多组相互嵌合在一起的电容组，可以提高电容总值，从而提高对加速度检测的敏感度。

目前加速度芯片在类型上不仅有测量单个方向的传感器芯片（$x$，$y$ 和 $z$），还有可测量二维加速度甚至三维加速度的传感器芯片。

加速度传感器根据检测的频率范围和幅值大小可以划分为很多种。国际上能够研制和生产加速度传感器的公司有 BOSCH，Freescale，ST，Analog Device 和 TI 等十余家半导体制造商。

2. 角速度——陀螺仪的测量原理

陀螺仪是与加速度传感器类似的微电子机械系统，还在角速度传感器研制中得到了广泛的应用。其基本工作原理为采用科氏加速度的测量原理，如图 2.17 所示。根据物理学的知识，科氏加速度力 $F_C$ 为

$$F_C = 2m\omega \times v \qquad (2-10)$$

在图 2.17 中，利用微电子机械设计的角速度传感器的工作原理是：首先利用电子电路的方法，让运动质量 $m$ 沿着 $x$ 轴产生一定幅值的高频往复运动 $v$，当 $z$ 轴方向的角速度 $\omega$ 不为零时，在科氏加速度力的作用下，集中质量 $m$ 在 $y$ 轴会产生位移，如果在 $y$ 轴上布置微电子机械电容，就能够间接测量出科氏加速度力，从而能够计算出被测的旋转角速度。具体的结构如图 2.18 所示。共有两个运动集中质量，为了产生 $x$ 方向的高频激振往复运动，采用了微小的叉形共鸣器的原理，各由两组叉形共鸣器驱动（$C_1 \sim C_4$），同步驱动两个集中质量，当左边的集中质量 1

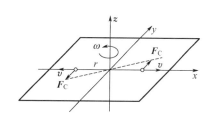

图 2.17 科氏加速度的产生和计算方法

向左运动时,右边的集中质量 2 也同步往右运动。在每个集中质量的下方,也就是 $-y$ 方向,还有一个固定的平板。这样,由两个集中质量和相应的固定平板组成了两个平板电容 $C_{s1}$ 和 $C_{s2}$。当存在外部角速度时,一个电容值变大,另一个电容值变小,通过检测两个电容 $C_{s1}$ 和 $C_{s2}$ 输出的差分信号,便可以测量得到沿 $z$ 轴施加的角速度。

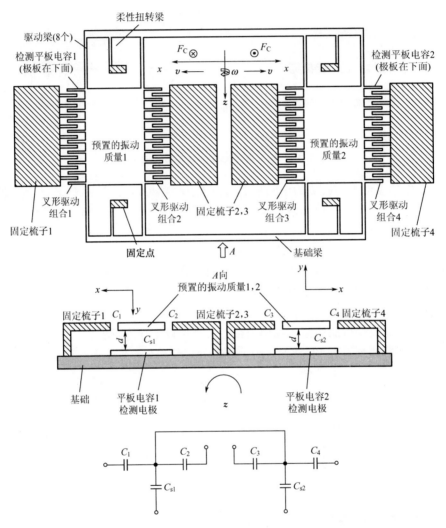

图 2.18　基于科氏加速度的利用叉形激振检测单元及其等效电路

目前,国际上已经出现了同时将多维的加速度和角速度的检测集成到一个芯片中的传感器芯片。这些高性能的惯性传感器具有体积小、精度高、响应快、可靠性高、匹配和标定灵活的特点,已经在汽车的被动安全和整车动力学控制领域得到了广泛的应用。

3. 爆燃传感器的工作原理

在发动机管理系统中,尤其是汽油机管理系统中,检测缸体振动信号的爆燃传感器,其实质也是一种加速度传感器,如图 2.19 所示。其构造和工作原理与上述微电子机械的加速度传感器的原理不同,爆燃传感器采用压电效应的原理,主要由紧固螺栓、平衡块、压电元件和电器接线装置组成。爆燃传感器可以由紧固螺栓直接安装在发动机缸体上,当缸体发生振动时,平衡块也会随之振动,于是压电元件受到来自紧固螺栓座和平衡块的应力,输出电荷大小随振动幅值变化而变化。压电元件的特点是当它受到应力时,在其内部就会感应出电荷,该电荷会在压电元件的两端形成电压。

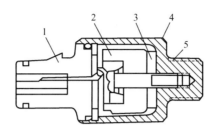

**图 2.19　爆燃传感器**

1—电器接线装置；2—平衡块；3—压电元件；4—外壳；5—紧固螺栓

实际的发动机缸体振动信号如图 2.20 所示,在没有发生爆燃的时候,缸体的振动信号幅值较小;发生爆燃后,缸体的振动信号幅值明显加大。从功率谱密度分布上看,6~7kHz 及其 1 倍的频率带上幅值明显加大了。通常发动机爆燃信号的频率在 2~20kHz 之间的区域最为明显,这也是缸体固有振动信号的频率区间。爆燃传感器由于是高频的振动信号,因此其信号处理是比较复杂的,通常需要采用专用芯片来完成。

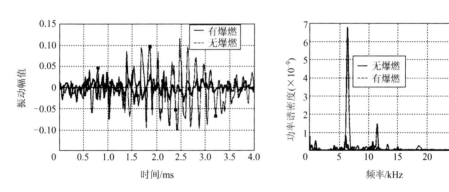

**图 2.20　爆燃传感器输出信号的对比**

### 2.1.4　应力/压力传感器的工作原理

在汽车的多个控制系统中都需要用到压力测量。测量压力的方法有很多种,有的采用上述基于电容测量的方法和微电子机械系统技术,将压力转化为弹性材料的变形,再利用电容的方法测量变形量;有的采用压阻效应的方法,即将压力所引起的材料变形,转化为电阻的变化,如将传统的应变片粘贴在变形材料的表面就是采用这种方法。在处理应变片信号的过程中,需要用到惠斯通电桥进行信号处理。在汽车工业中,目前越来越多地采用基于微电子机械系统技术测量应力和应变的方法。

随着微电子技术的进步,传感器的体积做得越来越小,功能也越来越智能化。不同测量范围的压力传感器及其相应的测量方法存在差异,但其共同的特点是先将被测压力转换为材料的变形,再利用应变片将材料的变形转化为电阻的变化,然后利用以电桥为基础的放大电路,以及温度补偿和校正电路,最后得到被测压力值。压力传感器在汽车上的典型应用见表2-2。

表2-2 压力传感器在汽车上的典型应用

| 序号 | 名　　称 | 功　　能 |
|---|---|---|
| 1 | 油箱压力传感器 | 测量油箱压力,燃油挥发控制(排放控制内容) |
| 2 | 燃油压力传感器 | 测量燃油油轨的压力 |
| 3 | 增压压力传感器 | 测量增压发动机的增压(中冷后压力) |
| 4 | 排气压力传感器 | 应用在柴油机排放后处理系统的微利捕捉器(DPF)的压力检测 |
| 5 | 压差传感器 | 应用在废气再循环(EGR)控制系统或者DPF控制系统 |
| 6 | 真空传感器 | 制动系统真空助力泵压力传感器 |

## 2.1.5 气体传感器

目前由于对发动机排放的要求越来越高,因此越来越多的车辆上都装备了检测气体流量或者成分的传感器,包括氧传感器(又称空燃比传感器)、$NO_x$传感器、空气流量传感器和$NH_3$(氨气)传感器等。

1. 窄范围氧传感器

氧传感器的基本工作原理采用了氧化锆($ZrO_2$)对氧离子的扩散作用的原理,如图2.21所示。

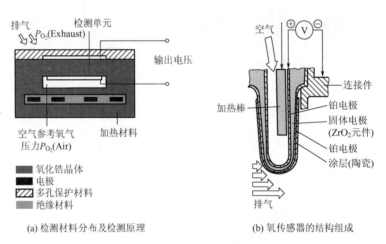

(a) 检测材料分布及检测原理　　(b) 氧传感器的结构组成

图2.21 氧传感器的工作原理

当混合气较稀时,排气中氧的含量较高,传感器内、外两侧氧的差别很小,氧化锆产生的电压低,大约为100mV;反之,当混合气浓时,排气中几乎没有氧,传感器内、外两侧氧的差别很大,氧化锆组件产生的电压就高(800～900mV)。表面的铂起到催化作用,使排气中的氧和一氧化碳反应,生成二氧化碳,使氧化锆两侧的氧浓度差别变得更大。于是,在理论的化学计量比附近,传感器的输出电压有突变,如图2.22所示。从该图可以看出,氧化锆式氧传感器的输出信号还与工作温度相关,一般要达到350℃才能正常工作。为了保证传感器在冷起动条件下尽快达到正常的工作温度（350℃），在传感器内部还装有加热棒。ECU 根据氧传感器信号控制喷油量的增加或减小，保持混合气的空燃比在化学计量比附近。

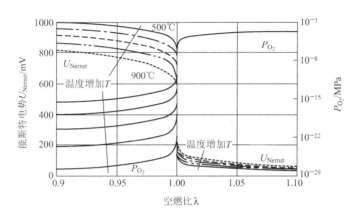

图 2.22　氧传感器的输出特性

氧化锆式的氧传感器共有四根线：加热用的 12V 电源及其返回线（在 ECU 内部经过 MOSFET 管之后接地）、空燃比信号线及地线。

2. 宽范围氧传感器

随着稀薄燃烧技术和排放后处理技术的发展，在发动机的控制系统中需要在一定范围内能够精确反馈空燃比。传统的氧化锆传感器的缺点是只能在理论化学计量比附近一个较窄的区域内工作，而新研制的宽范围氧传感器能够在 10∶1～30∶1 的范围内精确反馈空燃比。

宽范围氧传感器工作原理如图 2.23 所示，包括两个氧转换单元、一个泵氧单元（$I_p$）和一个排气检测室（$V_s$），即检测单元组成。$V_s$ 由一个小的电流源供电，可将微量的氧移动到右边的基准氧气室。$V_s$ 两侧的电压即检测室和基准室的电压差保持在 0.45V，这样基准室对传感器起到参考基准的作用。

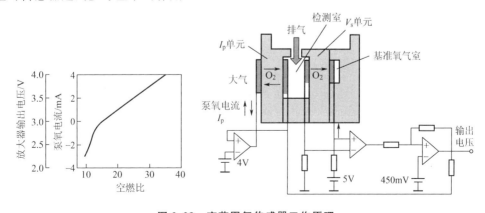

图 2.23　宽范围氧传感器工作原理

泵氧单元的材料也是氧化锆,利用上述氧离子扩散机理,在泵氧单元上施加不同方向的电流 $I_p$,就可以使氧气泵入或者泵出检测室,在排气进入排气检测室后,根据排气中氧的浓度经过 $V_s$ 单元产生一个电压,$I_p$ 单元通过泵氧到大气或从大气中泵氧到检测室,以保持 $V_s$ 的电压稳定在 0.45V,使检测室内保持化学计量比的浓度。因此,通过泵氧电流 $I_p$ 可测量出排气的空燃比,电流 $I_p$ 称为扩散限制电流。

3. $NO_x$ 传感器

上述宽氧传感器的扩散限制电流的工作原理,也可以用于氮氧化物($NO_x$)的检测。典型氮氧化物传感器由两个扩散泵和一个测量泵组成,工作原理如图 2.24 所示。排气首先经过扩散通道 1 进入 1 室,在该室中的主泵可以泵入或者泵出氧气,并将排气中没有完全氧化的成分(HC,CO 和 $H_2$)进行氧化。氧化过程可由铂催化电极来完成。当排气的成分较浓时,主泵从外部空气中泵入氧气,以供氧化 HC,CO 和 $H_2$;当排气成分较稀时,主泵将多余的氧气泵出到外部空气。这样,排气在 1 室中只剩下没有分解的氮氧化物和浓度很低的氧气,气体成分接近于化学当量比,控制主泵的电流控制信号代表了排气的空燃比信号。在 1 室检测空燃比的过程与宽氧传感器的工作机制是完全一致的。

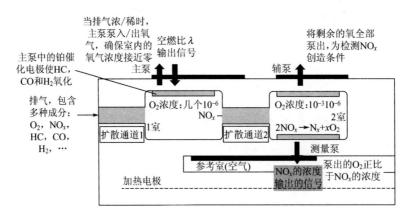

图 2.24 $NO_x$ 浓度传感器的工作原理

进入 1 室的气体进一步通过扩散通道 2 进入 2 室,在 2 室中,辅助泵进一步将剩余的氧离子泵出,使得气体只剩下没有分解的 $NO_x$;安装在另外一侧的测量泵可以将 $NO_x$ 还原成氮气和氧气,并将氧气泵出到参考室,泵出的氧气量正比于 $NO_x$ 的浓度。通过检测泵出所需要的电流大小,便可以得到 $NO_x$ 的浓度。这种基于扩散机制的 $NO_x$ 传感器能够同时测量空燃比和 $NO_x$ 的浓度。该传感器能够输出窄范围空燃比信号、宽范围空燃比信号、$NO_x$ 浓度信号。传统窄范围氧传感器的响应时间在几十到上百毫秒数量级,宽范围氧传感器的响应时间在几百毫秒数量级,而 $NO_x$ 传感器的响应时间则更慢一些,接近一秒。

目前,宽氧传感器和氮氧化物传感器在发动机的排放控制系统中得到越来越广泛的应用。图 2.25 所示为可以达到低排放和超低排放的发动机后处理系统示意图,它包括一个预催化器和主催化器、两个温度传感器和宽范围氧传感器、窄范围氧传感器和 $NO_x$ 传感器。

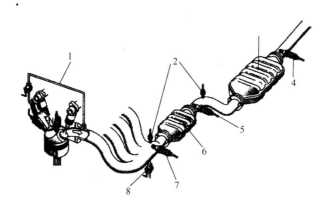

**图 2.25　发动机后处理系统构成图**

1—EGR 控制系统；2—温度传感器；3—主催化器；4—$NO_x$ 传感器；5—传统氧传感器；
6—预催化器（加热）；7—宽范围氧传感器；8—二次空气阀

**4. 空气流量传感器**

空气流量传感器的作用是将吸入的空气量转换成电信号送给 ECU，是决定发动机喷油量和空燃比控制的基本信号之一。较早的空气流量测量方法包括卡门旋涡式和页板式流量计，现在已经较少采用。目前常用的空气流量传感器为热线式和热模式两种方式。

热线式空气流量计的工作原理是把通电加热的铂丝置于空气中，使热线温度和吸入空气温度差保持在 100℃ 左右，铂丝成为惠斯通电桥电路的一个桥臂，如图 2.26 所示。热线电阻因空气流动的冷却作用，阻值发生变化，使电桥失去平衡。为了保持电桥平衡，必须提高电桥供电电压，加大流过热线的电流，使热线温度升高，恢复到原来的阻值。电桥输出电压的变化反映了空气流速的变化。

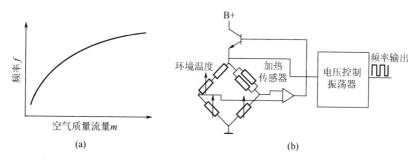

**图 2.26　热线式空气流量计工作原理**

利用这种工作原理的空气流量计有以下四种形式。

**1）主流测量热线式空气流量计**

主流测量热线式空气流量计把铂丝和空气温度传感器均放在进气道中，如图 2.27 所示。对热线加温与电流有关，热线散热与气流速度有关，当以不变的温差来控制电流时，通过加热与散热的平衡，即可通过对电流（或电压）的检测求得质量流量。为了减小气流中脏物沾污铂丝，降低空气流量传感器的灵敏度，在混合集成电路中还设置烧净电路，每次停机时，将铂丝加热，烧掉铂丝上的脏物。此种流量传感器由于铂丝线细，进气道中气流变化大，因而铂丝易断，现在汽车上较少采用。

2）旁通热线式空气流量计

旁通热线式空气流量计的工作原理与主流测量热线式空气流量计相同，只是将铂丝和温度补偿电阻绕在陶瓷绕线管上，安装在旁通空气气道上，从而提高了铂丝的寿命，如图2.28所示。

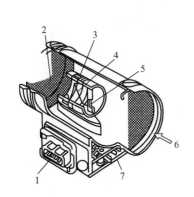

图2.27　主流测量热线式空气流量计

1—电插头；2—空气滤网；3—热丝支架；
4—铂丝；5—温度传感器；6—空气入口；
7—流量计壳体

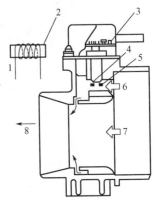

图2.28　旁通热线式空气流量计

1—铂丝；2—陶瓷管；3—放大电路；
4—铂丝组件；5—温度传感器；
6—旁通气道；7—主气道入口；
8—主气道出口

3）主流测量热膜式空气流量计

主流测量热膜式空气流量计将热线、补偿电阻、精密电阻等镀在一块陶瓷片上，或将发热金属铂固定在树脂膜上，使制造成本降低，且发热体不直接承受气体流动所产生的作用力，增加了发热体的强度，提高了传感器的可靠性和使用寿命，如图2.29所示。

4）热膜式空气流量计

BOSCH公司研制的可以系列化的热膜式空气流量计，如图2.30所示。该传感器由热膜和两个温度传感器组成，温度传感器对称布置在热膜的两侧。当空气静止时，热膜给两侧传递的热量相同，温度场为对称分布，两个传感器的温度差为零；当空气流过传感器表面时，空气首先流过传感器1，使得其温度$T_1$下降；接着空气流过热膜的表面并被加热；再流过温度传感器2，而使其温度$T_2$升高。于是两个温度传感器将测得温差$\Delta T$，该温度和空气流量相关。旁通热膜式空气流量传感器采用同样的传感器单元、统一的信号处理模块，配套不同口径的空气导管，实现不同量程的空气流量测量，配套不同排量的发动机，从而实现传感器的系列化配套。

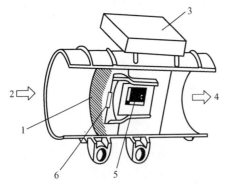

图2.29　主流测量热膜式空气流量计

1—空气滤网；2—空气入口；3—放大电路；
4—空气出口；5—热膜组件；
6—温度传感器

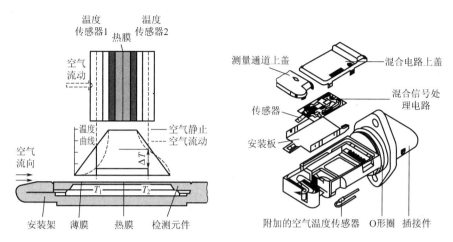

图 2.30　旁通热膜式空气流量计工作原理

### 2.1.6　光电传感器

在汽车上用到的光电传感器包括绝对位置光电编码器、相对位置光电编码器（电动机控制的相位检测）、雨滴传感器、雷达传感器等。

**1. 绝对位置光电编码器**

绝对位置光电编码器可以用来测量绝对位置。如图 2.31 所示，光线由光源经过编码半圆到采样盘，被光电管接收。每一个光电管对一个编码盘上的一个轨道，因此一个分辨率为 $2^n$ 的光电传感器，一共需要 $n$ 个光电管和 $n$ 路轨道，检测轴的每个位置对应唯一的一个编码。这种绝对位置传感器的优点是精度好，抗干扰能力强；缺点是需要多个编码盘的轨道和光电管，结构复杂，而且成本高，目前应用较少。

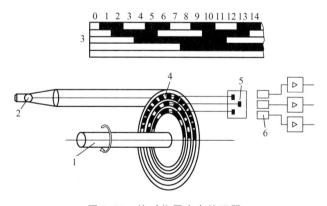

图 2.31　绝对位置光电编码器

1—检测轴；2—光源；3—位移传感器；4—编码半圆；5—采样盘；6—光电接收器

**2. 相对位置光电编码器**

相对位置光电编码器如图 2.32 所示，由光源、直线光栅、采样板和四个光敏二极管组成。为了确定传感器的初始位置，还有一个参考位置和辅助光栅及辅助光电管。

由于可以精确测量位置和速度,因此这种传感器在电动机控制、机床控制等领域应用很多。在汽车工业中,转向盘转角传感器也可以采用光电传感器。

3. 雨滴传感器

雨滴传感器的工作原理如图 2.33 所示。雨滴传感器上一共有三个光强传感器和一个发光二极管。其中,$S_1$ 为测量近光的环境光强传感器;$S_2$ 为测量前方光线的光强传感器;$S_3$ 为测量雨滴的光强传感器;$S_4$ 为一个发光二极管,与 $S_3$ 配合工作测量车辆前风窗玻璃上的雨滴密度。当玻璃上没有雨滴时,由 $S_4$ 发出的大部分光都折射出风窗玻璃,反射回来被 $S_3$ 接收的光强很少;当玻璃上雨滴较多时,被风窗玻璃反射回来由 $S_3$ 接收的光强增加,于是传感器输出发生变化。

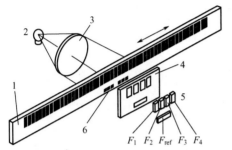

图 2.32 相对位置光电编码器
1—直线光栅;2—光源;3—光板;4—采样板;
5—光敏二极管;6—参考位置标记

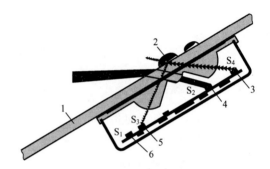

图 2.33 雨滴传感器工作原理图
1—风窗玻璃;2—雨滴水珠;3—发光二极管;
4—前方强光传感器;5—雨滴光强传感器;
6—环境强光传感器

雨滴传感器一般安装在前风窗玻璃内侧,能够被刮水器扫描到的地方。雨滴传感器在前照灯控制、远光灯控制和自动刮水器控制系统中发挥着重要作用。例如,有的车辆检测到环境亮度很暗时(进入隧道),可以自动开启车辆的前照灯;检测到对方来车的强烈灯光时(会车),可以自动关闭远光灯,开启近光灯;检测到雨滴时,可以自动起动刮水器控制系统,刮水器的速度可以和雨滴强度相对应。

4. 雷达传感器

雷达传感器用来实现自适应导航控制和倒车报警等功能,其基本原理如图 2.34 所示。雷达传感器由振荡器和放大器组成波形发生器,发射器发出波长为毫米级的电磁波,遇到前、后车辆或者障碍物后反射回来,被接收器接收到,并经过放大器放大。从发射到接收之间的时间差,代表车辆和障碍物之间的距离。超声波也采用这种工作原理。

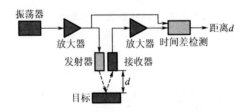

图 2.34 雷达和超声波传感器的工作原理图

## 2.2 电子控制单元

电子控制单元（ECU）是实现汽车电子控制的核心部件。ECU主要由输入接口、微机（微处理器）和输出接口等组成，如图2.35所示，其基本功能包括以下几个方面。

信号输入：微机接收来自传感器或控制开关的电信号，并对传感器提供基准工作电压（2V、5V、9V或12V）。

信号处理：采集输入信息，通过逻辑电路将输入信号加工成输出指令。

存储：程序指令、车辆参数、运算数据及故障信息等均被存入存储器。

指令输出：微机将输入的信号处理后，调用程序指令，向执行器发出控制指令或将信息在仪表板上显示输出。

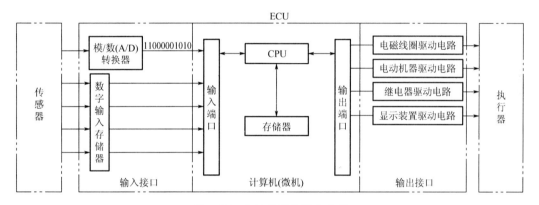

图2.35 电控单元的基本组成

### 2.2.1 微机

微机是微型电子计算机的简称，它的结构与组成如图2.36所示，主要包括中央处理器（CPU）、存储器、输入和输出通道、地址总线和数据总线等。

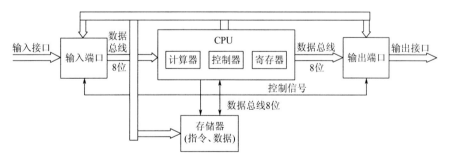

图2.36 微机的结构组成

### 2.2.2 输入接口

从传感器输出的信号因传感器的种类不同而有不同的形式。输入接口把传感器输出的模拟信号转换成由微机能进行运算的数字电路信号。

### 1. A/D 转换器

由于微机只能处理数字（Digital）信号，所以输出模拟量（Analog）的传感器信号，需要通过 A/D 转换器，将模拟信号转换为微机能识别的数字信号。通常的 A/D 转换器是将一个输入电压信号转换为一个输出的数字信号。数字信号本身不具有实际意义，仅仅表示一个相对大小，故任何一个 A/D 转换器都需要一个参考模拟量作为转换的标准，比较常见的参考标准为最大的可转换信号大小。而输出的数字量则表示输入信号相对于参考信号的大小。例如，对于一个 2 位的电压 A/D 转换器，如果将参考信号设置为 1V，那么输出的信号有 00、01、10、11，四种编码，分别代表输入电压在 0～0.25V、0.26～0.5V、0.51～0.75V、0.76～1V 时的对应输入。分为四个等级编码，当一个 0.8V 的信号输入时，A/D 转换器输出的数据为 11。

### 2. 数字输入存储器

微机处理的数值，不可能把传感器的数字信号保持不变地输入。由于汽车用微机依靠位于 ECU 内部的稳定的 +5V 电源进行工作，所以不同形式的输入信号，必要时需进行滤波。

## 2.2.3 输出接口

微机输出的电信号是数字信号，而有些执行器需要用模拟信号驱动，因此，输出接口需要 D/A 转化器，将数字信号转换为模拟信号。同时，由于微机的输出指令通常是微弱电流，不可直接驱动执行器，因此，输出接口能把微机输出的微弱电信号通过大功率晶体管进行功率放大，供给执行器较大电流的电路。

## 2.3 汽车电控执行器

执行器的主要任务是根据电子控制电源（ECU）输出的控制信号来完成所需的机械动作，以实现某一系统的调整和控制。将电信号转换为机械运动的方式有多种，按其实现机械运动的形式来分类，执行器大致可分为直行式执行器和旋转式执行器两大类；若从具体的结构来看，真正实现这一转换的部件分别是电磁线圈、微型电动机、继电器、压电元器件及显示装置等。

### 2.3.1 电磁线圈式执行器

电磁线圈原理是利用通过导线周围存在磁场而建立的，把它绕成螺旋形加强磁场，即用最小的空间来实现最高的磁场强度，用漆包细铜线代替普通导线也是为了节省空间。常见的电磁线圈式执行器有单向作用电磁线圈、双向作用电磁线圈和交叉线圈三种。

#### 1. 单向作用电磁线圈

如图 2.37(a) 所示，直行式电磁线圈的线管上绕有很多匝漆包细铜线。铁心可在线管内做直线运动。线圈通电时铁心被吸进线圈，电路断开后，回位弹簧将铁心推回。

通常为了减少电磁线圈长时间的电流消耗，直行式线圈使用了如图 2.37(b) 所示的两个线圈：一个闭合线圈，一个定位线圈。当开关闭合后，蓄电池同时向两个线圈供电，直到铁心接近其行程终点时，一对触点打开，闭合线圈被短路，只有定位线圈仍通电，使铁心保持在行程终点位置。

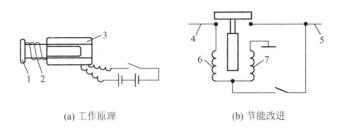

(a) 工作原理　　　　　　(b) 节能改进

**图 2.37　单向作用电磁线圈**

1—铁心；2—回位弹簧；3—磁铁线圈；4—接起动机；5—接蓄电池；
6—闭合线圈；7—定位线圈

**2. 双向作用电磁线圈**

若使铁心做双向直线运动，可以使用两个差动线圈，如图 2.38 中的 A 和 B。当线圈 B 通电时，铁心向右运动；而当线圈 A 通电时，铁心向左运动。

电磁线圈产生的作用力较大，可使铁心迅速运动，但行程较短，仅约为 8mm，因此，通常把线圈铁心和一个伸出臂或杠杆相连，以增大行程，使其用途更为广泛。

**3. 交叉线圈**

如图 2.39(a) 所示，交叉线圈由两个正交的线圈、磁性转子及指针构成转子。在永久磁铁的转子外侧每隔 90°绕有两个线圈 $L_1$、$L_2$，通过改变线圈的电流强度和方向，以及两个线圈形成的磁场合力，能使转子向任意位置旋转。

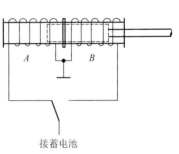

**图 2.38　双向作用电磁线圈**

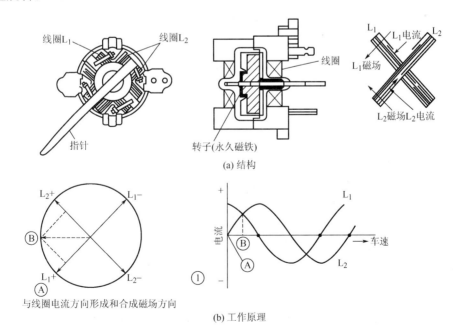

**图 2.39　交叉线圈**

如图 2.39(b) 所示,线圈的电流方向与磁场方向之间的关系。在线圈 $L_1$、$L_2$ 之间具有 90°相位的正弦波电流通过。把这种正弦波与车速相对应,指示车速为零(A 点时,指针为图中 $L_1$ +方向;车速为 B 时,线圈 $L_1$ 和 $L_2$ 的合成磁场处于 B 点)。

表 2-3 是电磁线圈在汽车上的应用概况,其使用分两种情况:一种是利用连接杆或支杆作中介,使某种柱塞的运动增幅,直接驱动有关零部件;另一种是在气体或液体的通路中,把柱塞的运动传给阀门,以控制压力和流量。

表 2-3　电磁线圈执行器在汽车上的应用

| 应用范围 | 装置名称 | | 控制形式 | 电磁力/N |
|---|---|---|---|---|
| 发动机电控 | 喷油器 | | 开/关 | 5.88 |
| | 冷起动喷油器 | | 开/关 | 5.88 |
| | 怠速控制阀 | | 线控 | — |
| | 真空通道控制阀 | | 开/关 | — |
| 底盘电控 | 传动装置 | 自动变速控制 | 开/关 | — |
| | | 自动变换锁定 | 开/关(线控) | — |
| | | 蓄能器 | 线控 | — |
| | | 自动变速锁止控制 | 开/关 | 1.47 |
| | | 自动变速键联锁装置 | 开/关 | 1.67 |
| | 制动系统 | ABS3 点式阀 | 线控 | — |
| | | TCR 主油缸节流阀 | 开/关 | — |
| | | TCR 储压器节流阀 | 开/关 | — |
| | | TCR 储气罐节流阀 | 开/关 | — |
| | 转向系统 | 动力转向压力调节阀 | 开/关 | — |
| | 悬架 主动 | 压力控制阀 | 线控 | — |
| | | 旁通阀 | 线控 | — |
| | 悬架 空气 | 高度控制阀 | 开/关 | 14.70 |
| | | 高压减压阀 | 开/关 | 14.70 |
| 车身电控 | 车门开关 | | 开/关 | — |
| | 行李厢开启 | | 开/关 | — |
| | 燃油箱开启 | | 开/关 | — |
| | 空调压缩机高压旁通阀 | | 开/关 | — |

### 2.3.2　微电机式执行器

微电机式执行器主要是根据微电机实现机械运动的形式来分类的,通常分直行式电动机和旋转式电动机两大类。直行式电动机从结构上分为活动绕组型电动机和活动磁铁型电动机两种；而旋转式电动机又分伺服电动机和步进电动机两种。步进电动机有永磁型、变磁阻型、混合型三种型式。这些电动机都是汽车上比较常用的微型电机。

1. 直行式微电机

1) 活动绕组型电动机

如图 2.40 所示，这种类型的电动机有一个固定磁铁，围绕磁铁中心有一个空心转子和线圈，当电流流入线圈时，活动线圈根据电流方向向里或向外做直线运动。

2) 活动磁铁型电动机

如图 2.41 所示，活动磁铁型电动机有一个固定的磁场绕组和一个提供驱动力的活动磁铁。磁铁的运动方向取决于电源极性。磁铁的行程有一定限制，只能达到磁铁长度的一半，而绕组宽度必须等于其行程。

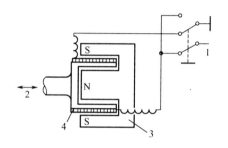

图 2.40　活动绕组型电动机
1—接蓄电池；2—驱动力方向；
3—固定磁铁；4—活动线圈

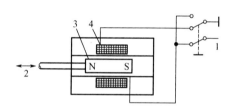

图 2.41　活动磁铁型电动机
1—接蓄电池；2—驱动力方向；
3—活动磁铁；4—固定线圈

2. 旋转式微电机

1) 步进电动机

汽车上经常使用的步进电动机有永磁型步进电动机、变磁阻型步进电动机和混合型步进电动机三种。

(1) 永磁型步进电动机。图 2.42 所示的是永磁型步进电动机，它的转子为一个两极的永久磁铁，定子有两对独立的绕组 $A-A_1$ 和 $B-B_1$。当电流流入其中一对绕组时，按照磁力同性相斥、异性相吸的原理，转子转动 90°，依次把四个极性适当的电脉冲传给电动机，就能使它转动一圈。电动机的旋转方向取决于流入的第一个脉冲的极性。

这种电动机的优点是：在定子未通电前，永久磁铁的磁性可使转子保持定位，因此电动机的这种性质使它具有起动转矩。但这种电动机的缺点是转动惯量较大。

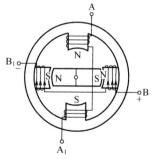

图 2.42　永磁型步进电动机

(2) 变磁阻型步进电动机。可变磁阻型微电动机有一个软铁制成的齿轮转子，一个比转子有更多磁场的绕线定子。图 2.43 所示的是一个三相、15°步进角电动机简图。它的转子有 8 个齿，定子有 12 个磁极，磁极绕组的电流只能单向输入。步进位置数可以按式(2-11)计算：

$$N=\frac{SR}{S-R} \quad (2-11)$$

式中，$S$ 为定子上的磁极数；$R$ 为转子上的齿数。在本例中：$N=12\times8\div(12-8)=24$。当电流流入定子绕组的某一相位时，转子将转动，使之得到最短的磁路，即磁阻最小的通路。在每一步进位置，转子对准四个定子磁极，因而使电动机具有更大的功率。

要使转子从图 2.43 所示的位置转动一个步进角，可以从相位 2 或相位 3 通入电流，这要视所需的旋转方向而定。如果是顺时针转动，供电相位顺序应为 3，2，1，3，2，1，这六个电脉冲可使转子转动 90°，转动所需总时间则取决于为使转子能转动到下一级控制电路向绕组供电所需的时间。

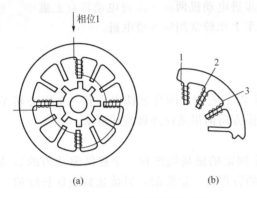

图 2.43 变磁阻型步进电动机
1、2、3—1、2、3 相

(3) 混合型步进电动机。混合型步进电动机是前述两种形式的步进电动机的组合。如图 2.44 所示，其转子类似交流电动机的转子，在两个带齿的爪形铁环之间，设置一块有轴向磁性的永久磁铁，使转子形成两组磁极。这种形式的电动机的工作原理和永磁型步进电动机相类似，它的转矩大，步进率高。缺点是转子惯性大。

2) 伺服电动机

伺服电动机也称执行电动机，它是一种服从控制信号要求而动作的电动机，在信号到来之前，转子静止不动；信号到来之后，转子立即转动；当信号消失时转子立即自行停转。伺服电动机具有可控性好、稳定性高和响应性强等特点。

直流伺服电动机的结构和工作原理与普通小型直流电动机相同，如图 2.45 所示，其基本结构有定子和转子两大部分：定子上装有 4 个（2 对）磁极，上面绕有定子线圈，当定子线圈通电流时，它就产生定子磁场，磁极就显极性，其极性取决于通入定子线圈的电流方向；转子上装有永久磁铁，并装有控制部件（如阀门、控制杆等），当定子线圈通电产生磁场时，转子磁场即与之相互作用而受力转动。

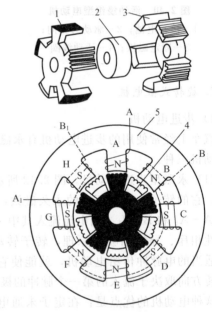

图 2.44 混合型步进电动机
1、3—爪形铁环；2—永久磁铁；
4—转子；5—定子

由图 2.45 可见，当处于 0°位置，转子静止不动；在 -60°位置，转子逆时针转动 60°；在 +60°位置，转子顺时针转动 60°。由于伺服电动机转子根据实际需要而产生不同方向的转动，便能带动同轴连接的执行机构工作，从而实现该执行器所要完成的任务，如对汽车减振器、空气悬架等的控制。

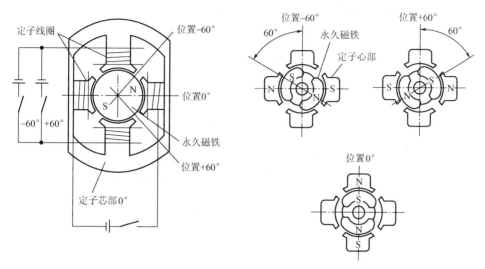

**图 2.45 伺服电动机结构原理**

微电机式执行器在汽车上的应用见表 2-4。

**表 2-4 微电机执行器在汽车上的应用**

| 应用范围 | 装置名称 | 形　式 | 转矩/(Nm) |
|---|---|---|---|
| 发动机电控 | 散热器风扇 | 步进电动机 | 2~2.5 |
| | 空调冷凝器风扇 | | 1.5 |
| | 怠速控制阀 | | 1.3 |
| | 燃油泵 | | 0.6~1.2 |
| | 经济速度行驶控制 | | 50 |
| 底盘电控 | 制动与驱动　ABS 油压泵 | | 8 |
| | TRC 油压泵 | | 4.5 |
| | TRC 伺服节流阀 | | 2.8 |
| | 悬架　减振器衰减力控制 | | 0.3 |
| | 空气悬架压缩机 | | 7.4 |
| | 空气悬架空气阀 | | 0.4 |
| | 转向　4 轮转向舵角控制 | | 0.7 |
| | 电气式动力转向油压泵 | | 3.5 |
| | 转向系统 | | 17 |
| | 倾斜/伸缩转向柱 | | 0.8~1.2 |

## 2.3.3 压电式执行器

压电式执行器是利用压电陶瓷材料制成的，它可随加在其上面的电磁场强弱来改变厚度。例如，把 88 个直径为 12mm、厚度为 0.5mm 的压电陶瓷叠加在一起，施加约 500V 的直流电压时，它可伸长 50μm，若将其与液压回路的行程增大机构配合使用，最终可能增长 2mm 的行程。

压电元件具有响应速度快、体积小等优点，由压电元件制成的压电式执行器常适用于控制燃油的喷射器和减振器的衰减力切换阀等，以提高其控制精度。

压电式执行器工作原理如图 2.46 所示，在一个垂直于压电材料的电场作用下，材料的厚度迅速增加；而将电场移去，则材料又恢复常态。

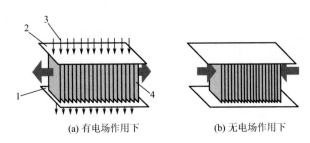

图 2.46　压电式执行器工作原理
1—负极板；2—正极板；3—电场；4—压电应变片

## 2.4　汽车电控系统

### 2.4.1　汽车运行环境对电控元件的基本要求

汽车电子控制系统作为汽车中涉及安全、节能、环保的关键系统，已成为世界各汽车强国竞相研发的热点。目前，汽车上的控制系统越来越复杂、越来越智能、也越来越灵活。和传统的家用消费电子、军用的航空和航天电子横向比较，汽车电子显示出了较强的独立性。

汽车电子具有如下几个特点：

（1）汽车上有的控制系统的实时性要求非常高，以满足车辆高速移动时的安全性和发动机精确控制的需要。例如，对发动机的点火正时和喷油脉宽的控制误差在曲轴角度 ±0.1°范围，在发动机 3000r/min 的工作转速下，该曲轴角度对应的时间为 ±5.56μs，而一架速度为 1000km/h 的飞机，在该时间内的飞行距离只有 1.54mm。因此车辆或者发动机的控制实时性，并不比航空或者航天控制系统的精度差。

（2）汽车上的控制系统必须能够满足苛刻和剧烈变化的环境要求。这些要求可能来自温度变化，如低温（−40℃）或者高温（60℃）。在炎热的夏天，发动机舱的温度可达 80～90℃，对布置在发动机周边的传感器、执行器和控制器都是重要的考验。此外，海拔高度、烟雾、潮湿、振动、光照、辐射、腐蚀气体或者液体等会给控制系统性能带来不利的影响。而汽车上的控制系统，必须能够适应这些外部和内部环境的变化，长期稳定地工作。一般来说，汽车的工作温度范围分为：−40～85℃，−40～105℃，−40～125℃ 3 个级别，最严格的级别和军用电子很相似。

（3）汽车上的控制系统必须具有高度的灵活性和可靠性。为了符合越来越严格的各种法规的强制性标准，满足各种客户的不同偏好和需求，汽车上的控制系统必须要有足够高的灵活性，能够适应不同产品的定位要求、多变的外部环境和驾驶人操作输入，并能够长期稳定而可靠地工作。同时为了保证车辆在各种故障条件下的安全性，对电子控制系统也提出了诊断、容错和失效安全等要求。

（4）汽车上的控制系统还有一个特点，就是很强的机电结合、复杂的软件和硬件结合，以及控制算法和 MAP 图数据相结合。开发这样的控制系统需要一个知识复合型的团队，拥有多种研发和试验手段，经过大量和详细的标定和匹配，才能最终走向批量生产。因此，汽车电子控制系统还体现在知识高度密集、学科交叉程度大、投入开发周期长、需要投入的人力和物力多等方面。

（5）汽车电子控制系统的另外一个显著特点，就是要实现系列化、规模化、大批量、低成本的生产。这点和家用消费电子很相似。要求电子控制系统在设计和研发阶段，就必须要考虑可扩展性、可互换性、兼容性、可维护性等批量生产和工艺的问题。并进一步在控制系统的研发流程、开发手段和生产检测及售后服务等多个环节，形成了汽车电子控制系统独特的产业特点。

总之，汽车电子控制系统的工作环境和品质要求方面基本和军用电子接近。而汽车电子控制系统的产量和价格竞争力方面又和家用消费电子产品接近。因此，汽车电子体现了军品的质量、民品的价格的双重约束，无疑是汽车技术和产业中难度最大，也是最难自主产业化的部分。

因为上述特点，汽车电子控制系统自从 20 世纪 80 年代开始规模产业化以来，已经形成了独特的产业链，在芯片产业、软件开发、执行器和传感器的设计制造等方面都形成了独具特色的规模化产业。

### 2.4.2 汽车电子常用的控制方法

**1. 开环控制系统和闭环控制系统**

1）定义

（1）开环控制系统。在控制系统中，若系统的输出量对系统的控制作用没有影响，则称其为开环控制系统，如图 2.47 所示。开环控制系统的输出量不被反馈到输入端，对控制没有作用。由于开环控制系统没有自动修正控制偏差的能力，系统控制精度取决于系统校准的精度。

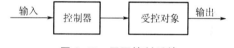

图 2.47 开环控制系统

当实际系统的参数在控制中发生了变化或系统受到外界干扰，系统控制的精度会变差。由于开环控制系统结构简单、调整方便、成本低，故适用于控制精度要求不高、外界扰动较小的情况。汽车电子控制系统中，电动汽油泵工作的控制、冷却风扇转速的控制等均采用了开环控制系统。

（2）闭环控制系统。闭环控制又称反馈控制，系统将输出信号通过反馈环节在输入端与输入信号进行比较。若输入信号与反馈信号相加，称为"正反馈"；若输入信号与反馈信号相减，称为"负反馈"，如图 2.48 所示。负反馈应用较多，其输入信号与反馈信号的差值作为输入信号再一次输入，从而修正了系统控制的误差。闭环系统由于采用了反馈控制，控制系统对内部参数的改变和外界的干扰不敏感，从而提高了系统的控制精度。通过闭环控制，就有可能采用不太精密的、成本低的元器件组成精确的控制系统。现代汽车上怠速控制、空燃比控制、爆燃控制、自动空调的温度控制等均采用了闭环控制。

（3）复合控制系统。为进一步提高反馈控制系统的性能，有些控制系统在反馈控制的基础上，还附加有前馈控制器，如图2.49所示。这类控制系统称为复合控制系统，其目的是克服系统的动态误差。

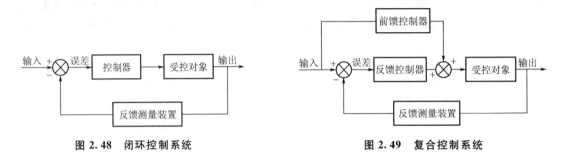

图2.48 闭环控制系统　　　　　　图2.49 复合控制系统

2）应用举例

下面以发动机燃油喷射系统为例，介绍开环控制和闭环控制。

（1）燃油喷射系统开环控制。当发动机运行时，ECU根据系统中各个传感器信号，经过处理，判断发动机实时所处的运行工况，再根据保存在ECU中的喷油脉谱图，计算出最佳的喷油量，并经输出级放大后，通过控制喷油器的喷油脉宽来精确地控制混合气的空燃比，即给定控制系统一个输入，希望产生一个期望输出。开环控制系统结构简单，易于实现，但其控制精度直接依赖于所设定的喷油脉谱图和一些基准数据的精度，以及喷油器的调整与校定。当喷油器及发动机的性能由于长期运行、磨损、老化等而出现性能变化时（即系统模型参数发生了变化），则混合气的浓度就不能准确地保持为预定的空燃比。

（2）燃油喷射系统闭环控制。通常在发动机的排气管上安装一个氧传感器，该传感器检测排气中氧气的含量，以判断混合气的浓度。若氧含量大，说明混合气稀，应增大喷油量；反之，应减少喷油量。反馈环节将检测出的反映空燃比的信号反馈到ECU，与设定的目标空燃比进行比较，得出误差信号，并把此误差信号作为输入信号再次输入，从而修正了控制所产生的误差。燃油喷射系统的闭环控制可以达到较高的控制精度，可消除因产品制造差异或磨损、老化等原因引起的性能变化，工作稳定性好，抗干扰能力强。

**2. 控制理论在汽车电子控制系统中的应用**

自动控制理论在汽车上的应用使汽车操纵实现了自动化，极大地提高了汽车性能，减轻了驾驶人的劳动强度，提高了汽车产品的质量。目前汽车上采用的主要控制理论如下。

1）PID控制

PID（比例-积分-微分）控制属于经典控制理论的范畴，是连续系统中技术最成熟、应用最广泛的一种控制方式。其最大优点是不需要了解被控对象的数学模型，只要根据经验在线调节控制参数，即可得到满意的结果，但对被控对象的参数变化比较敏感。PID可由硬件电路实现，也可由计算机软件编程实现，后者通常被称为"数字PID调节器"，软件编程方法实现PID控制时参数变化可灵活调整。PID控制在汽车电子控制系统中应用非常广泛，如节气门开度控制、离合器的接合控制等。

2）最优控制

最优控制是所选的系统性能指标达到最优的一种控制方法。系统性能指标是根据工作要求选定的，如对远距离航行的飞行器，选取燃料消耗量作为系统性能指标；对自动导航系统，则选取定位误差的均方值最小为系统性能指标。控制系统中，最优控制的设计方法还有极大（小）值原理和动态规划法。目前最优控制在汽车电子控制悬架的控制中比较常见。

3) 自适应控制

汽车电子控制系统是随汽车的行驶而不断运行的系统，一般在进行控制系统设计时，认为系统的模型参数保持不变。但是，随着汽车的运行，系统元件磨损、老化，调整间隙过大等都使系统的参数发生变化，若控制器的控制方式保持不变，则系统的控制性能就会变差。例如，在对汽车悬架的电子控制中，悬架的质量和轮胎气压是系统的两个重要参数，但随着装载量的变化，悬架质量会发生变化，轮胎气压也会经常发生变化。控制系统应能随时根据这种变化采取相应的措施，自适应控制可以解决此问题。

目前，自适应控制有两个主要分支：参考模型自适应控制和自校正自适应控制。这两种控制理论比较成熟，应用也较广泛。

自适应控制方法在汽车电子控制系统中得到了广泛的应用，例如，在发动机空燃比控制中，氧传感器装在排气管内，由于高温和污染的工作环境，使氧传感器很容易老化，从而引起测量误差。采用自适应控制可以将氧传感器的输出信号与存储在控制单元中的参数进行对比，以确定氧传感器是否老化以及老化的程度。若系统发现氧传感器老化，则通过选用适当的修正系数对氧传感器的输出值进行校准，使其输出值接近老化前的正常情况。

4) 模糊控制

模糊控制是计算机数字控制的一种特殊形式，具有处理模糊信息的能力。计算机处理精确信息无与伦比，但对于人轻而易举就能做到的许多事情它却做不了。原因是人具有识别模糊事物、运用模糊概念的能力。

世界上许多东西不能用精确的数学模型表达。人的语言中就有大量的诸如"大概""差不多""稍高""偏低"之类的词语。事实上，处理某些事情用模糊的方式比用精确的方式更有效。例如，要在拥挤的停车场上两辆车之间的一个空隙停放一辆车，驾驶人通过一些不精确的观察，执行一些不精确的操纵，轻而易举地完成了停车工作。而如果通过微分方程表示汽车的运动，采用装备精良的检测设备，用一台大型计算机也难以胜任这一工作。

因此，要研制智能化的汽车离不开模糊控制技术。现在，已经出现了许多商品化的模糊组件，通过装载推理软件或推理芯片来实现各种不同的功能。汽车制动控制、变速控制、车身弹性缓冲控制及巡航控制等，已经广泛地使用了模糊控制技术。

5) 人工神经网络

人工神经网络是指用工程技术手段模拟人脑神经的结构和功能的技术，用计算机模拟人脑神经元对信息进行加工、存储和搜索等。采用神经网络基本原理对控制对象进行控制的方法称为神经网络控制。

人工神经网络由许多简单、并行工作的处理单元组成，单元之间按照一定的结构互相连接，构成一种"另类"的计算机，但没有运算器、控制器、存储器之类的专职部件。它采用众多互相类似的简单处理单元（相当于人脑中的神经元）有机地结合在一起，以并行的"集体工作"方式进行运作。在整个网络中，信息的存储、传播和处理都与生物神经网络类似。

人脑能通过与外界的接触来学习，人脑能够学习的主要原因是神经元之间的连接关系是可以改变的，通过不断地接受刺激，神经元之间可以建立起新的连接结构。根据这个道理，改变人工神经网络中各单元之间的连接结构，就能使它"学会"某种特殊的功能。例如，让人工神经网络模仿有经验的驾驶人操纵汽车。

近年来，汽车领域中开展了神经控制的应用研究，在自动换挡、四轮转向控制、制动控制、自动牌照识别等方面取得了显著成果。

1. 简述车用传感器的种类。
2. 霍尔式转速传感器的工作原理是什么？
3. 汽车电控执行器的类型有哪些？
4. 磁电式转速传感器的优点有哪些？
5. 汽车运行环境对电控元件的基本要求是什么？

# 第 3 章 汽油机电控技术

本章教学要点

| 知识要点 | 掌握程度 | 相关知识 |
| --- | --- | --- |
| 汽油机电控燃油喷射系统的组成、分类及工作原理 | 了解汽油机电控燃油喷射系统的组成、分类、优点，掌握汽油机电控燃油喷射系统的工作原理 | 汽油机电控燃油喷射系统技术发展过程，汽油机电控燃油喷射系统对传感器和执行器的要求 |
| 汽油机电子点火控制系统的组成及控制方法 | 掌握汽油机点火控制系统的组成和控制方法 | 电子点火系统的防止发动机爆燃控制机理 |
| 汽油机可变气门控制的基本原理及其实现方式 | 掌握汽油机可变气门控制技术工作原理和控制方法 | 汽油机对配气系统的基本要求，各种汽油机可变气门控制装置的调节方式 |
| 汽油机稀燃技术 | 了解汽油机稀燃技术的优点，掌握该技术常用的基本控制方法 | 汽油机稀燃技术对于降低燃油消耗和排放的意义 |
| 汽油机缸内直喷技术 | 了解汽油机缸内直喷技术的优点，掌握其控制系统的基本组成及其对控制系统的基本要求 | 汽油机缸内直喷技术对燃油的特殊要求，汽油机缸内直喷技术的发展现状 |
| 发动机均质压燃技术 | 了解发动机均质压燃技术对其燃油供给系统的要求，掌握发动机均质压燃技术的特点和控制方法 | 发动机均质压燃技术与传统发动机燃烧方式的异同，发动机均质压燃技术的应用前景 |
| 发动机废气再循环技术 | 了解发动机废气再循环系统的结构组成和工作原理 | 发动机废气再循环技术的节能减排机理 |

# 汽车新技术

> **导入案例**
>
> 发动机电控系统通过各种传感器来感知发动机和整车的运行状态,这些表征运行状态的电信号传给发动机 ECU,ECU 根据这些反馈的信息进行运算和处理后向执行器输出动作指令,执行器按照 ECU 的指令执行相应的动作,进而使电控发动机对传感器反馈的状态信息做出实时的响应。电控发动机往往需要借助于各种执行器来完成控制指令,执行器主要包括电动燃油泵、电磁喷油器、怠速空气调整器和点火装置等。
>
> 以电动燃油泵为例进行分析。电动燃油泵的主要功能是为燃油供给系统提供压力可控的燃油,其工作原理是利用容积腔的变化产生真空吸力,将燃油从油箱内泵入燃油供给系统中。
>
> 电动燃油泵按其安装位置可分为内装式和外装式,图 3.1 所示为内装式电动燃油泵,图 3.2 所示为外装式电动燃油泵。

图 3.1 内装式电动燃油泵

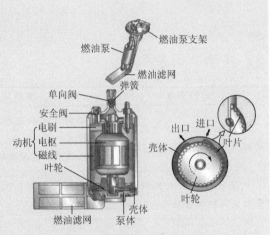

图 3.2 外装式电动燃油泵

> 如何区分内装式与外装式燃油泵?内装式电动燃油泵有哪些优点,常采用什么结构形式?外装式电动燃油泵又有哪些优点,常采用什么结构形式?目前使用较多的是哪种?

当今的汽车仍主要依靠消耗石油燃料获取动力,随着石油危机越演越烈和排放法规的日益严格,人们对汽车发动机提出了越来越严格的要求,在这些近乎苛刻的要求下,催生了众多汽车新技术,其中汽油发动机电控技术在过去的 40 年间取得了飞速的发展,本章将介绍关于汽油发动机的新技术。

## 3.1 汽油机电控燃油喷射系统

汽油发动机的燃油供给系统需要根据汽车运行工况的变化实时地为发动机提供空燃比合适的可燃混合气,以满足汽车在各种工况下不断变化的动力性、经济性和排放性等性能要求。传统汽油发动机为了达到这一目的,在燃油供给系统上设置了诸多附属装置,但其燃油供给特性仍不理想。随着现代控制技术的发展，电控燃油喷射系统在汽油发动机领域得到了广泛的应用，较好地适应了发动机各种瞬变工况的要求，进而提高了发动机的性能指标。

### 3.1.1 电控燃油喷射的概念

发动机正常运转时，需要提供连续的可燃混合气。通过直接或间接测量进入发动机的空气量，并按规定的空燃比计量燃油的供给量，该过程称为燃油配制。燃油喷射系统根据直接或间接测量的空气进气量，确定燃烧所需的燃油量，再通过控制喷油器喷油时间精确配制，使一定量的燃油以一定压力通过喷油器喷射到发动机的进气道或气缸内与相应空气形成可燃混合气。

电控燃油喷射（Electronic Fuel Injection，EFI）系统采用多种传感器检测发动机工作状态，经过ECU计算处理，使发动机在各种工况下均能获得最佳的空燃比，可有效地提高和改善发动机的动力性、经济性，达到排气净化的目的。

### 3.1.2 燃油喷射系统的分类

1. 按喷油器数量分类

按喷油器数量的不同，燃油喷射系统可分为单点燃油喷射系统和多点燃油喷射系统。

1) 单点燃油喷射（Single Point Injection，SPI）系统

在多缸发动机节气门体前方，安装一只或两只喷油器同时喷油，如图3.3(a)所示。在发动机每个气缸进气行程开始之前喷油一次，由于喷油器距离进气门较远，喷入进气管的燃油有足够的时间与进气气流混合形成均匀的可燃混合气，因此对燃油雾化质量要求不高，可以采用较低的喷油压力（一般为100kPa），以降低对电动汽油泵、汽油滤清器等供油系统零部件的设计要求，从而降低系统的制造成本。

2) 多点燃油喷射（Multiport Point Injection，MPI）系统

在发动机每个气缸进气门前方的进气歧管上均安装一只喷油器，如图3.3(b)所示。发动机工作时，燃油适时喷在进气门附近的进气歧管内，喷油压力一般在350kPa左右，空气与燃油在进气门附近形成混合气，从而保证各缸得到均匀的混合气。

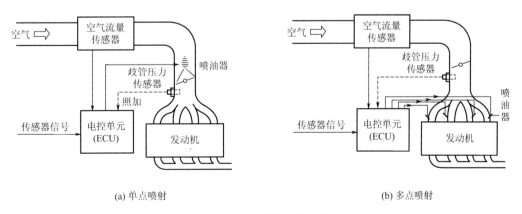

图 3.3 喷油器的安装位置

## 2. 按喷油器喷油部位分类

按喷油器喷油部位的不同，燃油喷射系统可分为缸内喷射系统和进气管喷射系统。

### 1) 缸内喷射系统

缸内喷射系统是指喷油器将燃油直接喷射到气缸内部，又称为缸内直接喷射（Gasoline Direct Injection，GDI）系统，如图 3.4(a) 所示。喷油器安装在气缸盖上，并以较高的燃油压力（3~4MPa）将燃油直接喷入气缸。GDI 系统采用均匀燃烧和分层燃烧技术，可以大大提高发动机的燃油经济性和动力性能，同时大幅度降低排放。

### 2) 进气管喷射系统

进气管喷射系统是指喷油器将燃油喷射在节气门体前方或进气门附近进气管内，又称为缸外喷射系统，如图 3.4（b）所示。目前，汽车燃油喷射系统大都采用进气管喷射系统。与缸内喷射相比，进气管喷射系统对发动机机体的设计改动量较小，喷油器不受燃烧高温、高压的直接影响，设计喷油器时受到的制约较少，且喷油器工作条件大大改善。

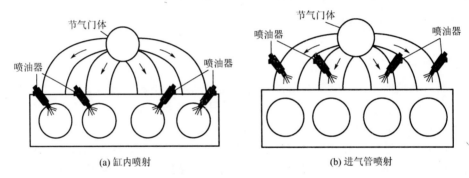

图 3.4 喷油器喷油位置

## 3. 按空气量的检测方式分类

按空气量检测方式的不同，燃油喷射系统可分为直接检测式和间接检测式。直接检测式称为质量-流量方式，间接检测式又可分为速度-密度方式和节气门-速度方式。

速度-密度方式根据进气管绝对压力和发动机转速计量发动机每循环的进气量，而节气门-速度方式则根据节气门开度和发动机转速计量发动机每循环的进气量，从而计算所需的喷油量。其中，质量-流量方式和速度-密度方式比较常用。

## 4. 按喷油器喷油方式分类

按喷油器喷油方式的不同，燃油喷射系统可分为连续喷射系统和间歇喷射系统。

### 1) 连续喷射系统

连续喷射系统在发动机运转期间，喷油器连续喷油，主要用于机械控制式或机电结合式燃油喷射系统，此外部分单点燃油喷射系统也采用连续喷射方式。

### 2) 间歇喷射系统

间歇喷射是指在发动机运转期间，喷油器间歇喷油。目前，绝大多数电控燃油喷射系统采用间歇喷油方式。间歇喷射系统根据喷射燃油的时序不同，又可分为同时喷射系统、分组喷射系统和顺序喷射系统。

（1）同时喷射。发动机工作时，ECU 用同一个指令控制所有喷油器同时开启或关闭。

此外，当采用分组喷射或顺序喷射的燃油喷射系统发生故障、控制系统处于应急状态运行时，一般都采用同时喷射方式喷油，以提供充足的燃油维持发动机运转，将汽车行驶到维修厂修理。

(2) 分组喷射。将喷油器分组，由 ECU 分别发出喷油指令控制同一组喷油器同时喷油。大部分中、低档乘用车采用分组喷射方式喷油。

(3) 顺序喷射。在发动机运转期间，由 ECU 控制喷油器按进气行程的顺序轮流喷射燃油，又称次序喷射。

5. 按电子控制系统的控制模式分类

按电子控制系统的控制模式的不同，燃油喷射系统可分为开环控制和闭环控制。

1) 开环控制

根据实验确定的发动机各种运行工况所对应的最佳供油量的数据预先存入 ECU 中，发动机在实际运行过程中，主要根据传感器输入的信号，判断发动机所处的运行工况，再找出最佳供油量，并发出控制信号驱动喷油器动作，以此精确地控制混合气的空燃比。开环控制简单易行，但对发动机及控制系统的各个组成部分的精度要求高，系统本身抗干扰能力较差，当使用工况超出预定范围时，不能实现最佳控制。

2) 闭环控制

在排气管上加装氧传感器，根据排气中含氧量的变化，测出发动机燃烧室内混合气的空燃比，并将其输入到 ECU 与设定的目标空燃比进行比较，通过控制喷油器喷油，使空燃比保持在设定目标值附近。因此，闭环控制可提高空燃比的控制精度，消除因产品差异和磨损等引起的性能变化对空燃比的影响，工作稳定性好，抗干扰能力强。

此外，燃油喷射系统采用闭环控制后，可保证发动机运行在理论空燃比 14.7 附近很窄的范围内，使三元催化装置对排气净化处理达到最佳效果。

由于发动机某些工况（如起动、暖机、加速、怠速、满负荷）需要控制系统提供较浓的混合气来保证其性能，因此发动机电控系统通常采用开环与闭环相结合的控制方式。

### 3.1.3 汽油机对可燃混合气的要求

1. 空燃比对发动机性能的影响

为了使发动机正常运转，必须为其提供连续可燃的空气与汽油的混合气，通常将进入发动机的空气质量与燃油质量之比称为空燃比，用 $A/F$ 表示，理论空燃比为 14.7。发动机实际工作过程中，燃烧 1kg 燃油所消耗的空气不一定是理论所需求的空气量，与发动机的结构和使用工况有关。

空燃比对发动机性能的影响如图 3.5 所示。当 $A/F$ 为 16 时，混合气较稀，有利于汽油完全燃烧，可降低发动机的油耗，此时发动机的经济性最好，称其为经济空燃比；当 $A/F$ 约为 12.5 时，其燃烧速度最快，发动机所产生的转矩最大，发动机的动力性最好，称其为功率空燃比。

发动机的性能与空燃比有着密切的关系，但影响的程度和变化规律各不相同。精确控制混合气的空燃比，是提高发动机性能的重要途径。

2. 发动机各种工况对混合气的要求

发动机运行过程中，随着工况不断变化，对其混合气空燃比的要求也不同。

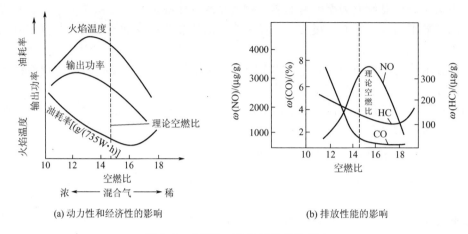

(a) 动力性和经济性的影响　　(b) 排放性能的影响

图 3.5　空燃比对发动机性能的影响

1) 稳定工况

发动机稳定工况是指发动机已经完全预热，正常运转，并且在一定时间内转速和负荷没有突然变化的情况。稳定工况包括怠速、小负荷、中等负荷、大负荷和全负荷。

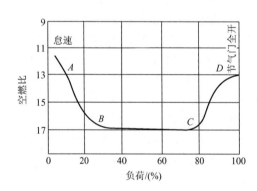

图 3.6　汽油机各种负荷变化时的理想空燃比

(1) 怠速和小负荷工况。怠速工况下节气门处于关闭状态，此时吸入气缸内的可燃混合气不仅数量极少，而且汽油雾化蒸发也不良，进气管中的真空度很高，当进气门开启时，缸内压力仍高于进气管压力，使得缸内混合气中的废气率较大。此时，为保证混合气能正常燃烧，必须提高其浓度，如图 3.6 所示的 A 点。随着负荷的增加和节气门稍微开大而转入小负荷工况时，吸入混合气的品质逐渐改善，因此在小负荷工况时，发动机对混合气成分的

要求如图 3.6 所示的 AB 段。即发动机在小负荷运行时，供给混合气也应加浓，但加浓的程度随负荷的增加而减小。

(2) 中等负荷工况。发动机大部分时间处于中等负荷状态工作，此时节气门有足够大的开度，上述影响因素已不存在，可供给稀混合气，以获得最佳的燃油经济性，如图 3.6 所示的 BC 段，A/F 为 16～17。

(3) 大负荷和全负荷工况。在大负荷时，节气门开度已超过 75%，此时应随节气门开度加大而逐渐加浓混合气，以满足发动机功率的要求，如图 3.6 所示的 CD 段。在节气门尚未全开之前，若要获得更大的发动机转矩，只需将节气门开大即可。因此，在节气门全开之前所有的部分负荷工况都应按经济混合气配制。只是在全负荷工况时，为获得该工况下的最大功率，必须供给浓混合气，如图 3.6 所示的 D 点。从大负荷工况过渡到全负荷工况的过程中，混合气应逐渐加浓。

2) 过渡工况

过渡工况包括冷起动、暖机、加速和减速工况。

（1）冷起动。发动机要求供给浓混合气，以保证混合气中有足够的汽油蒸气，使发动机能够顺利起动。

（2）暖机。由于温度较低、燃油雾化较差，需要空燃比较小的浓混合气。随着发动机温度升高而空燃比逐渐增大，直至达到正常工作温度，发动机进入怠速工况。

（3）加速和减速。加速时，节气门突然开大，进气管压力随之增加，由于汽油的流动惯性和进气管压力增大后汽油的蒸发量减少，大量的汽油颗粒被沉积在进气管壁面上，形成较厚油膜，而进入气缸内的实际混合气则瞬时被稀释，严重时会出现过稀，使发动机转速下降。为此，应向进气管喷入一些附加汽油，以获得良好的加速性能。减速时，节气门突然关闭，由于惯性作用发动机仍保持很高的转速，因此进气管真空度急剧增高，促使附着在进气管壁面上的汽油蒸发汽化，并在空气量不足的情况下进入气缸，造成混合气过浓，严重时甚至熄灭，应供给较稀的混合气。

### 3.1.4 汽油机电控燃油喷射系统的优点

1. 实现精确的空燃比的控制

电控燃油喷射系统可直接或间接地测量发动机的空气进气量，进而精确计量出发动机燃烧所需的燃油量，并同时根据发动机负荷、温度等参数进行适时修正，能精确控制发动机各种工况下的空燃比，实现发动机的最优控制，有效地提高其动力性、经济性和排放性能。

2. 响应速度快，能适应各种工况要求

由于采用电控燃油喷射系统，发动机的动态响应较好，故汽车加速行驶时空燃比控制系统能迅速响应，消除了汽车变工况时燃油供给的迟滞现象，有利于提高发动机的加速性能。

3. 能够更充分利用发动机气缸容积

电控燃油喷射系统可提高燃油的雾化质量，故无须采用进气管预热，有利于进气管的设计和布置。由于气缸内吸入较冷的混合气，因此可提高发动机的充气效率。同时也有利于提高发动机的抗爆性，发动机可采用较大点火提前角和较高的压缩比，以提高发动机的动力性。

4. 更节能，更环保

采用电控燃油喷射系统的发动机可在较稀的混合气条件下运行，能减少废气中有害排放物，节省能源。此外，利用发动机的断油技术，可消除发动机急减速时所产生的污染，有利于提高发动机燃油经济性。

5. 便于利用进气谐振控制技术

根据发动机转速选择进气管的有效长度，利用进气谐振增压效应，进一步提高发动机的充气效率。

6. 燃烧质量更高、排放更低

可使发动机的每个气缸获得均匀的混合气，提高发动机的燃烧质量和稳定性，提高发动机排气净化程度。

### 7. 进气更顺畅，排气更充分

进气管无须喉管节流，流通阻力减少；可采用较大气门重叠角，有利于废气排出，从而提高发动机的充气效率。

### 8. 冷起动性能好

燃油是在一定压力下以雾状喷出，基本不影响发动机冷起动时混合气的形成质量，发动机低温起动性能好。

### 9. 与现代控制技术相配合，不断提高发动机的排放性能

电控燃油喷射系统利用反馈控制和自适应控制等技术与发动机尾气后处理技术配合使用，可有效地提高发动机的排放性能。

## 3.1.5 汽油喷射系统的组成

电子控制汽油喷射系统大致分为三个部分：进气系统、供油系统和电子控制系统。

### 1. 进气系统

进气系统分为旁通空气式和直通供气式，其作用是测量和控制发动机不同工况下所需的空气量。该系统通常由空气滤清器、空气流量传感器（L型）或进气管压力传感器（D型）、节气门体、怠速控制阀或空气阀、动力腔和进气歧管等组成，如图3.7所示。其中，节气门体用来控制发动机正常运行时的进气量，怠速控制阀或空气阀用来控制怠速与高怠速。

空气经过空气滤清器的过滤，再利用空气流量传感器（或进气管压力传感器），测量出空气的流量和温度，经电子控制单元的精确计算后，来控制发动机燃烧所必需的空气量。空气流经节气门再到稳压室，由此分配到各缸的进气歧管。空气在进气歧管中与喷油器喷射的汽油形成混合气后进入气缸。

进气系统主要由空气滤清器和进气歧管组成。

#### 1）空气滤清器

空气滤清器的作用是清除空气中的尘土和沙粒，向进气系统提供清洁的空气，以减少气缸、活塞、活塞环的磨损，并可消除进气噪声，防止回火所造成的危险。按不同的滤清方式，汽油机空气滤清器可分为干式、油浴式、半湿式（过滤材料中浸以机油）、离心式及惯性式等几种。离心式空气滤清器大多用于大型载货汽车上。

#### 2）进气歧管

进气歧管是指节气门体之后到气缸盖进气道之前的进气管道，如图3.7所示。它的作用是将可燃混合气由节气门体分配到各缸进气道。对于汽油喷射发动机和柴油机而言，进气歧管则是将洁净的空气分配到各缸进气道。为了促进空气混合气的流通，进气歧管可利用发动机排气或循环冷却液进行加热。谐振进气系统是利用进气系统的进气压力波与进气周期调谐，使进气歧管内的压力增强，从而增加进气量。

### 2. 燃油供给系统

燃油供给系统向发动机提供形成可燃混合气所需的燃油，如图3.8所示，主要由油箱、电动汽油泵、输油管、汽油滤清器、油压调节器、燃油分配管、喷油器和回油管等组成。

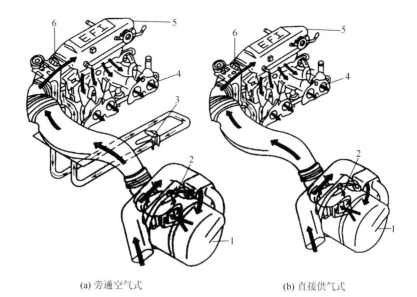

(a) 旁通空气式　　　　　　　　(b) 直接供气式

图 3.7　电喷发动机的进气系统

1—空气滤清器；2—空气流量传感器；3—怠速控制阀；
4—进气歧管；5—动力腔；6—节气门体

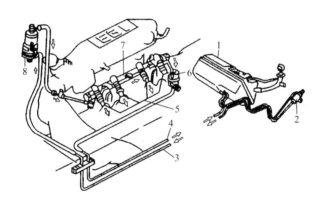

图 3.8　燃油供给系统

1—油箱；2—电动汽油泵；3—输油管；4—回油管；5—喷油器；
6—油压调节器；7—燃油分配管；8—汽油滤清器

发动机工作时，电动汽油泵将燃油从油箱里泵出，先经汽油滤清器过滤，再经油压调节器调节油压，使油路中的油压高于进气管压力 300kPa 左右，最后经燃油分配管分配到各缸喷油器。油压调节器可将喷油器前后压力差始终保持恒定，使喷油器的喷油量只取决于喷油时间。当喷油器接收到 ECU 发出的喷油指令时，再将燃油喷射在进气门附近，并与空气供给系统提供的空气混合形成雾化良好的可燃混合气。当进气门打开时，混合气被吸入气缸燃烧做功。

进入气缸的燃油流经路线：油箱→汽油泵→输油管→汽油滤清器→燃油分配管→喷油器。当汽油泵泵入供油系统的燃油增多、油路中的油压升高时，油压调节器将自动调节燃油压力，保证供给喷油器的油压基本不变。供油系统过剩的燃油由回油管流回油箱，回油路线：油箱→汽油泵→输油管→汽油滤清器→燃油分配管→油压调节器→回油管→油箱。

**3. 电子控制系统**

电子控制汽油喷射系统的作用是根据发动机的工况变化，确定汽油的最佳喷射量。电子控制系统由各种传感器、执行器和电控单元（ECU）组成。

发动机电控系统传感器包括：发动机转速及曲轴转角传感器、点火开关信号、润滑油压力、空气流量、进气压力、节气门位置、曲轴位置、发动机转速、温度和爆燃传感器以及氧传感器等。这些传感器采集到的信息，由输入装置传输到电子控制单元（ECU），转换成控制指令，以控制喷油器的喷油时刻及喷油持续时间，控制点火正时及点火能量，从而保证发动机的最佳工况状态。部分传感器作用如下。

（1）空气流量传感器。空气流量传感器又称为空气流量计，其作用是测量吸入发动机气缸的空气量并将其转变成电信号送给ECU，作为ECU确定基本喷油量的重要依据之一。它适用于L型电控汽油喷射系统。常见的空气流量传感器有叶片（翼板）式、卡门旋涡式、热线式和热膜式等。

（2）进气压力传感器。进气压力传感器的作用是把检测的进气歧管压力（负压）转换成电信号送到ECU，以确定电控系统基本喷油量。它仅用于D型电控汽油喷射系统。

（3）节气门位置传感器。节气门位置传感器的作用是检测节气门开度的大小，并将其转变为电信号输送给ECU，其类型有开关式、线性式和综合式三种。

（4）发动机转速及曲轴转角传感器。发动机转速及曲轴转角传感器的作用是检测发动机转速及曲轴转角，并将其转变为电信号输入ECU。该传感器类型主要有电磁感应式、霍尔效应式、光电效应式等多种，工作原理与电子点火传感器（信号发生器）原理相同。

（5）温度传感器。温度传感器的作用是检测发动机冷却液、进气和排气温度等，并将其转变为电信号输送给ECU，以判定发动机热状况、计算进气质量流量及排气净化处理等。温度传感器主要有热敏电阻式和热敏铁氧体式两种。

（6）爆燃传感器。爆燃传感器的作用是检测发动机是否发生爆燃及爆燃强度，并将其转变为电信号输入给ECU，以便ECU对点火提前角进行校正，实现点火系统的闭环控制。常见爆燃传感器有压电晶体式和磁致伸缩式两种。

（7）氧传感器。氧传感器的作用是检测废气中氧含量，以判断混合气空燃比与理论空燃比的偏差程度。氧传感器类型有氧化锆（$ZrO_2$）型和氧化钛（$TiO_2$）型。

**4. 汽油喷射系统的执行器**

汽油喷射电子控制系统的执行器主要有电动汽油泵和电磁喷油器两种。

1）电动汽油泵

按安装位置划分，电动汽油泵可分为内装式和外装式。按结构划分，电动汽油泵可分为滚柱式、齿轮式、侧槽式、涡轮式等。

滚柱式电动汽油泵主要由永磁直流电动机和滚柱式油泵组成。凹槽中装有滚柱，转子与泵体偏心安装。转子转动使油腔容积不断发生变化，转向进油口时容积增大而吸入汽油，转向出油口时，容积减小，油压升高并泵出汽油。安全阀的作用是当油泵工作压力达到 400kPa 时，自动打开，使进、出油腔相通，以防供油压力过高。止回阀的作用是防止停机时汽油倒流回油箱，保证系统压力不会下降太多，使下次启动较容易。

齿轮式汽油泵是利用内、外齿啮合过程中腔室容积大小的变化，将汽油吸入并加压到一定压力后泵出。

涡轮式汽油泵的叶轮转动时，叶轮边缘的叶片将汽油从进油口压向出油口。

电动汽油泵的控制方式有油泵开关控制、ECU 间接控制、主 ECU 直接控制和调速控制等。

2）电磁喷油器

电磁喷油器的结构与类型如图 3.9 所示。其作用是根据电控单元 ECU 提供的喷油脉宽控制信号，将适量的汽油喷射到进气歧管或进气总管。喷油器采用电磁线圈式结构。电磁喷油器按喷口形式可分为孔式、轴针式、球阀式、片阀式等。球阀式喷油器的阀针由钢球、导杆和衔铁用激光束焊接成一体。按电磁线圈阻值的大小，电磁喷油器可分为低阻型和高阻型。低阻型喷油器的电磁线圈电阻值一般为 2～3Ω，可用在电流或电压驱动电路中；高阻型喷油器电磁线圈的电阻值一般为 12～16Ω，只能用在电压驱动的电路中。

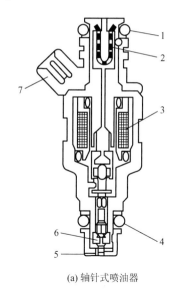 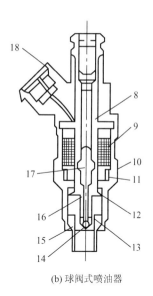

(a) 轴针式喷油器　　　　　　　　(b) 球阀式喷油器

**图 3.9　电磁喷油器的结构与类型**

1—上 O 形圈；2—滤网；3、9—电磁线圈；4—下 O 形圈；5、14—喷孔；
6—针阀；7、18—电插座；8—盖；10—喷油器体；11—衔铁；12—挡块；
13—护套；15—阀座；16—阀针；17—弹簧

5. 电子控制单元（ECU）

电子控制的汽油喷射系统是以电子控制单元（ECU）为控制中心的，并利用安装在发动机上的各种传感器测出发动机的各种运行参数，按照电子控制单元中预存的控制程序精确地控制喷油器的喷油量，使发动机在各种工况下都能获得最佳空燃比的可燃混合气。电子控制单元及其对电喷系统基本喷油量的控制如图 3.10 所示。

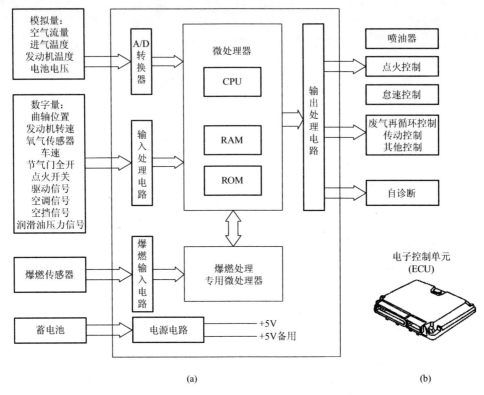

图 3.10　电子控制单元及其对喷油器的控制

## 3.2　汽油机电子点火控制技术

### 3.2.1　点火系统的电子控制

目前,国内、外汽车上广泛应用的点火系统主要有无触点点火系统和微机控制点火系统。近年来,由于微电子技术迅速发展,微机控制点火技术不断完善,并在各国汽车的点火系统中得到了广泛应用。

微机控制点火系统(Microcomputor Control Ignition,MCI)能实现最佳点火提前角的控制,从而提高发动机的动力性,降低燃油消耗量和有害气体的排放量。

微机控制点火系统主要由空气流量传感器(AFS)、凸轮轴位置传感器(CIS)、曲轴位置传感器(CPS)、节气门位置传感器(YPS)、车速传感器(VSS)、爆燃传感器、冷却液温度传感器(CTS)、进气温度传感器(IATS)、各种控制开关、ECU、点火控制器、点火线圈及火花塞等组成,如图 3.11 所示。

**1. 信号输入装置**

信号输入装置包括各种传感器和开关。传感器用来检测与点火有关的发动机工作和状况信息,并将检测结果输入电子控制单元,作为计算和控制点火时刻的依据。各型汽车采

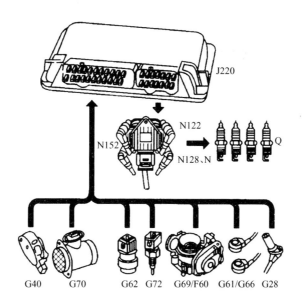

图 3.11 典型发动机点火系统的组成
G40—CIS；G70—AFS；G62—CTS；G72—IATS；G69—TPS；J220—ECU；
N152—点火控制组件；N122—点火控制器；N128、N—点火线圈；Q—火花塞

用的传感器的类型、数量、结构及安装位置不尽相同，但其作用大同小异。除爆燃传感器之外，这些传感器大多与燃油喷射系统、怠速控制系统等共用。

各种开关信号用于修正点火提前角。起动开关信号用于起动时修正点火提前角；空调开关信号用于怠速工况下使用空调时修正点火提前角；空挡起动开关只对于自动变速器汽车，电子控制单元利用该信号判断发动机是处于空挡停车状态还是行驶状态，然后对点火提前角进行必要的修正。

2. 电子控制单元

微机控制点火系统是发动机综合控制系统的一个子系统，电子控制单元既是燃油喷射控制系统的核心，也是点火控制系统的核心。在电子控制单元的只读存储器中，除存储有监控和自检等程序外，还存储有该型发动机在各种工况下的最佳点火提前角。电子控制单元不断接收各种传感器和开关发送的信号，并按预先编制的程序进行计算和判断后，向点火控制器发出控制信号，实现点火提前角的最佳控制。

3. 执行器

微机控制点火系统的执行器为点火控制器。点火控制器又称点火电子组件、点火器或功率放大器，是微机控制点火系统的功率输出级，它接受电子控制单元输出的点火控制信号并进行功率放大，以便驱动点火线圈工作。

点火控制器的电路、功能与结构，不同车型有所不同，有的与电子控制单元制作在同一块电路板上；有的为独立总成，用线束与电子控制单元相连接；有的点火控制器与点火线圈安装在一起，并配有较大面积的散热器散热。

### 3.2.2 微机控制点火系统主要元件的结构及工作原理

**1. 爆燃传感器**

在微机控制点火系统中,电子控制单元根据爆燃传感器输出的信号判断发动机是否发生爆燃,从而对点火提前角进行修正,对点火提前角实现闭环控制以防止爆燃的发生。

目前汽车广泛采用检测发动机缸体振动频率来检测爆燃。发动机爆燃产生的压力冲击波频率一般为6~9kHz,在检测缸体振动频率时,一般都将爆燃传感器安装在发动机缸体侧面。

**2. 闭磁路式点火线圈**

1) 结构特点

车用闭磁路式点火线圈的结构基本相同,主要由铁心、初级线圈和次级线圈构成,如图3.12(a)所示。铁心由浸有绝缘漆的片状"E"形硅钢片叠合成"日"形,如图3.12(b)所示。铁心内绕次级线圈,初级线圈绕在次级线圈的外面,以利散热。铁心设有一个微小的气隙,以减小磁滞现象。由于铁心构成的磁路几乎是闭合回路,因此称为闭磁路式点火线圈。其优点是漏磁少、磁阻小、能量损失小,因此在产生的感应电动势相同的情况下,所需匝数少、体积小。

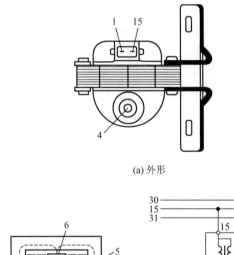

(a) 外形

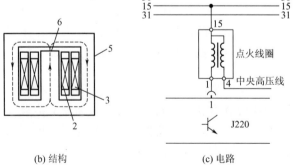

(b) 结构　　　　　　(c) 电路

图 3.12 闭磁路式点火线圈

1—点火线圈负极;2—次级线圈;3—初级线圈;4—高压插孔;
5—铁心;6—气隙;15—点火线圈正极;J220—ECU

2）工作原理

闭磁路式点火线圈电路连接如图3.12(c)所示。当IGN接通时，低压电源经点火开关15端子和15号电源线加到点火线圈15端子（点火线圈正极）上。点火线圈1端子（点火线圈负极）与ECU内部的大功率晶体管连接。ECU通过计算导通角大小来控制点火线圈初级线圈的通电时刻，通过计算点火提前角大小来控制初级电流的切断时刻。

3. 点火控制组件

点火线圈分开磁路式和闭磁路式两种，微机控制点火系统普遍采用。下面以闭磁路式点火线圈为例介绍点火控制组件。

1）结构特点

某发动机采用直接点火系统，每两个气缸共用一个闭磁路式点火线圈，四个气缸共用两个点火线圈。两个点火线圈与点火控制器组装成一体，称为点火线圈控制组件或点火线圈动力组件，固定在发动机缸体上，其结构如图3.13所示。

点火线圈控制组件的内部电路如图3.14所示，两个线圈初级电路的接通与断开由点火控制器（N122）的ECU进行控制。

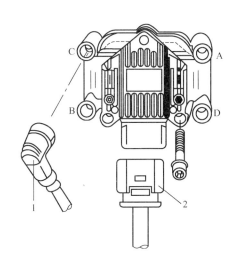
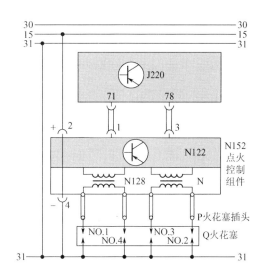

图 3.13  点火线圈控制组件
1—第3缸高压线圈；2—点火线圈组件线束插接器；
A—第1缸高压线插口；B—第2缸高压线插口；
C—第3缸高压线插口；D—第4缸高压线插口

图 3.14  点火线圈控制组件控制电路
J220—ECU；71—2、3缸点火控制端子；
78—1、4缸点火控制端子；N122—点火控制器；
N—2、3缸点火线圈；N128—1、4缸点火线圈

1缸、4缸共用一个点火线圈（N128），初级电流由ECU的端子78发出的信号进行控制；2缸、3缸共用一个点火线圈（N），初级电流由ECU的端子71发出的信号进行控制。当每个点火线圈初级线圈的电流切断时，次级线圈中产生的高压电同时分配到两个气缸的火花塞跳火。

2）工作原理

接通IGN，15号电源线以及点火线圈控制组件端子2接通电源。当ECU根据CPS、CIS、TPS及温度传感器等信号确定1缸、4缸需要点火时，立即从控制端子78发出控制

脉冲,使点火控制器中控制点火线圈(N128)的功率晶体管截止,N128的初级电流切断,次级线圈中产生高压电,并加到1缸、4缸火花塞上同时跳火。

当2缸、3缸需要点火时,ECU从控制端子71发出控制脉冲,使点火控制器控制点火线圈(N)的晶体管截止,线圈(N)的初级电流切断,次级线圈产生高压电,并加到2缸、3缸火花塞上同时跳火。

### 3.2.3 微机控制点火系统的控制内容

#### 1. 微机控制点火系统的基本控制原理

微机控制点火系统的控制原理如图3.15所示,CIS向ECU提供发动机转速、曲轴转角信号,转速信号用于计算确定点火提前角,转角信号用于控制点火时刻(点火提前角)。AFS和TPS向ECU提供发动机负荷信号,用于计算确定点火提前角。CTS信号、IATS信号、VVS信号、A/C信号、爆燃传感器信号等,用于修正点火提前角。

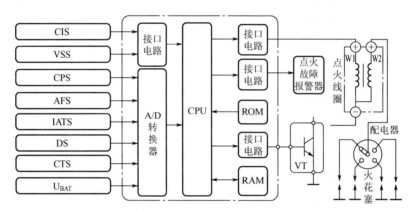

图3.15 微机控制点火系统的基本控制原理

发动机工作时,ECU根据CIS信号判定哪一缸即将到达压缩行程上止点,根据反映发动机工况的转速信号、负荷信号及与点火提前角有关的传感器信号确定相应工况下的最佳点火提前角,向点火控制器发出控制指令,使功率晶体管截止,切断点火线圈初级电流,次级线圈产生高压电,并按发动机点火顺序分配到各缸火花塞跳火点燃混合气。

上述控制过程是指发动机在正常状态下点火时刻的控制过程。当发动机起动、怠速或汽车滑行时,设有专门的控制程序和控制方式进行控制。

#### 2. 点火提前角控制

发动机发出最大功率和消耗最小油耗点对应的点火提前角为最佳点火提前角,该点不在压缩行程上止点处,应适当提前。点火提前角由初始点火提前角、基本点火提前角和修正点火提前角三部分组成。

1) 初始点火提前角

初始点火提前角也称固定点火提前角,其值大小取决于发动机形式,并由CPS的初始位置决定,一般为上止点前6°~12°。在下列情况时,实际点火提前角等于初始点火提前角。

(1) 发动机起动时。

(2) 检查初始点火提前角时。此时诊断插座测试端子短路、怠速触点 IDL 闭合、车速低于 2km/h 以下。

(3) 发动机转速低于 400r/min 时。

(4) 发动机 ECU 内的后备系统工作时。

2) 基本点火提前角

(1) 当 TPS 中的怠速触点闭合时，发动机处于怠速工况运行，ECU 根据发动机转速和 A/C 是否接通确定基本点火提前角，如图 3.16 所示。当 A/C 接通时，由于怠速旁通空气量和喷油量增加，应增加点火提前角。

(2) 当 TPS 中的怠速触点断开时，发动机处于正常工况下运行，ECU 根据发动机转速和负荷信号，在存储器的数据中查找该工况所对应的最佳点火提前角，如图 3.17 所示。

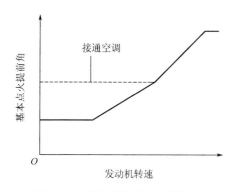

图 3.16 怠速时基本点火提前角

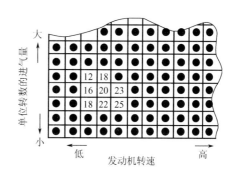

图 3.17 汽车正常行驶时基本点火提前角

3) 修正点火提前角

为使实际点火提前角适应发动机的运转状况，以便得到良好的动力性、经济性和排放性能，必须根据相关因素（如冷却液温度、进气温度、开关信号等）适当增大或减小点火提前角，即对点火提前角进行必要的修正。

(1) 暖机修正。怠速时，ECU 根据冷却液温度自动调节点火提前角。当冷却液温度较低，混合气燃烧较慢，应适当加大点火提前角；随着温度升高，点火提前角修正值应适当减小，如图 3.18 所示。

(2) 过热修正。当怠速触点断开，发动机处于正常运行工况时，若冷却液温度过高，则应推迟点火提前角；当怠速触点闭合，发动机处于正常运行工况时，为了避免发动机长时间过热，应增大点火提前角，修正曲线如图 3.19 所示。

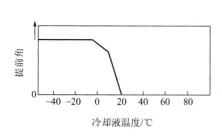

图 3.18 点火提前角的暖机修正

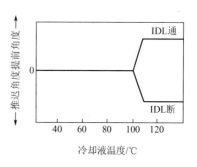

图 3.19 点火提前角的过热修正

（3）空燃比反馈修正。在装有 EGO 的电子控制燃油喷射系统中，ECU 根据 EGO 的反馈信号对空燃比进行修正。随着修正喷油量的增加或减少，发动机的转速在一定范围内波动。为了提高怠速的稳定性，ECU 根据 EGO、发动机转速传感器、TPS、CTS 信号对点火提前角进行修正。如果怠速触点闭合，当反馈修正油量减少时，点火提前角相应增加，如图 3.20 所示。

（4）怠速稳定性修正。发动机在怠速运行期间，由于发动机负荷变化使发动机转速改变，ECU 根据 TPS、发动机转速传感器和 A/C 信号，计算转速差（实际转速－目标转速）动态修正点火提前角。若发动机的怠速转速低于目标转速，控制系统将相应地增大点火提前角，如图 3.21 所示。

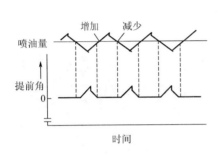

图 3.20　点火提前角的空燃比反馈修正

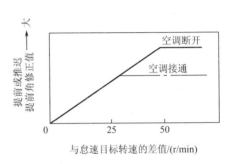

图 3.21　点火提前角的怠速稳定性修正

（5）爆燃修正。当发生爆燃时，ECU 根据爆燃传感器检出的爆燃信号将点火提前角推迟；若没有爆燃信号，则加大点火提前角。

当 ECU 确定的点火提前角超过允许的最大点火提前角或小于允许的最小点火提前角时，发动机很难正常运转，此时 ECU 将以最大或最小点火提前角允许值进行控制。

3. 配电方式

微机控制点火系统的配电方式分机械配电和电子配电。

1）微机控制点火系统的机械配电

微机控制点火系统的机械配电指由分火头将高压电分配至分电器盖旁电极，再通过高压线输送到各缸火花塞上。机械配电存在以下不足：

（1）分火头与分电器盖旁电极之间须留一定间隙以分配高压电，必然损失一部分火花能量，同时还会产生无线电干扰源。

（2）分电器盖、分火头或高压导线漏电时，会导致高压电火花减弱、缺火或断火。

（3）分电器的布置影响发动机的结构布置和汽车的外形设计。

（4）CPS 转子由分电器轴驱动，旋转机构的机械磨损会影响点火时刻的控制精度。

（5）为了抑制无线电的干扰信号，高压线采用了高阻抗电缆，也需消耗能量。

2）微机控制点火系统的电子配电

微机控制点火系统的电子配电指由点火控制器控制，点火线圈高压电按照一定的点火顺序，直接加到火花塞上，实现直接点火，也称为无分电器点火系统（Direct Ignition System，DIS）。目前，DIS 在汽车上应用广泛。常用电子配电方式有双缸同时点火和各缸单独点火两种配电方式，如图 3.22 所示。

（1）双缸同时点火控制。指点火线圈每产生一次高压电，使两个气缸的火花塞同时跳火。次级线圈产生的高压电将直接加在两个气缸，对于四缸发动机是 1 缸、4 缸或 2 缸、3 缸的火花塞电极上同时跳火；对于六缸发动机则是 1 缸、6 缸或 2 缸、5 缸或 3 缸、4 缸的火花塞电极上同时跳火。

双缸同时点火时，一个气缸处于压缩行程末期，是有效点火；另一个气缸处于排气行程末期，缸内温度较高而压力很低，火花塞电极间隙的击穿电压很低，对有效点火气缸火花塞的击穿电压和火花放电能

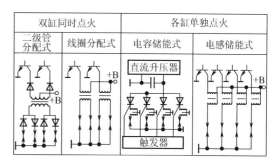

图 3.22  电子配电方式

量影响很小，是无效点火。曲轴转一圈后，两缸所处行程恰好相反。双缸同时点火时，高压电的分配方式有二极管分配和点火线圈分配两种形式。

二极管分配式双缸同时点火如图 3.23 所示。点火线圈由两个初级线圈和一个次级线圈构成，次级线圈的两端通过四只高压二极管与火花塞构成回路。四只二极管有内装式（安装在点火线圈内部）和外装式两种。对于点火顺序为 1—3—4—2 的发动机，1 缸、4 缸为一组，2 缸、3 缸为另一组。点火控制器中的两只功率晶体管分别控制一个初级线圈，两只功率晶体管由 ECU 按点火顺序交替控制其导通与截止。

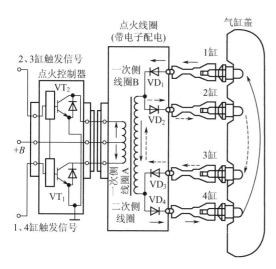

图 3.23  二极管分配式双缸同时点火电路

当 ECU 将 1 缸、4 缸的点火触发信号输入点火控制器时，功率晶体管 $VT_1$ 截止，初级线圈 A 中的电流切断，次级线圈中产生高电压，方向如图 3.23 中实线箭头。在该电压的作用下，二极管 $VD_1$、$VD_4$ 正向导通，1 缸、4 缸火花塞电极上的电压迅速升高直至跳火，高压放电电流经图中实线箭头所指方向构成回路；二极管 $VD_2$、$VD_3$ 反向截止，不能构成放电回路，因此 2 缸、3 缸火花塞电极上无高压火花放电电流而不能跳火。

当 ECU 将 2 缸、3 缸点火触发信号输入点火控制器时，功率晶体管 $VT_2$ 截止，初级线圈 B 中的电流切断，次级线圈产生高压电，方向如图 3.23 中虚线箭头。此时二极管 $VD_1$、$VD_4$ 反向截止，二极管 $VD_2$、$VD_3$ 正向导通，因此 2 缸、3 缸火花塞电极上的电压迅速升高直至跳火，高压放电电流经图中虚线箭头方向构成回路。

点火线圈分配式双缸同时点火如图 3.24 所示。点火线圈组件由两个（4 缸发动机）或三个（6 缸发动机）独立的点火线圈组成，每个点火线圈供给两个火花塞工作。点火控制组件中设置有与点火线圈数量相等的功率晶体管，分别控制一个点火线圈工作。点火控制器根据 ECU 输出的点火控制信号，按点火顺序轮流触发功率晶体管导通与截止，从而控制每个点火线圈轮流产生高压电，再通过高压线直接输送到成对的两缸火花塞电极间隙上跳火点燃混合气。

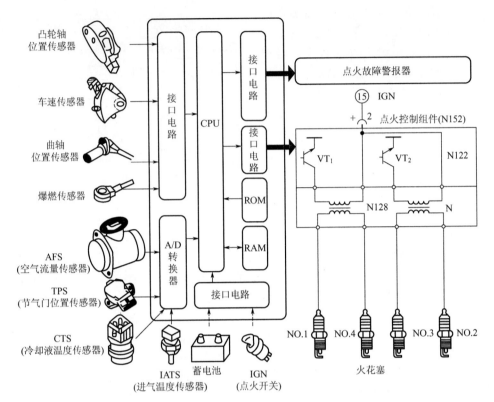

图 3.24 点火线圈直接分配式双缸同时点火电路

在部分点火线圈分配高压的同时点火系统中点火线圈次级回路中连接有一只高压二极管,用于防止次级线圈在初级电流接通时产生的电压(约 1000V)加到火花塞电极上而导致误跳火。

(2)各缸单独点火控制。点火系统采用单独点火方式时,每一个气缸都配有一个点火线圈,并安装在火花塞上方。在点火控制器中,设有与点火线圈数目相同的大功率晶体管,分别控制每个线圈次级线圈电流的接通与切断,其工作原理与同时点火方式相同。单独点火省去了高压线,点火能量耗损少,所有高压部件安装在气缸盖上的金属屏蔽内,降低了无线电干扰。

**4. 发动机爆燃控制**

发动机发生严重爆燃时,其动力性和经济性严重下降;当发动机工作在爆燃临界点或有轻微爆燃时,其动力性和经济性最好。进行点火提前角闭环控制,能有效地控制点火提前角,使发动机工作在爆燃的临界状态。

1)发动机爆燃控制系统的组成

发动机爆燃控制系统主要由传感器、带通滤波器、信号放大器、整形滤波电路、比较基准电压形成电路、积分电路、点火提前角控制电路和点火控制器等组成,如图 3.25 所示。

爆燃传感器用于检测发动机是否发生爆燃,一般安装 1~2 个。带通滤波器只允许发动机爆燃信号(频率为 6~9kHz)或接近爆燃的信号输入 ECU,其他频率的信号则被衰减。

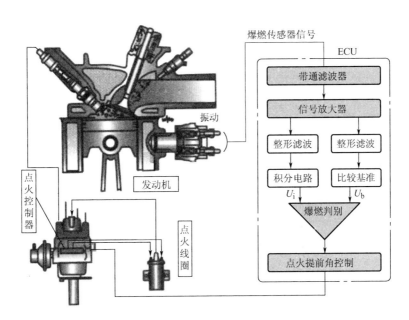

图 3.25 发动机爆燃控制系统

信号放大器对输入 ECU 的信号进行放大，以便整形滤波电路进行处理。接近爆燃的信号经过整形滤波电路和比较基准电路处理后，形成判定是否发生爆燃的基准电压 $U_b$。爆燃信号经过整形滤波和积分电路处理后，形成的积分信号用于判定爆燃强度。

2）爆燃的判别与控制

发动机爆燃一般发生在大负荷、中低转速（小于 3000r/min）时，由于爆燃传感器输出电压的振幅随发动机转速高低不同而变化很大，因此判别发动机是否发生爆燃不能根据爆燃传感器输出电压的绝对值进行判别。通常将发动机无爆燃时的传感器输出电压与产生爆燃时的输出电压进行比较，从而做出判别。

（1）基准电压的确定。利用发动机即将爆燃时，爆燃传感器输出信号电压作为判定爆燃的基准电压，如图 3.26 所示。首先对传感器输出信号进行滤波和半波整流，利用平均电路求得信号电压的平均值，然后乘以常数倍即可形成基准电压 $U_b$，平均值的倍数由设计制造时试验确定。因为发动机转速升高时，爆燃传感器输出电压的幅值增大，所以基准电压不固定，其值将随发动机转速升高而增大。

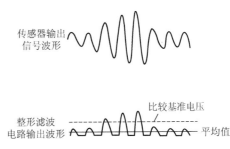

图 3.26 基准电压的确定方法

（2）爆燃强度的判别。发动机爆燃的强度取决于爆燃传感器输出信号电压的振幅和持续时间。爆燃信号电压值超过基准电压值的次数越多，爆燃强度越大；超过基准电压值的次数越少，说明爆燃强度越小。确定爆燃强度常用的方法如图 3.27 所示，首先利用基准电压值对传感器输出信号进行整形处理，然后对整形后的波形积分，求得积分值 $U_i$。爆燃强度越大，$U_i$ 越大；爆燃强度越小，$U_i$ 越小。当以 $U_i$ 超过 $U_b$ 时，ECU 将判定发动机发生爆燃。

(3) 发动机爆燃的控制。发动机工作时，缸体振动频繁、剧烈，为使监测到的爆燃信号准确无误，在发出点火信号后的一定范围内进行爆燃监测，因为发动机产生爆燃的最大可能是在点火后的一段时间内。

爆燃控制系统是一个闭环控制系统，发动机工作时，ECU 根据各传感器输入的信号，从存储器中查找出相应的点火提前角控制点火时刻，并由爆燃传感器反馈到 ECU 输入端，ECU 再对点火提前角进行修正。

爆燃传感器的信号输入 ECU 后，ECU 将 $U_i$ 与 $U_b$ 进行比较。当 $U_i>U_b$ 时，ECU 立即发出指令，控制点火时刻推迟，一般每次推迟 0.5°～1.5°曲轴转角，直到爆燃消除。爆燃强度越大，点火时间推迟越多；反之，点火时间推迟越少。当 $U_i<U_b$ 时，说明爆燃已经消除，ECU 又递增一定量的点火提前角控制点火，直到再次产生爆燃为止。爆燃反馈控制曲线，如图 3.28 所示。

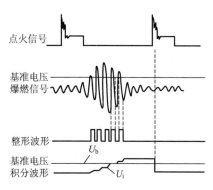

图 3.27　爆燃强度的判定方法

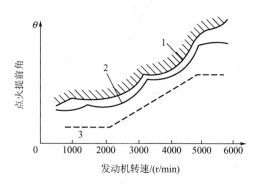

图 3.28　爆燃反馈控制曲线

1—点火提前角极限值；2—ECU 控制；3—分电器调节

## 3.3　电控汽油机可变气门控制技术

近年来，随着电子技术的迅速发展，世界上汽车工业发达的国家，为汽油发动机开发了多种节能减排新技术，其中包括技术上比较成熟，并已经商品化的可变气门正时（VVT），这项技术已成为今后汽油发动机发展的一个重要方向。

### 3.3.1　可变气门控制技术

**1. 可变气门正时概述**

气门正时和气流通过能力会影响到发动机的充气效率、残余废气量和泵气损失，从而影响发动机的动力性、经济性、急速稳定性和排放性能，是发动机研究中的热点之一。

对一台发动机来说，低速时最有利的进气晚关角要比高速时小；低速、低负荷时气门的重叠角和开启延续角比高速、高负荷时小。传统的配气机构中配气相位和气门开启延续角以及气门升程均为固定值，为了兼顾高低速和大小负荷各种工况，对配气相位采用了折中的办法。采用可变气门驱动后，可改变气门升程、气门的开启和关闭时刻以及气门开启延续角等某些或全部参数，使自然进气发动机的性能有很大提高。对于增压发动机，因为增压发动机的气门定时是按有利于低速工况设计的（重叠角小、进气门关闭早），在高速时增压器出口的压力高，充气不会恶化，通常不需要采用可变气门正时（VVT）技术。

在自然进气发动机上应用可变气门正时技术有以下好处：

(1) 控制重叠角。在低速、低负荷时，采用小的重叠角，可以使缸内残余废气减少，从而改善燃烧品质，提高怠速稳定性；在高速、高负荷时，采用大的重叠角，可以延迟进气门的关闭时刻，利用进排气惯性，可多进气和多排气，从而提高输出转矩，增加动力性。

(2) 减少节流损失。采用进气门的早开或晚关，可以取消节气门或与节气门配合控制负荷，减少节流损失，改善部分负荷工况的经济性。

(3) 降低有害排放物。在大负荷时，通过对重叠角的控制，实现机内的 EGR，增加残余废气量，稀释工质，降低燃烧温度，可使 $NO_x$ 排放物降低。合理的控制进气开启角和排气晚关角，组织好气流，实现扫气，有利于新鲜的工质和激冷层的气体混合，可使碳氢化合物排放下降。

(4) 可以控制发动机稳定燃烧，实现均质混合气压方式。可变气门正时技术按驱动方式的不同，可分为凸轮轴驱动系统和无凸轮轴驱动系统两大类。凸轮轴驱动的可变气门控制系统，已在乘用车上得到了较多的应用。近 20 年，随着电子控制技术的发展，无凸轮轴驱动的可变气门控制系统也有了很大进展，并已商品化。

无凸轮轴气门驱动机构在概念上完全不同于传统的机械气门机构，它取消了传统的凸轮轴及其从动件，而是以电动机、电磁、电液等方式直接驱动气门。由于采用了电子控制技术，可以根据发动机的工况，将进气的充量调整到最佳状态。

2. 智能可变气门正时控制系统

20 世纪 90 年代中期，丰田汽车公司成功研制出了新一代智能可变气门正时控制系统（VVT-i）。该系统可根据发动机的工况，实时地调整凸轮轴的相位，精确地控制进、排气门打开和关闭的时间。

1) 布置与结构

智能可变气门正时控制系统的总体布置如图 3.29 所示，可变气门正时控制系统的结构如图 3.30 所示。

2) 工作原理

ECU 根据发动机的转速、负荷等相关信息，确定进、排气门的配气正时，通过装在凸轮轴前端的液压执行机构转动凸轮轴，根据 VVT 霍尔传感器提供的反馈信号，将气门正时准确地调整到所要求的位置。智能可变气门正时控制系统的控制框图如图 3.31 所示。

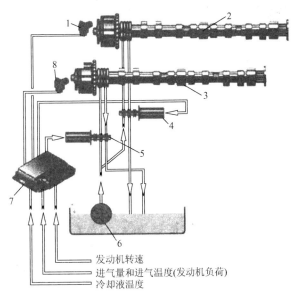

**图 3.29　智能可变气门正时控制系统的总体布置**

1—霍尔传感器（进气）；2—进气凸轮轴；3—排气凸轮轴；
4—进气调整阀；5—排气调整阀；6—机油泵；
7—发动机控制单元；8—霍尔传感器排气

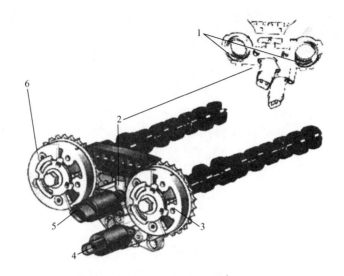

图 3.30 智能可变气门正时控制系统的结构
1—通向凸轮轴上环状沟的机油通道；2—控制客体；3—排气凸轮轴叶片式调节器；
4—排气调整阀；5—进气调整阀；6—进气凸轮轴叶片式调节器

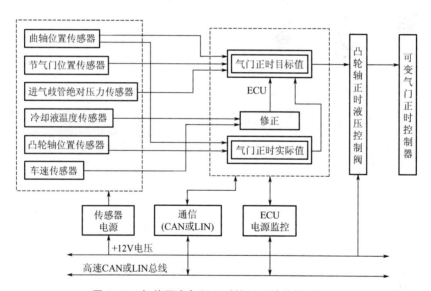

图 3.31 智能可变气门正时控制系统的控制框图

执行机构由电磁分配阀、安装在凸轮轴前端的叶轮和气门正时链轮等组成。执行机构的工作原理为：轴向移动电磁分配阀柱塞的位置，可以变换机油通向叶轮室叶轮两侧的通路，进入叶轮室内的机油推动叶轮相对正时链轮转动，从而改变气门正时。调节机构由内转子、外转子和机油通道等组成，如图 3.32 所示。内转子与凸轮轴一起转动，经不同的机油通道的机油压力，可使内转子上的宽叶片相对外转子按不同的方向转动，使气门正时提前或延迟。当机油通过通道进入宽叶片逆时针侧时，推动宽叶片向顺时针方向转动，使凸轮轴也按同方向转动，可调整气门的正时提前；反之，可使凸轮轴的运动方向相反，推迟气门的正时。

正时叶片进气凸轮轴的调整工作原理如图 3.33 所示。排气凸轮轴调整原理与进气凸轮轴的调整原理相同。

3）控制策略

（1）急速、小负荷、低温起动时，进气门在上止点后开启，减少废气进入进气一侧。排气门在上止点关闭，可以稳定燃烧，改善急速稳定性和燃油经济性。

（2）中等负荷时，进气门提前开启，增大排气门晚关角，可提高机内 EGR 率，减少泵气损失，从而改善燃油经济性和排放性能。

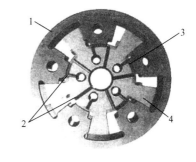

图 3.32 调节机构的结构简图
1—外转子；2—内转子；
3—宽叶片；4—机油通道

（3）中低速、大负荷时，减小排气门早开角，以充分利用燃气的压力；减小进气门晚关角，增加充气效率，使动力性得到改善。中低速、大负荷工况时转矩/功率都得到提高。

（4）高速、大负荷时，增大排气门早开角，减小泵气损失；增大进气门晚关角，提高充气效率，以提高发动机的最大功率。

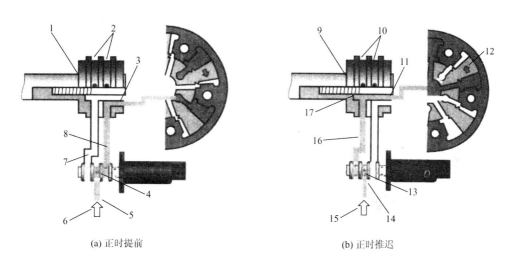

(a) 正时提前　　　　　　　　　　(b) 正时推迟

图 3.33 正时叶片进气凸轮轴的调整工作原理图
1、9—控制壳体；2、10—环状沟；3、11—端面孔；4、13—调节活塞；5、7、14—机油回油；
6、15—发动机机油压力；8—提前调节机油通道；12—内叶片；
16—延迟调节机油通道；17—紧固螺栓盲孔

智能可变气门正时控制系统应用于丰田 3L 6 缸双凸轮轴发动机后，燃油消耗量下降了 6%，输出转矩增加了 10%；$NO_x$ 排放量减少了 40%，HC 排放量减少了 10%。这种叶片式结构是目前国内外车用发动机上应用最广泛的可变气门机构，排放可满足欧Ⅳ标准。

3. 可变气门升程

发动机在高转速、大负荷运行时，要求气门升程大，以获得更多的充气；在低转速运

# 汽车新技术

行时,如果气门升程大,则会使低速转矩和怠速的稳定性变差。由于转速低时进气道中气流的速度比较慢,可燃混合气的混合状况不好,从而使燃油经济性变坏。随着发动机转速的增加,气门的升程需要逐渐增大。

1) 分级式可变气门机构的结构和工作原理

根据发动机的运行工况,通过初级凸轮、次级凸轮、中间凸轮和其相对应的初级摇臂、次级摇臂和中间摇臂,分级控制气门升程的大小。

分级式凸轮机构的结构和工作原理如图3.34和图3.35所示。凸轮轴上的一组凸轮中,中间凸轮的高度最高,初级凸轮的高度居中,次级凸轮的高度最低。凸轮轴转动时,分别通过初级摇臂和次级摇臂直接推动两个进气门工作。

发动机在低速运转时,在弹簧力的作用下,同步活塞A处在最左边位置,同步活塞B处在中间位置,中间摇臂可

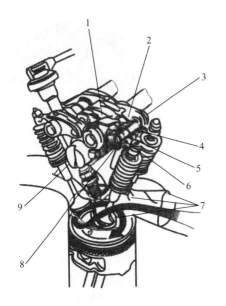

图3.34 分级式凸轮机构可变气门升程的结构示意图
1—正时卡板;2—中间摇臂;3—次级摇臂;
4—同步活塞B;5—同步活塞A;
6—正时活塞;7—进气门;
8—初级摇臂;9—凸轮轴

在摇臂轴上自由摆动,如图3.35(a)所示,这时两个进气门分别由初级凸轮和次级凸轮推动工作,两个进气门的升程较小。当发动机的转速升高到规定值时,在ECU的控制下推开进油阀,使机油进入同步活塞A的左端,在油压的作用下,同步活塞A和同步活塞B向右移动,使三个摇臂连成一体如图3.35(b)所示。由于中间凸轮最高,气门升程改为由中间摇臂控制,这时气门的升程最大。

当发动机转速降低到某一个设定的低转速时,摇臂内的液压也随之降低,活塞在回位弹簧的作用下退回原位,三个摇臂分开。

排气门的升程一般不进行调节。

这种发动机技术已经推出了一段时间,事实证明这种设计是可靠的。它可以提高发动机在各种转速下的性能,无论是低速下的燃油经济性和运转平顺性,还是高速下的加速性。

2) 连续可调节气门升程机构的工作原理

连续可调节气门升程机构(VVL)与分级式可变气门机构的结构相比,可以使发动机的性能得到进一步提高。近年来,国外的一些汽车公司和零部件供应商,如BMW、本田、丰田和Delphi等公司,都相继开发出了控制自由度比较大的机械式连续可变的气门升程调节机构,它们的共同特点是采用直流电动机驱动机械传动机构,实现气门升程的改变。

其中,BMW公司的Valvetronic是比较典型的结构,已经商品化,其结构如图3.36所示。

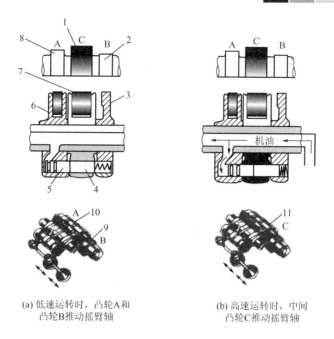

(a) 低速运转时，凸轮A和凸轮B推动摇臂轴　　(b) 高速运转时，中间凸轮C推动摇臂轴

**图 3.35　分级式凸轮机构可变气门升程的工作原理图**
1—中间凸轮；2—次级凸轮；3—次级摇臂；4—同步活塞B；5—同步活塞A；6—初级摇臂；
7—中间摇臂；8—初级凸轮；9—次级凸轮；10—初级凸轮；11—中间凸轮

连续可调节气门升程机构在偏心轴上安装了位置传感器，以传感器的输出作为反馈信号，准确地控制偏心轴的旋转角度。偏心轴可在0°～170°范围内连续调节，气门升程可在0～9.7mm范围内连续改变。

气门升程改变后，需要相应地改变凸轮轴的相位，否则会使气门正时和气门开启的持续时间发生变化。这种系统的机械部分结构比较复杂，目前基本处于小批量生产或研制开发阶段。

**4．电磁驱动可变气门控制系统**

德国FEV发动机技术公司开发的可变进排气门控制系统（EMVT），是借助于电磁力来推动气门的开启和关闭的。电磁驱动可变气门控制系统可以根据发动机的工况，直接连续、精确地控制进、排气门开闭的最佳时刻和升程，从而省去了节气门。

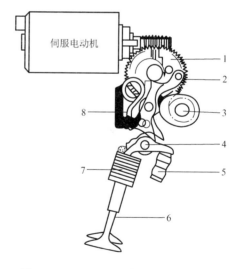

**图 3.36　Valvetronic电子气门结构简图**
1—偏心轴齿轮；2—中间杆；3—进气凸轮轴；
4—摇臂；5—液压挺柱；6—进气门；
7—气门弹簧；8—回位弹簧

1）电磁驱动执行器的结构

电磁驱动执行器由关闭电磁线圈、衔铁、开启电磁线圈、执行器弹簧、气门弹簧和传感器等组成，外形和内部结构如图3.37所示。

## 汽车新技术

2）工作原理

两个线圈均不通电时，气门在执行器弹簧和气门弹簧的作用下，处于半开的中间位置。关闭电磁铁线圈通电时，衔铁上行，气门关闭；开启电磁铁线圈通电时，衔铁下行，气门打开，如图3.37所示。

3）配气相位和气门升程的控制

发动机ECU向气门控制单元（VCU）输出气门定时和气门升程的控制信号。VCU根据ECU的指令接通或断开电磁铁线圈电路，并控制通过电磁铁线圈中电流的大小、变化的速率和通电的持续时间，控制气门的打开或关闭。在一个控制周期内，变换电磁铁线圈的供电，可以控制气门的行程。

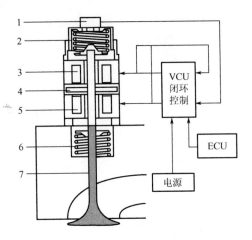

图3.37 电磁驱动执行器系统的结构

1—传感器；2—执行器弹簧；
3—关闭电磁线圈；4—衔铁；
5—开启电磁线圈；6—气门弹簧；7—气门

电磁驱动的可变气门控制系统省去了节气门，改用气门控制发动机的进气，避免了节气门进气时的节流损失，可使燃油经济性改善10%~20%，低速转矩增加10%~20%，有害排放物$NO_x$和HC减少，进气状况的改变使燃烧更趋于稳定。

电磁驱动执行器直接驱动气门，简化了发动机的结构，为GDI、HCCI和多缸发动机采用变缸控制等新技术的应用提供了条件。

电磁驱动可变气门控制系统是一种理想的配气机构。随着电子技术的快速发展以及车用42V电源的广泛应用，电磁驱动可变气门控制系统的应用有着广阔前景。国外已在高档乘用车上应用，国内多家高等院校正在进行这方面的探索。

### 3.3.2 可变进气流量控制

当发动机转速低时，进气速度必须高，以克服缸内的排气压力，需要用长且窄的进气道来实现；反之，在发动机转速高时，进气已具有较高的速度，为了减少流动阻力，需要一个短且宽的进气通道。这些复杂的要求可通过每一缸使用两个进气通道来实现，即一个主进气通道（主通道）和一个旁通通道（副通道）。旁通通道中装有一个圆盘阀，阀的位置由发动机的ECU根据发动机的转速进行控制，如图3.38所示。低速时，旁通阀保持关闭，迫使所有的进气经主进气通道高速地流入；高速时，两个阀保持全开，以减小的进气阻力；发动机中等转速时，阀微微地开启，以免在两种运行方式变换时输出转矩下降。旁通阀可由电磁阀控制的真空膜片起作用，也可由伺服电动机起作用，后者的控制较精确。

低速时，进气管长，如图3.39中实线所示；高速时，阀门开启，进气管变短，进气的路径如图3.39中虚线所示。最理想的方案是进气管长度能够随转速而变。汽车使用的可变进气管长度的实例如图3.40所示。该车采用了三种进气管长度。从图3.40左下方的外特性图中可以看出，由于采用了此种方案，使发动机在高、中、低各种转速下都能得到较好的转矩。图3.41所示为可变进气管长度的控制系统图。

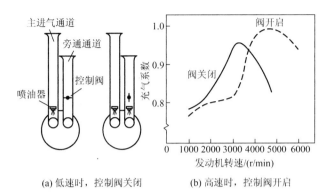
(a) 低速时，控制阀关闭　　(b) 高速时，控制阀开启

图 3.38　可变进气流量控制及其外特性示意图

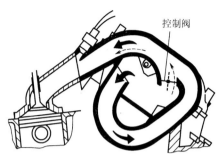

图 3.39　可变进气管长度示意图

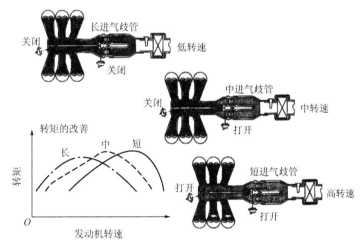

图 3.40　发动机可变进气管长度方案和外特性

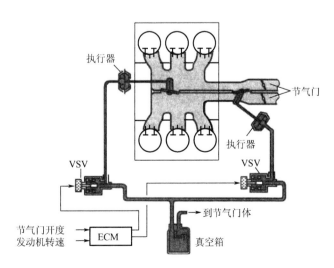

图 3.41　可变进气管长度的控制系统图

## 3.4 汽油机稀燃技术

稀燃发动机通过混合气的空燃比，在比化学计量比稀的状况下运行，实现低排放。当空燃比（A/F）为 16∶1～25∶1 时，CO 和 $NO_x$ 排放物降至非常低，同时燃油消耗量至少改善 10%，还可减少 $CO_2$ 排放物（温室气体）。但是由于稀燃发动机运行接近燃烧极限，HC 的排放量开始急剧上升，导致不完全或不规则的燃烧，因此稀燃发动机需要一个氧化催化转化器以净化它的排气。

稀燃发动机要求有良好的混合气准备、点燃稀混合气的高能火花、非常好的循环燃烧质量。这些概念许多都被现代日本设计的发动机所采用，如本田的 VTEG-E 和丰田的 Carina-E。这些发动机能典型地运行在空燃比为 22∶1，满足欧洲和美国的排放法规，巡航情况下燃油消耗可改善 25%。稀燃发动机控制系统的重要零部件是宽范围氧传感器。

图 3.42 和图 3.43 所示为某汽车公司开发的稀燃发动机控制系统。稀燃发动机控制系统的特点是采用缸内传感器检测燃烧压力，采用顺序喷射系统控制每缸的供油量，用安装在排气管下游的宽范围氧传感器检测发动机的空燃比。稀燃发动机控制系统的设计特点是在进气系统安装旋流控制阀（TSCV）。每缸的进气管道分为两部分：一个通道允许平稳供给最大气体流量和良好的缸内充气；另一个通道装有一个螺旋形法兰引入进气旋流，ECU 通过旋流控制阀在两个管道间控制空气流量。

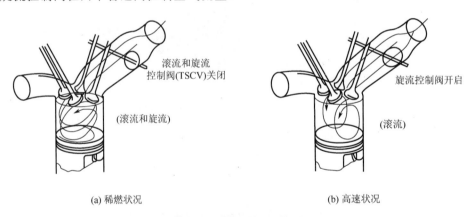

(a) 稀燃状况　　　　　　　　　　(b) 高速状况

图 3.42　滚流和旋流控制

当发动机在中小负荷工况运行时，它以稀燃的方式工作。此时 ECU 命令旋流控制阀打开螺旋进气道，使进入的燃油蒸气有强的扰动并能非常好地混合。当 ECU 通过压力传感器检测到表征燃烧慢或不完全燃烧的任何信号后，就在每一缸原有的基础上修改空燃比或点火定时，并与连续检测的排气氧浓度适当地配合，使发动机混合气空燃比在 25∶1 时还能高效地工作。

当发动机在大负荷工况下工作时，为了得到最大功率或最大转矩，采用化学计量比混合气。通过命令旋流控制阀打开大的进气通道，并利用氧传感器信号，使空燃比保持在 14.7∶1。

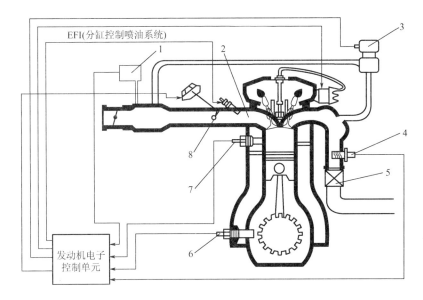

**图 3.43 稀燃发动机控制系统**
1—压力传感器；2—新设计螺旋进气道；3—电控 EGR 阀；4—氧传感器；
5—三元催化转化器；6—发动机转速传感器；7—燃烧压力传感器；8—旋流控制阀

## 3.5 汽油机缸内直喷技术

缸内直喷汽油发动机（GDI）的主要目标是实现高的燃烧效率，达到超低的燃油消耗（已经可以达到甚至超过柴油机的水平），并具有比多点喷射发动机更高的输出功率，且排放性能不降低。缸内直喷汽油发动机已经成为车用汽油发动机研究的一个重要方向。

### 3.5.1 缸内直喷汽油发动机的结构

缸内直喷式汽油发动机的结构如图 3.44 所示。喷油器安装在发动机的气缸盖上，汽油直接喷在燃烧室内。活塞的顶部设计成特殊的凹坑形状，使吸入汽缸内的空气形成旋流，汽油喷入后在火花塞周围形成较浓的混合气，以利于混合气的点燃。

缸内直喷汽油发动机的结构具有以下特点：

（1）垂直型的进气道，比普通多点喷射发动机的水平进气道具有更好的充气效果，在最佳喷射时能产生强的反向滚流。

（2）在压缩行程的后期喷入燃油，活塞顶部的形状可控制混合气的形状和燃烧室内的气流，使保持密集空燃比的混合气能在混合气扩散前将混合气引至火花塞附近，以利于着火。

（3）高压油泵提供缸内直喷所需 8～12MPa 的喷油压力，使缸内的直喷油雾粒直径可达 20～25$\mu$m，而多点喷射发动机油雾粒直径为 200$\mu$m。有的缸内直喷发动机和电控柴油机一样采用油压传感器，可对油轨内的油压进行调节。

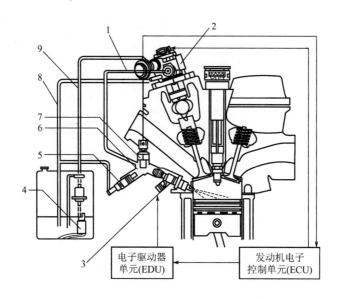

**图 3.44 缸内直喷汽油机的结构框图**
1—高压油管；2—高压油泵；3—高压喷油器；4—油泵；5—燃油泄压阀；
6—共轨；7—油压传感器；8—回油管；9—输油管

（4）高压旋流式喷油器，可提高油粒雾化细度，喷孔较大，不易堵塞，减小贯穿度，如图 3.45 所示。

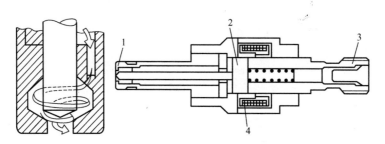

**图 3.45 缸内直喷发动机的高压喷油器**
1—旋流喷嘴；2—衔铁；3—油管接头；4—线圈

### 3.5.2 缸内直喷控制策略

缸内直喷汽油发动机要根据发动机的运行工况，控制喷油时刻和喷油方式的变换。

在部分负荷时，节气门不是全开，进入气缸的空气在缸内形成旋流，汽油在压缩行程的后期喷入利用活塞的形状和缸内的滚流，在旋流的作用下，在火花塞的周围形成较浓的混合气。其余的区域混合气较稀，形成分层燃烧的稀薄混合气，混合气的空燃比可以达到 25～50，极大地改善了汽油发动机在部分负荷下的燃油经济性。

在发动机大负荷高速运行时，节气门全开，高速气流进入汽缸形成较强的旋流，在进气行程（上止点后 60°～120°曲轴转角）喷射均匀混合气；促进燃油充分燃烧。由于燃油喷入缸内汽油蒸发使缸内的充气温度降低，爆燃的倾向减少，从而可提高发动机的压缩比

（ε＝12），使发动机的热效率得到提高，提高发动机的动力输出。缸内直喷发动机的工作范围如图 3.46 所示。

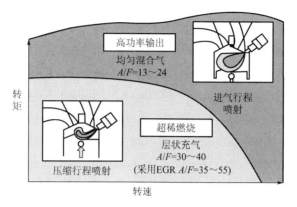

图 3.46 缸内直喷发动机的工作范围

### 3.5.3 缸内直喷发动机的优点

1. 小负荷时燃油消耗明显下降

怠速时油耗降低 40％，巡航控制期间油耗降低 35％，10－15 工况缸内直喷发动机油耗降低 35％。

2. 动力性能提高

由于压缩比的提高并采用质调节使发动机在全工况范围内容积效率提高 10％，转矩和功率均有提高。

3. 加速性能明显提高

加速性能提高将近 10％。

4. 排放性能得到改善

采用 EGR（30％）和新开发的 $NO_x$ 催化剂，使排放气体中 $NO_x$ 减少了 97％。

### 3.5.4 缸内直喷发动机存在的问题

中小负荷未燃的 HC 较多，这是由于油雾会碰到活塞顶部和缸壁，分层燃烧使局部区域混合气过稀。缸内燃油蒸发造成温度过低，不利于未燃的 HC 进行后燃。微粒排放比多点喷射发动机增加，主要是由于分层燃烧局部区域混合气过浓、液态油滴扩散燃烧、缸内温度低、氧化不完全形成的。在不同的转速工况下，缸内气流强度不同。如何在宽广的工况范围内把气流控制好，保证分层混合气的形成是缸内直喷发动机的关键技术问题。

为了解决缸内直喷发动机的上述问题，正在开发新一代的缸内直喷发动机，将喷油器放在缸盖的中央，紧靠火花塞，用火花塞直接点燃定向羽毛状油雾，这样可避免油雾与缸壁接触，达到减少 HC、改善燃油经济性的目的。

## 3.6 均质压燃发动机

均质混合气压缩燃烧（Homogeneous Charge Compression Ignition，HCCI）技术采用汽油发动机空气与燃料均匀混合的方式形成混合气，使用柴油机压燃方式着火代替火花塞点火是一种可控预混低温燃烧方式，简称均质压燃。

### 3.6.1 系统组成

均质压燃发动机的结构如图3.47所示。

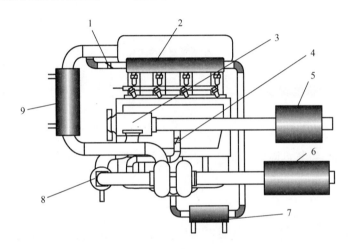

图 3.47　均质压燃发动机结构示意图
1—EGR 阀；2—进气道喷射（PFI）喷油器；3—增压器；
4—旁通阀；5—空滤器；6—消声器；7—EGR 冷却器；8—后冷却器 1；9—后冷却器

### 3.6.2 工作原理

均质压燃发动机吸入均质的混合气，通过提高压缩比，采用废气再循环、进气加温和增压等技术，提高缸内混合气的温度和压力，而使混合气压缩自燃。均质压燃可在缸内形成多个点火核，有效地维持了火焰燃烧的稳定性，并减少了火焰传播距离和燃烧持续时间。均质混合气压缩燃烧速率只与本身的化学反应动力学有关。

均质混合气压缩燃烧分为两个阶段：第一阶段为放热和主放热阶段，它与低温动力学有关，燃烧产生的主要是冷焰和蓝焰，在放热和主放热之间有时间的延迟（这也是汽油机产生爆燃的原因）；第二阶段由于是多点火核同时着火，混合气燃烧迅速，解决了均质混合气燃烧速度慢的问题。

均质压燃发动机的适用范围如图3.48所示。在起动和低负荷阶段，由于失火的限制不能采用均质混合气压缩方式；而中负荷和全负荷区为了获得较好的动力性，一般采用传统的燃烧方式，只在中小负荷区才适用均质混合气压缩燃烧方式，并受到排放要求的限制。

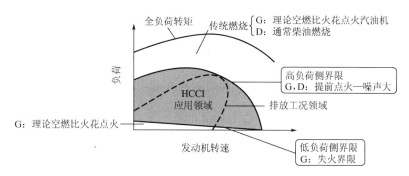

图 3.48 均质压燃发动机的适用范围

### 3.6.3 均质压燃的优点

1. 提高动力性和经济性

均质压燃具有较高的动力性和经济性，保持了汽油机升功率高的特点。为了控制能量释放速率，在稀燃和高 EGR 率条件下，节气门全开，减少了泵气和节流损失；缸内燃烧温度低，使散热损失减少；可提高压缩比和采用多点同时着火的燃烧方式，使能量释放的效率提高。

2. 有效降低排放

均质压燃可有效降低 $NO_x$ 和 PM 排放。均质压燃的混合气以预混合为主，空气与燃油混合较均匀，不存在局部的富油区和液滴蒸发扩散燃烧的现象，使 PM 接近于 0。利用较稀的空燃比或 EGR，可将燃烧温度降低到 1800K 以下，燃烧温度低，没有局部的高温区，抑制了 $NO_x$ 的产生。

3. 燃烧室结构简单

均质压燃的燃烧只与混合气的物理化学特性有关，着火与燃烧速率只受燃油氧化反应的化学动力学的控制，因此对均质混合气的气流组织简单，燃烧室的结构要求不高。

### 3.6.4 均质压燃的控制

控制均质混合气压缩燃烧的方法有以下两种：

1. 控制混合气着火前的温度

可以通过改变混合气的特性，如提高进气温度、调节空燃比和改变发动机的工作和设计参数（例如改变压缩比，如果采用 VCR，则在结构上较难实现，通常采用可变气门正时技术改变有效的压缩比），使各种工况下都能获得最佳的燃烧状况和燃烧速率。

2. 改变燃料特性

可以混合两种不同的燃料，使用添加剂或 EGR（若采用机外的 EGR，则响应较慢，通常采用机内的 EGR，也是用可变气门正时技术来实现的）。

均质压燃在一定的工况下可以实现稳定的运行和达到降低排放的效果，但汽车运行的工况范围很宽，均质压燃难以满足要求。对 16 烷值高的燃料在高负荷区，混合气的浓度大，燃烧速率极高（大于柴油机），易产生爆燃；对高辛烷值的燃料，在小负荷时需要很高的进气温度和缸内压力，均质压燃才能实现压燃，否则会导致燃烧不完全，严重时甚至会熄火。因此研究均质压燃的核心问题是拓宽均质压燃的运行范围，即在不同工况下着火点的控制和燃烧速率的控制。

在汽车上较实用的方法是采用两种燃烧方式：在起动和大负荷时采用点燃，采用较低的压缩比和较小的空燃比；而在中、低负荷时转换为均质压燃，使发动机在中、低负荷时有较好的经济性和较低的排放。其关键问题是两种燃烧方式切换时能保持工况快速平顺地过渡。现有试验表明，通过缸内直喷改变喷油策略，可以较好地在一个循环内完成工况过渡。

在汽油均质压燃发动机工作时一般采用节气门全开的稀燃模式，排气门早关（排气开关在进排气上止点前，形成负气门重叠），如图 3.49（b）所示，截留部分废气（40%～70%），因此，利用可变气门正时技术调整排气开关即可控制内部 EGR 率。内部 EGR 率大，则可进入汽缸的新鲜空气量就少。空燃比浓（仍是稀燃）。同时由于废气温度高，与新鲜空气掺混后，提高压缩上止点时缸内温度（$T_{edc}$）。

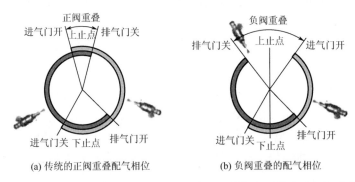

图 3.49　传统的正阀重叠和均质压燃发动机的负阀重叠的配气相位图

均质压燃发动机由循环供油量决定转矩的大小。循环供油量由两次喷射量（预喷 $I_R$、主喷 $I_H$）相加而成。在负气门重叠期预喷少量燃油 $I_R$（0～10%）。由于稀燃废气中含少量氧，发生不完全燃烧（改质燃烧），缸内温度升高，提高了 $T_{edc}$（汽油均质压燃是温度控制的自燃，燃烧相位控制的关键是控制 $T_{edc}$，从而使得压燃着火时刻提前）。因此，微量的 $I_R$ 调整（$\Delta I_R$）（即通过控制 $I_R/I_H$ 的比例）可调整上止点附近的缸内温度和混合气自燃的温度，并可控制均质压燃相位（$CA_{50}$）。喷油的时序、缸压和缸内温度如图 3.50 和图 3.51 所示。

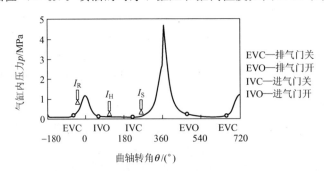

图 3.50　缸内直喷发动机均质压燃燃油喷射控制策略

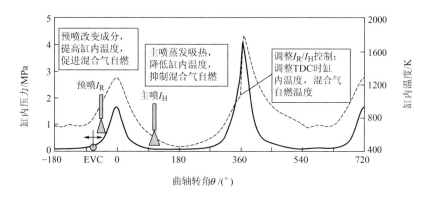

图 3.51 采用 GDI、VVT 和 HCCI 相结合的发动机缸内压力和温度的变化

进气行程中主喷（$I_H$），喷雾蒸发汽化，降低缸内温度，会降低 $T_{edc}$，起到抑制混合气自燃的作用。由于距离压缩上止点时间长，而且缸内温度较高，到压缩上止点形成均质混合气压缩着火燃烧，燃烧温度低但等容度高，因此热效率高，$NO_x$ 排放物低。由于 HCCI 燃烧时 $NO_x$ 排放很低，因此无须采用闭环控制理论控制空燃比。

通过对上述 3 个参数（$\Delta\theta_{EVC}$，$\Delta I_R$，$\Delta I_H$）的调整，即可精确控制 HCCI 发动机负荷、着火时刻和空燃比，可以有效控制 HCCI 燃烧，迅速地完成瞬态过程燃烧相位的调整，如图 3.52 所示。

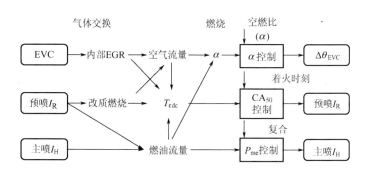

图 3.52 均质压燃发动机的控制逻辑

EVC—排气门关闭时刻；$I_R$—负阀重叠期内的第一次喷射（预喷射）；
$I_H$—进气冲程中的第二次喷射（主喷射）；$T_{edc}$—压缩上止点时的缸内温度；$\alpha$—过量空气系数；
$CA_{50}$—燃烧中点（50% 累积放热量对应的曲轴转角）；$P_{me}$—平均有效压力；
$\Delta\theta_{EVC}$—EVC 的调整；$\Delta I_R$—预喷量的调整；$\Delta I_H$—主喷量的调整

也有的均质压燃发动机分 3 次喷射，如图 3.50 所示，在压缩行程中增加一次 $I_S$ 的喷射，实现分层混合气压燃（SCCI）。分层混合气压燃有助于控制着火时刻，拓展高负荷范围，减少 HC 排放。

采用分缸闭环独立控制保证多缸均质压燃发动机各缸之间的工作均匀性，也是均质压燃发动机产业化必须采用的技术。戴姆勒-克莱斯勒公司于 2005 年年底将一台 1.8L 四冲程壁面引导缸内直喷汽油机改造成 SI/HCCI 混合燃烧模式发动机，利用 VVT 在一个循环内完成 SI/HCCI 燃烧模式切换，采用缸内直喷两次喷射控制均质压燃着火时刻和发动机负荷,采用分缸独立控制保证各缸工作的均匀性。它在国际上率先将四行程四缸汽油SI/HCCI发动机装在C级乘用车上进行了NEDC(美国的一种试验标准)循环测试评价。均质压燃发动机较进气道喷射汽油机节油11.5%。$NO_x$排放为欧排放限值的1/4,均质压燃模式下噪声水平介于汽油机和柴油机之间。

均质压燃是一种新型的高效、低污染内燃机燃烧技术,如能开发成功推广应用,将会成为内燃机技术的一次革命。由于还没能找到在发动机全负荷范围内控制均质混合气压缩燃烧过程切实有效的方法,因此到目前为止,均质压燃汽油发动机的商品化还没有成功的先例。

## 3.7 废气再循环

废气再循环(Exhaust Gas Recirculation,EGR)是指在发动机工作时将一部分废气引入进气管,与新鲜空气混合后吸入气缸内再次进行燃烧。废气再循环通过降低燃烧室的燃烧温度抑制$NO_x$的生成,是降低$NO_x$的一种有效方法。通常,废气再循环程度用废气再循环率表示,其定义如下:

废气再循环率=废气再循环流量/(吸入空气量+废气再循环流量)

### 3.7.1 废气再循环的工作原理

废气再循环能单独或与三元催化转化器相结合使用,以减少$NO_x$的排放。$NO_x$是在高温环境下$N_2$和$O_2$发生化学作用形成的产物。燃烧温度越高,$NO_x$的生成物越多。小部分已燃烧的气体返回到进气系统,在进气混合气中起到惰性稀释作用,混合气中单位燃料对应氧的浓度也减少,在缸内可燃油蒸气的质量减少了,降低了燃烧速度,燃烧温度随之下降,从而有效地抑制$NO_x$的生成。

废气再循环通常由排气歧管经一个小通道连接到进气歧管来实现。经过小通道的排气再循环的流量由废气再循环阀控制,它的开度反映了废气再循环率的大小,由发动机管理系统根据预编程的参数来决定,如图3.53所示。

废气再循环必须小心地使用,废气再循环率过大时,燃烧速度太慢,燃烧不稳定,导致HC排放物和失火率的增加。废气再循环率过小,则起不到降低$NO_x$的作用。发动机废气再循环率取决于许多因素,包括燃烧室的设计和发动机的工况等。

废气再循环率由0增加到20%的过程,$NO_x$减少很快;当废气再循环率超过20%以后,$NO_x$减少较为缓慢。由于发动机燃烧不稳定,工作粗暴,使油耗和HC增加较大,因此除了要满足极严格的排放法规外,废气再循环率一般控制在10%~20%之间较为合适。另外,废气再循环率对排放和油耗的影响还与空燃比和点火提前角有关。

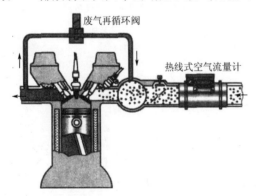

图3.53 废气再循环的工作原理

### 3.7.2 废气再循环阀

废气再循环控制系统中,废气再循环阀是关键部件。不同的废气再循环率是通过废气再循环阀的调节来实现的。现代发动机中广泛采用电子控制废气再循环阀的方法。电子控制的常用废气再循环阀主要有以下两种。

1. 线性废气再循环阀

废气再循环工作期间 ECU 通过监测针阀位置反馈信号控制针阀位置。ECU 根据冷却液温度、节气门位置和进气流量等参数控制废气再循环针阀的位置,如图 3.54 所示。

2. 数字式废气再循环阀

数字式废气再循环阀由排气到进气歧管的 3 个孔口来精确地控制废气再循环率,如图 3.55 所示。3 个孔口大小不同,可构成 8 种组合的通道截面,调节不同的废气再循环率,见表 3-1。

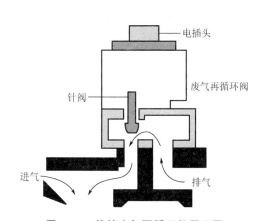

图 3.54 线性废气再循环阀原理图

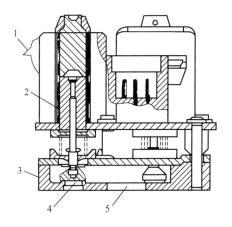

图 3.55 数字式废气再循环阀
1—电磁阀组件;2—电枢组件;3—基座;
4—出口(至进气歧管);5—排气入口

表 3-1 数字废气再循环阀的控制逻辑

| 编号 | 第1孔 | 第2孔 | 第3孔 | 废气再循环率/(%) |
| --- | --- | --- | --- | --- |
| 0 | 关 | 关 | 关 | 0 |
| 1 | 开 | 关 | 关 | 14 |
| 2 | 关 | 开 | 关 | 29 |
| 3 | 开 | 开 | 关 | 34 |
| 4 | 关 | 关 | 开 | 57 |
| 5 | 开 | 关 | 开 | 71 |
| 6 | 关 | 开 | 开 | 86 |
| 7 | 开 | 开 | 开 | 100 |

当电磁线圈通电时,与轴连在一起的电枢和针阀均升起,孔口被打开。由于废气再循环率只与孔口的大小有关,因而提高了控制的精度。

数字式废气再循环阀通过 ECU 的接地电路开启。此驱动电路使电磁线圈通电,升起针阀,并使排气进入进气歧管。ECU 通过冷却液温度、节气门位置和进气歧管绝对压力等传感器的信息调节各个电磁线圈的工作。

### 3.7.3 废气再循环的控制策略

废气再循环的控制策略有以下几点:

(1) 在冷机或怠速、小负荷时,$NO_x$ 的排放量本来就很小,发动机为了稳定地运行,要求缸内充分充气,因此在这些情况下废气再循环阀是关闭的。

(2) 在轻微加速或低速巡航控制期间,可以使用小量的废气再循环,以减少 $NO_x$ 的浓度,同时保持良好的驱动性。

(3) 中等发动机负荷时,$NO_x$ 的排放量较高,应尽最大可能地使用废气再循环量,从而大量减少 $NO_x$ 排放物。随着负荷的增加,废气再循环率也可相应增加。

(4) 当发动机要求大功率、高转速时,为了保证发动机有较好的动力性,此时混合气也较浓,$NO_x$ 排放生成物相对较少,因此可不用废气再循环或少用废气再循环。

(5) 废气再循环量对排放和油耗的影响还受到空燃比和点火提前角等因素的影响,如图 3.56 在增大废气再循环率时,同时适当地增加点火提前角,进行综合控制,就能得到较好的排放性能和燃油消耗率。在废气再循环率的控制中,将针阀位置作为反馈信号进行闭环控制效果会更好。

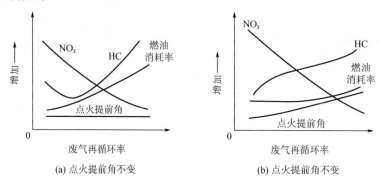

图 3.56 废气再循环率与点火提前角的关系

### 3.7.4 内部废气再循环

通常把发动机排气经过废气再循环阀进入进气歧管,与新鲜混合气混合在一起的方式称为外部废气再循环。由于配气相位重叠角进、排气门同时开启,造成一部分废气滞留在缸内,稀释了新鲜混合气的方式称为内部废气再循环。

现代发动机中采用可变气门正时后内部废气再循环将取代外部废气再循环。

### 3.7.5 闭环控制式废气再循环

上述几种型式的废气再循环控制系统均属开环控制,废气再循环率只能预先设定,不能检测发动机各种工况下实际的废气再循环率。目前,在更先进的废气再循环控制系统中广泛采用了闭环反馈控制式废气再循环系统,控制系统以废气再循环阀开度或废气再循环率作为反馈信号,进行闭环控制。

1. 用废气再循环阀开度作反馈信号

如图 3.57 所示,与普通电子控制式废气再循环相比,在废气再循环阀上增加了一个用于检测其开度的废气再循环位置传感器。电位计式的废气再循环位置传感器可将废气再循环阀开度转换为相应的电压信号,反馈给 ECU。ECU 根据该信号控制真空电磁阀的动作,进而调节废气再循环阀膜片室的真空度,以此改变废气再循环率。

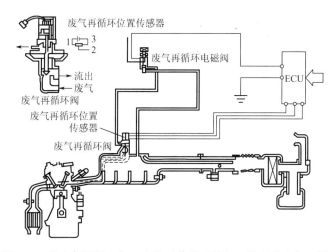

图3.57 用废气再循环阀开度作反馈信号的闭环控制式废气再循环

2. 用废气再循环率作反馈信号

直接用废气再循环率作为反馈信号的废气再循环闭环控制系统,如图 3.58 所示。废气再循环率传感器安装于稳压箱(进气总管)上。通过测量混合气中的氧气浓度检测混合气的废气再循环率,并将其检测信号反馈给 ECU,ECU 依据此信号发出控制指令,不断调整废气再循环阀的开度,以此控制混合气中的废气再循环率,使其始终保持在最佳状态。

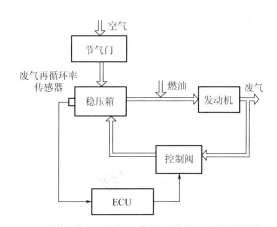

图 3.58 用废气再循环率作反馈信号的闭环控制式废气再循环

汽车新技术

1. 单点喷射与多点喷射的区别是什么？
2. 在电控点火系统中，修正点火提前角从哪些方面进行？各自是如何定义的？
3. 在自然吸气发动机上应用可变气门正时技术有哪些好处？
4. 智能可变正时气门控制系统的控制策略是什么？
5. 可变气门控制对气门升程的要求是什么？
6. 可变进气流量控制是如何进行的？对进气系统的结构有什么要求？
7. 缸内直喷汽油发动机的结构具有哪些特点？缸内直喷发动机的优点又是什么？这项技术是否存在问题？如何解决？
8. 均质压燃发动机的工作原理是什么？有哪些优点？
9. 废气再循环系统的控制策略是什么？

# 第4章 柴油机电子控制技术

## 本章教学要点

| 知识要点 | 掌握程度 | 相关知识 |
| --- | --- | --- |
| 柴油机电控喷油系统的组成、分类及工作原理 | 了解柴油机电控喷油系统的发展历程，重点掌握高压共轨系统的工作原理 | 三代柴油机电控喷油系统的发展历程，高压共轨系统的关键技术及发展前景 |
| 柴油机排放控制的要求及后处理系统的工作原理 | 了解柴油机排放法规的基本内容，掌握柴油机排放控制的基本原理、柴油机后处理系统的组成及工作原理 | 世界各国柴油机排放法规的差异，达到各种排放法规的技术路线，排放法规对发动机排放控制技术的引导作用 |
| 电控柴油机的整机管理系统 | 了解柴油机整机管理系统的组成及控制原理 | 柴油机整机管理系统的应用现状及发展趋势 |

## 导入案例

在全球所有汽车市场上，对新型汽车首要的三项性能要求是：低油耗、强劲动力以及低排放，博世共轨系统可以满足这些要求。博世CRS1-18是专门针对中国市场开发，满足国五排放法规，高度稳定、可靠的系统，应用车型广泛。

博世CRS1-18共轨系统汇集博世全球研发核心能力，实现中国本地化生产，解决了CRS1-16共轨系统需要消耗车用尿素来达到排放标准的困扰，在设计上CRS1-18（图4.1）使用了全新的高压轨HFR-18（图4.2）和电磁阀喷油器CRI1-18（图4.3）。此喷油器（局部放大图4.4）为经济型球阀结构喷油器，具有较强的耐磨性，能够长期耐受柴油中出现的颗粒，完全适应中国市场燃油品质的现状，最高喷射压力可达1800bar，通过与电控单元的结合，可在每个工作过程实现五次逐一喷射，更大程度地降低了噪声和油耗，再通过DPF的过滤，轻松满足国五排放要求。

那么，柴油机高压共轨系统与传统的柴油机燃油供给系统的主要区别是什么？CRS1-16 共轨系统是如何采用车用尿素减排的？CRS1-18 能否代替传统柴油机燃油供给系统并满足所有车型的需求？

图 4.1  柴油高压共轨系统 CRS1-18 运行图

图 4.2  高压轨 HFR-18

图 4.3  电磁阀喷油器 CRI1-18

图 4.4  CRI1-18 球阀的局部放大图

  从 20 世纪 70 年代开始，随着汽车电子控制系统应用，柴油机也开始了电子控制的进程。从结构和功能的角度看，柴油机的电子控制系统包括燃油系统的电子控制和柴油机空气系统的电子控制，后者包括增压压力控制系统、废气再循环控制系统及为了满足未来更加严格的排放法规而开发的排放后处理电子控制系统。这些电子控制系统使得柴油机在动力性、经济性和排放性能等方面都取得了巨大的进步。目前，乘用车柴油机在保证百公里油耗 3L 经济性的同时，还能保证排放达到欧Ⅳ、欧Ⅴ甚至更好的排放标准。

  在柴油机的电子控制系统中，最早研究并实现产业化的是电子控制的柴油喷射系统。随着排放法规的加严以及加工和制造技术的进步，先后出现了三代电控燃油喷射系统，即第一代的位置控制式电控燃油喷射系统、第二代的时间控制式（喷射电磁阀）电控燃油喷射系统，以及第三代的高压共轨系统。其中第一代电控系统由于不能满足更加严格的排放法规，将逐步退出市场；第二代时间控制式电控燃油喷射系统中，根据具体的结构可以划分为电控泵喷嘴系统、电控单体泵系统、电控分配泵系统和直列（组合）泵电控系统。第三代燃油共轨系统能够在稳定系统喷射压力的前提下精确控制喷油器的开启时间，不但实现了供油量的精确控制，还实现了更复杂的喷射规律，进而实现更优越的性能。

## 4.1 第一代电控柴油喷射系统

传统的机械式喷油系统的燃油控制是利用油泵上的机械式调速器完成驾驶人的控制命令与发动机实际运行状态之间的调节与平衡,最终喷油量的控制是通过油泵的齿条或者滑套的位置来实现的。第一代电控燃油喷射系统又称为位置式电控系统,根据原有机械泵形式的不同,可划分为分配泵位置电控系统、直列泵位置电控系统和单体泵位置电控系统等。下面通过传统机械直列泵和电控直列泵的结构对比来进行说明。

### 4.1.1 直列泵位置式电控系统

传统柱塞式喷油泵喷射过程的控制机理如图4.5所示。柱塞与齿圈连接在一起由齿条带动,而柱塞套则不转动。当齿条的位置向右移动时,齿圈转过的角度也加大,于是柱塞上的斜槽与出油阀之间的柱塞行程加大,喷油量也就加大。在直列泵上实施的位置电子控制就是将传统的机械调速器取消,将齿条的控制改成一个电子控制的执行器。执行器的类型既有旋转的电动机,也有直线运动的电动机。图4.2所示为采用的是直线运动的线性电磁铁作为执行器的一种柴油机电子控制喷射系统方案,直接安装在传统的机械调速器的壳体内,而机械调速器已经被取消。

为了检测发动机的工作转速,图4.6中还在油泵凸轮轴的自由端安装了测速齿盘和转速传感器。

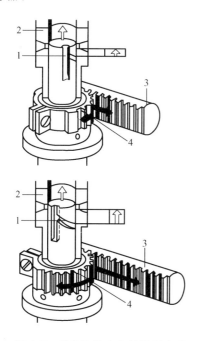

图4.5 柱塞和柱塞套的控制方式
1—柱塞;2—柱塞套;
3—齿条;4—齿圈

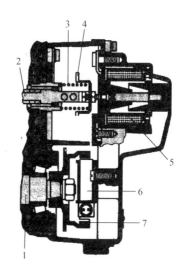

图4.6 取消机械调速器的直列泵
1—凸轮轴;2—齿条;3—弹簧;
4—弹簧挡圈;5—线性电磁铁;
6—转速传感器;7—测速齿轮

在图 4.6 所示的位置控制式电控燃油喷射系统中，执行器线性电磁铁决定了齿条的位置，但由于存在弹簧预紧力，以及线性电磁铁电流到力之间受到温度、摩擦等非线性因素的影响，在外界驱动电压一致的条件下，相同的驱动电流对应的齿条位置可能有所不同。因此，当采用线性电磁铁作为执行器时，要反馈齿条位置才能知道当前齿条的准确位置，这对于车用发动机来说是必需的。但有些电站用的柴油机可以例外。因为发电条件下对应的发动机转速是固定的，电子控制系统将发动机转速作为闭环的控制目标，而不要求精确控制齿条的位置，这时不需要反馈齿条的位置。

除了在直列泵上实施的位置控制式电控燃油喷射系统以外，还有在泵喷嘴和单体泵上实施的位置控制式电控燃油喷射系统。这些系统中的位置电控在控制机理、结构上都和直列泵有类似之处，只要在其控制齿杆的连接处加装一个电子执行器就能够实现电控。

### 4.1.2 第一代电控燃油喷射系统的控制特点

通过对比直列泵上实施的位置控制式电控燃油喷射系统及其他构型的第一代电子控制系统，可以看出其共同之处在于：

（1）二者都是将传统的机械式喷油系统作了局部改进，如取消了调速器，保留了柱塞和柱塞套（即产生高压的装置与机械式一致），改用电子执行器来完成分配转子与滑套之间的相对位置控制。

（2）增加了反馈位置的传感器、转速传感器及燃油温度传感器等，从而实现对油泵的精确控制。

（3）实施了电子控制后，整个系统的优点在于：不同转速与负荷下的喷油量可以灵活标定，因此在发动机的整个稳态工况范围，发动机的工作特性可以按照性能最佳的方式来确定，而传统的机械式系统则只能保证个别点工况下的特性最佳，其他工况下的特性不能灵活改变。

第一代位置控制式电控燃油喷射系统的最大优点是相对原有系统改动简单，成本低。但是由于喷射压力相对原有系统没有提高，因此对发动机的排放性能改善有限，只是对动力性和经济性及整车的驾驶性能有所改善。但是第一代位置电控相对传统机械系统已经改变整个发动机的控制和匹配模式，在柴油机电子控制的道路上迈出了第一步。

由于第一代位置控制式电控燃油喷射系统只是在原有的机械调速器的位置实施电控，所以又被称为电子调速器。有的电控系统在加装电子控制执行器的同时，还保留了原有的机械调速器，形成了机电混合调速器。

## 4.2 第二代电控燃油喷射系统

第二代时间控制式的电控燃油喷射系统根据高压产生装置的不同，也可以分为分配泵、直列泵、泵喷嘴和单体泵电控燃油喷射系统，下面以电控直列泵和电控单体泵为例，介绍第二代时间控制式的电控燃油喷射系统的特点。

### 4.2.1 直列泵时间控制系统

在传统直列泵上可以实施时间控制式的电控化改造。如图 4.7 和图 4.8 所示，将与直列泵相连的原机械调速器取消,在喷油泵出油阀和喷油器之间的高压油管上,安装一个三通电磁阀,得到所谓的泵-管-阀-嘴(Pump - Pipe - Valve - Injector, PPVI)式电控燃油喷射系统,即通常的电控组合泵系统。与传统的泵-管-嘴的机械式喷油系统相比,每缸都对应安装了一个控制喷射过程的电磁阀。与此同时,传统柱塞上的斜槽被取消,柱塞泵的功能只是建立高压,不再具有喷油量调节的功能,真正的喷油控制由电磁阀来完成。

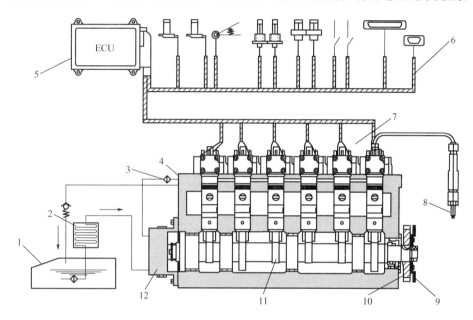

图 4.7 电控组合直列泵的结构图

1—燃油箱;2—ECU 燃油冷却器;3—燃油滤清器;4—泵箱;5—电控单元;
6—传感器及各种接口;7—高压柱塞、泵/阀组件;8—喷油器;
9—信号盘;10—驱动齿轮;11—油泵凸轮轴;12—输出泵

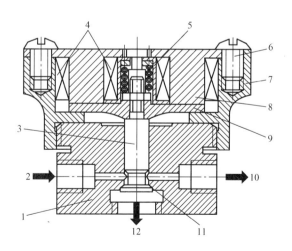

图 4.8 PPVI 系统电磁阀的基本结构

1—阀座;2—来自泵油;3—阀杆;4—电磁线圈;5—回位弹簧;6—紧固螺钉;7—壳体;
8—电磁铁;9—衔铁;10—去喷油器;11—旁通阀密封锥面;12—低压油路

在泵体上安装了指示凸轮轴相位的转速传感器,目的是为喷射过程的相位计量提供基准。当柱塞上行时,如果电磁阀通电,则高低压之间的连通被隔断,高压建立,燃油经过高压油管自喷油器中喷出;当电磁阀断电后,电磁阀阀杆在回位弹簧的作用下打开密封端面,高压油路和低压油路被连通,燃油经电磁阀迅速泄压,喷射过程随之停止。电磁阀通电开始时刻决定了喷射定时,电磁阀通电时间的长短决定了喷射脉宽,即决定了发动机的负荷大小。可见对电磁阀实施的控制在时间上要求很高,这也是为什么叫"时间控制式"的主要原因。

图4.8给出了PPVI系统电磁阀的基本结构。该结构采用了所谓的多极式电磁铁结构,以期在单位面积内产生最大的电磁力,衔铁与电磁铁之间的间隙很小(0.2mm左右),目的是使相同通电电流下的电磁力达到较大值,同时满足电磁阀打开和关闭的升程变化的需要,电磁阀线圈的匝数、电磁铁与衔铁的正对面积、衔铁的厚度、回位弹簧的刚度和预紧力及电磁阀密封锥角的角度等都要经过仔细优化。

### 4.2.2 电控单体泵和电控泵喷嘴系统

图4.9和图4.10所示分别为泵喷嘴系统(Unit Injector System,UIS)和单体泵系统(Unit Pump System,UPS)时间控制式电控燃油喷射系统。可见,二者仅仅在电磁阀与喷油器之间的连接方式上有差别。电控泵喷嘴系统将产生高压的柱塞泵与喷油器直接连成一个整体,没有高压油管,而电控单体泵系统在泵体和喷油器之间还有一段高压油管。

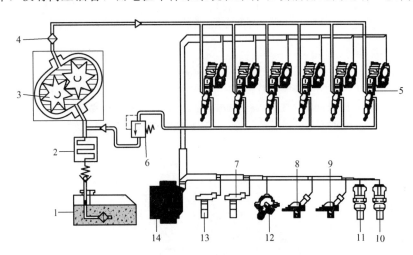

**图4.9 电控泵喷嘴燃油喷射系统的组成**
1—燃油箱;2—ECU冷却装置;3—燃油输油泵;4—燃油滤清器;5—电控泵喷嘴;6—溢流阀;
7—曲轴转速传感器;8—大气压力传感器;9—增压压力传感器;10—进气温度传感器;
11—冷却液温度传感器;12—加速踏板传感器;13—凸轮轴传感器;14—电子控制单元

图4.11和图4.12分别给出了电控泵喷嘴控制系统和电控单体泵系统在发动机上的安装和布置形式。可以看出,电控泵喷嘴系统直接采用顶置凸轮轴的方式驱动,优点是发动机结构紧凑,液力系统响应快,能够实现快速高压喷射;缺点是发动机缸盖上往往还有配气系统的凸轮轴和摇臂,结构复杂。电控泵喷嘴由于液力响应快,在乘用车用的小型高速柴油机和车用中重型柴油机中都有应用。电控单体泵则采用凸轮轴中置的方式驱动。凸轮

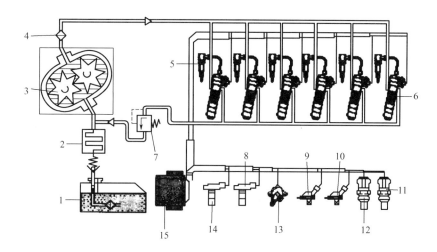

**图 4.10 电控单体泵燃油喷射系统的组成**

1—燃油箱；2—ECU 冷却装置；3—燃油输油泵；4—滤清器；5—喷油器；6—电控泵喷嘴；7—溢流阀；8—曲轴转速传感器；9—大气压力传感器；10—增压压力传感器；11—进气温度传感器；12—冷却液温度传感器；13—加速踏板传感器；14—凸轮轴传感器；15—电子控制单元

轴直接安装在发动机缸体中，支撑刚度好；高压泵和喷油器之间由高压油管连接，位置相互独立，便于布置；电控单体泵本身结构强度好，适于高压喷射。电控单体泵系统特别适合用于缸心距较大的大型和重型柴油机，除了在汽车柴油机上得到应用以外，还在坦克、装甲车辆、机车和船用柴油机上得到了广泛应用。

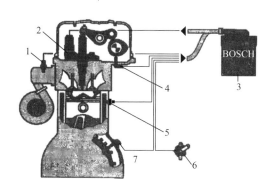

**图 4.11 电控泵喷嘴控制系统结构简图**

1—增压压力传感器；2—泵喷嘴电磁阀；3—电子控制单元；4—凸轮轴传感器；5—冷却液温度传感器；6—加速踏板传感器；7—转速传感器

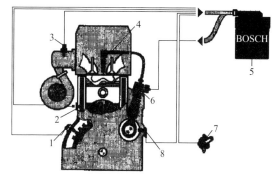

**图 4.12 电控单体泵系统结构简图**

1—发动机转速传感器；2—冷却液温度传感器；3—增压压力传感器；4—喷油器；5—电子控制单元；6—电控单体泵；7—加速踏板传感器；8—凸轮轴传感器

### 4.2.3 第二代时间控制式喷油系统的特点

**1. 凸轮轴驱动柱塞产生高压油**

产生高压的装置与机械式喷油系统、第一代位置控制式喷油系统相同。例如，机械直列泵、位置控制式直列泵及时间控制式的直列泵，都是柱塞和柱塞套配合产生高压，都需要用凸轮轴来驱动柱塞，用压缩燃油来产生喷射需要的压力。依据产生高压装置的不同，时间控制有多种类型，包括在分配泵、直列泵、泵喷嘴和单体泵上实施的时间控制式喷油系统。

**2. 油量控制和调节装置采用电磁阀**

油量控制和调节装置与机械式喷油系统、第一代位置控制式喷油系统已经完全不同。例如，直列泵上，对于机械式和第一代位置控制式喷油系统，都依赖柱塞上的斜槽与柱塞套上的回油孔之间的相对配合来完成喷油量的调节；而第二代时间控制式喷油系统则完全取消了斜槽，直接由电磁阀的动作完成每个喷射过程。

**3. 喷油过程更加精确**

时间控制式喷油系统对于喷射过程更加直接和精确。每次喷射过程中，电磁阀关闭的时间决定喷油定时，电磁阀关闭的持续时间决定喷油量和喷射压力，电磁阀直接调整发动机的工况。位置控制式喷油系统则只是通过控制齿条或者滑套的位置来间接调整发动机的工况。因为第二代电控系统要直接参与喷射过程的控制，给ECU的软硬件设计带来了新的挑战，实时性要求更加严格，控制的精度和灵活性要求也更高，使发动机性能的改善幅度也很大。

**4. 控制难度较大**

在时间控制式喷油系统中，电磁阀是整个系统的核心与关键，这是因为：
(1) 密封压力高。喷射压力大于 100 MPa。
(2) 时间响应快。关闭和打开速度小于 1ms。
(3) 控制实时性要求高。缸内直喷，喷射定时和脉宽要求严。
(4) 寿命和可靠性要求高。保证发动机几十万千米使用过程中的性能不下降。
(5) 设计和制造要求高。

电磁阀本身综合了机械、液力、电磁、电子等多个环节，只有合理设计才能够进行大批量生产，其制造成本才可以控制在可接受的范围内，高速强力电磁阀的制造和加工是第二代时间控制式喷油系统产业化的基础，也是第三代共轨系统实现的前提。

**5. 喷射规律不理想**

第二代时间控制式喷油系统存在的不足是仍然需要凸轮线形的驱动来产生喷射所需的高压，其喷射压力严重依赖于凸轮型线的设计，不仅喷射区间受到限制，而且也是脉动的，使得喷油压力控制、喷油速率控制和喷油定时控制都没有得到充分发挥，从而也限制了发动机性能的进一步改善。

## 4.3 第三代电控燃油喷射系统

针对第二代时间控制式喷油系统存在的不足，人们进一步推出了第三代共轨式电控燃油喷射系统。在这个系统中，柱塞产生的脉动高压被输送到一个高压腔中，使高压能够长时间维持，即在任意时刻电磁阀开始喷射都能够得到满足。共轨系统在发展过程中出现了不同类型，这里主要介绍高压共轨系统。

### 4.3.1 高压共轨系统

图 4.13 所示为第三代高压共轨式电控燃油喷射系统的结构图。共轨式电控发动机系统的组成可以划分为下述 4 个部分：

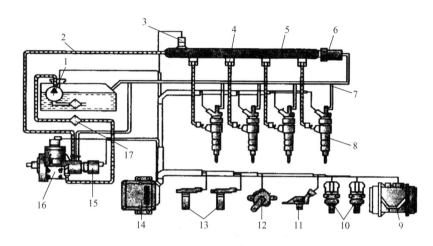

**图 4.13 第三代高压共轨式电控燃油喷射系统组成结构图**

1—油箱和输油泵；2—高压油管；3—共轨压力传感器；4—流量限制阀；5—共轨；6—安全溢流阀；
7—低压回油管；8—带电磁阀的喷油器；9—空气流量传感器；10—冷却液温度和进气温度传感器；
11—增压压力和大气压力传感器；12—加速踏板传感器；13—凸轮轴和曲轴传感器；14—ECU；
15—压力控制阀；16—高压泵；17—滤清器

（1）低压燃油子系统，包括油箱、输油泵、滤清器和低压回油管。

（2）共轨压力控制子系统，包括高压泵、高压油管、共轨压力控制阀（Pressure Control Valve，PCV）、共轨、共轨压力传感器，以及提供安全保障的安全泄压阀和流量限制阀。

（3）燃油喷射控制子系统，包括带有电磁阀的喷油器、凸轮轴和曲轴传感器等。

（4）电控发动机管理系统，包括电子控制单元和发动机的各种传感器。

可以看出，与第二代时间控制式喷油系统相比，第三代高压共轨式电控燃油喷射系统在结构上增加了共轨压力控制子系统。

世界上提供共轨系统的公司主要有德国的 BOSCH 公司和 Continental（原西门子 VDO 部门）公司，美国的 Delphi 公司及日本的 DENSO 公司等。它们各自的结构稍有差别，但是整个系统的框架基本相同。与电控单体泵相比，共轨系统的质量轻，适合整机布置。下面以 BOSCH 公司的共轨系统为例，介绍共轨系统的主要技术特点。

**1. 高压泵**

图 4.14 与图 4.15 分别为高压泵的横向和纵向结构图。一个高压泵上有 3 套柱塞组件，由偏心轮驱动，在相位上相差 120°。从图 4.14 上可以看出，这种偏心轮驱动平面和柱塞垫块之间为面接触，比传统的凸轮-滚轮之间的线接触的接触应力要小得多，更有利

于高压喷射。高压泵的基本工作原理如下：当柱塞下行时，来自输出泵压力为 50~150kPa 的燃油经过低压油路到达各柱塞组件的进油阀，并由进油阀进入柱塞腔，实现充油过程；当柱塞上行时，进油阀关闭，燃油建立起高压，当柱塞腔压力高于共轨中的压力时，出油阀被打开，柱塞腔的燃油在压力控制阀的控制下进入共轨。

2. 压力控制阀

共轨压力受压力控制阀的控制。图 4.16 给出了典型的共轨系统中压力控制阀的结构。球阀是整个共轨压力控制的关键元件，它的一侧是来自共轨燃油的压力，另一侧衔铁受弹簧预紧力和电磁阀电磁力的作用。而电磁阀产生电磁力的大小与电磁阀线圈中的电流大小有关。当电磁阀没有

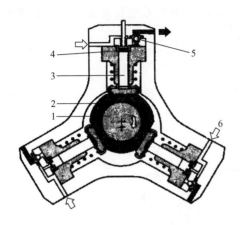

图 4.14 高压泵的横向结构图
1—驱动轴；2—偏心轮；3—柱塞组件；
4—进油阀；5—出油阀；6—进油阀

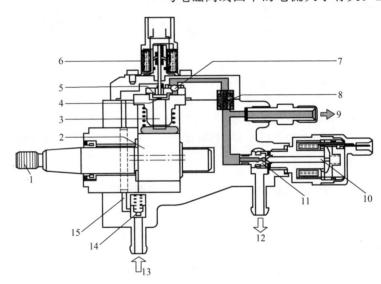

图 4.15 高压泵的纵向结构图
1—驱动轮；2—偏心轮；3—柱塞组件；4—泵腔；5—进回阀；6—回油关断电磁阀；7—出油阀；
8—密封装置；9—连接共轨的高压油管接头；10—压力控制阀；11—球形阀；12—低压回油接头；
13—进油口；14—安全阀；15—低压油路

通电的时候，弹簧预紧力使球阀紧压在密封座面上，当燃油压力超过 10MPa 时，才能将其打开，即共轨腔中的燃油压力至少达到 10MPa 时，才有可能从压力控制阀处泄流到低压回路。在压力控制阀通电后，燃油压力除了要克服弹簧预紧力之外，还要克服电磁力，即电磁阀的电磁力通过衔铁作用在球阀上的力的大小决定了共轨中的燃油压力。电磁阀的电磁力可以通过调整电磁阀线圈中电流的大小来控制。线圈相当于一个感性（电感＋电阻）负载，线圈中的平均电流可以通过脉宽调制来实现。例如，1kHz 左右的调制频率就足够控制电磁阀的平均电流大小。

3. 共轨组件

共轨组件包括共轨本身和安装在共轨上的高压燃油接头、共轨压力传感器、起安全作用的压力限制阀、连接共轨和喷油器的流量限制阀等，如图 4.17 所示。共轨本身容纳高达 150MPa 以上的高压燃油，材料和高压容积对于共轨压力的控制都是重要参数。流量限制阀的作用是计量从共轨到各喷油器的燃油量的大小。当流量过大时，可以自动切断喷油器的高压燃油。而压力限制阀的作用是当共轨中的燃油压力过高时，压力限制阀连通共轨到低压的燃油回路，实现安全泄压，保证整个共轨系统中的最高压力不超过极限安全压力。

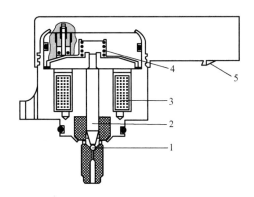

**图 4.16 压力控制阀的结构**
1—球阀；2—衔铁；3—线圈；
4—弹簧；5—电气接口

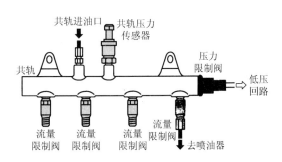

**图 4.17 共轨组件**

图 4.18～图 4.20 分别给出了流量限制阀、共轨压力传感器及压力限制阀的结构示意图。

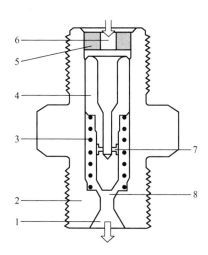

**图 4.18 流量限制阀的结构**
1—去喷油器的出油口；2—壳体；
3—柱塞弹簧；4—柱塞；5—密封垫；
6—与共轨相连的进油口；
7—截流孔；8—密封座面

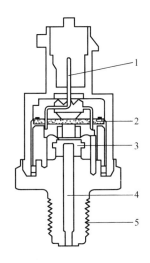

**图 4.19 共轨压力传感器的结构**
1—电气接口；2—调理电路；
3—敏感元件；4—高压燃油通道；
5—安装接口

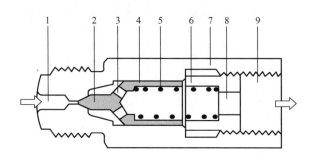

**图 4.20 压力限制阀的结构**
1—高压燃油接头；2—限压阀；3—燃油通道；4—柱塞；5—弹簧；
6—止块；7—阀体；8—燃油通道；9—低压回路

**4．喷油器**

图 4.21 所示为 BOSCH 共轨式喷油器的结构简图，控制喷射过程的电磁阀安装在喷油器的顶端。当电磁阀断电时，球阀在弹簧力的作用下压紧在电磁阀的阀座上，高压和低压之间的流通通道（高压回路→进油截流孔→柱塞控制腔→溢流截流孔→球阀阀座→低压回路）被隔断，燃油的高压压力直接作用在柱塞顶部，克服喷油器底端针阀承压面上的燃油压力，加上弹簧的预紧力，使得柱塞-针阀向下紧压在喷油器针阀座面上，喷油器不喷射。当电磁阀通电后，电磁力使球阀离开阀座，高压和低压之间的流通通道（高压回路→进油截流孔→柱塞控制腔→溢流截流孔→球阀阀座→低压回路）打开，部分高压燃油经过此通道进入低压回路。由于进油截流孔和溢流截流孔都很小，因此流体的截流作用导致柱塞控制腔的压力小于来自共轨的高压燃油的压力，高压燃油在喷油器针阀承压面上的压力使柱塞和针阀抬起，喷射器就开始喷油。

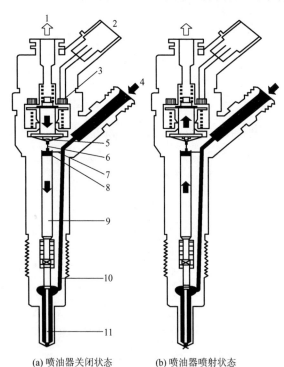

(a) 喷油器关闭状态　　(b) 喷油器喷射状态

**图 4.21 BOSCH 共轨式喷油器的结构简图**
1—燃油回路；2—电气接口；3—电磁阀；
4—高压进油口；5—球阀；6—溢流截流孔；
7—进油截流孔；8—柱塞控制腔；
9—控制柱塞；10—去针阀的高压油路；
11—喷油器针阀

整个喷射过程简述如下：当电磁阀通电时，针阀抬起，喷射开始；当电磁阀断电时，针阀落座，喷射结束。由于共轨中的压力一直存在，所以任何时刻喷油器都可以在电磁阀的控制下喷油，这是与第二代时间控制式系统的喷油电磁阀最不同之处。

从工作原理上看，电磁阀起到了液压伺服放大的效果，其优点是可以采用电磁力比较小的电磁阀，通过液压力控制喷油器的开启和关闭，降低电磁阀功率和驱动要求，可以设计出较小的电磁阀满足喷油器安装空间限制的需要。但是控制过程中，从电流产生到电磁力再到阀的运动，再到液压力的变化，才能实现喷油器的打开和关断，中间有液力系统的延迟和响应问题，使得其喷射过程的动态响应时间不容易进一步缩短。

### 4.3.2 压电晶体喷油器

针对共轨喷油器中线圈式电磁阀的响应速度不够快、驱动功率要求大等缺点，BOSCH、Continental 和 DENSO 等企业研制了压电晶体形式的喷油器。压电晶体的喷油器和传统线圈式的喷油器相比，具有体积小、响应快、驱动功耗低、一致性好和控制更加灵活的特点，在多次喷射过程中的小喷射量精确控制方面更加具有优势，因此在近几年中得到规模应用，并开始向汽油机缸内直喷的喷油器上推广。

压电晶体的工作原理如图 4.22 所示。当给晶体两端通上电压时（充能），晶体由于充入了电荷，会产生变形，而且变形量正比于施加在其两端的电压。与线圈电磁阀等电感类的负载不同，压电晶体的物理特性更加接近电容特性，如图 4.23 所示。充能过程即为给压电晶体加上期望的电压（如 140V），由于压电晶体的内部结构与电容类似，因此充电电流先大后小，最后压电晶体维持在 140V 时，电流降为零。释能过程也是先放出电流，对应电压下降，最后直到两端电压为零时，不再有电荷移动，即电流降为零。

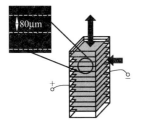  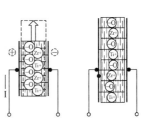

压电石英薄层烧结成为一个立方整体，喷油器所采用的压电执行器为30mm长，是由300多层石英组成的，每层厚度只有80μm，总变形量40μm。

压电陶瓷自由状态　　充能过程，电流电压变化　　充能结束，喷油器保持喷射状态

**图 4.22　压电晶体的工作原理**

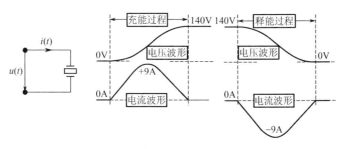

**图 4.23　压电晶体的充能和释能过程**

晶体由于压电效应会产生纵向的变形和应力,该变形和应力可以用来驱动喷射控制阀的打开和关断,如图4.24所示。

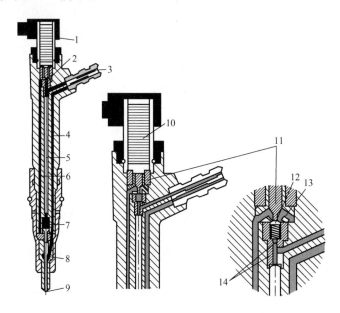

**图 4.24 液压伺服式的压电晶体喷油器的结构图**

1—压电晶体;2—液压控制阀;3—高压接头;4—高压油道;5—密封针阀;6—低压油路;
7—针阀弹簧;8—下承压面;9—喷油器针阀;10—压电晶体;11—顶块;12—阀芯;
13—阀座;14—高压截流孔1和2

由于每层的石英晶体都很薄,因此为了产生足够大的累积变形量,需要采用多层叠片的方式串联组合起来,使之能够满足打开和关断喷射过程对应的位移量。

### 4.3.3 高压共轨系统的特点

1. 压力稳定

共轨上的压力传感器实时反馈共轨中的压力,通过控制PCV的电流来调整进入共轨的燃油量和轨道压力,形成独立的共轨压力闭环子系统。此子系统对第二代时间控制式喷油系统来说完全是共轨特有的系统。

2. 精度高

喷油器电磁阀直接对喷油定时和喷油脉宽进行控制,结合灵活的预喷射、主喷射和后喷射以及共轨压力控制,实现对喷射速率、喷射定时和喷射压力以及喷油量的综合控制。与第二代时间控制式喷油系统相比,喷油器和电磁阀的一体化设计,要求电磁阀尺寸小、响应快。

3. 体积小、压力高

高压泵的体积较小,而且一般采用齿轮驱动的方式,共轨中的蓄压就是喷油器的喷射压力,最高压力可达150MPa,因此称高压共轨。

4. 便于布置安装

共轨沿发动机纵向布置，高压泵、共轨和喷油器各自的位置相互独立，便于在发动机上安装和布置。对现有发动机生产进行改造时，安装共轨系统对缸体和缸盖的改动小。

5. 结构复杂

从技术总体实现难度上看，共轨系统组成较复杂，机械、液力和电子、电磁阀耦合程度高，加工制造、控制匹配要求的水平高，与第二代时间控制式喷油系统相比，具有更好性能的同时，开发难度也更大。

6. 功耗小

高压共轨系统一方面在大量应用的同时，还在向更高的水平发展。例如，进一步降低高压泵的功耗、提高高压泵的高压能力，采用压电晶体式的喷油器，取消传统的线圈电磁阀作为执行器，降低 ECU 的驱动功耗等。目前，共轨系统已经发展到第三代，最高喷射系统压力可以达到 200MPa，可以一个缸连续 5 次喷射。

## 4.4 柴油机空气系统和排放后处理系统的电子控制

随着排放法规的加严，要求柴油机的微粒和 $NO_x$ 排放同时大幅度降低，这就要求柴油机也像汽油机一样要对空燃比进行控制。因此在柴油机上开始采用电子控制的空气系统。典型的空气系统电子控制的措施包括可变截面涡轮的增压压力控制系统、排气再循环控制系统、排放后处理系统。

### 4.4.1 增压压力控制系统

柴油机在采用排气涡轮增压之后，与自然吸气的柴油机相比，动力性、经济性和排放性能都有较大提高。但是，普通的增压器特性往往不能够兼顾柴油机的高速工况和低速工况。在柴油机的低速工况，由于循环频率低，废气流量和能量相对较小，很难将涡轮和增压器的转速提高到期望的水平，即最终的增压压力难以提高；而在高速工况，由于废气流量和能量都较高，使涡轮和压气机的转速可能超过期望的增压压力，导致涡轮速度过高，可靠性和寿命下降。例如，一般固定截面的涡轮增压器都带有废气放气阀，目的是在高速工况避免增压器转速过高，旁通部分废气使之不对涡轮做功。为了兼顾高速和低速工况，可变截面涡轮增压器得到了应用。

典型的可变截面涡轮如图 4.25 所示，发动机燃烧产生的废气经涡轮入口（环形入口），在导向叶片的作用下，经过喷嘴环截面冲击涡轮叶片，对其做功后从涡轮的废气出口流出。压气机轴和涡轮轴是一体的，因此在增压器的另一侧，压气机利用涡轮传递来的压缩空气，实现废气涡轮增压的过程。与固定截面涡轮不同的地方在于，喷嘴环截面有圆周均布的导向叶片，导向叶片一方面能够调整喷嘴环的等效流通截面，另一方面能够调整废气冲击涡轮叶片的角度，这两个因素也就调整了废气对涡轮做功的大小，即不同喷嘴环截面、不同叶片角度将不同的废气能量转换为对涡轮做功的效率，从而实现对增压压力的控制。可变截面涡轮增压器的控制方式既可以像图 4.26 那样利用杠杆机构，由真空膜片阀来控制可变截面涡轮增压器导向叶片的位置角度，也可以由电机等执行器来控制可变截面涡轮增压器导向叶片的位置角度。

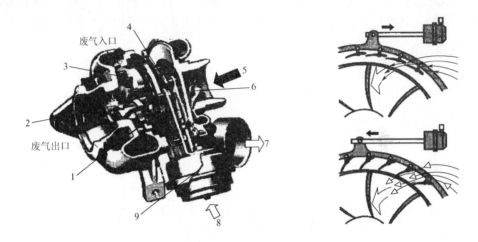

图 4.25　喷嘴环可变截面涡轮的基本结构

1—喷嘴环截面；2—涡轮；3—喷嘴环导向叶片；4—调节杠杆；5—空气入口；6—压气机；
7—空气出口；8—真空压力源入口；9—真空膜片调节阀

与传统的增压器相比，可变截面涡轮增压器的优点如下。

1. 提高发动机性能

在兼顾高速动力性、经济性和排放性能的同时，能够大幅度提高低速大转矩区的空气量，从而提高柴油机的低速转矩储备，同时降低低速工况的排烟。

2. 降低排放

加快和优化空气的动态过程，降低加速过程的排烟。从前述的燃油系统的电子控制可知，采用电磁阀控制的燃油喷射系统，可以在一个循环内将柴油机的喷油量从很小变到很大，即柴油机的燃油瞬态响应是很快的。而空气系统的瞬态响应时间相对较长，这是因为涡轮-压气机的转速较高，改变涡轮和压气机的速度相对较慢，也就是改变增压压力的速度相对慢，一般的响应时间在秒级以上，相对燃油系统中一个发动机循环的响应速度要慢得多。采用可变截面涡轮增压器可以加快空气动态过程，使空气系统的过渡过程和燃油系统的过渡过程能较好地匹配，从而避免柴油机加速冒烟的问题。

3. 与废气再循环系统相结合实现空燃比闭环控制

增压压力控制系统与废气再循环系统结合，实现空燃比闭环控制。增压的压力可以灵活控制后，再结合废气再循环系统，使柴油机的空气和燃油的配合过程更加精确，从而为同时降低柴油机的 $NO_x$ 和微粒排放提供可能。

### 4.4.2　废气再循环控制系统

为了控制柴油机在部分负荷下的 $NO_x$ 排放，采用废气再循环系统可降低进入气缸的新鲜空气量的相对比例，从而抑制 $NO_x$ 的生成。图 4.26 为可变截面涡轮增压器和废气再循环系统联合控制时的柴油机空气系统结构示意图。可见 EGR 阀直接连通排气管和进气管，能够直接调节进入气缸的废气比例。在增压控制系统中，增压后空气一般带有中冷器来降低进入气缸的空气温度，废气再循环系统也有类似的中冷器。可以根据是否带有中冷器将废气再循环系统分为冷废气再循环系统和热废气再循环系统，其中又根据冷却方式的不同分为水冷废气再循环系统和空气冷却的废气再循环系统。进气管压力调节阀有的系统可以不装，其作用是可以快速控制进入气缸总的空气量和废气比例，与汽油机节气门的功能有相似之处。

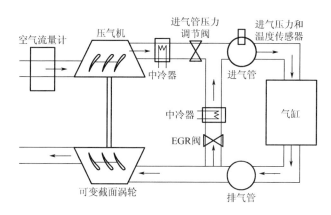

图 4.26  可变截面涡轮增压器和废气再循环系统联合
控制时的柴油机空气系统结构示意图

柴油机对空气系统检测和控制的基本思路如下：

(1) 电子控制单元通过空气流量计来实时检测进入发动机的新鲜空气量，该空气流量传感器的位置在增压器之前，滤清器之后。

(2) 电子控制单元通过控制可变截面涡轮增压器实现增压压力的控制，通过控制 EGR 阀控制废气再循环回路流通截面的大小，增压压力可以通过进气压力传感器实时反馈。

(3) 利用进气温度和压力传感器及速度密度法来估计进入气缸的总空气流量，总空气量与流量计测量的新鲜空气量之差就是废气再循环系统的流量，可见当同时采用可变截面涡轮增压器和废气再循环系统时，空气流量传感器和速度密度法测量空气流量被同时采用。

(4) 电子控制单元根据进入气缸的总空气量和废气再循环系统的流量，计算出新鲜空气和废气的比例。于是电子控制单元就能够实现废气再循环系统的闭环控制，为空气系统和燃油系统的综合匹配奠定基础。

### 4.4.3 排放后处理系统

为了进一步降低柴油机的有害排放物对大气的污染，除了在燃烧环节尽量降低有害排放物的生成以外，还可以采取排放后处理措施。柴油机有较完善的后处理系统。目前，后处理也是柴油机的主要热点之一。与汽油机不同，由于柴油机的空燃比较大，因此无法利用汽油机的三元催化器对排放物进行有效处理。

柴油机排放后处理系统的基本组成和功能如下：

1. 氧化催化器

氧化催化器的作用是将没有完全燃烧的 HC、CO 和部分微粒氧化，生成 $CO_2$ 和 $H_2O$。柴油机的氧化催化器如图 4.27 所示。多孔的蜂窝状结构使 HC 和 CO 与 $O_2$ 的接触面积很大，保证氧化效率。在正常工作时，HC 和 CO 氧化过程的放热能够使催化器处于正常的工作温度范围。在冷起动时，控制装置可以采用电加热的办法使催化器快速达到正常的工作温度。

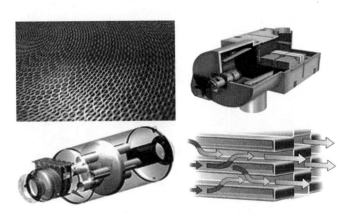

图 4.27 氧化催化器的基本结构

2. $NO_x$ 的还原催化器

由于柴油机的空燃比较大，因此 $NO_x$ 的还原是其后处理的难点之一。目前，相对比较成熟的方法是尿素辅助还原法。在还原催化器中，$SINO_x$ 还原催化装置的有效工作需要在排气管中喷入一定量的尿素来辅助 $NO_x$ 的还原。因此，设计了专门喷射尿素的带电磁阀的喷油器、尿素储存罐及帮助尿素和排气混合的混合装置。由于尿素的喷射量与排放的空燃比有关，因此在 $SINO_x$ 前后需要加装反馈空燃比的氧传感器。而且，氧传感器功能检测空燃比的带宽要比汽油机上使用的带宽宽得多。

3. 微粒捕捉器

与汽油机相比，柴油机的有害排放物中微粒是主要成分之一。图 4.28 所示为蜂窝结构的微粒捕捉器（Deposit Particular Filter，DPF），其核心是过滤体和过滤体再生装置。来自废气的微粒被吸附在过滤体蜂窝结构的网格上，过滤体由多孔陶瓷过滤材料或者多孔金属材料组成。在刚开始工作时，过滤体可以吸附 90% 的微粒，随着微粒的堆积，过滤体前、后的压力差越来越显著，发动机排气阻力加大，这时需要采用加热等措施将微粒烧掉。

图 4.28 蜂窝结构的微粒捕捉器

一般来说，为了满足国Ⅳ以上的排放法规，都需要采用排放后处理措施，但并不是上述三种排放后处理系统都需要安装。目前，在国内外已经逐步形成了两种排放后处理的模式。一种是针对轻型车和乘用车的柴油机排放后处理，采用的是加装 EGR+DPF 的措施，通过高压共轨电控燃油喷射系统的后喷射技术，实现 DPF 的主动再生；另一种是针对中重型商用车的柴油机排放后处理，采用的是加装 SCR（尿素还原 $NO_x$）的措施。这两种后处理的解决方案对比见表 4-1。

表 4-1 两种排放后处理技术路线的对比

| 后处理方案 | EGR+DPF | SCR |
| --- | --- | --- |
| 油耗（欧Ⅲ到欧Ⅳ） | 后喷射增加油耗，大约增加 7% | 由于喷油提前角可以提前，因此油耗降低，大约降低 6% |
| 燃油 | 要求含硫量低于 $5×10^{-5}$ | 对硫不敏感 |
| 机械强度 | 缸压大幅度增加 | 缸压变化不大 |
| 冷却系统 | EGR 冷却功率大幅度增加 | 冷却系统改动不大 |
| 燃油喷射系统 | 需要多次喷射（共轨） | 不需要多次喷射 |
| 成本 | 有所增加 | 增加了 AdBlue（添蓝）系统，成本提高较大 |
| 体积 | 体积略有增加 | 体积增加较大 |
| 适用车型 | 乘用车及轻型商用车 | 中重型商用车 |

从上述对比可以看出，SCR 的后处理方案在整机改造、经济性和油品的适应能力等方面相对较好，对电控燃油喷射系统要求低；缺点是成本高、体积增加较大，需要增加一套新的添蓝系统，这种方案比较适合对燃油经济性敏感的中、重型商用车，而且在商用车上的空间更加容易布置。而 EGR+DPF 的后处理方案的优点是体积增加不大，成本增加不多，适用于对成本比较敏感，而且本来就需要采用可变截面涡轮增压器+废气再循环系统和高压共轨系统的乘用车柴油机。

### 4.4.4 柴油机空气系统电子控制的特点

与燃油喷射控制系统相比，柴油机空气系统的结构较复杂。为满足欧Ⅲ标准排放或更严的法规，对燃油喷射、可变截面涡轮增压器和废气再循环系统及后处理装置将采取电子控制。电子控制技术对于柴油机的油气综合控制及排放性能起着重要作用，其基本特点可以总结如下：

1. 增压压力控制

通过进气压力传感器反馈增压压力，通过可变截面涡轮增压器来实现增压压力的闭环控制。

2. EGR 控制

通过空气流量计和进气压力传感器计算出废气再循环率，通过 EGR 阀实现排气再循环闭环控制。

3. 实现空燃比闭环控制

利用可变截面涡轮增压器和废气再循环系统，结合电控燃油喷射系统的喷油量控制，实现柴油机空燃比的闭环控制，排气管上的宽带氧传感器反馈实际的空燃比信号。

在柴油机的排放后处理系统中，可以分别采用氧化催化器来氧化 HC 和 CO，利用尿素和 $NO_x$ 的还原装置来还原大部分 $NO_x$，通过 DPF 来收集并处理大部分微粒，使柴油机能够满足超低排放的欧 V 标准。排放后处理措施不仅在一定程度上增加了排气阻力，损失了约 5% 的经济性，而且也使柴油机的成本增加，使电子控制系统的开发、调试和匹配更加复杂。

## 4.5 柴油发动机整机管理

### 4.5.1 结构框图

为了实现柴油机的燃油喷射控制、进排气系统和排放后处理系统的综合控制，发动机电子控制系统必须要有完整的传感器、执行器和控制算法及对应的匹配标定数据。电控系统从硬件上可分为传感器、电子控制单元（ECU）及执行器三个部分，如图 4.29 所示。

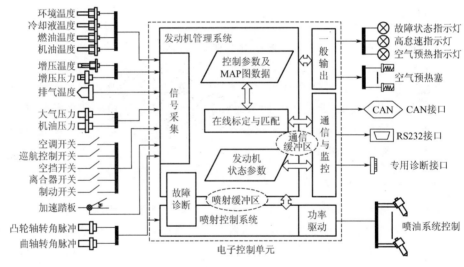

图 4.29 柴油机电控系统的结构框图

1. 传感器

传感器是用于感知和检测发动机及车辆运行状态的元件和装置。在柴油机电控系统中常用的传感器有压力传感器、温度传感器、位置传感器和转速传感器。另外，在电控系统中还有专门的开关量采集电路，用于检测空调、挡位、离合器等开关量的状态信息。所有的信息最后都经过电控单元的信号采集模块处理后提供给发动机管理系统，作为发动机控制的基本依据。

2. 电子控制单元

电子控制单元的作用是接收和处理传感器的所有信息，按照控制软件进行运算，并驱动执行器以控制发动机达到所需的性能指标。电子控制单元是发动机电控系统的核心部件，由微处理器及其外围硬件和一整套的控制软件组成。一个典型的电子控制单元的硬件电路包含电源模块、信号处理、数字核心、通信接口、驱动电路等部分。柴油机的电子控制单元软、硬件设计和匹配标定，是柴油机电子控制的关键技术之一。

控制软件包括发动机的各种性能曲线、图表和控制算法，可以分为发动机管理系统、喷射控制系统及通信与监控系统三个部分。这三个部分既从功能上相互独立，又通过缓冲区紧密关联以实现信息交互，如图 4.30 所示。

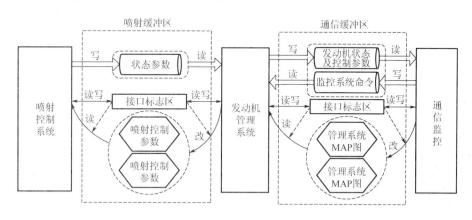

**图 4.30 控制系统软件各部分间的接口示意图**

在这三部分中，发动机管理系统是控制软件的核心内容，也是整个发动机电控系统中最关键的部分，它的核心任务在于实时监测和采集发动机状态，正确分析驾驶人的驾驶意图和整车控制的要求，通过精确控制影响发动机运行的各个可控量，使发动机稳定运行并满足所需的性能要求。同时在运行过程中，随时进行软硬件系统的故障诊断和容错控制，保障系统安全可靠地运行，并在故障发生时提示操作者相应信息以便采取相应操作。

喷射控制系统接收管理系统的控制指令，根据发动机的运行相位精确地完成燃油量和喷油定时等控制。喷射控制系统的最大特点是实时性，是电控系统软件设计中的难点。在大多数情况下，喷射控制系统作为管理系统的一个模块而存在。

通信与监控系统担负着电子控制单元与外界进行信息交互的任务，它提供发动机管理系统与整车控制系统及操纵者的通信接口。一个完整的底层通信模块既是整车控制指令交互应答必不可少的一部分，也为操作者提供必要的发动机状态信息和控制参数信息，是发动机状态监控、管理系统数据标定、故障诊断信息交互、整车控制系统集成等功能的基础。

3. 执行器

执行器是接收电控单元传来的指令，并完成所需调控任务的元器件，如电控直列泵和分配泵中的线性电磁铁，电控单体泵和泵喷嘴中的电磁阀，电控共轨系统中的压力控制阀和喷油器电磁阀，以及空气系统控制中的各种阀门控制器等。前述的各种形式电控燃油喷射系统和空气系统中，执行器都是关键核心之一。可以说，执行器的水平决定了最终柴油机能够达到的性能。

### 4.5.2 发动机管理系统的基本框架

发动机管理系统是整机控制系统实现控制功能的核心。由于发动机是一个既包含连续运动形式（空气系统动态过程、曲轴动力学过程），又包含离散事件触发式运动形式（点火、喷油过程）的混合机械，使得对发动机的控制既有连续的实时性要求不高的时间域控制，又有离散的事件驱动的强实时性的控制。这对控制系统的分析和设计提出了很大的挑战。

在发动机控制系统的最顶层，控制功能从逻辑上可以划分为三个模块：操纵意图、转矩控制、底层驱动，如图4.31所示。每一个模块代表了一些特定功能的集合，三个模块之间有非常紧密的逻辑关系，同时又具备相对的独立性。

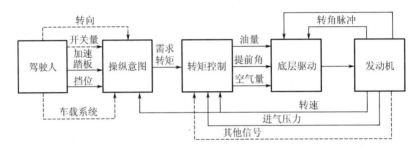

图4.31 发动机管理系统的逻辑框图

**1. 操纵意图模块**

操纵意图模块是发动机管理系统与驾驶人及整车控制单元的接口。其主要功能在于正确理解驾驶人的操纵意图，可将其解释为需求转矩的形式提供给后面的转矩控制模块。在行车过程中，驾驶人会根据路面状况经常对车辆进行调整。此时，需要根据所有可以参考的信息，如加速踏板、挡位、转向位置、附件状态、开关量状态、点火开关位置及发动机状态参数等，来准确理解驾驶人的要求，并进一步转换为对发动机的转矩需求。

在操纵意图模块的设计中，常常根据发动机及车辆的各种信息进行综合判断，将转矩需求分成几种有代表性的状态，不同的状态中转矩需求的趋势也不一样。如图4.32所示，可以将发动机状态划分为停机、起动、怠速、过渡、调速、超速等状态。

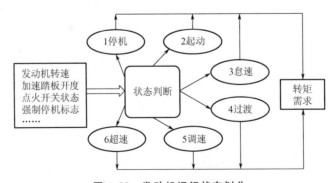

图4.32 发动机运行状态划分

需要指出的是，发动机状态的划分往往不是唯一的，图 4.32 所示的是一个最基本的划分形式。随着对整机和整车性能要求的提高，发动机运行状态的划分往往还需要考虑动力传动系统的各个状态量，以达到综合性能的最优。此时状态分析更为细致全面，如图 4.33 所示。

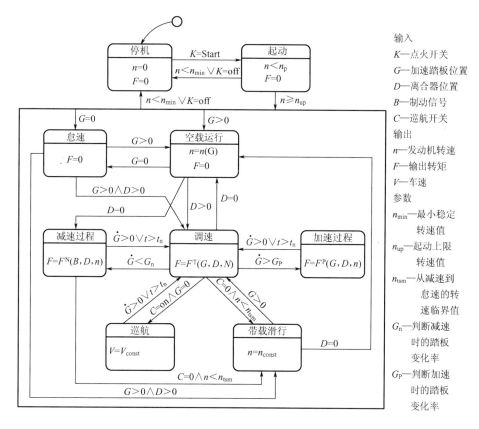

图 4.33　发动机运行状态的详细划分

**2. 转矩控制模块**

转矩控制模块的作用是根据操纵意图模块提出的转矩需求，确定发动机达到该转矩所必需的喷油量、喷油提前角、空气量等。转矩控制模块是集中体现系统控制策略的地方。为了能比较精确地控制发动机的输出转矩，需要对发动机的喷油系统和空气系统的动态特性及它们当前的状态有全面了解，为此，获取发动机的状态参数如转速、进气压力等就很重要。为了实现更复杂的控制策略，还需要采集发动机冷却液温度、机油温度、进气温度等参数作为参考输入。

面向不同类型燃油喷射系统的转矩控制策略在软件复杂程度上会有很大差异，但一个完整的转矩控制模块至少包含几项基本功能。

（1）目标喷油量和喷油定时控制。这是电控系统最基本的功能。转矩控制模块中可以灵活设计任何模式（全程、两极或其他）的调速曲线，以及包括起动加浓、烟度限制、转矩修正在内的外特性曲线，还可以在巡航状态下根据转速反馈实现恒转速控制模式。对喷油定时的控制,则根据排放、油耗、功率和其他性能如噪声及冷起动的要求,实现全工况的优化匹配。

(2) 喷油量和喷油定时的平衡和补偿控制。根据环境状态及发动机运行参数的变化,如大气压力、大气温度、冷却液温度、机油温度等的变化,对目标油量和定时进行补偿控制,使发动机能适应各种运行条件下的性能需求。

在发动机使用寿命中,由于零部件磨损及老化,以及喷油器积炭等因素的影响,会使各缸喷油逐渐产生差异。管理系统会时刻监测和评估发动机各缸工作的不均匀性,对各缸油量重新进行平衡和修正,以保证发动机工作的平稳,并在各缸差异过大时提醒操作者检修。

(3) 冷起动性能:暖机及怠速稳定性控制。冷起动性能是发动机的关键性能之一。管理系统会根据冷却液温度对冷起动的油量和正时进行调整,以保证低温下能顺利起动。在冷却液温度较低时会自动提高怠速转速,以加快暖机过程。怠速控制属于恒转速控制过程。怠速转速的反常波动主要是各缸供油和燃烧不均匀引起的。因此对怠速的控制还包括了对各缸不均匀性的估计和修正。此外,发动机从怠速起步及回到怠速的过程也是怠速控制的重要内容,在怠速起步及回到怠速时均需要合理控制加减油速率,以防止发动机失速。

(4) 过渡性能与烟度控制。通过过渡过程中对油量和喷油定时的综合补偿来满足最佳过渡性能和降低烟度的要求。如增压柴油机开始加速时加大供油提前角,可获得加大加速转矩和减少冒烟的双重效果。

(5) 喷油规律与喷油压力的控制。对于共轨系统,可以通过对喷油器电磁阀的控制实现灵活的喷油规律,如矩形喷射、楔形喷射、预喷射、后喷射等。通过油泵上的压力控制阀来实现对轨道压力的控制。

(6) 空气系统的控制。对装备有可变截面涡轮增压器和废气再循环系统的柴油机,在管理系统中还包含对可变截面涡轮增压器叶片和废气再循环系统阀门的控制。可变截面涡轮增压器主要用于改善发动机的低速性能,在发动机低速起步时通过减小涡轮叶片开度来增大压气机转速和增大增压压力,以提供尽可能多的空气使发动机能迅速加速;在高速大负荷时则增大叶片开度,以减小压力机转速,防止增压器超速。废气再循环系统主要用于降低 $NO_x$ 的排放,在中、低负荷时适当增大废气再循环系统阀门开度引入废气,稀释进气中的氧气浓度并降低燃烧反应的温度,可以有效抑制 $NO_x$ 的形成;在大负荷时则要减小废气再循环系统阀门的开度,以防止烟度增加。

3. 底层驱动模块

底层驱动模块从转矩控制模块获取控制信号,将其转换为实际的驱动信号,并和喷射控制系统接口以驱动实际的执行器。在该模块中需要考虑以下几个方面:

(1) 控制信号与驱动信号间的对应关系。

(2) 控制信号与发动机转角信号(凸轮轴、曲轴信号)的同步。

(3) 实际执行器的特性。

从转矩控制模块传递过来的控制参数经过驱动参数调整后转换为合适的数据结构,经转角信号同步后,将实际的控制信号传递给喷射控制系统驱动实际的执行器。

**思考题**

1. 传统的机械式喷油系统如何控制燃油喷射？
2. 柴油机第一代电控燃油喷射系统有什么特点？第二代时间控制式燃油喷射系统有什么特点？第三代电控燃油喷射系统有什么特点？
3. 典型的柴油机后处理系统的电子控制措施有哪些？
4. 柴油机排放后处理系统的基本组成和功能是什么？
5. 柴油机整机管理系统具有哪些功能？

# 第 5 章 汽车自动变速技术

本章教学要点

| 知识要点 | 掌握程度 | 相关知识 |
| --- | --- | --- |
| 汽车自动变速器的特点、分类和控制目标 | 了解汽车变速器的功能和自动变速器的控制目标,掌握各种自动变速器的优缺点和适用车型 | 汽车自动变速的节能减排机理,自动变速器使驾驶车辆变得简单而富有乐趣 |
| 半自动变速器的组成、分类和控制原理 | 了解半自动变速器的组成、分类和控制原理 | 在控制技术相对落后的时代,半自动变速器对提高汽车操纵方便性的贡献 |
| 液力自动变速器的组成、工作原理及控制技术 | 掌握液力自动变速器的换挡原理,重点掌握行星机构和液力变矩器的变速原理,熟悉典型液力自动变速器的变速逻辑 | 闭锁离合器对于提高液力自动变速器传动效率的意义,湿式多片离合器(制动器)对行星机构自由度的限制作用 |
| 双离合器自动变速器的结构、工作原理及控制技术 | 了解双离合器自动变速器的结构特点,掌握双离合器自动变速器的工作原理及控制技术 | 双离合器自动变速器与传统机械式变速器在零件继承性上的优势,双离合器自动变速器的市场前景 |
| 金属带式无级变速器的结构、工作原理及控制技术 | 了解金属带式无级变速器的结构特点,掌握其工作原理及速比控制方法 | 金属带式无级变速器的节能机理及实际应用效果,其传递转矩范围较小的原因 |
| 静液-机械复合传动无级变速器的结构、工作原理及关键技术 | 了解静液-机械复合传动无级变速器的结构特点,掌握其变速原理和控制关键技术 | 静液-机械复合传动无级变速器在大转矩传递的优势 |

## 导入案例

奔驰在2013年推出了业界首款纵置式9AT自动变速器——9G-Tronic。这款变速器速比范围可达9.15,如此宽泛的速比范围可以使发动机有更多的机会运行在经济转速范围内,从而更节约燃油。同时9G-Tronic变速器传递的转矩最大为1000N·m以上,使车辆的动力性更强劲。而且,新的9G-Tronic变速器换挡时间更短速,从而提高了操控性能和乘坐舒适性。

9G-Tronic变速器传递转矩更大、增加了两个挡位,应该比奔驰上一代的7G-Tronic变速器更大更重。恰恰相反,9G-Tronic变速器比7G-Tronic变速器的体积更小且质量更轻。这是因为9G-Tronic变速器的零件分布更为紧密,与此同时,9G-Tronic变速器的液力变矩器采用更轻质的铝合金材料,而变速器的油底壳采用的是密度较低的镁合金。而9G-Tronic变速器体积小、质量轻的另一个原因就是在增加挡位的同时采用了尽可能数量少的行星齿轮以及换挡部件,而这一点得益于更智能的电控系统,9G-Tronic变速器仅需要4组行星齿轮及6个换挡部件即实现了9个挡位。

目前9G-Tronic变速器已经装配在国产的奔驰GLC车型上,以100km/h的车速行驶时发动机的转速仅为1500r/min,这对燃油经济性起到了很大帮助。相信在未来的几年里,9G-Tronic变速器也将发展为市场上的主流。

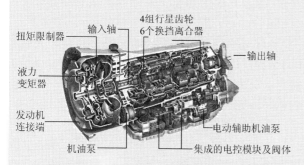

图5.1 9G-Tronic变速器的剖面图

图5.2 9G-Tronice变速器的4组行星机构及6个换挡离合器

## 5.1 概 述

### 5.1.1 汽车变速器的演变历程

为了减轻驾驶人换挡时操作齿轮变速器、离合器和加速踏板的疲劳,几乎从汽车诞生以来就产生了采用自动和半自动换挡系统的想法。第一个具有两个前进挡的液力自动变速器(Automatic Transmission,AT)于1939年在美国GM公司奥斯莫比尔乘用车上采用。20世纪50年代初,开始出现根据车速和节气门开度进行自动换挡的液力自动变速器。丰田公司在1982年的车型上推出第一个电控的液力自动变速器。1983年,

BOSCH 公司宣布其发动机和液力自动变速器控制合在一个单元的 Motronic 系统，在各种使用工况下实现了发动机与传动系统的最佳匹配。现代的液力自动变速器通过变矩器和行星齿轮系统的综合，提高了内燃机低转速时的转矩，使发动机特性适应整个使用工况的要求。由于换挡过程没有动力中断和变矩器的缓冲作用，所以很舒适。变矩器锁止离合器弥补了液力自动变速器效率低的缺点，使其油耗与手动机械变速器接近。PSA 集团与雷诺公司联合开发的 AL4 液力自动变速器，反映了液力自动变速器的电控正在向智能化方向发展，其 ECU 中有 10 种换挡规则，按需分别调用几种换挡规律或同时或交替工作，共同控制变速器的工作状态。液力自动变速器技术成熟，目前仍然是应用最广的自动变速器。

在液力自动变速器发展的同时，也在利用电子技术改造传统的手动机械变速器 (Manual Transmission，MT)，出现了机械式自动变速器 (Automatic Manual Transmission，AMT)。AMT 是在 MT 的基础上增加控制部件演变而来的，在传动效率方面具有优势，生产成本相对较低，质量比 MT 增加 10% 左右。将来电路用 42V 电压，离合器和换挡执行器可以用电动机，它反应足够快，只在换挡工作，能量消耗低。由于 AMT 装的是传统干式单片离合器和手动机械变速器，换挡时动力中断，因此会使车速降低，影响动力性，且不够舒适。近年，利用现代控制技术对 AMT 进一步改进，用复杂的 ECU 功能来协调发动机和变速器。通过自适应控制，完善的离合器管理和智能的换挡策略可以同时优化换挡品质和换挡点，以达到减少或完全消除换挡时的动力中断，提高动力性和舒适性的目的，同时降低油耗。

双离合器自动变速器 (Dual Clutch Transmission，DCT) 的奇、偶数挡位的输入轴与相应的两个离合器连接，在换挡时这两个离合器进行分离、接合过程中有重叠，实现动力换挡，克服了 AMT 换挡时动力中断的缺点。大众汽车的双离合器变速器 (Direct Shift Gearbox，DSG) 在 2002 年应用在高尔夫 R32 和奥迪 TTV6 上，并相继推广到其他车型。DCT 能满足驾驶运动感和节油的双重要求，为当今许多汽车厂家所关注。

无级变速器 (Continuously Variable Transmission，CVT) 一般由 V 形金属推力带和工作直径可变的主、从动带轮相配合来传递动力，可以实现传动速比的连续改变。CVT 可以更精确地适应发动机的特性，是一种具有广阔发展前景的自动变速器，目前多在 2L 以下的乘用车上采用。

至 2008 年，以上各种形式的自动变速器在汽车变速器市场上的占有率为：美国接近 90%，日本在 80% 以上，欧洲乘用车在 50% 以上，我国仅为 20%。

### 5.1.2 自动变速器的主要控制目标

各种自动变速器主要是根据行驶工况和驾驶人的意图控制换挡点（速比），实现发动机与传动系统的有效匹配，以达到在发动机动力性或经济性最佳的工况下工作。图 5.3 所示为某汽油机的万有特性曲线，图中给出了节气门全开时的发动机转矩曲线 JIDC、50% 和 100% 发动机恒功率曲线及等燃油消耗率曲线。曲线说明发动机动力性或经济性较好的工作范围如下：

(1) 节气门全开。发动机转速在最大功率转速 4500～5500r/min 范围内，对应图 5.3 中曲线 *IDC* 部分，接近 100% 发动机功率。汽车在各变速挡位下应尽量工作在这一转速范围内，在这个工况工作可以得到最大的加速度、爬坡能力和最高的车速，动力性最佳。

(2) 图 5.3 中曲线 $GFHD$ 为最经济燃油消耗曲线。发动机转速在 2500r/min 附近，负荷率为 70%～80%，$F$ 点附近燃油消耗率最低，为 0.27kg/(kW·h)，在这个工况工作经济性最佳。

(3) 大约 80% 以上负荷率时，由于混合气加浓，燃油消耗率增大。在 20% 负荷率以下时，机械摩擦损失功率几乎等于发动机有效输出功率，在这些负荷率范围内工作经济性均较差。

(4) 低转速（1200r/min 以下）大负荷是恶劣工况，发动机工作不稳定，会熄火。

(5) 节气门关闭时发动机吸收功率，在较高转速时可有效进行发动机制动。

例如，以经济性最佳作为换挡控制目标，当汽车在某一低挡工作时，其行驶阻力（转矩）曲线为 $ABC$，驾驶人用加速踏板选择了 50% 发动机恒功率，在 $B$ 点发动机驱动转矩与行驶阻力（转矩）平衡，达到稳定行驶。此时进行升挡减小速比，行驶阻力（转矩）曲线变为 $KEHI$，在 $E$ 点转矩达到平衡，油耗相对减少。若速比能进一步减小，使转矩平衡移到 $F$ 点，则发动机转速会进一步降低，负荷率进一步提高，燃油经济性达到最佳。自动变速器的"经济"模式就是在不同车速、不同阻力工况下尽量调整速比，使发动机沿着 $GFHD$ 这条最经济的油耗曲线工作。

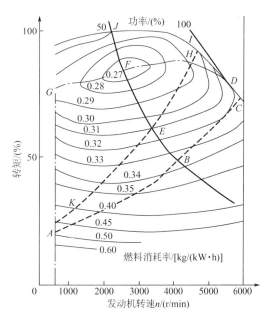

图 5.3 发动机的万有特性曲线

### 5.1.3 自动变速器的特点

传统的机械式变速器结构简单、制造方便、工作可靠、造价低、质量小、传动效率高。但有以下缺点：

(1) 换挡操作复杂，换挡过程动力中断。
(2) 换挡过程有冲击，影响传动系统寿命。
(3) 离合器分离接合频繁，离合器磨损快。
(4) 具有有限挡位，不利于发动机动力发挥。

与机械变速器相比，自动变速器主要有以下优点：

(1) 操作简单、省力，减少对驾驶人换挡技术的影响。
(2) 减轻驾驶人的劳动强度，提高了行车的安全性。
(3) 提供了良好的换挡性能，提高了汽车的平顺性和乘坐舒适性。
(4) 延长汽车零部件的使用寿命。
(5) 改善了车辆的动力性和通过性（起步加速性、平均车速、功率利用）。
(6) 减少汽车排气污染，一定条件下可改善经济性。

自动变速器的缺点：结构复杂、制造精度要求高、成本较高、传动效率较低，维修技术比较复杂，维修成本较高。

## 5.2 机械式自动变速器

机械式自动变速器根据自动化程度分为电控半自动变速器（Semi-Automatic Mechanical Transmission，SAMT）和全自动变速器。半自动变速器通过电控离合器、发动机转速控制和遥控选挡实现不同程度的换挡操纵自动化，全自动变速器则通过电控离合器、发动机转速控制和电控选挡、换挡实现换挡过程的自动化。

### 5.2.1 半自动变速器的组成

电控半自动变速器由电控离合器、发动机转速控制系统和遥控选挡系统三部分组成。

1. 电控离合器

电控离合器控制的核心是保证离合器接合过程迅速、平稳、可靠。由传感器检测发动机和变速器的转速和节气门的位置及挡位等输入信号，电控单元发出输出信号，通过液压或电动作动器接合或分离传统单片式离合器。当汽车起步时，驾驶人可以方便地挂挡和用加速踏板起步。起步后，仅通过移动变速杆实现换挡。离合器的工作完全是自动的，但换挡过程还必须由驾驶人用加速踏板控制发动机转速，在车辆减速直到车完全停下来前才分离离合器，这使得发动机的制动效果达到最大，又避免熄火。

2. 发动机转速控制系统

发动机转速控制系统是上述系统的改进。节气门拉索由装在加速踏板上的位置传感器代替，用伺服电动机带动节气门。通常，节气门直接由驾驶人的指令控制，但在换挡时ECU介入，发出指令使发动机转速与将换入挡的变速器输入轴转速一致。这个策略保证离合器平顺、舒适地重新接合，并减少离合器的磨损。

3. 遥控选挡系统

遥控选挡系统是在上述的基础上附加遥控选挡。传统的换挡机构由换挡开关（一般是一个小杠杆或按键）和装在变速器上的电液作动器连接的导线代替，换挡时只需前后拨动小手柄就可以得到升挡和降挡。由于换挡手柄仅是一个电开关，所以它可以装在非常适合驾驶人操作的位置，且操纵的力很小。

### 5.2.2 半自动变速器的工作原理

图 5.4 是采用自动离合器和节气门系统（Automatic Clutch and Throttle System，ACTS）半自动变速器。ACTS 实现了换挡过程中离合器和发动机转速的自动控制，它用传统手动变速器附加电控单元，采用如下传感器和作动器：

（1）加速踏板位置传感器。
（2）节气门位置传感器和作动器。
（3）换挡杆压力开关（用来检测驾驶人作用在手柄上的压力）。
（4）挡位传感器。
（5）磁电式发动机转速传感器。
（6）磁电式变速器输入轴转速传感器。

(7) 由储油池、电动泵、蓄能器和电液控制阀组成的可控油源。
(8) 带有位置传感器的离合器分离油缸。

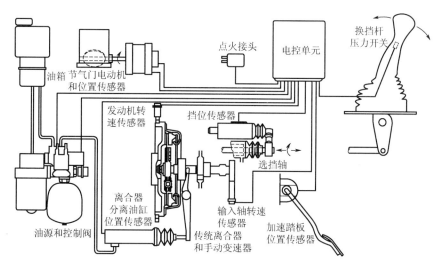

图 5.4 ACTS 半自动变速器功能简图

采用电动-机械式的离合器同轴分离系统包括电动机、钢索和机械是同轴分离轴承，电动机的转动由螺杆变成螺母移动，再通过钢索拉动绕变速器输入轴转动的斜面，使转动变成离合器分离轴承的轴向运动。

节气门电动机和反馈电位计装在一起将节气门开度传给 ECU。当正常驾驶时，电动机的位置由驾驶人通过另一装在加速踏板上的电位计来控制，换挡时 ECU 介入，以临时修改发动机转速。驾驶人的换挡意图通过安装在换挡手柄上的压力开关进行检测，然后发信号给控制器，使离合器分离。一旦完成换挡，挡位传感器就给控制器发出数字代码，报告所选的挡位，然后发出指令接合离合器。

由自动离合器和节气门系统组成的半自动变速器的工作原理如下。

为了保证安全，装备半自动变速器的汽车起动时，变速器必须首先换入空挡，才允许起动发动机工作。当发动机起动后，离合器分离油缸位置传感器找到当前分离杠杆的位置（从而补偿离合器的磨损），ECU 确定发动机怠速参考转速。

汽车停止时，驾驶人操纵换挡手柄换入 1 挡，ECU 发出指令使离合器分离，直到驾驶人踩加速踏板后，在微机控制下离合器重新接合。在离合器接合过程中，ECU 连续调整节气门和分离杠杆位置，以保证起步平稳并尽快使发动机转速保持在驾驶人要求的水平。这种方式可以在较高的发动机转速（对于坡上起步和急加速）或较低的发动机转速（缓慢加速）时完成起步。如果驾驶人最初选择的挡位不适当，那么 ECU 会发现并通过蜂鸣器给驾驶人发出警告，阻止离合器接合，直到换入正确的挡位。汽车行驶后，驾驶人可以通过换挡手柄换入要求的挡位。换挡时 ECU 立刻获得离合器位置和发动机转速的指令，发动机转速根据挡位传感器检测是升挡还是降挡而进行修正。

当检测是升挡时，ECU 确定发动机转速高于变速器输入轴转速，离合器可以立即接合，而发动机转速控制留给驾驶人。当检测是降挡时，发动机转速通常低于变速器输入轴转速，ECU 延迟离合器重新接合，并命令节气门电动机立即提高发动机转速使之与变速器输入轴转速匹配,一旦离合器重新接合,发动机转速控制仍由驾驶人完成。如果车速降得很低,则发动机的转速跟着下降,ECU 分离离合器,防止发动机熄火。离合器分离直到选择合适的挡位并踩下加速踏板后重新接合。为了减少传动系窜动,半自动变速器允许离合器主动片与从动片之间存在一定的相对滑转。ECU 发现实际的发动机转速和驾驶人要求的转速之间差距很大时,将由此引起的相对滑转限定在一定范围内。

### 5.2.3 离合器最佳接合规律

机械式自动变速器不再有离合器踏板,离合器的工作需要与发动机节气门及换挡操纵配合协调,控制系统对这种配合的要求很高。

只有实现离合器的最佳接合规律,才能保证汽车起步、换挡过程的质量,减少对传动系统零部件的冲击,延长这些部件的使用寿命和提高乘坐舒适性。

在起步换挡过程中,离合器操纵不仅受车辆载荷、坡度、发动机转速、车速及挡位等因素的影响,也受驾驶人的人为因素和一些偶然因素的影响。因此,离合器的最佳接合规律不仅是以人机工程学来模拟优秀驾驶人的操纵动作和感觉,而且应该做得更好。

要做到这一点首先要分析影响离合器工作过程的关键因素,进而获得最佳接合规律,在最佳接合规律的指导下利用电控技术实现自动变速功能。

**1. 主要离合器接合因素**

1) 离合器接合行程

从离合器分离到接合为止,其行程大致可分 3 个阶段,如图 5.5 所示。

(1) 零转矩传递。

(2) 转矩传递急速增长。

(3) 恒转矩传递。

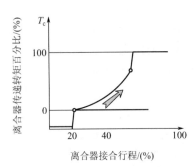

图 5.5 离合器的接合过程与传递转矩关系

因第一阶段无转矩传递,故接合速度较快,可实现快速起步或减少换挡时功率中断的时间;第二阶段速度较慢,以获得平稳起步或换挡,提高乘坐舒适性和减少传动系统冲击载荷,但过慢的速度又会造成滑磨时间长,影响离合器寿命,故需控制在一定时间内完成;第三阶段速度也较快,以使压紧力尽快达到最大值,并保留分离轴承与分离叉之间的间隙。

2) 节气门开度

节气门踏板的操纵反映了驾驶人的意图,被用于控制离合器的接合速度。在离合器接合的前阶段,其速度正比于节气门开度。但在踩下节气门踏板准备起动发动机时,离合器不接合,而需发动机达到目标转速 $n_e$(即发动机在该节气门开度下最大转矩对应的转速)后才平稳接合,以防止熄火。在离合器接合的后阶段,因发动机与变速器输入轴已接近同步,接合速度不需再受节气门控制。

汽车起步时离合器接合的速度分缓慢、正常和急速等不同程度,主要按节气门踏板的踏入量来控制。中、高车速范围时的离合器控制,除受节气门大小的影响外,还与节气门开度的变化率有关。

3）发动机转速

离合器接合时，发动机转速 $n_e$ 会出现变化，接合的速度越快转速的波动量越大。为防止发动机输出转矩小于离合器从动轴阻力转矩，使发动机转速 $n_e$ 下降过低而引起爆燃，造成车身振动甚至发动机熄火，控制系统需要先计算发动机的目标转速 $n_{e0}$，如果发现该节气门开度下的 $n_e < n_{e0}$，则离合器分离，停止接合。

4）挡位与车速

由于变速器输出转矩的大小与挡位即速比成正比，低挡速比大，后备牵引力就大，从而使汽车的加速度也大，传动系统可能产生的动载荷也越大。因此，从提高离合器接合平顺性、乘坐舒适性及减小动载荷考虑，应放慢离合器的接合速度 $v_C$，故低挡时换挡时间长，如图 5.6 所示。

此外，由于车速间接地反映了外界的负荷大小，在同一节气门开度下行驶时，车速越高说明外部阻力越小，所以离合器接合速度可以加快。

5）坡度与载荷

道路坡度和汽车载荷的增加，均会引起发动机转速的峰值及输出转矩的明显变化。为了降低动载荷与提高接合平稳性，离合器的接合速度宜适当放慢。

2．最佳接合规律

根据影响离合器接合的因素及使用性能对离合器提出的基本要求，经数学处理和优化后即能确定在各种节气门开度、发动机转速、道路坡度、速比、车辆载荷及车速等条件下的离合器最佳接合规律，离合器就按此规律工作。

3．离合器控制回路

液压系统用来操纵离合器分离油缸，通过传统分离杠杆的接合、分离离合器。装在液压单元的电磁阀控制分离油缸的油压，这个阀由传感器的信号通过 ECU 控制。

离合器控制回路有一个离合器作动器、四个二位二通高速电磁开关阀，如图 5.7 所示。

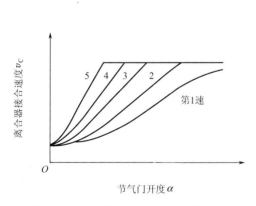

图 5.6　离合器接合速度与挡位的关系

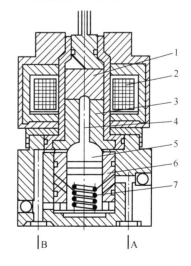

图 5.7　高速开关电磁阀结构
1—衔铁；2—线固定铁心；4—推杆；
5—阀芯；6—阀套；7—弹簧

为保证系统工作可靠且成本低廉，离合器控制油路一般采用性能可靠且经济实用的数字控制高速电磁开关阀进行控制。

离合器起步或换挡过程中的接合速度取决于离合器的主、从动盘间的转速差及汽车负荷的大小等因素。因此，离合器的平稳接合控制是半自动变速器和机械自动变速器的关键技术之一。

一般以发动机转速、变速器输入轴转速、离合器从动盘接合时的行程这三个信号作为 ECU 的输入信号。由这些信号计算出离合器接合过程主、从动盘的角加速度，从而推断汽车负荷大小，对离合器的速度和行程进行精确控制，以达到离合器接合时平稳、快速、摩擦损耗最小的目的。

### 5.2.4 机械式自动变速器

**1. 电子控制机械式自动变速器组成与分类**

电子控制机械式自动变速器（AMT）也称平行轴式电控自动变速器，是在传统的固定轴式齿轮变速器的基础上，增加一套汽车起步、换挡自动控制机构而成的。用电子技术改造传统的手动机械式变速器使其实现自动化，不仅能保留原齿轮变速器效率高、成本低等长处，而且具有自动换挡带来的优点。

目前的电子控制机械式自动变速器是在手动机械变速器和干式离合器基础上增加电控系统实现自动化而产生的，主要区别是将原来的手动变速操纵机构和离合器踏板式传动机构由执行机构所代替。

电子控制机械式自动变速系统根据选挡杆和离合器的操纵方式不同，可分为液压驱动式、气压驱动式和电机驱动式三种。

**2. 电子控制机械式自动变速器的控制难度**

与液力自动变速器相比，电子控制机械式自动变速器在控制上难度较大，主要体现在以下几个方面：

（1）需切断动力换挡，但又没有液力变矩器在起步、换挡过程中起缓冲和减振的作用。

（2）固定轴式变速器采用拨叉换挡比用液压制动器和离合器换挡冲击大。

（3）单、双片干式离合器与湿式多片离合器相比，不允许长时间打滑，否则会烧坏摩擦片。因此对起步、换挡过程的控制要求更高。

（4）电子控制机械式自动变速器需在换挡时变化节气门，而液力自动变速器是在定节气门状态下换挡。

（5）液力变矩器具有自动适应性，坡上起步很容易，而电子控制机械变速器要靠驾驶人使制动器、离合器和发动机节气门三者协调工作，才能实现起步。因此进行自动化改造时，需增加坡道辅助起步装置。

综上所述，电子控制机械自动变速器控制的关键是起步与换挡功能的实现。

**3. 电子控制机械式自动变速器的基本原理**

电子控制机械式自动变速器主要由干式离合器、带同步器的齿轮式变速器、计算机电子控制系统组成，其基本原理如图 5.8 所示。

驾驶人通过对加速踏板和选挡手柄的操纵，选定变速器功能和节气门状态，传感器监测汽车的各工作参数，电控单元根据储存器中储存的程序（最佳换挡规律、离合器最佳接合规律、发动机节气门调节规律等）对离合器接合、节气门开度及换挡进行控制，以实现最佳匹配，从而获得良好的行驶性能、平稳的起步性能和迅速的换挡能力。

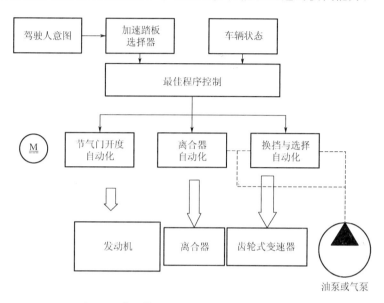

图 5.8　电子控制机械式自动变速器基本原理

### 5.2.5　变速器换挡的自动控制

由变速器、选换挡作动器、挡位状态传感器和控制器一起构成了变速器换挡系统，如图 5.9 所示。

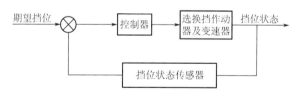

图 5.9　变速器闭环子系统

电子控制机械自动变速器的选换挡控制回路主要由选挡作动器和换挡作动器，以及分别控制选挡和换挡的三位四通电磁阀组成，也可以采取四个二位三通阀进行控制，如图 5.10 所示。

当采用三位四通电磁阀时，其滑阀具有如下功能：当阀处于左、右两位置（即左或右电磁铁通电）时，能使油缸活塞的左、右油腔油液流动换向，当阀处于中间位置（左、右两个电磁铁均断电）时，能使主油道与油缸两腔接通，以确保变速器在两个电磁铁均断电时保持处于空挡位置。

选挡和换挡作动器具有相同的结构和工作原理（图 5.11）。从它们的结构简可知其结构特点：油缸分左、右两腔，每腔均有一个活塞套，两套的内孔中装有两个制成一体、同轴且有效压力作用面积相等（A1）的柱塞，活塞杆从一端向外伸出，与变速拨杆相连接。

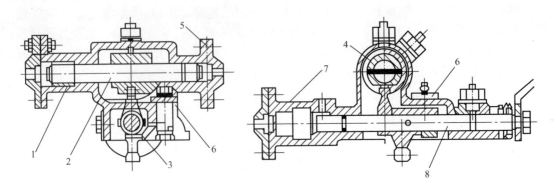

图 5.10 电子控制机械自动电速器的选挡和换挡作动器

1—选挡油缸；2—选挡缸柱塞；3—换挡柱塞与换挡拨头的连接剖面；4—换挡杆与选挡拨叉连接剖面；
5—选挡油缸端盖；6—挡位选择器；7—差动式换挡油缸；8—换挡柱塞杆

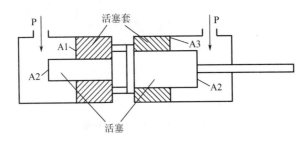

图 5.11 选、换挡动作器结构及工作原理

当油缸在电磁换向阀作用下，左腔进油、右腔回油时，左、右两腔形成压力差，从而推动柱塞右移，活塞杆外伸，反之右腔进油、左腔回油则使柱塞左移，活塞杆向内缩，当左、右两腔均处于进油状态时，在缸壁内和柱塞上的定位凸台及两腔油压作用下按差动原理自动定位于中心位置。

两油缸的轴线互相垂直。在选挡油缸完成选挡动作之后，换挡油缸开始工作，当选挡杆被推到相应的换挡齿轮的拨叉位置后，换挡杆移动拨叉换上新挡，同时离合器接合，发动机油门自动加油，当离合器主、从动片的转速达到一致时完成换挡。

每个作动器的活塞杆上，还设有三个位置信号编码开关，这三个编码信号通过由发动机转速传感器和车速信号传感器测得的当前发动机转速信号和车速信号共同确定换挡操作是否正确完成、是否有故障等。

## 5.2.6 发动机节气门开度的自动控制

由于发动机转速和节气门开度在一定程度上反映了发动机的运转状态，因此控制发动机运行状态可以通过控制节门开度来实现。

从图 5.12 可以看出：由控制器、节气门执行器、发动机、节气门开度传感器、发动机转速传感器构成了一个双层反馈的闭环控制子系统。

节气门的控制有两种方式：电液驱动式和电动机驱动式。电液驱动式节气门执行器的组成结构如图 5.13 所示。

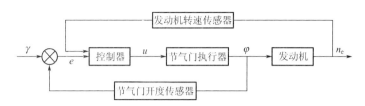

图 5.12　节气门执行器及发动机控制子系统

电液式节气门执行器为一个单向作用数字控制式液压缸。油缸活塞的进程运动靠液压力驱动，而回程运动是以节气门回位弹簧及执行回位弹簧作为动力，通过两个高速开关电磁阀调节进出油的油量来实现活塞运动速度的控制。

由于执行器用来直接操纵发动机的节气门，因此，为能保证发动机的平稳性和灵敏性，需达到如下基本要求：

（1）必须有精确的位置控制。

（2）必须有良好的速度响应。

（3）在进程和回程运动中必须运行平稳，无振动冲击。

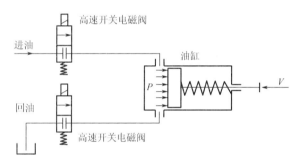

图 5.13　电液式节气门执行器结构

节气门控制的另一种方法是用步进电动机代替机械传动，节气门踏板的行程通过传感器传至电子控制单元，电子控制单元再按对应的开度控制步进电动机。

在正常行驶时，加速踏板踩下行程与步进电动机驱动的节气门开度是一致的。但在换挡过程中，步进电动机按换挡规律要求先松节气门，以便挂空挡，再挂上新挡并接合离合器的同时，按电子控制单元中设置的自适应调节规律供油，然后回到的正常节气门开度。

电子控制机械式自动变速器同样具有巡航控制功能。在巡航控制起作用时，随着道路坡度、阻力的变化，汽车自动地变化节气门开度并进行挡位变换，以便按存储在电子控制单元内的最佳燃油经济性规律行驶。

## 5.2.7　电子控制单元

电子控制单元是电子控制机械式自动变速器的核心部分，控制汽车在所有行驶条件下可靠稳定地工作。

**1. 电子控制单元的组成及特点**

电子控制单元由电源、中央处理器（CPU）、存储器、输入及输出电路等几部分组成。输入电路连接各类传感器，输出电路则连接各执行机构。各传感器的形式和主要功能见表 5-1。

表 5-1 电子控制机械式自动变速器中所用传感器的形式及功能

| 传感器 | 信号形式 | 方式 | 主要功能 |
| --- | --- | --- | --- |
| 车速传感器 | 脉冲 | 模拟仪表：开关<br>数字仪表：电元件 | 检测停止状态，换挡条件 |
| 发动机转速传感器 | 脉冲 | 点火脉冲 | 起步、变速时离合器的接合控制 |
| 输入轴转速传感器 | 脉冲 | 电磁传感器 | 离合器接合点的检测、挡位脱离的判断、车速传感器是否发生故障 |
| 加速踏板传感器 | 模拟 | 电位计 | |
| 离合器位置传感器 | 模拟 | 电位计 | 离合器接合、分离控制对离合器磨损的调整功能 |
| 冷却液温度传感器 | 模拟 | | 最初空载，发动机怠速 |
| 油温传感器 | 模拟 | | 修正离合器控制 |
| 挡位开关 | 接点 | 加压式接点 | 确认换挡终了挡位指示器的显示 |
| 选择器开关 | 接点 | | 自动换挡及手动换挡的切换指示灯 |
| 节气门开关 | 接点 | 微动开关 | 空载位置及全节气门位置的检测、加速器踏板传感器的控制修正 |
| 节气门空载开关 | 接点 | 微动开关 | 起动显示节气门匹配调整 |
| 节气门全开开关 | 接点 | 微动开关 | 强制低挡的显示，节气门匹配调整 |
| 制动开关 | 接点 | 加压式接点 | 自动巡航的暂时解除条件 |
| 巡航开关 | 接点 | 加压式接点 | 自动巡航控制（恒定车速、加速、减速及解除等） |

图 5.14 所示为具有一个电子控制单元的单机系统，现阶段实际应用的已逐步发展成双机系统，也就是使用两个电子控制单元的主从结构。这样，一旦主机出现故障，就可以自动切换到从机继续进行控制。

另外，从提高实时性考虑，可以把对发动机、离合器和变速器的控制分离用来单独进行，以改善性能并使编程简化。

双机电子控制单元有下列特点：

(1) 两个多路转换器可通过分时方法及时处理输入数据。

(2) 所有驱动电磁阀都能进行自我诊断。

(3) 由显示器根据电子控制单元发出的信息，显示选挡手柄位置、挡位、巡航条件、火效报警、错误代码等。

(4) 主、从单元之间有通信联系，交换和传递信息。

(5) 由电路保证，只有变速器在空挡位置时才能起动发动机。

图 5.15 所示为一个双机电子控制单元框图。一个电子控制单元用于控制发动机，另

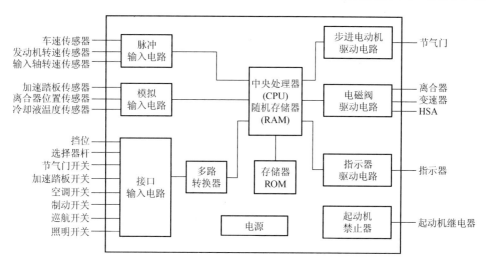

图 5.14 机械式自动变速器的电子控制单元

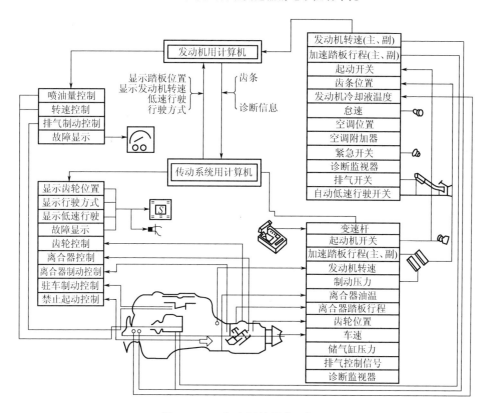

图 5.15 双机电子控制单元框图

一个电子控制单元控制离合器和变速器（传动系统）。

汽车起步时，传动系统电子控制单元通过发动机电子控制单元限制发动机转速，使离合器接合。离合器接合速度由加速踏板被踩下的程度和速度决定。

开始换挡时，发动机电子控制单元依据传动系统的电子控制单元指令，通过加大节气门或操纵排气制动来控制发动机，换挡过程中，加速踏板与喷油量控制装置间的对应关系中断，但换挡结束后恢复正常。

发动机电子控制单元也把发动机负荷和转速的信息传给传动系统电子控制单元，使其能控制离合器和变速器平稳、快速地换挡。

2. 控制功能及原理

1) 变速控制

各种工况下的最佳换挡规律被存储于传动系统电子控制单元中，在汽车行驶时根据发动机负荷及车速这两个参数即可控制换挡。驾驶人如需进行人为干预换挡，则可以通过踩加速踏板来实现，必要时也可通过选挡手柄实现。

2) 离合器控制

离合器控制主要是汽车起步与换挡时离合器接合的控制，由节气门开度、发动机转速、输入轴转速及离合器传递的转矩等参数控制。其关键是接合速度，即根据离合器最佳接合规律确定的接合行程和接合时间。

如果电子控制单元通过传感器发现操纵液压缸所要求的接合行程与实际接合行程之间有误差时，则采用电路调节器对电磁阀进行脉宽调制校正，以减少或消除误差。

3) 发动机节气门控制

前面已经提及，发动机节气门控制是通过步进电动机实现的，它包括三个方面的内容：发动机起动、加速控制和换挡时机的控制，重点是换挡时机的控制。

发动机的控制主要是对转速的控制，目的是使其适应新的输入轴转速，从而减小换挡后离合器接合时的冲击。

如升挡时，发动机降速，此时可通过放松节气门来实现，若转速差仍很大，则要依靠同步器或发动机制动等方法来达到同步。

在降挡时，如果超过变速器同步转速范围，就需要进行两次离合器的操纵，使发动机升速，以提高离合器主动片的转速，达到快速、无冲击换挡的目的。

节气门的调节还可保证在换挡前后不出现牵引力突变，以提高换挡平顺性。

### 5.2.8 特殊电子控制单元

为保证电子控制机械式自动变速器正常、可靠地工作，设置有一些特殊控制装置或系统，如坡道辅助起步装置、电控应急系统、机械式应急系统等。

1. 坡道辅助起步装置

为使汽车在坡道上起步时，加速踏板和制动踏板之间的操纵配合变得容易，不至于因节气门跟不上而发生溜车现象，或者制动器动作不当使发动机熄火，故设有坡道辅助起步装置（Hill Starting Aid，HSA），以提高在坡上起步时的安全性。

坡道辅助起步装置的系统如图5.16所示，它由主液压缸、HSA阀、压力调整装置、制动器组成。

HSA阀的结构如图5.17所示，其内装有电磁止回阀。当电磁线圈无励磁时，HSA阀处于放状态，制动器按通常情况工作，如图5.17(a)所示。

当电磁线圈通电时，电磁力推动芯杆，将阀门关闭，保持车轮轮缸内的制动油压不会降低，如图5.17(b)所示。如压力不够，可踩下加速踏板使制动油压进一步上升，通过

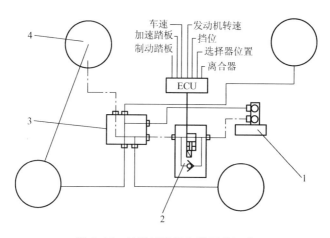

**图 5.16 坡道辅助起步装置的组成**

1—主液压缸；2—HSA 阀；3—压力调节装置；4—前、后、左、右制动器

单向止回阀向轮缸输入高压油，如图 5.17(c) 所示。

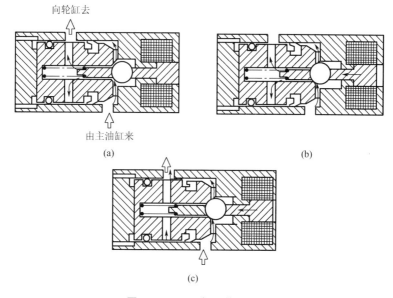

**图 5.17 HSA 阀工作原理图**

坡道辅助起步装置的工作状态由是否满足相应的条件决定。如满足下列条件，HSA 阀处于保持制动状态。

（1）加速踏板放松。
（2）离合器分离。
（3）制动踏板踩下。
（4）发动机正常运转。
（5）选挡手柄置于行驶位置，变速器处于 1 挡。

在以上条件中，（1）～（3）是为了不发生误操作而进行强制制动。（4）、（5）是为防止将 HSA 作为驻车制动器使用而采取的措施。

如满足下列条件,则认为汽车已起步,HSA 阀可以松开。
(1) 离合器已进入接合状态,开始传递驱动力。
(2) 加速踏板被踩下,车速在 3km/h 以上。
如点火开关断开,或选挡手柄置于空挡位置,HSA 自然解除。

2. 电控应急系统

电控应急系统用作双机电子控制单元中的从机,作为安全应急之用(冗余备份)。它的主要功能如下。
(1) 两个电子控制单元互相监测彼此的工作状态是否正常。
(2) 如果主电子控制单元出现的故障较严重,以致不能完成控制功能,则指示灯亮,主机自动切换到应急系统工作,此时驾驶人可观察运行是否正常,如工作仍不可靠,则通过换挡开关转向应急系统位置,两个电子控制单元均退出对系统的控制,汽车只能在低挡或倒挡行驶,维持基本行驶能力以能进厂检修。

3. 机械式应急系统

自动变速控制系统一旦出现故障,首先由第一套应急系统,即电控应急系统处理,如该系统也失灵,则第二套应急系统,即机械式应急系统进入工作,整个变速控制系统恢复至手动换挡状态,发动机、离合器、变速器等均可由人工进行操纵,如图 5.18 所示,汽车可维持基本行驶能力。

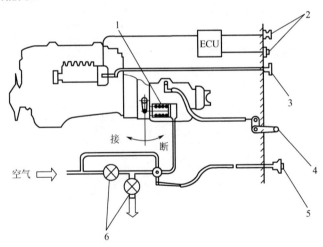

**图 5.18　机械式安全应急系统**
1—弹簧、气缸;2—紧急用替换开关;3—紧急用发动机停止按钮;4—安全用变速杆;
5—安全用离合器控制按钮;6—电磁阀

## 5.3　液力自动变速器

液力自动变速器(AT)能对不同负荷和车速选择最佳速比,使发动机工作在相应最佳转速。所有换挡由变速器自行完成,驾驶人仅用加速踏板表达对车速变化的意图和通过选挡杆选择要求的运行状态。SAE 推荐的选挡杆挡位是 P、R、N、D、3、2、1（对 4 速变速器），这些字母的含义如下：

P（驻车）——此模式变速器在空挡且变速器输出轴由"驻车棘爪"锁住。

R（倒挡）——选择并保持单速倒挡，发动机制动有效。

N（空挡）——与驻车挡相同，但输出轴不锁。

D（行驶）——向前行驶的正常挡位选择。根据估算的车速和发动机负荷，通过自动升挡、降挡，汽车可以从停止一直到最高车速。当要超车迅速加速时，驾驶人将加速踏板踩到底，迅速降到较低的挡。

3（3 挡）——不同厂家运行状态不同，一般和 D 位相同但防止升入 4 挡。

2（2 挡）——不同厂家运行状态不同，一般变速器只工作在 1 挡或 2 挡，在下坡和牵引时提供发动机制动。

1（1 挡）——变速器锁在 1 挡，以提供有力的发动机制动，在下陡坡和牵引时采用。

液力自动变速器的油耗通常比手动变速器稍高，但可为开车提供很多方便，尤其在城市道路条件下，例如：

（1）由于没有离合器和变速杆的操作，故可以减轻驾驶人的疲劳，当在交通密集的情况下开车时这点很重要。

（2）双手可以一直在转向盘上，提高了驾驶的安全性。

（3）对于主要工况由于变速器能挂在合适的挡位，消除了发动机超负荷和超速的可能。

液力自动变速器通过最优控制将其性能进一步提高，例如：

（1）具有平稳、顺利的换挡品质。

（2）具有最佳的换挡点。

（3）消除反复不稳定的换挡。

（4）通过不断监视发动机和变速器转速、温度等，以保护变速器。

（5）驾驶人可选择附加的动力性、经济性或冰雪道路条件的运行模式。

（6）使液压控制系统简化。

电控附加的优点是利用微机存储故障代码，从而有助于快速维修有故障的变速器部件。

液力自动变速器由变矩器、行星齿轮变速机构和电子控制系统等几个主要部分组成。图 5.19 所示为汽车的液力自动变速器系统构成图。

### 5.3.1 液力变矩器

1. 液力变矩器的功能

液力变矩器位于发动机和机械变速器之间，是一种液力传动装置，以自动变速器油为工作介质，主要完成以下功能：

1）传递转矩功能

发动机的转矩通过液力变矩器的主动元件，再通过自动变速器油传给液力变矩器从动元件，最后传给变速器。

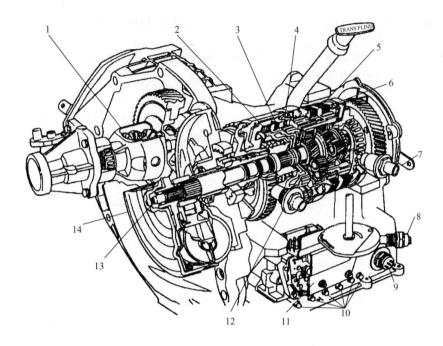

图5.19 汽车的液力自动变速器系统构成图

1—差速器总成；2—减速离合器；3—超速离合器；4—倒挡离合器；5—2-4挡离合器；
6—低-倒挡离合器；7—输出转速传感器；8—空挡安全开关；9—PRNDL开关；10—油塞；
11—电磁阀总成；12—涡轮转速传感器；13—输入轴；14—变矩器

2）无级变速功能

根据工况的不同，液力变矩器可以在一定范围内实现转速和转矩的无级变化。

3）自动离合功能

由于液力变矩器采用自动变速器油传递动力，当踩下制动踏板时，发动机也不会熄火，此时相当于离合器分离，当抬起制动踏板时，汽车可以起步，此时相当于离合器接合。

4）驱动油泵

自动变速器油在工作的时候需要油泵提供一定的压力，而油泵是由液力变矩器壳体驱动的。同时，由于采用自动变速器油传递动力，液力变矩器的动力传递柔和，能防止传动系统过载。

2. 液力变矩器的组成和工作原理

液力变矩器由泵轮、涡轮和导轮等三个基本元件组成，如图5.20和图5.21所示。泵轮为主动元件，与变矩器壳连成一体并用螺栓固定在发动机曲轴后端的凸缘上，它将发动机输出的机械能转换为自动变速器油的动能。涡轮为从动件，通过输出轴与变速器相连，它将液体的动能又还原为机械能输出。

液力变矩器总成封在一个钢制壳体中，内部充满自动变速器油。液力变矩器工作时，发动机带动壳体旋转，壳体带动泵轮旋转，泵轮的叶片将自动变速器油带动起来，并冲击到泵轮的叶片，如果作用在涡轮叶片上的冲击力大于作用在涡轮上的阻力，涡轮将开始转动，并带动变速器的输入轴一起转动。由涡轮叶片流出的自动变速器油经过导轮后再流回泵轮，形成如图 5.21 所示的循环流动。

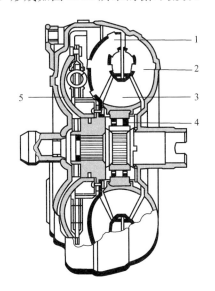

图 5.20 变矩器结构简图
1—涡轮；2—泵轮；3—导轮；
4—单向离合器；5—锁止离合器

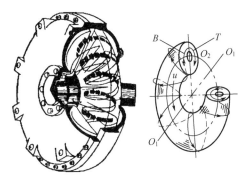

图 5.21 液力变矩器液流的分解图

依靠自动变速器油在三元件之间的循环流动，液力变矩器不仅能传递转矩，而且能在泵轮转矩不变的情况下，随涡轮转速的不同自动地改变涡轮轴上输出转矩的值。可见液力变矩器的工作原理与液力耦合器相同，都是借助液体的运动把转矩从泵轮传给涡轮。两者之间的区别如下：

(1) 液力耦合器只能将转矩大小不变地由泵轮传给涡轮，起离合器的作用。

(2) 液力变矩器不仅能传递转矩，而且能在泵轮转矩不变的情况下，随涡轮转速的不同自动地改变涡轮轴上输出转矩的值并兼起离合器和无级变速器的作用。

液力变矩器的工作过程如下：

(1) 汽车起步时：涡轮转速 $n_w=0$，导轮固定不动。涡轮转矩 $M_w$ 等于泵轮转矩 $M_b$ 和导轮转矩 $M_d$ 之和，即 $M_w=M_b+M_d$，此时，变矩器起增扭减速作用。

(2) 汽车起步后加速时：涡轮转速提高，$n_w$ 从 0 逐渐增加，导轮所受转矩不断减小，当涡轮转速增大到某值（此时，液流经导轮后方向不改变）时，$M_d=0$，有 $M_w=M_b$。此时，变矩器相当于耦合器，为耦合器工况。

(3) 转速继续增大：液流冲击在导轮叶片的背面，此时导轮与泵轮转矩方向相反，于是 $M_w=M_b-M_d$。可见，涡轮转矩小于泵轮转矩。

(4) 当 $n_w=n_b$ 时，工作液循环流动停止，不再传递动力。

可见，随着涡轮转速升高，涡轮输出转矩减小。当阻力增大时，涡轮转速降低，输出转矩增大，从而获得较大的驱动扭矩。当阻力减小时，涡轮转速增加，则输出转矩减小，驱动轮转速升高。所以，变矩器可随汽车行驶阻力不同而自动改变转矩。

### 3. 液力变矩器的传动特性

转矩随 $n_w$ 的变化，$M_w$ 相对于固定的 $M_b$ 也相应变化。因此，有变扭系数 $K$ 为

$$K=\frac{M_w}{M_b}=\frac{M_b\pm M_d}{M_b} \tag{5-1}$$

速比 $i$ 为

$$i=\frac{n_w}{n_b} \tag{5-2}$$

传动效率为

$$\eta=\frac{M_w n_w}{M_b n_b}=Ki \tag{5-3}$$

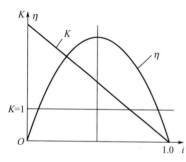

图 5.22 液力变矩器的传动特性

液力变矩器的传动特性曲线如图 5.22 所示，可见 $\eta$ 是随 $i$ 变化的抛物线，形状取决于 $K$ 曲线的形状，其变化关系如下：

(1) $i$ 较小时，$K>1$，即 $M_d>M_b$。
(2) 随着 $i$ 的增加，$K$ 下降，当 $K=1$ 时，即 $M_d=M_b$。
(3) 当 $i$ 接近于 1 时，$K<1$，$M_d<M_b$。
(4) 在 $K<1$ 时，$\eta$ 下降很快，也就是说液力变矩器只是在一定的速比范围内有较高的效率。

### 4. 锁止离合器的工作

当汽车行驶阻力减小时，发动机转速较高，变矩器工作在耦合状态，此时导轮自由旋转不增扭。泵轮和涡轮之间存在的转速差约为 10%，能量以变速器油的热量形式损失掉，这导致高速巡航时经济性下降。为了限制滑转，1970 年开始采用锁止离合器。锁止离合器的工作剖面如图 5.23 所示。锁止离合器由 20～30mm 宽的摩擦衬面组成，粘在薄的金属盘上，它通过扭转减振弹簧与涡轮相连，由变速器电子控制单元通过电磁阀控制油液流入变矩器腔。当变速器电子控制单元确定变矩器可以锁止时，油从 $C$ 流入，从 $D$ 和 $E$ 流出。锁止离合器和变矩器壳接合，将变矩器的泵轮和涡轮锁住，变矩器变成直接传动，以提高传动效率，可以节油 5% 左右。反之，当汽车行驶阻力增大时，涡轮转速低于泵轮转速，变速器电子控制单元决定锁止离合器应分开，电磁阀工作，使油从 $E$ 流入，从 $C$ 和 $D$ 流出，推动离合器活塞离开泵轮，变矩器恢复液力驱动，能够进行增扭。

### 5. 缓冲锁止变矩器

缓冲变矩器是在发动机低速时用来解决传统锁止离合器接合时将冲击和发动机振动传递到乘员问题的。

缓冲变矩器锁止离合器的接合，通过一直监视变矩器滑转，即变矩器泵轮输入转速减去涡轮输出转速，由变速器电子控制单元控制。测量的滑转和存在变速器电子控制单元内存中设定的值比较。根据比较的结果，变速器电子控制单元指令锁止离合器油流电磁阀，以占空比调节模式在高频（约 30Hz）调节到变矩器油流的油压，以获得保持设定滑转要求的离合器接合压力。此方法使离合器滑转保持在输入轴转速 1%～10%，得到平顺和没有振动的工作。

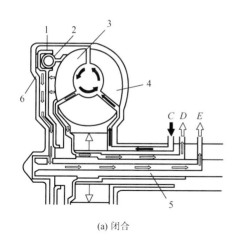 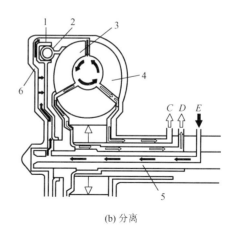

(a) 闭合　　　　　　　　　　　　　　　　　(b) 分离

图 5.23　变矩器锁止离合器

1—锁止活塞（带摩擦衬片）；2—减震弹簧；3—涡轮；4—泵轮；5—主轴；6—变矩器壳

缓冲变矩器在低速低挡允许部分锁止，非常有效地解决了传统锁止变矩器接合时不可避免的冲击和振动。

### 5.3.2　行星齿轮变速机构

虽然液力变矩器能在一定范围内自动、无级地改变转矩比，以适应汽车行驶阻力的变化。但是，由于它的变矩能力与传动效率之间存在矛盾，且变矩系数一般为 1～3，难以满足汽车实际使用的需要，故在汽车上液力变矩器仍需与机械变速系统配合使用。

自动变速器的机械变速机构一般采用内啮合行星齿轮机构。与普通手动变速器相比，在传递同样功率的条件下，内啮合行星齿轮机构可以大大减小变速机构的尺寸和质量，并可以实现同向、同轴减速传动。此外，变速过程中动力不间断，加速性好，工作可靠。

**1. 行星齿轮的变速原理**

行星齿轮机构按照齿轮排数不同，可以分为单排行星齿轮机构和多排行星齿轮机构。多排行星齿轮机构一般由几个单排行星齿轮机构组成。在自动变速器中一般应用 2～3 个单排行星齿轮机构组成一个多排行星齿轮机构。单排行星齿轮机构是多排行星齿轮机构的基础，下面先介绍单排行星齿轮机构及其传动原理。

如图 5.24 所示为一个单排行星齿轮机构的基本结构。从图 5.24 可以看出，一个单排行星齿轮机构由太阳轮 1、行星齿轮和行星架 2 及内齿圈 3 组成。太阳轮位于机构的中心，行星齿轮与之外啮合，同时，行星齿轮又与齿圈内啮合。通常行星轮有 3～6 个，通过滚针轴承安装在行星齿轮轴上，行星齿轮轴对称、均匀地安装在行星架上。

行星齿轮机构工作时，行星齿轮除了绕自身轴线自转外，同时还绕着太阳轮公转。行星齿轮绕太阳轮公转时，行星架也绕太阳轮旋转。由于太阳轮与行星齿轮是外啮合，所以两者的旋转方向是相反的，而行星齿轮与齿圈是内啮合，两者的旋转方向是相同的。

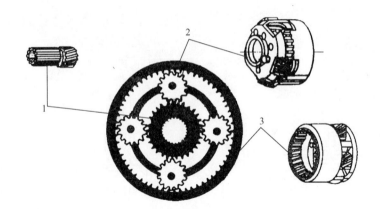

图 5.24 单排行星齿轮机构的基本机构
1—太阳轮；2—行星齿轮和行星架；3—内齿圈

单排行星机构是个两自由度的机构，其速比只与齿圈齿数 $Z_R$、太阳轮齿数 $Z_S$ 有关，而与行星齿轮齿数 $Z_X$ 无关。行星齿轮机构的转速特性方程为

$$n_S + \alpha n_R = (1+\alpha) n_H \qquad (5-4)$$

式中，$n_S$——太阳轮转速；

$n_H$——行星架转速；

$n_R$——齿圈的转速；

$\alpha$——行星齿轮机构参数，$\alpha = Z_R/Z_S$，$Z_R$ 为齿圈齿数，$Z_S$ 为太阳轮齿数。

由于一个方程有三个变量，如果将太阳轮、齿圈和行星架中某个元件作为动力输入部件，让另一个元件作为动力输出部件，则由于第三个元件不受任何约束和限制，所以从动部件的运动是不确定的。因此，为了得到确定的运动，必须对太阳轮、齿圈和行星架三者中的某个元件的运动进行约束和限制。例如，若一个元件固定，另一个驱动，则第三个元件就可变速转动输出动力。

为了便于计算行星齿轮机构的速比，假设行星架有齿数 $Z_H$，则根据转速特性方程，太阳轮、齿圈和行星架三者的齿数关系为

$$Z_H = Z_S + Z_R = Z_S + \alpha Z_S \qquad (5-5)$$

可见

$$Z_H > Z_R > Z_S$$

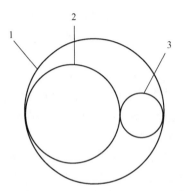

图 5.25 行星齿轮机构三元件间的形量关系
1—等价行星架；2—等价齿圈；3—等价太阳轮

因此，将行星齿轮机构简化为图 5.25 中的传动关系，以计算速比。计算速比时，元件固定者去掉该圆，剩下的按定轴轮系计算速比。内啮合速比为正，对应着前进挡，外啮合速比为负，对应着倒挡。

通过将不同的元件进行约束和限制，可以得到不同的传动方式，见表 5-2。可见，单排行星齿轮机构有四个前进挡，但不能满足汽车变速器各挡的速比要求。因此，自动变速器常用两排或更多排的行星齿轮机构组成变速机构。

表5-2 行星齿轮机构的传动方式

| 传动方式 | 主动件 | 从动件 | 锁止件 | 速比 | 备注 |
|---|---|---|---|---|---|
| 1 | 太阳轮 | 行星架 | 齿圈 | $1+\alpha$ | 减速增扭 |
| 2 | 齿圈 | 行星架 | 太阳轮 | $(1+\alpha)/\alpha$ | |
| 3 | 太阳轮 | 齿圈 | 行星架 | $-\alpha$ | |
| 4 | 行星架 | 齿圈 | 太阳轮 | $\alpha/(1+\alpha)$ | 增速减扭 |
| 5 | 行星架 | 太阳轮 | 齿圈 | $1/(1+\alpha)$ | |
| 6 | 齿圈 | 太阳轮 | 行星架 | $-1/\alpha$ | |
| 7 | 任意两个连成一体 | | | 1 | 直接传动 |
| 8 | 既没有元件被制动,也没有两元件接合 | | | 自由转动 | 不传递动力 |

2．换挡执行机构

将行星齿轮机构改组换挡的执行机构有离合器、制动器和单向离合器。

1）离合器

离合器是换挡执行机构中进行连接的主要组件。离合器连接输入轴与行星齿轮机构，把液力变矩器输出的动力传递给行星齿轮机构，或把行星排的某两个组件连接在一起，使之成为一个整体。

(1) 结构。自动变速器中换挡离合器为湿式多片离合器，它由离合器鼓、花键毂、主动摩擦片、从动钢片和回位弹簧等构成，如图5.26所示。

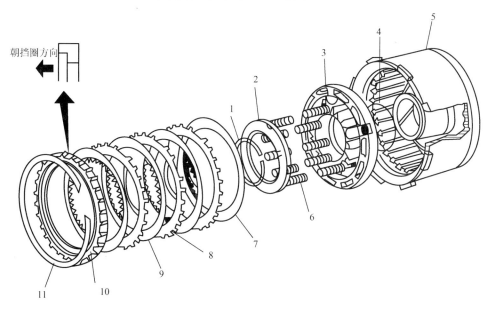

图5.26 湿式多片离合器的机构分解

1,11—卡环；2—弹簧座；3—活塞；4—O形圈；5—离合器鼓；6—回位弹簧；7—碟形弹簧；8—从动钢片；9—主动摩擦片；10—压盘

离合器鼓是一个液压缸,鼓内有内花键齿圈,内圆轴颈上有进油孔与控制油路相通。离合器活塞为环状,内、外圆上有密封圈,安装在离合器鼓内。从动钢片和主动摩擦片交错排列,两者统称为离合器片,均用钢料制成,但摩擦片的两面烧结有硼基粉末冶金的摩擦材料。为保证离合器接合柔和及散热,离合器片浸在油液中工作,因而称为湿式离合器。钢片带有外花键齿,与离合器鼓的内花键齿圈连接,并可轴向移动,摩擦片则以内花键齿与花键毂的外花键槽配合,也可做轴向移动。花键毂和离合器鼓分别以一定的方式与变速器输入轴或行星齿轮机构的元件相连接。碟形弹簧的作用是使离合器接合柔和,防止换挡冲击。可以通过调整卡环或压盘的厚度调整离合器的间隙。

(2) 工作原理。湿式多片离合器的工作原理如图 5.27 所示。当一定压力的自动变速器油经控制油道进入活塞左面的液压缸时,液压作用力便克服弹簧力使活塞右移,将所有离合器片压紧,即离合器接合,与离合器主、从动部分相连的元件也被连接在一起,以相同的速度旋转。

当控制阀将作用在离合器液压缸的油压撤除后,离合器活塞在回位弹簧的作用下回复原位,并将缸内的变速器油从进油孔排出,使离合器分离,离合器主、从动部分可以不同的转速旋转。

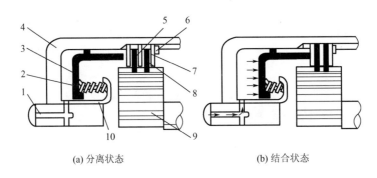

(a) 分离状态　　　　　　(b) 结合状态

**图 5.27　湿式多片离合器的工作原理**

1—控制油道;2—回位弹簧;3—活塞;4—离合器鼓;5—主动片;6—卡环;7—压盘;
8—从动片;9—花键毂;10—弹簧座

2) 制动器

自动变速器中的制动器是用来制动行星排中元件的。通过制动器的接合,把行星排中的某个元件和变速器壳体连接起来,使之不能转动。自动变速器中的制动器有两种:一种是片式制动器,另一种是带式制动器。片式制动器与离合器的结构和原理相同,不同之处是离合器是起连接作用而传递动力,而片式制动器是通过连接而起制动作用。下面介绍带式制动器的结构和原理。

(1) 结构。带式制动器由制动带和控制油缸组成,如图 5.28 所示。制动带是内表面带有镀层的开口式环形钢带。制动带的一端支承在与变速器壳体固连的支座上,另一端与控制油缸的活塞杆相连。

(2) 工作原理。带式制动器的工作原理如图 5.29 所示,制动带开口处的一端通过支柱支承于固定在变速器壳体的调整螺钉上,另一端支承于油缸活塞杆端部,活塞在回位弹簧和左腔油压作用下位于右极限位置,此时,制动带和制动鼓之间存在一定间隙。

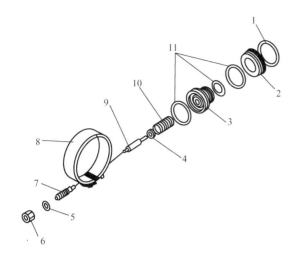
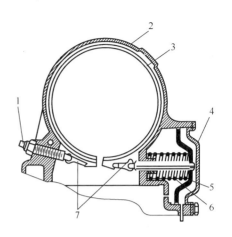

图 5.28 带式制动器的结构分解

1—卡环；2—活塞定位架；3—活塞；
4—止推垫圈；5—垫圈；6—锁紧螺母；
7—调整螺钉；8—制动带；9—活塞杆；
10—回位弹簧；11—O 形圈

图 5.29 带式制动器的结构

1—调整螺钉；2—壳体；3—制动带；
4—油缸；5—活塞；6—回位弹簧；
7—推杆

制动时，压力油进入活塞右腔，克服左腔油压和回位弹簧的作用力推动活塞左移，制动带以固定支座为支点收紧。在制动力矩的作用下，制动鼓停止旋转，行星齿轮机构某元件被锁止。随着油压撤除，活塞逐渐回位，制动解除。

3) 单向离合器

单向离合器又称自由轮离合器，在液力变矩器和行星排中均有应用。

在行星排中，单向离合器用来锁止某个元件的某种转向。单向离合器同时还具有固定作用，当与之相连元件的受力方向与锁止方向相同时，该元件立即被固定，当受力方向与锁止方向相反时，该元件即被释放。单向离合器的锁止和释放完全由与之相连元件的受力方向来控制。常见的单向离合器有滚柱式（图 5.30）和楔块式两种。

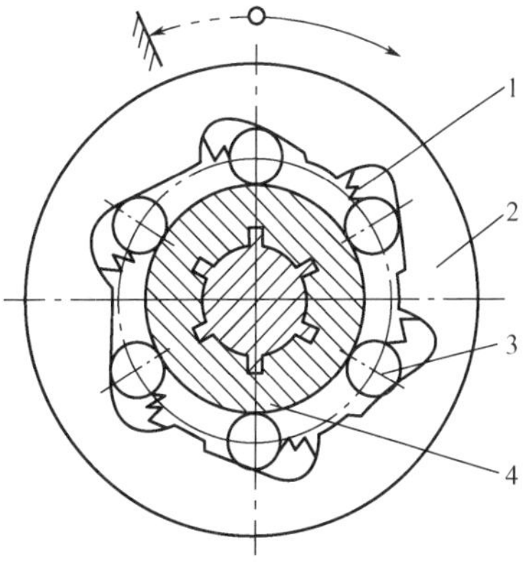

3. 多排行星齿轮变速机构

由于单排行星齿轮机构不能满足汽车行驶中变速变扭的需要。为了增加速比的数目，可以通过增加行星齿轮机构来实现。在自动变速器中，两排或多排行星齿轮机构组合在一起，用以满足汽车行驶需要的多种速比。

图 5.30 滚柱式单向离合器

1—碟片弹簧；2—外座圈；
3—滚柱；4—内座圈

传统的自动变速器通过改变行星齿轮系参加啮合传动的元件来选择速比。作为一个简例，图 5.31 为一双排行星齿轮变速机构，它可以提供三个前进挡及一个倒挡。按一定规

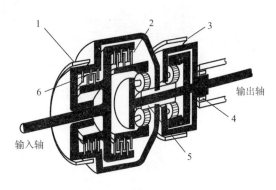

图 5.31 双排行星齿轮变速机构
1—中间挡制动带；2—前进挡离合器；
3—低-倒挡制动带；4—单向离合器；
5—两排行星齿轮共用的太阳轮；6—倒-高挡离合器

范将油供给离合器和制动带，从而可以选择适当的速比。根据变速器电子控制单元的信号，通过电液控制阀完成摩擦元件接合的控制并控制管压。

低挡通过接合前进离合器，将发动机的动力直接传给第一排行星齿轮的齿圈，行星齿轮顺时针带动共用的太阳轮反时针转动。单向离合器锁止第二排行星齿轮行星架旋转，于是行星齿轮通过复合减速带动输出轴。发动机的制动是通过低-倒挡制动带接合，以免单向离合器的自由轮状态。

中间挡通过中间挡制动带锁住共用的太阳轮旋转。前进挡离合器的接合动力传到第一排齿圈，从而带动行星齿轮绕太阳轮旋转，使行星架连同输出轴以简单减速驱动。

高挡是将前进挡和倒-高挡离合器都接合，将太阳轮和第一排齿圈锁住，使整个轮系以输入轴同一转速旋转得到直接驱动。

倒挡通过接合倒-高挡离合器和低-倒挡制动带接合得到。动力通过太阳轮到第二排轮系的行星齿轮，以相反方向带动齿圈旋转。低-倒挡制动带锁住第二排轮系的行星架，使输出轴旋转。

### 5.3.3 典型的液力自动变速器

目前，复合式行星齿轮机构有辛普森式齿轮机构、拉威那式行星齿轮机构和在辛普森式齿轮机构的基础上再加上一套单排行星齿轮机构。

1. 辛普森式齿轮机构

辛普森式齿轮机构是由共用一个太阳轮的两组行星齿轮、两个齿圈和两个行星架组成，如图 5.32 所示，是目前应用最为广泛的一种行星齿轮变速机构。辛普森式齿轮机构的两组单排行星齿轮机构，分别称为前行星齿轮机构和后行星齿轮机构。它可以提供空挡、第一降速挡、第二降速挡、直接挡和倒挡。辛普森变速器驱动太阳轮需要大轮毂，体积大。

2. 拉威那式行星齿轮结构

拉威那式行星齿轮机构是由一小一大两个太阳轮、三个长行星齿轮和三个短行星齿轮组成的两组行星齿轮，一个共用行星架和一个共用齿圈组成，如图 5.33 所示。

拉威那式行星齿轮结构有一些胜过辛普森式齿轮结构的优点，主要是结构紧凑，比辛普森机构少一个内齿轮，且不需要太阳轮轮毂。此外，由于相互啮合的齿数较多，因此传递的转矩较大，缺点是结构较复杂，行星齿轮数目多，工作原理难理解。

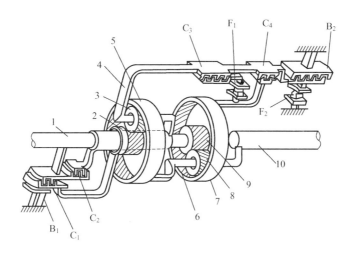

**图 5.32 辛普森式行星齿轮结构**

1—输入轴；2—前太阳轮；3—前行星齿轮；4—前行星架；5—前齿圈；6—后行星架；7—后齿圈；
8—后行星齿轮；9—后太阳轮；10—输出轴；$C_1$—倒挡离合器；$C_2$—高速挡离合器；$C_3$—前进离合器；
$C_4$—前进强制制动器；$B_1$—2-4挡离合器；$B_2$—低-倒挡离合器；
$F_1$—前进单向离合器；$F_2$—低挡单向离合器

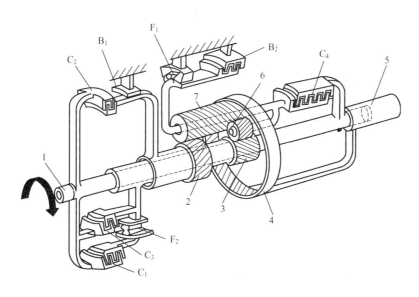

**图 5.33 拉威那式行星齿轮结构**

1—输入轴；2—大太阳轮；3—小太阳轮；4—齿圈；5—输出轴；6—短行星齿轮；7—长行星齿轮；
$C_1$—前进离合器；$C_2$—倒挡离合器；$C_3$—前进强制离合器；$C_4$—高速挡离合器；
$B_1$—2-4挡离合器；$B_2$—低-倒挡离合器；$F_1$—低挡单向离合器；$F_2$—前进挡单向离合器

### 3. 四挡辛普森行星齿轮变速器

四挡辛普森行星齿轮变速器的结构如图 5.34 所示，其元件位置如图 5.35 所示。

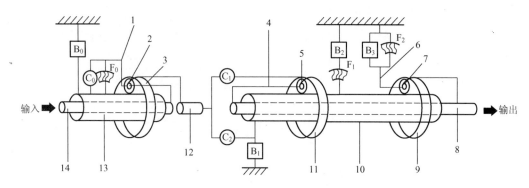

图 5.34　四挡辛普森行星齿轮变速机构

1—超速行星排行星架；2—超速行星排行星轮；3—超速行星排齿圈；4—前行星排行星架；
5—前行星排行星轮；6—后行星排行星架；7—后行星排行星轮；8—输出轴；9—后行星排齿圈；
10—前后行星排太阳轮；11—前行星排齿圈；12—中间轴；13—超速行星排太阳轮；
14—输入轴；$C_0$—超速挡离合器；$C_1$—前进挡离合器；$C_2$—直接挡、倒挡离合器；
$B_0$—超速挡制动器；$B_1$—2挡滑行制动器；$B_2$—2挡制动器；$B_3$—低-倒挡制动器；
$F_0$—超速挡单向离合器；$F_1$—2挡单向离合器；$F_2$—低挡单向离合器

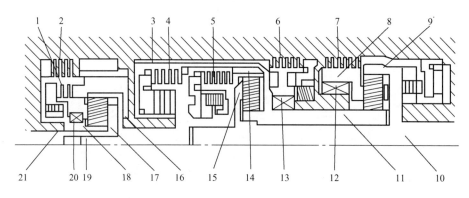

图 5.35　四挡辛普森式变速器的换挡执行机构

1—超速离合器 $C_0$；2—超速挡制动器 $B_0$；3—2挡滑行制动器 $B_1$；4—直接挡离合器 $C_2$；
5—前进挡离合器 $C_1$；6—2挡制动器 $B_2$；7—1挡、倒挡制动器 $B_3$；8—后行星架；
9—后齿圈；10—输出轴；11—太阳轮；12—第二单向离合器 $F_2$；13—第一单向离合器 $F_1$；
14—前齿圈；15—前行星架；16—超速挡齿圈；17—超速挡行星架；18—超速挡太阳轮；
19—输入轴；20—超速挡单向离合器 $F_0$；21—超速挡

四挡辛普森行星齿轮变速器，由四挡辛普森行星齿轮机构和换挡执行元件两大部分组成。其中，四挡辛普森行星齿轮机构由三排行星齿轮机构组成，前面一排为超速行星排，中间一排为前行星排，后面一排为后行星排。之所以这样命名是由于四挡辛普森行星齿轮机构是在三挡辛普森行星齿轮机构的基础上发展起来的，因而沿用了三挡辛普森行星齿轮机构的命名。输入轴与超速行星排的行星架相连，超速行星排的齿圈与中间轴相连，中间轴通过前进挡离合器或直接挡、倒挡离合器与前、后行星排相连。前、后行星排的结构特点是共用一个太阳轮，前行星排的行星架与后行星排的齿圈相连，并与输出轴相连。

换挡执行机构包括三个离合器、四个制动器和三个单向离合器共十个元件。具体功用见表 5-3。

表 5-3　四挡辛普森行星齿轮变速器换挡执行元件的功能

| 换挡执行元件 | | 功　能 |
|---|---|---|
| $C_0$ | 超速挡离合器 | 连接超速行星排太阳轮与超速行星排行星架 |
| $C_1$ | 前进离合器 | 连接中间轴与前行星排齿圈 |
| $C_2$ | 直接挡、倒挡离合器 | 连接中间轴与前、后行星排太阳轮 |
| $B_0$ | 超速挡制动器 | 制动超速行星排太阳轮 |
| $B_1$ | 2挡滑行制动器 | 制动前、后行星排太阳轮 |
| $B_2$ | 2挡制动器 | 制动 $F_1$ 外座圈，当 $F_1$ 也起作用时，可以防止前、后行星排太阳轮逆时针转动 |
| $B_3$ | 低、倒挡制动器 | 制动后行星排行星架 |
| $F_0$ | 超速挡单向离合器 | 连接超速行星排太阳轮与超速行星排行星架 |
| $F_1$ | 2挡单向离合器 | 当 $B_2$ 工作时，防止前、后行星排太阳轮逆时针转动 |
| $F_2$ | 低挡单向离合器 | 防止后行星排行星架逆时针转动 |

变速器在各挡位时，换挡执行元件的动作情况见表 5-4。

表 5-4　四挡辛普森行星齿轮变速器各挡位时换挡执行元件的动作

| 选挡杆位置 | 挡位 | $C_0$ | $C_1$ | $C_2$ | $B_0$ | $B_1$ | $B_2$ | $B_3$ | $F_0$ | $F_1$ | $F_2$ | 发动机制动 |
|---|---|---|---|---|---|---|---|---|---|---|---|---|
| P | 驻车挡 | ○ | | | | | | | | | | |
| R | 倒挡 | ○ | | ○ | | | | ○ | | | | |
| N | 空挡 | ○ | | ○ | | | | | | | | |
| D | 1挡 | ○ | ○ | | | | | | ○ | | ○ | |
| D | 2挡 | ○ | ○ | | | | ○ | | ○ | ○ | | |
| D | 3挡 | ○ | ○ | ○ | | | ○ | | ○ | | | |
| D | 直接挡 | | ○ | ○ | ○ | | ○ | | | | | |
| 2 | 1挡 | ○ | ○ | | | | | | ○ | | ○ | |
| 2 | 2挡 | ○ | ○ | | | ○ | ○ | | ○ | ○ | | ○ |
| 2 | 3挡 | ○ | ○ | ○ | | | ○ | | | | | ○ |
| L | 1挡 | ○ | ○ | | | | | ○ | ○ | | | ○ |
| L | 2挡 | ○ | ○ | | | ○ | ○ | | ○ | | | ○ |

注：○表示相应的执行元件起作用。

4. 五挡辛普森行星齿轮变速机构

五挡辛普森行星齿轮变速机构如图5.36所示，下面介绍其结构特点和工作原理。

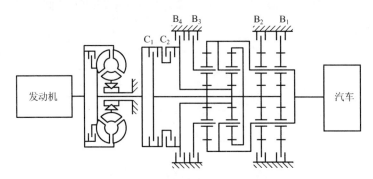

图 5.36　五挡辛普森式行星齿轮变速器

1) 结构特点

五挡辛普森式行星齿轮变速器由四排行星齿轮、三根轴、两个离合器和四个制动器构成五挡变速机构。

1、2挡太阳轮和3挡齿圈与中间轴做成一体。

3、4挡太阳轮为一体并空套在中间轴上。

3挡行星架与1、2挡行星架和4挡齿圈为一体。

2挡行星架和1挡行星架接输出轴。

2) 执行元件

$C_1$——前进挡离合器：连接输入轴和中间轴。

$C_2$——直接挡（5挡）离合器：连接输入轴和3、4挡太阳轮。

$B_1$——1挡制动器：制动第1（挡）排齿圈。

$B_2$——2挡制动器：制动第2（挡）排齿圈。

$B_3$——3挡制动器：制动第4（挡）排行星架。

$B_4$——4挡制动器：制动第3、4（挡）排太阳轮。

3) 挡位分析

五挡辛普森式行星齿轮变速器挡位分析见表5-5。

表 5-5　五挡辛普森式行星齿轮变速器挡位分析

| 挡位 | $C_1$ | $C_2$ | $B_1$ | $B_2$ | $B_3$ | $B_4$ | i |
|---|---|---|---|---|---|---|---|
| N | | | | ○ | | | 0 |
| 1 | ○ | | ○ | | | | 5.183 |
| 2 | ○ | | | ○ | | | 3.190 |
| 3 | ○ | | | | ○ | | 2.067 |
| 4 | ○ | | | | | ○ | 1.400 |
| 5 | ○ | ○ | | | | | 1.000 |
| R | | ○ | | | ○ | | -4.476 |

注：○表示相应的执行元件起作用。

空挡：$B_2$ 制动→2 挡齿圈制动。

1 挡：$C_1$ 接合→输入轴与中间轴连接。$B_1$ 制动→1 挡齿圈制动。

动力传递路线：涡轮→输入轴→$C_1$→中间轴→1 挡太阳轮→1 挡行星架→输出轴到车轮。

此外，2 挡太阳轮和 3 挡齿圈也随输入轴转动，但因其他两元件都可以自由转动，故不传递动力。

2 挡：$C_1$ 接合，$B_2$ 制动→2 挡齿圈制动。

动力传递路线：涡轮→输入轴→$C_1$→中间轴→2 挡太阳轮→2 挡行星架→1 挡行星架→输出轴到车轮。

3 挡：$C_1$ 接合，$B_3$ 制动→4 挡行星架制动。

动力传递路线：涡轮→输入轴→$C_1$→中间轴→3 挡齿圈→3 挡行星架/（3 挡太阳轮→4 挡太阳轮→4 挡齿圈）→1 挡行星架→输出轴。

4 挡：$C_1$ 接合，$B_4$ 制动→3、4 挡太阳轮制动。

动力传递路线：涡轮→输入轴→$C_1$→中间轴→3 挡齿圈→3 挡行星架→1 挡行星架→输出轴到车轮。

5 挡（直接挡）：$C_1$ 接合，$C_2$ 接合→3、4 挡太阳轮与输入轴连接。3、4 挡行星排抱成一体转动，速比为 1。

倒挡：$C_2$ 接合，$B_2$ 制动。

动力传递路线：涡轮→输入轴→$C_2$→3、4 挡太阳轮→2、3 挡行星架→1 挡行星架→输出轴到车轮。

## 5.4 双离合器自动变速器

双离合自动变速器的历史最早可追溯到 70 多年前，1940 年德国达姆施塔特大学的 Rudolph Franke 教授申请了双离合自动变速器的发明专利，此时仅在卡车上做过实验，并未投产。1976 年，双离合自动变速器开始装备在大众公司的高尔夫 GTI 乘用车上销售，1985 年，奥迪又将双离合自动变速器技术应用在赛车上，此后双离合自动变速器又经过长时间的发展和完善，直到 20 世纪 90 年代末期，大众公司和博格华纳公司才合作生产出第一款适于大批量生产的双离合自动变速器产品。

本节以博格华纳和大众汽车联合开发的双离合器自动变速器（DCT 或 DSG）为例说明其基本结构和控制系统，如图 5.37 所示。

实质上，双离合自动变速器是由两组挂接式变速器并联构成的多挡变速器，如图 5.37 所示。双离合自动变速器的特殊结构决定了其挡位多和轴向尺寸短的特点。双离合自动变速器的变速齿轮分别分布在两根传动轴上，既便于在有限的空间布置更多挡位，又能使挂接式变速器轴向尺寸更短，尤其利于在乘用车上广泛采用的发动机横置，前置前驱的布置形式。

双离合自动变速器的大部分零件的生产工艺都与传统的挂接式变速器相近，产品继承性好，产业化实施起来条件比较优越。

双离合自动变速器的关键技术主要集中于双离合器的生产和控制上。双离合自动变速器的换挡品质取决于双离合器的性能和控制策略。

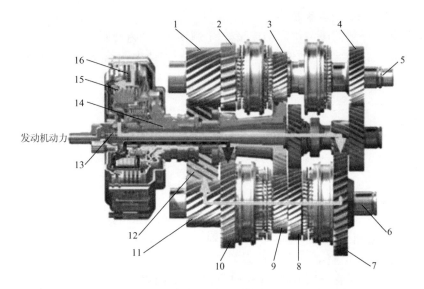

图 5.37 双离合自动变速器的基本构成

1—差速器输入齿轮Ⅱ；2—倒挡从动齿轮，3—6挡从动齿轮；4—5挡从动齿轮；5—从动轴Ⅱ；
6—从动轴Ⅰ；7—1挡从动齿轮；8—3挡从动齿轮；9—4挡从动齿轮；10—2挡从动齿轮；
11—差速器输入齿轮Ⅰ；12—变速器输出齿轮；13—奇数挡传动轴（实心轴）；
14—偶数挡传动轴（空心轴）；15—偶数挡离合器；16—奇数挡离合器

### 5.4.1 双离合自动变速器的结构组成

双离合自动变速器的总体结构大致分为动力输入装置、双离合器、传动轴、从动轴和动力输出端五个部分。

**1. 动力输入装置**

发动机的动力经飞轮传到双离合器的外壳上，离合器壳体连同离合器的主动部分始终与发动机同速运转。一旦离合器接合，发动机的动力就传递到离合器的从动部分，与此同时，动力也传递到与离合器从动片通过花键连接的传动轴上，带动从动轴一起转动，如图5.37所示。

**2. 双离合器**

双离合器是双离合自动变速器最重要的部件之一，根据离合器类型的不同，可分为湿式多片双离合器和干式双离合器两大类，如图5.38所示。湿式双离合器是靠液压控制实现起步和换挡操作的，因此，对液压系统控制精度要求非常高。干式双离合器的散热和摩擦片的磨损补偿问题是控制的关键。

在双离合自动变速器中，一组离合器的从动片与奇数挡的动力输出轴相连接，另一组离合器的从动轴与偶数挡的动力输出轴相连接，两组离合器分别控制着两个轴的动力输出。

**3. 传动轴**

离合器从动片上的动力通过花键传递到传动轴上，双离合自动变速器的传动轴分为奇数挡传动轴（实心轴）和偶数挡传动轴（空心轴），它们同心布置在双离合器的轴线上，如图5.37所示。奇数挡传动轴上有奇数挡的主动齿轮和奇数挡转速传感器的脉冲发射装置，偶数挡具有相似的结构。

(a) 湿式多片双离合器　　　　　(b) 干式双离合器

图 5.38　双离合器结构图

4. 从动轴

与两根传动轴对应着两根从动轴，如图5.37所示。从动轴上空套着各挡的从动齿轮和同步器，同步器挂接挡位的齿轮传递动力（或准备传递动力），没有挂接的齿轮在从动轴上空转。需要说明的是：从动轴上的从动齿轮是混合分布的，即在同一根从动轴上既有奇数挡从动齿轮也有偶数挡从动齿轮。

5. 动力输出端

经双离合自动变速器变速后的动力通过固连在从动轴上的动力输出齿轮（即差速器输入齿轮），分别传至差速器输出齿轮，经双离合自动变速器减速增扭的动力传递到差速器上进一步减速增扭，最终动力由差速器分流后由半轴向车轮输出，如图5.37所示。

### 5.4.2　双离合自动变速器的工作原理

双离合自动变速器配置了两组离合器（双离合器），一组控制奇数挡的动力传动，一组控制偶数挡的动力传递。由于使用两组离合器并且在换挡之前下一挡位已先进入啮合状态，所以双离合自动变速器的换挡速度非常的快，不足0.2s，可以认为是一种无动力中断换挡的自动变速器，因此双离合自动变速器的舒适性和加速性更好。

1. 双离合自动变速器的动力传递路线

传统的挂接式变速器的换挡过程是这样的：首先驾驶人踏下离合器踏板，使离合器分离，从而脱开发动机与变速器的链接，然后摘下当前挡位，根据当前车速、发动机转速和车辆负荷等因素选择合适的挡位，经同步器同步使挂接齿轮达到同步运转，挂上目标挡位，最后松开离合器踏板，重新接合离合器使发动机与变速器恢复动力连接，至此完成一个换挡过程，换挡过程用时为1s左右。由于采用了双离合器双动力输入的特殊结构，双离合自动变速器的换挡步骤可以"重叠"进行，使换挡时间大大缩短。

以1挡换2挡的过程说明双离合自动变速器换挡流程及其动力传递路线。当双离合自动变速器处于1挡时，奇数挡离合器接合，动力经过发动机飞轮—双离合器壳体—奇数挡离合器主动片—奇数挡离合器从动片—奇数挡花键轴—奇数挡传动轴（实心轴）—1挡主动齿轮—1挡从动齿轮—从动轴Ⅰ—差速器主动齿轮Ⅰ—差速器从动齿轮—差速器壳体—差速器半轴齿轮—半轴—车轮的传递路径驱动车轮，如图5.37所示。与此同时，在双离合自动变速器偶数挡传动轴上（空心轴），2挡的主动齿轮与2挡的从动齿轮进入挂接啮合状态，但此时由于偶数挡离合器没有接合，所以相互啮合的2挡齿轮只是空转。车辆运行过程中，双离合自动变速器的控制器实时监测奇数挡传动轴转速、偶数挡传动轴转速、发动机转速、当前挡位、行驶车速等相关信息，一旦控制器判断进入换挡阈值，双离合自动变速器立即进行换挡操作。换挡时，只需控制奇数挡离合器以一定速度分离，同时，控制偶数挡离合器以与奇数挡离合器分离相适应的速度接合就完成了换挡操作。换入2挡后双离合自动变速器的动力传递路线为：发动机飞轮—双离合器壳体—偶数挡离合器主动片—偶数挡离合器从动片—偶数挡花键轴—偶数挡传动轴（空心轴）—2挡主动齿轮—2挡从动齿轮，其余与1挡动力路线相同，如图5.37所示。

与传统挂接式变速器相比，双离合自动变速器省掉了摘挡、选挡和同步换挡等过程，因此双离合自动变速器的换挡时间更短，动力性更强，换挡过程无冲击，乘坐更舒适，受到越来越多人的青睐。

2．选挡杆的挡位

P位：驻车挡。主传动输入齿轮锁止，点火开关打开，踏下制动踏板并按下锁止按钮，才能移出P位。

R位：倒车挡。按下锁止按钮才能移进或移出此挡。

N位：空挡。车辆静止，点火开关打开时，只有踏下制动踏板并按下锁止按钮才能移出此挡。

D位：前进挡。电液控制系统根据车速和节气门开度等参数按设定的动态换挡程序，自动在6个前进挡中换挡。

S位：运动挡。与D位的差别是电子控制单元按设定的"运动"换挡曲线来进行自动换挡，通过延迟升挡提高发动机转速，充分利用后备功率。

此变速器是"手自一体"的，可以采用选挡杆或转向盘上的按钮换挡，"＋"表示升挡，"－"表示降挡。

3．离合器控制

双离合器控制在双离合自动变速器的换挡过程中起到了举足轻重的作用，它不仅关系到换挡时间的长短和整车动力性，两组离合器配合的优劣还会影响到整车的平顺性和舒适性。前文已经介绍过，双离合自动变速器所采用的双离合器有干式和湿式两种，这两种离合器虽然工作原理和控制方法不尽相同，但它们的控制原则是基本相同的，本书以湿式多片离合器的控制为例说明双离合器的控制原则。

虽然双离合自动变速器可以认为是一种无动力中断换挡的自动变速器，但是挂接式变速器的换挡过程都难免有摘挡、选挡、换挡等动力中断过程，否则就无法进行换挡操作。双离合自动变速器虽然有效地避免了摘挡、选挡、换挡操作产生的动力中断，但是仍然有双离合器的分离和接合过程，依据传统的离合器控制理论，仍然需要有持续的动力中断过程才能完成换挡操作。

仔细分析离合器的接合与分离过程不难发现，离合器传递转矩是随着离合器的行程有规律的变化的。仍以1挡换2挡过程为例，偶数挡离合器传递的转矩随时间和行程变化，可以简单地总结为"两快一慢"的变化规律，针对偶数挡离合器接合时的变化规律，完全可以控制奇数挡离合器分离呈相反的趋势变化，最终，使双离合器传递的转矩的总和保持定值，从而达到双离合自动变速器无动力中断换挡的效果，如图5.39所示。最终，通过适当的双离合器控制，双离合自动变速器可以实现无动力中断换挡，使汽车的平顺性、舒适性都得到了提高。

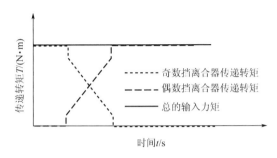

图5.39 双离合器的控制特性图

### 5.4.3 双离合自动变速器的控制系统

双离合自动变速器的电控系统包括电控单元、传感器和执行元件。

1. 电控单元

电控单元根据发动机、ABS和内部各传感器传来的信息和运动参数，按照电控单元内设程序，向各执行元件发出指令，操纵各电磁阀工作，对多片离合器和同步器进行控制。

2. 传感器

1) 输入轴1、2转速传感器

这两个信号和离合器输入转速信号用来识别多片离合器1和2的分离和接合状况。这个信号和变速器输出转速信号可以识别是否挂入了正确的挡位。若这个信号中的一个中断，就切断相应挡位。如果输入轴1转速传感器损坏，就只能以2挡行驶，如果输入轴2转速传感器损坏，就只能以1挡和3挡行驶。

2) 变速器输出转速传感器

电子控制单元根据这个信号可以识别车速和前、后行驶方向。

3) 液压压力传感器

由两个压力传感器监测湿式多片离合器1和2的压力，电子控制单元用来精确调节湿式多片离合器的压力。如果某个压力传感器信号中断或没有油压，则相应的变速器挡位切断，只能用1挡或2挡工作。

4) 湿式多片离合器的油温传感器

这个传感器的工作温度范围为-55～180℃，其监测的信号用来调节离合器冷却的油量，并对变速器进行保护。

5) 变速器油温传感器和电子控制单元温度传感器

这两个传感器直接测量机电控制部件的温度，提前控制油温避免过热。如果两个传感器测出的温度较低,电子控制单元就会起动预热程序,保证电控单元在最佳温度环境下工作。当变速器油温超过138℃时,机电控制装置将降低发动机转矩,当油温超过145℃时,湿式多片离合器上将不再有油压作用,处于完全分离状态。

6) 挡位调节位移传感器

由霍尔传感器与换挡拨叉上磁铁一起产生一个信号,电子控制单元识别出挡位调节器的位置。每个位移传感器监控一个挡位调节器/挡位拨叉,用于在两个挡位之间切换。电子控制单元根据确定的位置将油压作用到挡位调节器上,进行换挡。若某个位移传感器信号中断,相应挡位就不能挂上。

7) 换挡杆传感器电子控制单元

作为电子控制单元,它操纵换挡杆锁止电磁铁,同时还集成有用于手动换挡的霍尔传感器。换挡杆位置信号和手动换挡位置信号通过CAN总线传输到电控单元和组合仪表电子控制单元。

3. 执行元件

1) 主压力调节阀

电子控制单元通过脉冲调制对该阀进行调节,以适应系统对主油压的需要。若该阀损坏,系统就以最大主油压来工作,这会导致燃油消耗升高,且换挡时有噪声。

2) 离合器压力调节阀

电子控制单元通过脉冲调制对两个离合器压力调节阀进行调节,使湿式多片离合器1和2的压力和相应的摩擦系数匹配。若某个阀损坏,相应的挡位将中断。

3) 冷却器压力调节阀

电子控制单元根据湿式多片离合器油温传感器的信号,通过脉冲调制对压力调节阀进行调节,控制离合器冷却的油量。若该阀损坏,冷却的油就以最大流量流过湿式多片离合器,在外部温度很低时,会引起换挡故障及燃油消耗升高。

4) 换挡电磁阀(开/关)

4个换挡电磁阀通过八个挡位调节油缸控制四个同步器,进行换挡。若某个电磁阀损坏,相应挡位将切断,只能用1挡和3挡或2挡来行驶。

5) 多路转换电磁阀(开/关)

此电磁阀通电时可以挂2挡、4挡和6挡,断电时可以挂1挡、3挡、5挡和倒挡。

6) 离合器安全阀

当变速器部分1出现故障时,离合器安全阀切断相应离合器的油压,只能以1挡和3挡行驶,当变速器部分2出现故障时,只能以2挡行驶。

### 5.4.4 双离合自动变速器的主要控制方法

1. 预先接合下一挡位同步器的方法

由于车辆行驶过程中车速变化范围比较大,如果根据换挡结束后车辆的运动趋势立即接合下一挡位同步器,必然会导致同步器的频繁接合,将引起瞬时冲击和影响同步器的寿命。为了避免同步器的频繁接合,在达到各挡位换挡车速前一定数值处,即提前的车速数值必须保证换挡前同步器可以充分接合,如取3km/h,接合下一挡位的同步器。

## 2. 换挡过程中双离合自动变速器的控制过程

图 5.40 为 1 挡升 2 挡的过程中，两个离合器的油压、发动机节气门及点火提前角的控制过程。换挡开始后，首先进入"转矩相"阶段，具体特点是两个离合器间只有转矩的分配与变动，无急剧的转速变化，与原挡位相连的离合器 1 上的油压被调低至可以使主、从动片打滑的临界值，但此时离合器的主、从动片仍处于接合（转速基本一致）状态，然后对离合器 2 的油缸进行快速充油，使其油压急速上升[图 5.40(c) 的虚线圆圈处所示]，接着使离合器 1 上的油压直线下降至零，同时离合器 2 上的油压直线上升至（打滑的）临界值处，整个过程中确保了离合器 1 的主动部分转速大于从动部分转速，避免了负转矩现象的发生。在"惯性相"阶段，存在着转速的急剧变化，但由于采用了降低发动机节气门和点火提前角的控制方法，使离合器和发动机的转速按照参考的优化曲线运行，离合器 2 主、从部分的转速尽快达到一致，保证了离合器 2 的平顺接合。

在上述离合器 2 接合阶段末期，离合器 2 从动部分的转速与发动机转速基本一致，此时离合器 1 从动部分的转速将高于发动机的转速。如果离合器 1 仍然没有完全分离，由它传递的是负转矩，这必将导致换挡时间延长、冲击度加大，并增加离合器的磨损。因此，在换挡过程中应对离合器接合和分离时刻、速度进行精确控制，避免负转矩现象的发生，

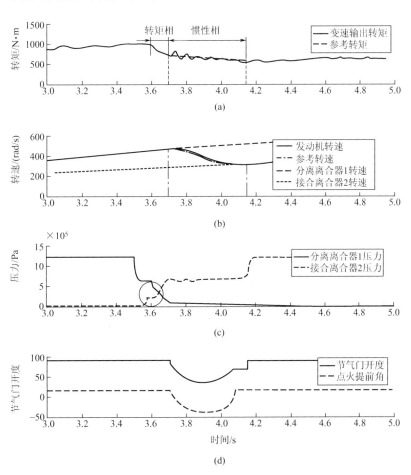

图 5.40　1 挡升 2 挡的控制过程

实现动力换挡,并保证换挡品质及离合器工作寿命。

图 5.41 为 2 挡降 1 挡的过程中,两个离合器的油压及发动机节气门的控制过程。与升挡过程不同,换挡开始后首先进入"惯性相",通过降低分离离合器 2 的油压和加大节气门开度,如图 5.41(b) 所示发动机转速按照参考优化曲线提高,使离合器 2 打滑,将发动机转速调节至与接合离合器 1 从动部分转速接近,在转矩相中,离合器 2 的油缸泄油、离合器 1 充油,但油压的变化曲线 [图 5.41(c)] 与升挡过程基本类似。要避免在离合器 1 接合过程中其主动部分转速低于从动部分转速的情况,以免出现负转矩。

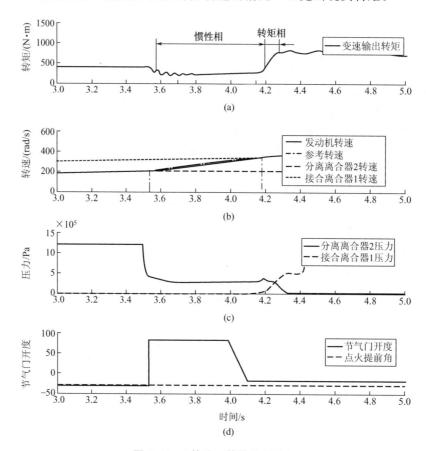

图 5.41 2 挡降 1 挡的控制过程

## 5.5 无级变速器

与 AMT 和 AT 相比,无级变速器(CVT)最主要的优点是它的速比变化是连续的,在各种行驶工况下都能选择最佳的速比,可以使发动机在最佳状态下工作,依靠变速器无级调速来适应汽车的各种速度,因此可以使发动机燃烧最好,排放性能最优,达到节油的目的。据国外统计,目前采用无级变速器的汽车比采用 AT 的汽车节油 7%～15%,AT 的挡位越多燃油经济性越接近无级变速器,无级变速器相当于一部挡位无限多的 AT。本节主要介绍汽车无级变速的相关内容。

### 5.5.1 无级变速器概述

**1. 无级变速传动的优点**

典型的乘用车自动变速器 AT 有 5 或 6 个挡位,在变速器跳挡时驾驶人常会感觉到换挡冲击。而无级变速器的速比是在设计范围内连续变化的,从而使驾驶人在驾驶无级变速传动汽车时避免了换挡冲击的困扰。在理论上,由于没有换挡过程引起发动机速度波动,并且发动机始终工作在理想的工作区域,因此,无级变速传动能够延长发动机的使用寿命。总之,无级变速传动的优点可归纳为:

1) 速比无级调节

驾驶人无须考虑换挡,消除了人为换挡技术的影响,使汽车驾驶平顺、舒适。同时简化了汽车行驶过程中的操作,减轻驾驶人的劳动强度,提高行车的安全性。使汽车易于驾驶,有利于汽车的普遍使用。

2) 提高燃油经济性和动力性

在燃油经济性方面,由于采用无级变速传动的汽车能够控制发动机始终在最经济工作区工作,因此燃油经济性方面有了很大的提高,比同类型的 AT 汽车可提高 10%~15%。

在动力性方面,无级变速器汽车加速性能(0~100km/h)比 AT 汽车的加速性能最好提高 7.5%~11.5%,速度较高时加速性优于 MT 汽车。

3) 降低有害物质的排放

由于无级变速传动能使速比连续变化,而且具有较宽的速比变化范围,这样就能够使发动机经常在理想区域内处于稳定运转状态,减少了发动机在不稳定工况工作的时间,从而减少废气中有害物质的排放量,减轻了对环境的污染。

4) 实现汽车动力传动系统的综合控制

在计算机技术高速发展的今天,采用无级变速传动系统的汽车,通过电子控制技术,将发动机和无级变速器结合在一起实现汽车动力传动系统的综合控制,可以使无级变速的优越性体现得更为显著。发动机能够在某一转速下产生很大的转矩变化范围,也可以在某一转矩下,产生很大的转速变化范围。这样通过调节速比变化和发动机的节气门,控制发动机的功率与汽车驱动轮上的功率平衡,就能够使燃油经济性与汽车性能达到完美结合。采用无级变速传动系统的汽车,也可以实现发动机控制模块、无级变速器控制模块、ABS 控制模块之间交互通信,提高汽车的整体性能。

**2. 无级变速器的分类**

无级变速器的种类有很多,但从传动能力、功率、效率、转矩容量、比功率和变速范围等方面全面衡量,适合于汽车传动的只有金属带式无级变速器、摆销链式无级变速器、环盘滚动轮式无级变速器、静液传动式无级变速器和静液-机械复合传动无级变速器等几种典型的形式。

1) 金属带式无级变速器

金属带式无级变速器是荷兰 VDT 公司的工程师 Van Doorne 发明的,用金属带靠推力传递动力,大幅度提升了传动的效率、可靠性、功率和寿命,经过 30~40 年的研究和开发已经成熟,并在汽车传动领域占有重要的地位。目前,金属带式无级变速器的全球总产量已经达到 250 万辆/年,发展速度很快。

金属带式无级变速器的核心元件是金属带和半锥盘组件。其中，金属带由两组 9~12 层的钢环组和 350~400 片的摩擦片组成，其中钢环组的材料，尤其是制造工艺是最难的，要实现强度高（$\sigma_b > 2000\text{MPa}$），各层带环之间"无间隙"配合，如图 5.42 所示。半锥盘组件由主、从动两对锥盘构成，分别构成主、从动带轮，主、从动带轮均由可动锥盘和固定锥盘构成，可动锥盘可沿轴向移动，使金属带径向工作半径发生无级变化，从而实现传动比的无级变化，即无级变速。

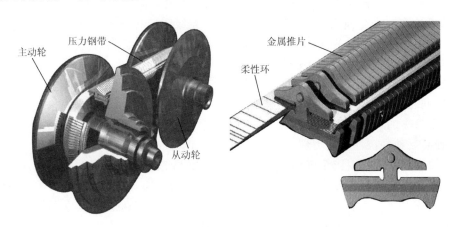

图 5.42 金属带式无级变速器的传动原理

在金属带式无级变速器中，采用两组湿式多片离合器和行星机构作为换向机构，改变动力传递的方向，以实现前进和后退功能，采用带锁止离合器的液力变矩器作为起步离合器使用，采用液压泵提供锥盘加压、传动与调速系统用高压油，高压油通过液压缸、活塞作用于主、从动两对锥盘，夹持金属带，产生摩擦力传递运动和转矩。

2）摆销链式无级变速器

摆销链式无级变速器是德国 LUK 公司将摆销链用于奥迪汽车传动系统的成功范例，如图 5.43 所示，其与金属带式无级变速器不同的是，它将无级变速部分放到低速级，即最后一级。其原因是链传动的多边形效应在高速级时会产生更大的振动、噪声和动态应力。所以在其最新的结构中，加装了导链板以减少振动和噪声。但是由于在低速级传动中，要求传递的转矩大，轴向的夹持压力就大，液压系统的油压也大（8~9MPa），而摩擦盘式离合器所要求的油压又不高，这样，液压系统就比较复杂。由此看来，如果能进一步降低或者消除多边形效应，将会进一步提高此类传动的水平，简化整机设计、降低成本。

与金属带式无级变速器相同，用两组湿式多片离合器和行星机构组成换向机构，实现了前进和后退功能，同时实施多片离合器还可以满足起步离合器的功能要求。目前许多公司采用液力变矩器作为起步离合器，简化了液压电控系统，但增加了液力变矩器。

3）环盘滚轮式无级变速器

环盘滚轮式无级变速器是英国 Torotrak 公司发明的车用无级变速器，其工作原理如图 5.44 所示，运动和动力由输入盘靠摩擦力传给滚轮，滚轮将运动和动力靠摩擦力传给输出盘。当滚轮在垂直于纸面的轴向转动时，滚轮和两个环盘的接触点连续变化，输入盘和输出盘接触点（工作点）的回转半径连续变化，实现无级变速传动。

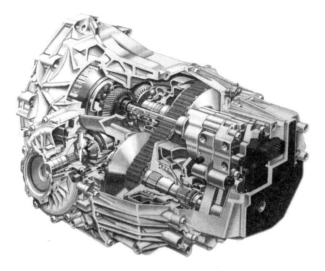

图 5.43 奥迪汽车的 Multitronic 无级变速器

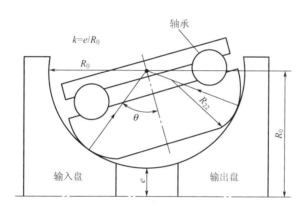

图 5.44 环盘滚轮式无级变速器原理图

4) 静液传动式无级变速器

在一些低转速、大转矩的汽车上采用静液传动式无级变速器,通过闭式回路将变量泵与变排量液压马达(简称变量马达)连接起来。发动机的动力直接驱动变量泵产生液压能,输出的液压能通过管路供给变量马达,马达再驱动汽车的传动系统。通过连续调节变量泵与变量马达的排量比实现对静液传动式无级变速器速比的控制。这种变容无级调速方案的缺点是变速范围较窄,传递的功率较小和传动效率低。为了弥补这一缺陷,Rexroth 公司研发了一款单泵-双马达无级变速系统,如图 5.45 所示。该系统在起步时,泵的排量为零,两个马达排量最大,升速时,泵的排量由最小逐渐增加到最大,然后马达 1 的排量开始减小,当排量减小到最小时离合器将其脱开,系统变为单马达驱动,接着马达 2 的排量继续减小,直到最高车速。静液传动的变速特性如图 5.46 所示,全程速比无级可调,传动效率较液力传动有明显的提升。

5) 静液-机械复合传动无级变速器

静液-机械无级传动包括静液传动支路和机械传动支路,利用行星排将两条支路耦合构成传动效率较高、传递功率较大、速比调节范围较宽的分段无级变速传动方案,如

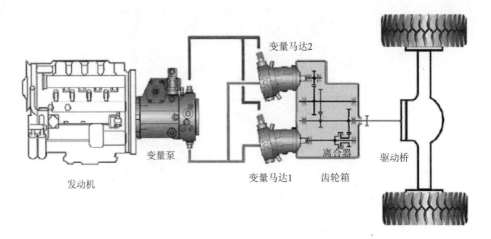

图 5.45　Rexroth 的静液传动无级变速器

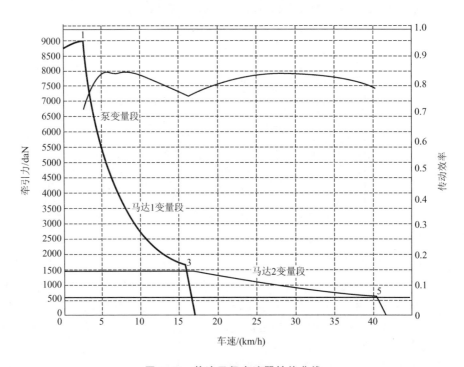

图 5.46　静液无级变速器性能曲线

图 5.47 所示。静液-机械无级传动综合了静液传动和机械传动的优点，回避了各自的缺陷，是一种适合高速、重载汽车要求的理想变速传动方案。

### 5.5.2　金属带式无级变速器

金属带式无级变速器是目前应用最广泛的一种无级变速器，由于其采用摩擦传递动力，转矩容量受到一定的限制，主要应用于小排量的乘用车上。近年来随着无级变速器传动特性理论研究的不断发展，金属带式无级变速器正向大转矩、高功率方向发展。

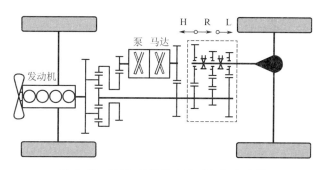

图 5.47 静液-机械复合传动无级变速器

1. 金属带式无级变速器的发展

金属带式无级变速器的发展已经有了一百多年的历史。德国奔驰公司是在汽车上采用无级变速器技术的鼻祖,早在 1886 年就将 V 型橡胶带式无级变速器安装在该公司生产的汽油机汽车上。1958 年,荷兰 DAF 公司的 H. Van Doorne 博士成功研制了名为 Variomatic 的双 V 型橡胶带式无级变速器,并装备于 DAF 公司制造的 Daffodil 乘用车上。但是由于橡胶带式无级变速器存在一系列的缺陷:功率有限(转矩局限于 135N·m 以下)、离合器工作不稳定、液压泵、传动带和夹紧机构的能量损失较大,因而没有被汽车行业普遍接受。但是提高传动带性能和无级变速器传递功率的研究一直在进行,将液力变矩器集成到无级变速系统中,主、从动轮的夹紧力实现电子化控制,在无级变速器中采用节能泵,传动带用金属带代替传统的橡胶带。新的技术进步克服了无级变速器系统原有的技术缺陷,使得传递转矩容量更大、性能更优良的无级变速器面世。

1969 年,H. Van Doorne 博士开发了轴向可调锥盘金属带式无级变速器,1975 年实现装车,1987 年富士重工将其首次推向市场,生产了面向 1.0L 乘用车的无级变速器并装在 SUBARU Justy 乘用车上。该无级变速器的夹紧力和换挡控制仍然是采用全液压控制,不同之处是采用电磁离合器作为起步装置,起步离合器实现了电子控制,因而称为 ECVT。FHI 公司后来又在 ECVT 上增加了一个 ON/OFF 电磁阀,根据发动机的负荷控制液压缸的夹紧力,实现了夹紧力的电子控制,使汽车的动力性和经济性都有了显著的提高,但换挡控制仍然是液压控制,一般称为 E2CVT,它被成功地装在了 SUBARU Vivio 乘用车上。

进入 20 世纪 90 年代,汽车界对无级变速器技术的研究开发日益重视,特别是在微型车中,无级变速器被认为是关键技术。全球科技的迅猛发展,使得新的电子技术与自动控制技术不断被采用到无级变速器中。1992 年,日本铃木公司首次开发出了湿式离合器、夹紧力和换挡都采用电子控制的全电控无级变速器,并成功地装在 1.3L Suzuki Cultus 乘用车上,一般称之为 SCVT。

本田汽车公司也是世界上较早开发生产无级变速器的著名公司之一。1995 年 9 月,本田公司开发了新一代金属带式无级变速器即 Honda Multi Matic,它与 SCVT 一样,也实现了离合器、换挡和夹紧力的全电子控制,所不同的是将起步离合器装在了从动轴上,这不仅能够在紧急制动时使金属带回到最低挡,而且还可有效地保护金属带。该变速器装在了带有 1.6L 发动机的 Honda Civic 系列乘用车上,并取得了成功。三菱公司已选择了无级变速器平顺无能量损失地传递直喷式发动机的动力来驱动汽车。V 型带/传动轮机构可以保证在所有速率下发动机动力平顺无间断地传递。无级变速器根除了传统的自动变速器通过齿轮换挡时的打齿现象，从而获得更满意的响应和控制。1997年5月，富士重工将它的Vistro微型车装配了全计算机控制式E-CVT，驾驶人无须操作离合器就可以进行六挡变速，另外在Pleo微型车上采用一种有锁止式变矩器的电控式无级变速器、通过小范围锁止可使液力变矩器的滑动保持在最小值，行星齿轮用来切换前进挡和倒退挡。

1997年上半年，日产公司开发了使用在2.0L汽车上的无级变速器。在此基础上，在1998年开发了一种包含手动换挡模式的无级变速器，该无级变速器采用高强度宽钢带和高液压控制系统来获得较大的转矩能力，传动比的改变实行全挡电子控制，汽车在下坡时可以一直根据车速控制发动机制动，而且在湿滑路面上能够平顺地增加速比来防止打滑。在2003年的"TEANA"车上采用其最新开发的面向大排量乘用车的"XTRONIC CVT"，首次使金属带式无级变速器与3.5L发动机相匹配，且达到了实用水平。

与此同时，欧美的通用、福特、菲亚特、大众、奥迪及采埃孚等公司也在致力于无级变速器的开发。继SUBARU后，欧洲的Ford和Fiat也将VDT-CVT装备在排量1.1～1.6L的乘用车上，并投入市场。采埃孚公司早在20世纪70年代就潜心从事无级变速器的开发。最早开发的用于乘用车的无级变速器产品是KWG15，它的转矩容量为130N·m，采用PIV传动链作为变速装置，并靠电液控制系统实现不同工作模式。之后，又分别采用Borg Warner传动链和VDT传动带作为变速装置开发了几种不同的样机，如用于发动机前置前驱乘用车的ZFCFT13、ZFCFT18、ZFCFT20和ZFCFT25及用于发动机前置后驱乘用车的ZFCRT20和用于发动机纵向前置前驱的ZFCTT25，其中ZFCFT20是为1.5～2.5L中排量乘用车设计的，传递转矩最大可达210N·m。1994年4月，ZF又开发了更大容量的CFT25 CVT，它的最大传递转矩可达270N·m。

我国对金属带式无级变速器的研究工作起步较晚，主要集中在高等院校，目前仍处于理论分析研究和样机试验阶段。吉林大学是最早从事汽车金属带式无级变速器研究的高校之一，在金属带的传动机理、传动系统的匹配规律、金属带式无级变速器的特性分析及综合控制等方面的研究工作已取得了丰硕成果，北京理工大学较早就开始了汽车无级变速传动的稳态特性分析研究，华南理工大学针对无级变速传动速比控制规律进行了研究，东北大学致力于金属传动带的开发与研制工作，重庆大学机械传动国家重点实验室主要进行的是金属带的传动机理和振动研究。

产业化方面，2007年，国内首台自主知识产权的金属带式无级变速器在湖南江麓容大汽车传动有限公司下线，经过不断地改进与完善，其性能已达到国际领先水平，目前该公司主要为众泰、吉利等民族汽车工业品牌提供无级变速器产品和配套服务，致力于成为中国汽车无级变速的领跑者。

2. 金属带式无级变速器的组成

金属带式无级变速器主要组成为：金属带，主、从动工作轮组，起步离合器，换向机构和控制系统等。在动力的传递过程中，整个金属带在主、从动带轮组工作面的挤压下靠摩擦来传递动力。主、从动带轮组分别由两个带有直母线或曲母线的半锥面带轮组成，其中一个是固定的，另一个可以通过其上油缸的液压力控制其做轴向移动，以连续地改变带轮的工作半径，从而实现无级变速，其结构简图如图5.48所示。其中关键零部件包括以下几个部分：

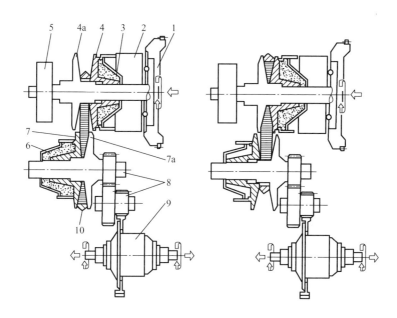

**图 5.48　金属带式无级变速器的结构简图**

1—飞轮；2—离合器及行星齿轮机构；3—主动带轮油缸；4—主动带轮可动部分；
4a—主动带轮固定部分；5—油泵；6—从动带轮油缸；7—从动带轮可动部分；
7a—从动带轮固定部分；8—中间减速器；9—主减速器与差速器；10—金属带

1) 金属带

与传统的橡胶 V 型带采用拉伸传递动力不同，金属带式无级变速器采用挤压传递动力，故也称为金属推力带。金属带由数百片金属片和两组金属环组成，如图 5.49 所示。每个金属片的厚度为 2.0mm。每组金属环由数片厚度为 0.18mm 的带环叠合而成，在动力传递过程中，正确地引导金属片的运动。金属环的主要作用是支撑和引导金属片的运行，同时由于带轮夹紧力的作用和离心力的作用，使金属片有沿带轮表面向外侧运动的趋势，因此金属环还应具有足够大的张力以保证在金属片与带轮的工作表面有充分的接触压力，在某些工况下能传递部分动力。

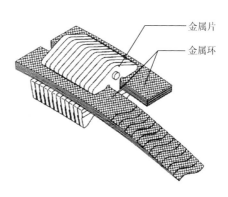

**图 5.49　金属传动带**

2) 工作轮组

主、从动工作轮组由可动和不动两部分组成，如图 5.48 所示。其工作面大多为直母线锥面体。在液压操作系统的作用下，依靠钢球-滑道结构做轴向移动，可连续地改变传动带工作半径，实现无级变速传动。

3) 换向机构

金属带式无级变速器仅能改变速比的大小，不能改变传动的方向，而汽车是要实现倒退功能的，换向机构实现了金属带式无级变速器的倒挡功能。通常采用行星机构和湿式多片离合器实现其换向功能。当汽车以前进挡行驶时，离合器使行星机构的两个构件接合，令行星机构的速比为1，当汽车以倒挡行驶时，离合器使行星机构的某个构件与无级变速器壳体相结合（将其制动），令行星机构的速比为负数，从而实现了汽车的倒退功能。

4) 起步离合器

目前，用作汽车起步的装置有以下三种：湿式多片离合器、电磁离合器、液力变矩器。

液力变矩器能够满足金属带式无级变速器的起步要求，可使汽车以足够大的牵引力平顺地起步，提高驾驶舒适性。当发动机达到一定转速时，闭锁离合器将泵轮与涡轮锁住，成为整体传动，提高了传动效率。所以，目前金属带式无级变速器中广泛采用液力变矩器作为起步离合器。

5) 控制系统

金属带式无级变速器控制系统有两个主要任务：①把发动机输出功率可靠地传递到驱动轮，并尽可能减小功率损失；②根据汽车的运行条件，按驾驶人选定的工作模式，自动改变传动速比，使发动机维持在理想的工作点。由此决定无级变速器控制问题可归结为如下两个目标：

（1）金属带夹紧力控制。为了提高传动效率，必须合理控制对金属带的夹紧力。如夹紧力过小，则金属带在轮上滑转。这不仅降低传动效率，还加快金属带与轮的磨损，缩短带与轮的使用寿命。而夹紧力过大，因为除带的节圆层外，带与轮之间必然存在滑动，故夹紧力过大也将增加不必要的摩擦损失，同样也会降低传动系的效率。同时，还会导致金属带的张力过大，缩短带的使用寿命。根据汽车的运行条件，始终把夹紧力控制在目标值的小范围内是无级变速器传动系统的第一个控制问题。

（2）速比控制。在汽车的所有运行工况中，为了满足经济性和动力性要求，应使传动系统的速比在汽车的行驶阻力和发动机输出功率之间，按驾驶人的意图自动实现动态最佳匹配，把汽车的经济性、动力性发挥到极限状态，这就是无级变速器传动系统的第二个控制问题。

3. 金属带式无级变速器的变速原理

金属带式无级变速器的变速部分由主动带轮、V 形金属带和从动带轮组成。每个带轮都由两个半锥盘组成，其中一个半锥盘是固定的，另一个半锥盘是可动的，可以通过液压缸控制其轴向移动。可动半锥盘的轴向移动改变了带轮轮槽的宽度，进而改变了带轮的工作半径，且工作半径的变化是无级的，也就实现了无级变速，如式(5-6)所示。

$$i = \frac{n_{DR}}{n_{DN}} = \frac{r_{DN}}{r_{DR}} \tag{5-6}$$

式中，$i$——无级变速器的速比；
$n_{DR}$、$n_{DN}$——主动轮、从动轮转速；
$r_{DR}$、$r_{DN}$——主动轮、从动轮工作半径。

主、从动带轮的轴距是固定的，金属带的周长也是固定的，因此，主动带轮工作半径如果增大，则从动带轮工作半径就会减小，反之亦然，如图5.50所示。

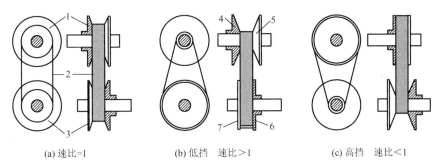

(a) 速比=1　　　　(b) 低挡　速比>1　　　　(c) 高挡　速比<1

图 5.50　金属带式无级变速器的变速原理

1—主动带轮；2—金属带；3—从动带轮；4、6—可动锥轮；5、7—固定锥轮

4. 金属带式无级变速器的速比控制

速比控制要解决两个问题：一是根据发动机目标转速和当前车速确定目标速比，二是对目标速比的跟踪。

1) 目标速比的确定

目标速比指的是发动机目标转速与当前从动轮转速之比。同一节气门开度对应的发动机目标转速因工作模式而不同，如图5.51所示。这意味着当驾驶人踏下加速踏板时，每个节气门开度对应一个发动机目标转速，根据这个目标转速和当前车速即可确定目标速比。速比控制的原则就是在节气门开度变化的时候，通过控制速比使发动机转速与目标转速一致，以保证发动机始终工作在选定的工作模式下，从而使发动机按照经济模式或动力模式运行。

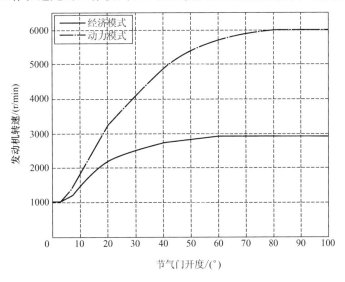

图 5.51　发动机转速与节气门开度关系曲线

金属带式无级变速器的目标速比定义为

$$i_{opt} = \begin{cases} i_{max} & n_{e0}/n_{out} > i_{max} \\ n_{e0}/n_{out} & i_{min} < n_{e0}/n_{out} < i_{max} \\ i_{min} & n_{e0}/n_{out} < i_{min} \end{cases} \quad (5-7)$$

式中，$i_{opt}$——无级变速器的目标速比；

$i_{max}$——无级变速器的最大速比；

$i_{min}$——无级变速器的最小速比；

$n_{e0}$——发动机的目标转速；

$n_{out}$——无级变速器的输出转速，由当前车速换算得出。

发动机目标转速与从动轮实际转速之比。由式(5-7)可见，当发动机的目标转速确定以后，无级变速器的目标速比就随之确定。无论是采用经济模式或动力模式，根据节气门开度和车速就可容易地确定目标速比，如图5.52所示。

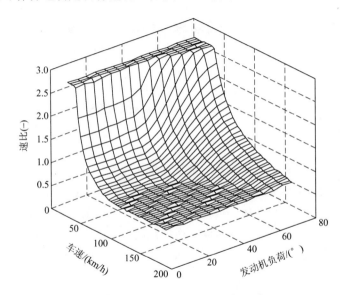

图5.52 某金属带式无级变速器经济模式的目标速比

2) 速比跟踪算法

速比控制主要是对目标速比进行跟踪。在汽车行驶中，驾驶人改变节气门开度使发动机目标转速发生变化，如图5.51所示，汽车的行驶阻力变化致使车速发生变化；路面交通状况变化，这些都将使目标速比发生变化。此时，实际速比与目标速比产生偏差，速比控制器根据这个偏差，运用有效的控制算法，使这个偏差快速减小到设定的范围，从而实现速比的跟踪。

长期的实践证明，PID控制算法通过合理地确定比例系数、积分系数和微分系数三个参数，就能使控制对象的输出量和参考输入量的偏差快速减小到设定的范围内，并在随后的控制过程中很好地跟踪参考输入量。而且该控制器还具有动态反应速度快、抗干扰能力强等优点，特别适应汽车这类工作环境经常变化、实时性要求高、行驶工况稳定可靠的交通工具，因此无级变速器的速比控制器广泛采用PID控制。

速比 PID 控制器以目标速比 $i_{\text{obj}}(t)$ 与实际速比 $i_{\text{real}}(t)$ 构成的偏差 $e(t) = i_{\text{obj}}(t) - i_{\text{real}}(t)$ 作为确定控制量的依据。控制量由式(5-8)得出：

$$u(t) = K_{\text{P}} e(t) + K_{\text{I}} \int_0^t e(t) \mathrm{d}t + K_{\text{D}} \frac{\mathrm{d}e(t)}{\mathrm{d}t} + u_0 \tag{5-8}$$

式中，$u(t)$——$t$ 时刻的控制量输出值；

$u_0$——偏差为 0 时的控制量输出；

$e(k)$——$t$ 时刻的偏差值；

$K_{\text{P}}$——比例系数；

$K_{\text{I}}$——积分系数；

$K_{\text{D}}$——微分系数。

在金属带式无级变速器的实际控制系统中，需要对传统的 PID 控制算法进行离散化处理，产生的控制量适合于驱动速比调节阀的占空比，如图 5.53 所示。

按照图 5.53 所示，以一系列的采样时刻点 $kT$ 代替连续时间 $t$，以和式代替积分，以差分代替微分，可以得到数字 PID 控制器的表达式：

$$u(k) = K_{\text{P}} e(k) + K_{\text{I}} \sum_{j=0}^{k} e(j) + K_{\text{D}} [e(k) - e(k-1)] + u_0 \tag{5-9}$$

式中，$k$——采样序号，$k=0,1,2,\cdots$；

$u(k)$——第 $k$ 次采样计算机输出值；

$e(k)$——第 $k$ 次采样输出的偏差值。

合理确定式(5-9)中 $K_{\text{P}}$、$K_{\text{I}}$、$K_{\text{D}}$ 这三个参数，在汽车行驶工况比较稳定时能够较准确地跟踪目标速比。

3）速比控制的实现

金属带式无级变速器的液压控制系统如图 5.54 所示，夹紧力控制通过夹紧力控制阀控制从动缸的压力来实现。夹紧力控制既要保证动力源的转矩可靠地通过金属带-带轮组传递至从动轮，保证足够的扭矩容量，又要避免因为压力过大致使金属带与带轮的摩擦增加影响带传动的效率。

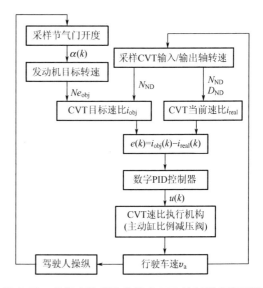

图 5.53 无级变速器速比数字 PID 控制程序流程图

速比控制由速比控制阀调节主动缸的压力实现，主、从动缸的压力通过金属带的定长约束达到平衡，此时从动带轮工作半径 $r_{\text{DN}}$ 与主动带轮工作半径 $r_{\text{DR}}$ 之比即为此时无级变速器的速比，如式(5-6)所示。

要使实际速比跟踪目标速比，首先要获得当前的实际速比，然后才能决定速比控制阀的增压或减压量。目前，广泛采用转速传感器监测主、从动带轮的转速 $n_{\text{DR}}$、$n_{\text{DN}}$ 计算实际速比。主、从动轮转速传感器的安装位置如图 5.54 所示。

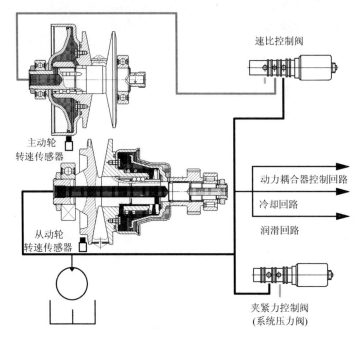

图 5.54 金属带式无级变速器的液压控制系统简图

### 5.5.3 静液-机械复合传动无级变速器

由于金属带式无级变速器的转矩容量较小,不能满足载货汽车、工程车辆以及大客车等的传动要求,但这些车辆同样也有无级变速的要求。近年来,国际上出现了一种静液-机械复合传动无级变速器,该传动方案综合了静液传动的无级变速特性和机械传动的传动效率高、传递功率大和变速范围宽等特性,是未来大转矩车辆无级变速系统的发展方向。

这种变速传动系统的突出特点是在实现无级变速功能的同时,还具有较高的扭矩容量和传动效率。最初该系统应用于农用拖拉机上,其优越的变速传动性能逐步得到完善,近年来正向工程车辆、军事车辆和乘用车量领域推广。

静液-机械复合传动无级变速器有两条传动支路:一条为无级变速传动支路,另一条为机械传动支路,两条支路通过行星机构耦合形成复合无级变速传动。理论上任何一种具有无级变速功能的传动形式均可作为无级变速传动支路,但由于技术原因目前普遍采用静液传动作为其无级传动支路。

1. 静液传动支路

静液传动具有无级变速特性,也是在车辆上广泛应用的一种无级变速传动形式。其传动原理是利用变量泵将发动机动力转化为液压能,通过管路传递给变量马达,变量马达在液压能的作用下驱动负载做功,在动力传递过程中变量泵和变量马达的排量可以无级调节,进而实现了无级变速。静液传动普遍采用闭式回路,如图 5.55 所示。

在忽略泄漏损失的条件下,静液支路满足如下流量平衡关系:

$$Q_\mathrm{p} = Q_\mathrm{m} \tag{5-10}$$

式中,$Q_\mathrm{p}$、$Q_\mathrm{m}$——变量泵、变量马达的流量。

式(5-10)可以进一步表达成转速与排量乘积的关系：
$$\omega_p q_p = \omega_m q_m \quad (5-11)$$

式中，$\omega_p$、$\omega_m$——变量泵、变量马达的转速；

$q_p$、$q_m$——变量泵、变量马达的排量。

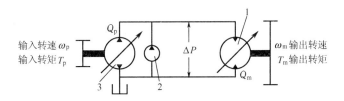

**图 5.55 闭式静液传动支路**
1—变量马达；2—补油泵；3—变量泵

变量泵与变量马达的速比与排量比的关系可表示为

$$i_\varepsilon = \frac{\omega_p}{\omega_m} = \frac{q_m}{q_p} = \frac{1}{\varepsilon} \quad (5-12)$$

式中，$\varepsilon$——静液传动排量比；

$i_\varepsilon$——静液传动速比。

式(5-12)表明静液传动支路的速比与排量比成倒数关系，通过控制排量比实现对静液传动支路速比的控制。

在忽略机械损失的条件下，静液传动支路满足如下功率平衡关系：
$$P_p = P_m \quad (5-13)$$

式中，$P_p$——变量泵吸收的机械量；

$P_m$——变量马达输出的机械量。

式(5-13)可以进一步表示成转矩与转速乘积的关系：
$$T_p \omega_p = T_m \omega_m \quad (5-14)$$

式中，$T_p$、$T_m$——变量泵的输入转矩、变量马达的输出转矩。

变量泵与变量马达的转矩比、速比和排量比满足如下关系：

$$\varepsilon = \frac{\Delta p q_p}{\Delta p q_m} = \frac{T_p}{T_m} = \frac{\omega_m}{\omega_p} = \frac{1}{i_\varepsilon} \quad (5-15)$$

式中，$\Delta p$ 为闭式回路高、低压侧压力差，由负载决定。

由式(5-15)可知，变量泵的输入转矩与变量马达的输出转矩的转矩比等于其排量比，是速比的倒数。当负载阻力矩增大时，可以通过增大速比降低马达输出转速使其输出转矩增大以克服增大的负载阻力矩。其转矩值与闭式回路高、低压管路压力差成正比，该压差与系统的负载有关，即马达的阻力矩决定了 $\Delta p$ 的大小。

2. 行星机构动力耦合系统

实现无级变速的静液传动支路与实现有级变速的机械传动支路是通过行星机构耦合起来的，按照行星机构在传动链中的位置不同可分为输入耦合、输出耦合和混合耦合三种形式，如图 5.56 所示。

行星机构属于典型的二自由度结构，其三个构件的转速关系可以用一个方程表示：

$$\omega_R - (1+\rho)\omega_H + \rho\omega_S = 0 \tag{5-16}$$

式中，$\omega_R$、$\omega_H$、$\omega_S$——齿圈、行星架和太阳轮的转速；

$\rho$——行星排结构参数，等于太阳轮齿数与齿圈齿数之比。

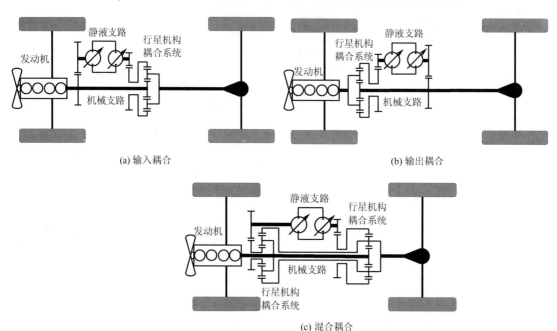

图 5.56　典型的静液-机械复合传动无级变速器的耦合形式

二自由度的结构不具备传递动力的能力，通常由于行星排传递动力需要利用制动器将某个构件制动，使其余两个构件以固定的速比传递动力，或利用离合器将某两个构件接合使行星排蜕化为一个刚体传递动力。而在静液-机械无级传动系统中将静液支路的输入和输出端分别与行星排的两个构件连接并与机械传动支路耦合，通过静液传动支路的速比控制限制了一个自由度，形成速比可控的单自由度传动系统。

下面以输出耦合形式为例说明行星耦合的原理，进而阐述静液-机械复合传动无级变速器的变速原理。发动机的动力从行星架输入行星机构，机械传动支路从太阳轮输出，静液传动支路从齿圈输入，再与从太阳轮输出的机械传动支路耦合，如图 5.57 所示。

因为发动机动力直接传递给行星架，所以行星架转速与发动机转速相等：

$$\omega_H = \omega_E \tag{5-17}$$

式中，$\omega_E$——发动机转速。

静液传动支路将齿圈与太阳轮连接起来，两者之间的转速关系可表示为

$$\omega_R = i_1 i_\varepsilon i_2 \omega_S \tag{5-18}$$

式中，$i_n$——外啮合齿轮速比，$n=1, 2, \cdots$。

将式(5-17) 和式(5-18) 代入式(5-16)，可推得总传动比为

$$i_\Sigma = \frac{i_1 i_\varepsilon i_2 + \rho}{1+\rho} i_g \tag{5-19}$$

式中，$i_\Sigma$——无级变速器的总速比；

$i_g$——无级变速器的机械传动变速比。

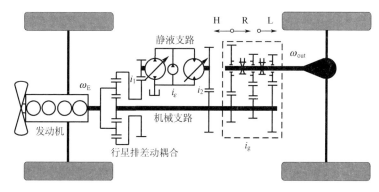

图 5.57 静液-机械复合传动无级变速器的结构简图

由式(5-19)可知,总速比 $i_\Sigma$ 由 $i_\varepsilon$ 和 $i_g$ 两个变量决定。$i_\varepsilon$ 在一定范围内连续变化,使 $i_\Sigma$ 在对应的一段区间内连续变化。$i_g$ 为有限速比序列,与传统的机械变速系统相同,$i_g$ 的改变将使 $i_\Sigma$ 产生阶跃变化,如果 $i_\varepsilon$ 使 $i_\Sigma$ 连续变化的区间刚好能衔接上 $i_g$ 的取值变化并使 $i_\Sigma$ 产生阶跃的跨度,则会在整个传动系统呈现出一种分段无级变速特性。

**3. 分段无级变速的边界条件**

静液-机械复合传动无级变速器的总速比 $i_\Sigma$ 随 $i_\varepsilon$ 和 $i_g$ 两个变量变化,不同 $i_g$ 值对应着不同段,各段的总速比 $i_\Sigma$ 可以用数学公式统一的表示为

$$i_{\Sigma k} = f_k(i_\varepsilon, i_g) \quad (k = \mathrm{I}, \mathrm{II}, \cdots, N) \tag{5-20}$$

式中,$i_\varepsilon = \{x \mid i_{\varepsilon,\min} \leq x \leq i_{\varepsilon,\max}, x \in \mathbf{R}\}$,其中,$i_{\varepsilon,\min}$、$i_{\varepsilon,\max}$ 分别为静液支路速比的最小、最大值,$i_g = \{x \mid x = i_{g\mathrm{I}}, i_{g\mathrm{II}}, \cdots, i_{gN} \text{且} i_{g\mathrm{I}} > i_{g\mathrm{II}} > \cdots > i_{gN}, x \in \mathbf{R}\}$,其中,$i_{g\mathrm{I}}, i_{g\mathrm{II}}, \cdots, i_{gN}$ 为机械速比序列,$i_{\Sigma k}$ 为第 $k$ 段的总速比(可在 $i_{\Sigma k\min}$ 和 $i_{\Sigma k\max}$ 之间连续变化),$f_k(\cdot,\cdot)$ 为第 $k$ 段速比的表达式,其有两个变量,其中一个为连续变化的无级传动支路的速比 $i_\varepsilon$,另一个为阶跃变化的速比 $i_g$。随着段位的变化 $f_k(\cdot,\cdot)$ 的具体表达式将有所不同,静液-机械复合传动无级变速器的速比合成关系如图 5.58 所示。

为了满足总速比 $i_\Sigma$ 连续变化的条件,相邻速比段的取值区间之间应该无断点,即

$$i_{\Sigma k,\min} \leq i_{\Sigma k+1,\max} \quad (k = \mathrm{I}, \mathrm{II}, \cdots, N) \tag{5-21}$$

式中,$i_{\Sigma k,\min}$——$k$ 段最小速比;

$i_{\Sigma k+1,\max}$——$k+1$ 段最大速比。

为了使每一段都具有相应的无级变速能力,各段均要求静液传动支路连续调节速比,但受静液传动支路元件结构和传动效率的限制,有效的静液传动支路无级变速区间是有限的。当静液传动支路的变速范围达到极限位置时,为了使总速比 $i_{\Sigma k}$ 继续保持无级变速功能,有两种解决方案:一种是要求静液传动支路的速比向相反方向变化,通过改变总速比的函数关于静液速比的单调关系保持总速比的变化趋势,如图 5.58 中下半部分表示的静液传动速比中的实线所示,另一种是保持原总速比函数与静液速比的单调关

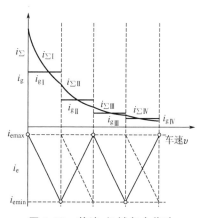

图 5.58 静液-机械复合传动无级变速器的速比合成关系

系，在切换变速段时迅速将静液传动支路复位以保持总速比的变化趋势，如图 5.58 中下半部分表示的静液传动速比中的虚线所示。前一种换段方法静液传动支路无速比突变，换段平顺，后一种换段方法静液传动支路速比要阶跃突变，换段过程存在动力中断，静液传动支路无速比突变换段的条件可以总结为

$$\frac{\partial i_{\Sigma k}}{\partial i_\varepsilon} \frac{\partial i_{\Sigma k+1}}{\partial i_\varepsilon} < 0 \qquad (k = \text{I}, \text{II}, \cdots, N) \tag{5-22}$$

即，无冲击换段条件为相邻两段的速比表达式 $f_k(i_\varepsilon, i_g)$ 对 $i_\varepsilon$ 的单调性是相反的。

1. 自动变速器的主要控制目标是什么？
2. 常用的自动变速器包括哪几种？
3. 与传统机械式变速器相比，自动变速器是有哪些优势？存在哪些问题？
4. 半自动变速器有哪几种典型形式？分别针对汽车换挡过程中的哪些问题？
5. 机械式自动变速器与传统变速器在结构上有什么不同？
6. 机械式自动变速器有哪些主要控制难度？
7. 液力变矩器的传统特性包括哪几方面？闭锁离合器主要用于提高哪方面的性能？
8. 行星机构的变速原理是什么？为了实现固定的速比，通常采用哪些机构限制行星机构冗余的自由度？
9. 湿式多片离合器（制动器）的工作原理是什么？
10. 为什么在挂接式自动变速器中双离合自动变速器的换挡时间最短？
11. 双离合自动变速器的关键零部件包括哪些？
12. 为什么说无级变速器是最理想的变速传动装置？
13. 在目前广泛使用的传动系统中，哪些实现了无级变速功能？各有什么优缺点？
14. 为什么金属带式无级变速器传递的转矩容量较小？
15. 金属带式无级变速器夹紧力过大或过小将会对其传动特性产生哪些影响？
16. 静液-机械复合传动无级变速器比金属带式无级变速器具有哪些优势？

# 第 6 章 汽车底盘控制技术

本章教学要点

| 知识要点 | 掌握程度 | 相关知识 |
|---|---|---|
| 汽车防抱死制动系统（ABS）及汽车驱动防滑系统（ASR）的工作原理、基本结构组成及典型电控系统 | 了解汽车防抱死制动技术、汽车驱动防滑技术，要求学生掌握 ABS 及 ASR 的理论基础及系统工作原理，熟悉系统的结构组成 | ABS 与 ASR 的区别，以及各自的工作原理和结构 |
| 电子控制动力转向技术的分类及工作原理、使用方法 | 了解 EPS 的功能和类型，掌握 EPS 的使用方法、组成及工作原理 | 根据动力源同转向系统的分类方法，以及 EPS 的使用方法和主要事项 |
| 电子控制悬架系统的理论基础和工作原理、基本结构 | 掌握电子控制悬架系统理论基础及工作原理，熟悉系统的结构组成 | 汽车悬架的作用、发展历程、工作原理及结构组成 |
| 巡航控制技术的使用方法、功能和工作原理 | 了解巡航控制系统的功能和巡航发展，熟悉巡航控制系统的使用方法和使用注意事项，掌握巡航控制系统的组成和工作原理 | 巡航控制系统的功能、组成和原理，以及巡航系统的使用 |

汽车新技术

> **导入案例**
>
> 　　一些驾驶人认为 ABS 就是缩短制动距离的装置，装备 ABS 的车辆在任何路面的制动距离肯定比未装备 ABS 的制动距离要短，甚至有人错误地认为在冰雪路面上的制动距离能与在沥青路面上的制动距离相当；还有一些驾驶人认为只要配备了 ABS，即使在雨天或冰雪路面上高速行驶，也不会出现车辆失控现象。ABS 并不是如有些人所想的那样，能大大提高汽车物理性能的极限。严格来说，ABS 的功能主要是在物理极限的性能内，保证制动时车辆本身的操纵性及稳定性。同时，在加速的时候，也能防止轮胎的纯滑移，提高了加速性能和操作稳定性（图 6.1）。因为 ABS 往往是在较紧急的制动动作下发挥作用的，所以会给人以 ABS 起作用后制动距离缩短的印象。其实制动距离的长短与路面的摩擦系数及轮胎有更直接的关系，在某些情况下，有 ABS 的制动距离较没有 ABS 的短，但在其他不同条件下，情况会恰好相反。因为在正常情况下，滚动摩擦系数要小于滑动摩擦系数。
>
>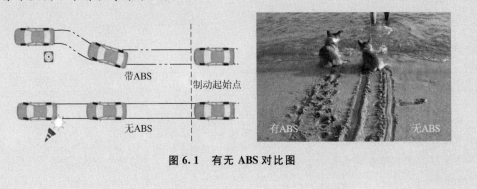
>
> 图 6.1　有无 ABS 对比图

　　按照一般的划分方法汽车底盘应该包括：传动系统、行驶系统、转向系统和制动系统这四大部分，本书已有专门的章节对传动系统，尤其是变速系统，进行详细、深入地介绍，本章就不再阐述这部分内容了，主要介绍转向系统、制动系统、行驶系统及汽车悬架系统的新技术。

## 6.1　汽车轮胎防滑技术

### 6.1.1　概述

　　在汽车行驶过程中，车轮与地面直接接触，随着汽车行驶状态的变化，其受力关系差别很大。车轮与地面之间经常发生相对滑动，主要包括汽车制动工况的"滑移"和驱动工况的"滑转"两种情况。两种车轮与地面的相对滑动对汽车操纵稳定性都具有非常恶劣的影响。为了避免这两种不利的相对滑动，现代汽车分别采用汽车防抱死技术和汽车驱动防滑技术克服因轮胎滑动带来的不利影响。

1. 汽车防抱死制动技术

汽车的制动性能是表征汽车行驶安全性的主要性能之一，它直接关系到行车安全性。一些重大的交通事故，往往与制动距离过长和紧急制动时汽车发生侧滑等制动系统问题有关。随着汽车保有量不断增加和汽车平均行驶速度不断提高，由于制动系统问题导致的交通事故给人们带来的危害日益严重，研究和改善汽车的制动性能成为汽车设计与开发部门的重要课题。

评价一辆汽车制动性能的最基本指标是制动减速度、制动距离及制动时汽车的方向稳定性。制动减速度是指汽车制动过程中的最大减速度，它与制动器制动力（制动器摩擦片与制动鼓或制动盘之间产生的摩擦阻力）和轮胎路面附着力（轮胎与路面之间产生的摩擦阻力）有关。制动距离是指在一定制动初速度下，汽车从驾驶人踩下制动踏板开始到停车为止驶过的距离。制动时汽车的方向稳定性是指制动过程中汽车按照指定方向轨迹行驶的能力。

最原始的制动控制只是驾驶人操纵一组简单的机械装置向制动器施加作用力，这时的车辆质量比较小，速度比较低，机械制动就足以满足车辆制动的需要。后来，随着汽车自身质量的增加，开始出现真空助力装置。随着科学技术的发展及汽车工业的发展，各大汽车公司开始采用液压制动技术。气动和液压制动都属于传统的制动控制系统，其作用只是均匀分配气体或油液压力。当踩下制动踏板时，制动主缸就将等量的压缩气体或油液送到通往每个制动器的管路，并通过一个比例阀使前后平衡。

传统制动控制方式存在的主要问题，即紧急制动时的车轮抱死。如果由于汽车紧急制动（尤其是高速行驶时）而使车轮完全抱死，汽车就会失去方向稳定性，这是非常危险的。若前轮抱死，将使汽车失去转向能力，汽车就会按照原来的行驶方向向前行驶。这时虽然汽车处于稳定状态，但是由于驾驶人不能通过操纵转向盘控制汽车行驶方向，从而很难躲避前方的行人或车辆等障碍物。若后轮抱死，汽车的制动稳定性将变差，只要很小的侧向干扰力（侧风、路面倾斜、路面上有石块等），就会使汽车出现甩尾甚至调头（跑偏、侧滑）等危险情况。尤其在路面上有积水、冰或积雪等湿滑情况下，很容易出现车轮抱死，对行车安全造成极大的危害。而且，车轮抱死造成车轮拖滑，也会使轮胎局部磨损加剧，导致轮胎使用寿命降低。

研究表明：在制动过程中，最佳的制动状态是车轮接近抱死又未完全抱死。这样既能保证汽车获得所需要的制动力，又不会失去行驶方向稳定性，这就需要对制动力施加控制。但是，在传统制动力控制方法中，是通过驾驶人踩下制动踏板使制动液（气体）压力增大而增大制动力，而在紧急制动过程中，驾驶人往往是将制动踏板踩到底，致使车轮抱死。所以，采用传统制动控制方法，很难实现对制动力进行有效控制而不使车轮在紧急制动过程中出现抱死现象。

为了解决这个问题，汽车防抱死制动系统（Anti-lock Braking System，ABS）应运而生。它是一种具有防滑、防止车轮抱死等优点的汽车制动控制系统，ABS是在常规制动装置基础上的改进型技术。ABS既有普通制动系统的制动功能，又能防止车轮抱死，汽车在制动状态下仍能转向，保证汽车的制动方向稳定性，防止产生侧滑和跑偏，是目前汽车上最先进、制动效果最好的制动装置。ABS是一种制动干预系统，能够按照每个制动器的需要对油液或气体的压力进行调节，从而防止制动轮抱死现象的发生。当汽车制动时，安装在车轮上的传感器能立即感知车轮是否抱死,并将信号传给控制器。控制器能立即降低将要抱死车轮的制动力,车轮又继续转动,转动到一定程度,控制器又发出命令施加制动,这样不断重复,直至汽车完全停下来。通过"增压—保压—减压—再增压"的循环工作,车辆始终处于临界抱死的间隙滚动状态。安装 ABS 后,能显著改善汽车制动性能,有效保证驾乘者的安全。ABS 集微电子技术、精密加工技术、液压控制技术为一体,是机电一体化的高技术产品。ABS 的安装大大提高了汽车的主动安全性和操纵性。20 世纪 80 年代后期,随着电子技术的发展,ABS 得到大量推广和应用。

2. 汽车驱动防滑技术

在汽车起步或加速时,因驱动力过大,超过地面附着力极限而引起车轮高速打滑,这与车轮抱死时的情形非常类似。此时,车轮同样不具有足够的侧向力来保持车辆的稳定性,车轮纵向力也减少,影响加速性能。由此看出,防止车轮打滑与抱死都需要控制。所以在 ABS 的基础上发展了汽车驱动防滑系统(Acceleration Slip Regulation,ASR)。汽车在不良路面,特别是在冰雪和泥泞路面上起步以及再加速时,ASR 将可以防止驱动轮发生打滑现象,以此改善车辆行驶方向稳定性和操控性。此外,ASR 还可以防止车辆在滑溜路面高速转弯时,汽车后部出现侧滑现象。总之,ASR 可以最大限度利用发动机的驱动力矩,保证车辆起步、转向和加速过程中的稳定性能。此外,ASR 还能减小车轮磨损和燃油消耗。ASR 是 ABS 在逻辑和功能上的扩展。ABS 在增加了 ASR 功能后,主要的变化是在电子控制单元中增加了驱动防滑控制逻辑,来监测驱动轮的转速。ASR 的硬件与 ABS 大部分相同,两者形成一个整体,发展成为 ABS/ASR,目前 ABS/ASR 已在欧洲载货汽车中得到了普遍应用,并且欧共体法规 EEC/71/320 已强制性规定在总质量大于 3.5t 的载货车上必须使用 ABS/ASR。

在 ABS 基础上发展起来的另一种新系统是牵引力控制系统(Traction Control System,TCS),在日本等地也称为 TRC 或 TRAC。ABS 控制四个车轮,而 TCS 只控制驱动轮,其制动原理与 ASR 如出一辙。当汽车加速时,TCS 将滑动控制在一定的范围内,从而防止驱动轮快速滑动,其功能在于提高牵引力和保持车辆行驶稳定性。没有配备 TCS 的汽车在湿滑路面上加速时,驱动轮极易打滑。其中,后轮驱动车辆将可能出现甩尾,前轮驱动车辆则容易出现方向失控,导致车辆向一侧偏移。配备 TCS 后,便能减轻汽车在加速时的驱动轮打滑程度,保证车辆正确转向。

3. 其他防滑技术

ABS/ASR 解决了紧急制动和加速时路面附着系数的利用问题,并可获得较短的制动距离及制动方向稳定性,但是它不能解决制动系统中的所有缺陷。因此,ABS/ASR 就进一步发展演变成电子控制制动系统(Electronic Braking System,EBS)。EBS 包括 ABS/ASR 的功能,同时可进行制动强度的控制,而 EBS 在部分制动时便可控制单个制动缸的压力,因此反应时间缩短,确保在每一瞬间都能得到正确的制动压力。近几年,电子技术及计算机控制技术的飞速发展为 EBS 的发展带来了机遇。德国自 20 世纪 80 年代以来,率先发展了 ABS/ASR 并投入市场,在 EBS 的研究与发展过程中也走在了世界前列。

通常情况下,由于各个轮胎附着地面的条件不同,因此,汽车制动时,很容易因轮胎与地面的摩擦力不同,产生打滑、倾斜和侧翻等现象。为此,人们设计了电子制动力分配装置(Electric Brake force Distribution,EBD)。EBD 的功能就是在汽车制动的瞬间,分别计算出四个轮胎摩擦力数值，然后通过调整制动装置，达到制动力与摩擦力（牵引力）的匹配，以保证车辆的平稳和安全。EBD 主要是对 ABS 起辅助作用，提高 ABS 的功效。重踩制动踏板时，EBD 会在 ABS 作用之前，依据车辆的质量分布和路面条件，有效分配制动力，以使各个车轮得到更接近理想的制动力分布。因此，EBD 是在 ABS 的基础上，平衡每一个车轮的有效抓地力，改善制动力的平衡，防止出现甩尾和侧滑，并缩短汽车制动距离，使汽车的安全性能得到进一步提高。

有关调查显示，约有 90% 的汽车驾驶人在紧急情况下制动时不够果断，为此设计了制动辅助系统（Brake Assist System，BAS）。BAS 能根据驾驶人踩下制动踏板的速度，探测车辆的行驶情况。紧急情况下，当驾驶人迅速踩下制动踏板力度不足时，BAS 便会启动，并在不到 1s 的时间内把制动力增至最大，从而缩短紧急制动距离。ABS 虽然能够缩短制动距离，但如果驾驶人采用点刹时，车轮往往不会抱死，ABS 没有机会发挥作用。BAS 则让现有的 ABS 具有一定的智能。当驾驶人迅速用力踩下制动踏板时，BAS 就会判断车辆正在紧急制动，从而启动 ABS，迅速增大制动力。

与 BAS 功能非常相似的是电子制动辅助系统（Electronic Brake Assist，EBA）。在一些非常紧急的事件中，驾驶人往往不能迅速踩下制动踏板，EBA 就是为此设计。EBA 利用传感器感应驾驶人对制动踏板踩踏的力度与速度大小，然后通过控制器判断驾驶人此次制动意图。如果属于非常紧急的制动，EBA 此时就会指示制动系统产生更高的制动压力使 ABS 发挥作用，从而使制动力快速产生，缩短制动距离。而对于正常情况制动，EBA 则会通过判断不予启动 ABS。通常情况下，EBA 的响应速度都会远远快于驾驶人，这对缩短制动距离，增强安全性非常有利。此外，对于脚力较差的妇女及高龄驾驶人躲避紧急危险的制动，也帮助很大。有关测试表明：EBA 可以使车速高达 200km/h 的汽车完全停下的距离缩短 21m 之多，尤其是对在高速公路行驶的车辆，EBA 可以有效地防止"追尾"等恶性事故。

在一些高端车型上，人们又将 ABS、BAS 和 ASR 三个系统功能综合在一起，形成电子稳定程序（Electronic Stability Program，ESP）。在汽车行驶过程中，ESP 通过不同传感器实时监控驾驶人转弯方向、车速、油门开度、制动力，以及车身倾斜度和侧倾速度，以此判断汽车正常安全行驶和驾驶人操纵汽车意图之间的差距，然后通过调整发动机的转速和车轮上的制动力分布，修正过度转向或转向不足。ESP 在提高汽车行驶稳定性方面效果显著。ESP 能够实时监控驾驶人的操控动作、路面反应、汽车运动状态，并不断向发动机和制动系统发出指令。ABS 等安全技术主要是对驾驶人的动作起干预作用，但不能调控发动机。ESP 则可以通过主动调控发动机的转速，并调整每个轮子的驱动力和制动力，来修正汽车的过度转向和转向不足。当驾驶人操作不当或路面异常时，ESP 会用警告灯提醒驾驶人。

ABS 除了上述功能扩充外，汽车工程技术人员还计划把悬架和转向控制扩展进来，使车辆制动控制不仅仅是防抱死控制，更成为综合的车辆控制系统，即车辆动态控制系统（Vehicle Dynamic Control，VDC）。VDC 可以在车辆起步、加速、制动、转弯过程中对每个车轮的转动进行控制，同时可以防止加速或制动过程中车身出现俯仰。Bosch 公司开发的 VDC 能不断地对转向盘指示的行驶方向或转弯路径与汽车的实际位移进行比较。VDC 综合考虑了汽车的稳定性、操纵性和制动性，以改善汽车的侧向稳定性和操纵性。

1998年，ITT公司汽车分部研制的新一代汽车防抱死制动系统，在路面较滑的情况下能较好地控制汽车滑动。该制动系统可由降低前轮的制动力来纠正汽车转向不足的状态，还可通过更有力地制动其中一个后轮，来纠正过度转向状态。ITT公司研制的偏航传感器是这套系统的关键，该传感器能确定汽车转弯时的速率。

由此可以看出，车辆制动控制系统的发展主要是控制技术的发展。这一方面是扩大控制范围、增加控制功能；另一方面是采用优化控制理论，实施伺服控制和高精度控制。

随着机电一体化技术在汽车工业中的广泛应用，未来将由高性能的微处理器和可控式电子执行元件来实现汽车的各种功能，它们将替代传统的机械部件，进一步提高现代乘用车的安全性与舒适性。Daimler-Chrysler公司研制的测控一体化制动控制系统（Sensotronic Brake Control，SBC）就是这样一种电子控制式制动系统。SBC就是使用电子脉冲，将驾驶人的制动命令传送到一个微处理器中，由它同步处理各种不同的传感器信号，并根据特定行驶状态计算每一个车轮的最佳制动力。这样，当在拐弯或者湿滑路面上制动时，SBC能提供比传统制动系统更好的主动安全性。SBC的高压储能及电控阀装置能保证最大制动压力更快产生作用。此外，SBC提供的附加功能可以减少驾驶人驾车中的操作强度，如交通拥挤辅助功能在走走停停的交通状态下，汽车可以在驾驶人松开加速踏板时自动制动。其柔和停车功能则可以让汽车在城市交通中柔和而平稳地停下来。

综上所述，现代汽车制动控制技术正朝着电子制动控制方向发展。同时，随着其他汽车电子技术，特别是超大规模集成电路的发展，电子元件的成本及尺寸不断下降，汽车电子制动控制系统将与其他汽车电子系统（电子悬架系统、主动横摆稳定系统、电子导航系统、无人驾驶系统等）融合在一起成为综合的汽车电子控制系统。未来的汽车中就不存在孤立的制动控制系统，各种控制单元集中在一个ECU中，并将逐渐代替常规的控制系统，实现车辆控制的智能化。一些智能控制技术，如神经网络控制技术等也会逐渐应用到汽车的制动控制系统中。

### 6.1.2 汽车防抱死制动技术

1. 汽车制动时的受力分析

汽车制动时受到的作用力及其方向如图6.2所示。从图中可以看出，汽车在制动过程中受到的作用力主要有制动器制动力和地面制动力。还有一个力是由于各个车轮上的垂直载荷引起的地面反作用力 $F_z$。制动器制动力是指在轮胎周缘为克服制动器摩擦力矩所需施加的力。制动器制动力仅由制动器结构参数所决定，即取决于制动器的形式、结构尺寸、制动器摩擦副的摩擦系数及车轮半径，并与制动踏板力（制动时的液压或空气压力）成正比。地面制动力是使汽车制动而减速行驶的外力，它取决于两个摩擦副的摩擦力：

（1）制动器内制动摩擦片与制动鼓或制动盘间的摩擦力，即制动器制动力。

（2）轮胎与地面间的摩擦力，即轮胎-地面附着力。

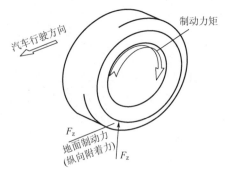

图6.2 汽车制动时的受力分析

地面制动力越大，制动减速度越大，制动距离也越短，所以地面制动力对汽车制动性能具有决定性的影响。

在制动过程中，当制动踏板力较小时，制动器摩擦力矩不大，地面制动力（即地面与轮胎之间的摩擦力）足以克服制动器摩擦力矩而使车轮滚动。显然，车轮滚动时的地面制动力就等于制动器制动力，且随踏板力增长成正比增长。当制动器踏板力或制动系压力上升到某一值时，地面制动力达到轮胎-地面附着力时，即车轮抱死不转而出现拖滑现象。也就是说，车轮抱死前，地面制动力等于制动器制动力，地面制动力随制动器制动力增加而增加；车轮抱死后，地面制动力等于地面附着力，地面制动力不再随制动器制动力增加而增加，而是取决于地面附着力。

汽车的地面制动力，首先取决于制动器制动力，但同时又受地面附着条件的限制。所以，只有汽车具有足够的制动器制动力，同时地面又能提供高的轮胎-地面附着力时，才能获得足够的地面制动力。

轮胎-地面附着力等于轮胎-地面附着系数 $\varphi$ 与地面反作用力 $F_z$ 的乘积。研究表明：车轮与地面之间的附着系数 $\varphi$ 除了与车轮状况、地面状况有关外，还与车轮的运动状态有关。车轮的运动状态一般用滑移率 $S$ 表示。

2. 滑移率与地面附着系数的关系

汽车在制动过程中，车轮在地面上的运动是一个边滚边滑的过程，汽车未制动时，车轮处于纯滚动状态；当车轮制动抱死时，车轮在路面上的运动处于纯滑动状态。为定量描述汽车制动时车轮的运动状态，采用车轮滑移率反映车轮滑动的成分，滑移率的定义为

$$S = \frac{v - v_w}{v} = \frac{v - \omega R_d}{v} \tag{6-1}$$

式中，$v$——汽车的行驶速度；

$v_w$——车轮滚动时车轮边的理论线速度；

$\omega$——车轮的角速度；

$R_d$——车轮的滚动半径。

滑移率反映了车辆的运行状态：当 $S=0$ 时，为纯滚动；当 $S=1$ 时，为纯滑动；当 $0<S<1$ 时，既有滚动又有滑动。

典型路面上滑移率与路面附着系数的关系，如图 6.3 所示，地面附着系数包括两种形式：

（1）车轮纵向附着系数，是指制动力与车轮垂直载荷之比。

（2）车轮侧向附着系数，是指侧向力与车轮垂直载荷之比。

从图 6.3 可以看出：在非制动状态下（滑移率为 0），纵向附着系数等于 0。在制动状态下，当 $S=20\%$ 左右（10%~30%）时，纵向附着系数处于最大值附近，侧向附着系数也较大（50%~75%）。此时，能够提供最大的路面制动力，而且侧向附着力也比较大，在此之前的区域为稳定区域。所以，如果能将滑移率 $S$ 控制在 20% 左右，就能够使车辆具有较好的制动稳定性。从图 6.3 还可以看出，随着滑移率的增大制动附着系数反而减小，侧向附着系数也下降很快，汽车进入不稳定区域。特别是当 $S=100\%$ 时，即车轮抱死时，纵向附着系数较小，制动效能差，而侧向附着系数接近 0，汽车失去转向和抵抗侧向力的能力，这是很危险的。附着系数的具体大小取决于道路的材料、状况，以及轮胎的

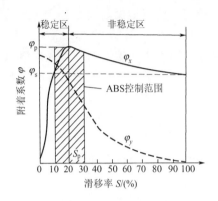

图 6.3 滑移率与路面附着系数的关系

$\varphi_x$—纵向附着系数；$\varphi_y$—横向附着系数；
$\varphi_p$—峰值附着系数；
$\varphi_s$—车轮抱死时纵向滑动附着系数

结构、胎面花纹和车速等因素。

从式(6-1)可知，制动时驾驶人通过踩制动踏板控制制动力从而控制轮速大小，就可以对滑移率进行控制。但从前面的分析可知，在紧急制动过程中，驾驶人往往会将制动踏板踩到底，导致车轮抱死。所以，通过驾驶人的操作来控制滑移率几乎是不可能的，而要将滑移率控制在20%左右的最佳数值就更难以实现。这正是传统制动控制系统在紧急制动时存在的问题。引入汽车电子控制，就可实现这个目的，这就是防抱死制动系统。在实际控制中，ABS能够将滑移率控制在20%左右，以获得较大的纵向和侧向附着力，从而保证制动时汽车的方向稳定性。因此，所谓汽车防抱死制动系统，就是在汽车制动时，通过ECU来控制有关元件以调整制动力的大小，进而调整最佳滑移率，使汽车达到最佳制动效果的装置。

3. 汽车防抱死制动技术的优点和分类

1) 汽车防抱死制动技术的优点

(1) 制动时保持方向稳定性。
(2) 制动时保持转向控制能力。
(3) 缩短制动距离。
(4) 减少轮胎磨损，如图6.4所示。
(5) 减少驾驶人紧张情绪。

(a) 有ABS　　　　　　(b) 无ABS

图 6.4 轮胎磨损对比

2) 汽车防抱死制动技术的分类

汽车防抱死制动技术的分类方法有很多，最常见的是按控制通道和传感器数目分类。对于能够独立进行制动压力调节的制动管路称为控制通道。若某个车轮的制动压力占用一个控制通道进行单独调节，则称为独立控制或单轮控制；若两个车轮的制动压力共同占用一个控制通道进行调节，则称为同时控制或一同控制；若两个车轮一同控制时，以保证附着系数较小的车轮不发生抱死为原则进行制动压力调节，则称按低选原则一同控制；若以保证附着系数较大的车轮不发生抱死为原则进行制动压力调节，则称按高选原则一同控制。

4. 汽车防抱死制动系统的组成

汽车防抱死制动系统主要由传感器、ECU 和执行器三部分组成，如图 6.5 所示。各部件的功能见表 6-1。

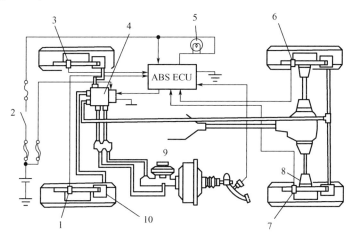

**图 6.5　汽车防抱死制动系统的组成**

1、3—前轮速传感器；2—点火开关；4—汽车防抱死制动系统制动压力调节器；
5—汽车防抱死制动系统警告灯；6、7—轮速传感器；8—制动开关；
9—制动主缸；10—制动轮缸

表 6-1　汽车防抱死制动系统的组成及各组成部件的功能

| 组成部件 | | 功　能 |
|---|---|---|
| 传感器 | 车速传感器 | 检测车速，给 ECU 提供车速信号，用于滑移率控制方式 |
| | 轮速传感器 | 检测轮速，给 ECU 提供车轮转速信号，各种控制方式均采用 |
| | 减速传感器 | 检测制动时汽车的减速度，识别是否为冰雪等易滑路面，只能用于四轮驱动控制系统 |
| 执行器 | 制动压力调节器 | 接收 ECU 控制命令，通过电磁阀的动作实现制动系统压力的增压、保压和减压控制 |
| | 液压泵 | 受 ECU 控制，在可变容积式制动压力调节器的控制油路中建立控制油压；在循环式制动压力调节器压力降低的过程中，将由轮缸流出的制动液经蓄能器泵回主缸，以防止汽车防抱死制动系统工作时制动踏板行程发生变化 |
| | 汽车防抱死制动系统警告灯 | 当汽车防抱死制动系统出现故障时，由 ECU 控制将其点亮，向驾驶人发出报警，并有 ECU 控制闪烁显示故障码 |
| ECU | | 接收车速、轮速、减速等传感器的信号，并计算出车速、轮速、滑移率和车速的减速度、加速度，并将这些信号加以分析、判断、放大，最终输出控制指令，控制各种执行器工作 |

1) 汽车防抱死制动系统的执行器

汽车防抱死制动系统执行器的作用是根据 ECU 输出的信号，控制制动总泵向车轮制动分泵提供并调节制动液压力，从而控制车轮速度并实现制动防抱死。

如图6.6所示,汽车防抱死制动系统的执行器主要由3位电磁阀、泵电动机、储液罐等组成。3位电磁阀是执行器的液压控制装置,该电磁阀主要用于汽车防抱死制动系统工作时调节车轮制动分泵中的液压;泵电动机和储液罐是执行器或整个系统的"压力降低"装置。因此,汽车防抱死制动系统执行器通常称为液压调节器。

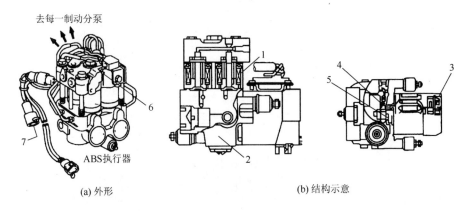

图 6.6　ABS 执行器

1—3位电磁阀;2—储液罐;3—泵电动机;4—柱塞;5—凸轮轴;
6—从制动总泵来;7—接 ABS ECU

图6.7所示为一个典型的 ABS 执行器及其液压控制通道示意图(3通道)。3位/3通道,即其电磁阀有三个工作状态(3位):增压、保压和减压;其液压有三个控制通道:左前轮制动分泵、右前轮制动分泵、后轮(左、右)制动分泵。

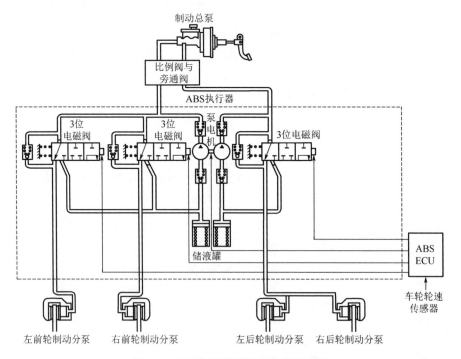

图 6.7　ABS 执行器及其液压控制通道

2) ABS 执行器的工作状态

执行器（液压调节器）的工作可以从两个方面来考虑。

(1) 常规制动时，ABS 不工作。如图 6.8 所示，电磁阀线圈无电流通过，泵电动机不转动（$I=0A$）其工作状态见表 6-2。

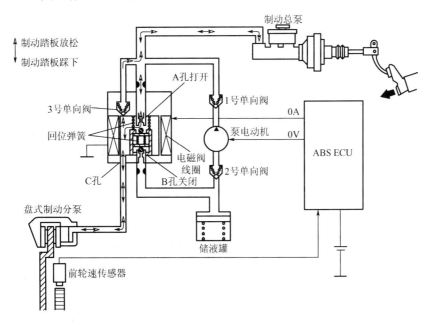

**图 6.8　常规制动时 ABS 不工作示意图**

(2) 紧急制动时，ABS 工作。汽车在紧急制动时，四轮中的任一车轮即将抱死时，ABS 执行器就根据 ECU 送来的信号控制车轮上制动分泵中的制动液压，以防止该车轮抱死。其控制过程有"液压减压""液压保持""液压增压"三种状态。

① "液压减压"状态。如图 6.9 所示，当某一车轮出现抱死趋势时，ECU 输出 5A 的电流给电磁阀线圈，同时使泵电动机获得 12V 的电压，其工作状态见表 6-3。

② "液压保持"状态。如图 6.10 所示，当车轮制动分泵制动管路中的液压降低或升高，且轮速传感器的输出信号表明车速已达到预定值时，ECU 即输出 2A 的电流给电磁阀线圈，仍使泵电动机获得 12V 的电压，其工作状态见表 6-4。

表 6-2　常规制动时执行器的工作状态

| 装置名称 | 工作状态 |
| --- | --- |
| 3 位电磁阀 | A 孔打开 |
|  | B 孔关闭 |
| 泵电动机 | 不工作（不转）|

表 6-3　"液压减压"时执行器的工作状态

| 装置名称 | 工作状态 |
| --- | --- |
| 3 位电磁阀 | A 孔关闭 |
|  | B 孔打开 |
| 泵电动机 | 工作（运转）|

表 6-4　"液压保持"时执行器的工作状态

| 装置名称 | 工作状态 |
| --- | --- |
| 3 位电磁阀 | A 孔关闭 |
|  | B 孔关闭 |
| 泵电动机 | 工作（运转）|

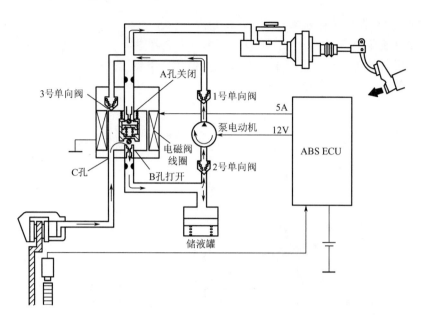

图 6.9 "液压减压"时 ABS 工作示意图

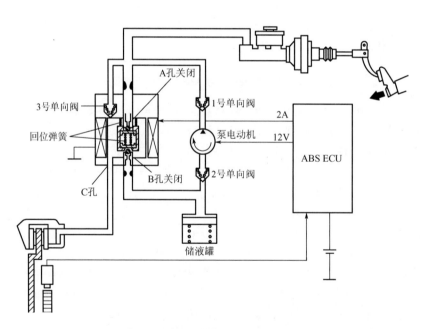

图 6.10 "液压保持"时 ABS 工作示意图

③"液压增压"状态。如图 6.11 所示，当车轮制动分泵制动管路中的液压需要升高以提供更大的制动力时，ECU 停止提供电磁阀线圈的电流（$I=0A$）；但泵电动机仍工作，详细工作状态见表 6-5。

表 6-5 "液压增压"时执行器的工作状态

| 装置名称 | 工作状态 |
|---|---|
| 3位电磁阀 | A孔打开 |
|  | B孔关闭 |
| 泵电动机 | 工作（运转） |

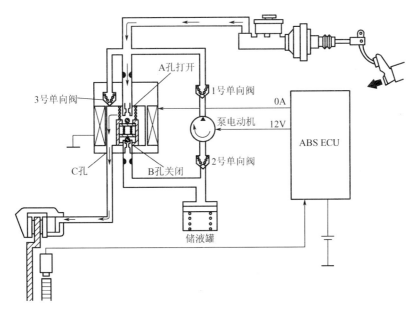

图 6.11 "液压增压"时 ABS 工作示意图

3) ABS 电子控制器

ABS ECU 的主要任务是接收各个轮速传感器及其他开关信号,将它们进行综合比较、分析与判断,并通过精确的计算,最后得出制动时汽车车轮的转速和车速,以此来判定车轮与道路表面之间的滑移状况,并控制 ABS 执行器使之产生最佳的制动液压,使制动车轮边滚边滑(非纯滑),从而实现制动"防抱死"。

ABS ECU 不断地从轮速传感器接收到各个车轮的轮速信号,通过计算每个车轮的轮速或减速度来判断汽车行驶速度(车速)。

当踩下制动踏板时,每个车轮制动分泵中的制动管路压力开始升高,轮速则开始下降。如果任一车轮出现抱死迹象,ECU 就降低该车轮制动分泵中的制动管路液压。图 6.12 所示的是一个典型的 ABS 控制过程。

在 A 段:ECU 根据车轮的减速度将 3 位电磁阀拨向"液压减压"状态,这样就可以降低车轮制动分泵中的制动管路压力。当制动管路液压降低后,ECU 再将 3 位电磁阀拨向"液压保持"状态,以此来控制轮速的变化。如果 ECU 通过判断发现制动管路液压需要进一步降低时,它就会发出指令再一次降低液压。

在 B 段:当在 A 段中车轮制动分泵中的制动管路液压降低时,那么提供给车轮的制动液压也随之降低。这就使处于抱死边缘的车轮进行加速,来防止车轮抱死。但是,如果制动管路液压

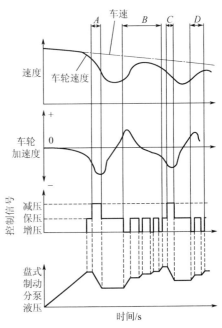

图 6.12 ABS 的车速控制过程

始终保持在这个状态下，那么作用于车轮上的制动力就非常小。为了防止发生这种情况，ECU 使 3 位电磁阀交替地处于"液压增压"和"液压保持"状态，使得在抱死边缘的车轮维持一定的速度。

在 C 段：由于在 B 段的作用下，车轮制动分泵中的制动管路液压渐渐升高，车轮又趋于抱死。因此 ECU 又将 3 位电磁阀拨向"液压减压"状态，以此来降低车轮制动分泵中的制动管路液压。

在 D 段：由于在 C 段的作用下，车轮制动分泵中的制动管路液压又降低了，因此 ECU 又返回 B 段的操作来增加制动管路的液压。

### 6.1.3 汽车驱动防滑技术

1. 汽车驱动防滑系统的作用

汽车制动防抱死系统是汽车主动安全装置的代表，其作用是在制动过程中防止车轮抱死，提高车辆在制动过程中的方向稳定性、转向控制能力和缩短制动距离，使汽车制动更为安全有效。汽车驱动防滑系统也是一种主动安全装置，可根据车辆的行驶行为使车辆驱动轮在恶劣路面或复杂路面条件下得到最佳纵向驱动力，能够在驱动过程中，特别在起步、加速、转弯等过程中防止驱动车轮发生过分滑转，使得汽车在驱动过程中保持方向稳定性和转向操纵能力及提高加速性能等。

汽车驱动防滑系统可视为 ABS 在技术上的自然延伸。在装备了 ABS 的汽车上，添加了发动机输出力矩的调节和驱动轮制动压力的调节功能后，ABS 所用的车轮转速传感器和压力调节器可全部为 ASR 所利用。ASR 和 ABS 在算法上相类似，许多程序模块可以通用，大大简化了程序结构，节省存储空间。因而在实际应用中可以把两者集成在一起，并将它们的控制逻辑也集成在一个控制器中，形成 ABS/ASR 集成系统。该系统主要由轮速传感器、ABS/ASR ECU、ABS 执行器、ASR 执行器、副节气门控制步进电动机和主、副节气门位置传感器等组成。在汽车起步、加速及运行过程中，ECU 根据轮速传感器输入的信号，判定驱动轮的滑移率超过门限值时，就进入防滑转过程：首先 ECU 通过副节气门步进电动机使副节气门开度减小，以减少进气量，使发动机输出转矩减小。ECU 判定需要对驱动轮进行制动介入时，会将信号传送到 ASR 执行器，独立地对驱动轮进行控制，以防止驱动轮滑转，并使驱动轮的滑移率保持在规定范围内。

基于 ABS/ASR 集成系统，可以开发出更多的车辆电子控制系统，如电子制动力分配系统（EBD）、汽车行驶稳定性控制系统（ESP）、下坡辅助控制系统（Downhill Assist Control，DAC）、坡道起步辅助控制系统（Hill start Assist Control，HAC）、转向制动控制系统（Cornering Brake Control，CBC）、汽车信息记录仪（Event Data Recorder，EDR）等。

可以看出，ASR 的作用是当汽车加速时将滑转率控制在一定的范围内，从而防止驱动轮快速滑动。其功能有二：一是提高牵引力；二是保持汽车的行驶稳定。

驱动防滑控制系统是在行驶方面、加速方面降低对驾驶人的高要求。驱动防滑控制系统的作用是维持汽车行驶时的方向稳定性，并尽可能利用车轮与路面间的纵向附着能力，提供最大的驱动力。驱动防滑控制系统通过自动施加部分制动或减少发动机功率输出的方式可使车轮的滑转率保持在最佳范围内，由此可防止驾驶人过分踩下加速踏板所带来的负效应,获得较好的行驶安全性及良好的起步加速性能,同时减少轮胎及动力传动系统的磨损。

在易滑路面上行驶时,没有ASR的汽车加速时驱动轮容易打滑,如果是后轮驱动的车辆容易甩尾,如果是前轮驱动的车辆容易出现方向失控。在转弯时,如果发生驱动轮打滑会导致整个车辆向一侧偏移。有ASR时,汽车在加速时就不会有或能够减轻这种现象,使车辆沿着正确的路线转向,如图6.13所示。

ASR的控制原理与ABS非常相似,如图6.14所示。

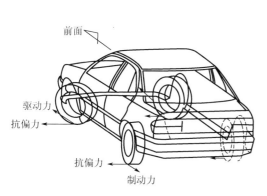

图6.13 制动左后轮辅助汽车向左转向

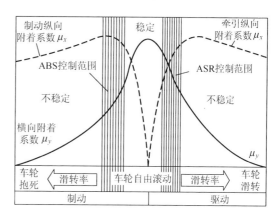

图6.14 附着系数与滑移(转)率的关系

2. ASR的基本组成

ASR主要包括控制单元、车轮速度传感器、制动压力调节器、节气门位置传感器、节气门控制电动机、加速踏板位置传感器(电子油门)、控制开关、指示灯等,如图6.15所示。

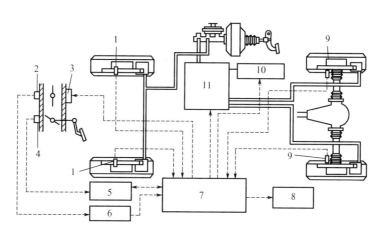

图6.15 ASR的系统组成

1—前轮转速传感器;2—副节气门位置传感器;3—副节气门执行器;
4—主节气门位置传感器;5—电子控制装置;6—控制开关;7—ECU;
8—ASR工作指示灯;9—后轮转速传感器;
10—驱动泵;11—压力调节器

通常在汽车上 ABS 与 ASR 系统集成构成 ABS/ASR 系统,某两轴式货车的 ABS/ASR 系统布置如图 6.16 所示。

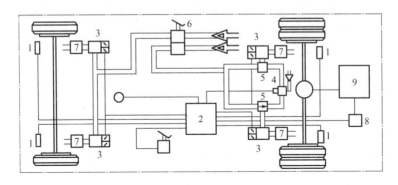

**图 6.16 ABS/ASR 系统布置**

1—轮速传感器;2—ECU;3—ABS 压力调节器;4—ASR 控制阀;5—双向阀;
6—制动系统控制阀;7—制动气室;8—发动机转矩控制器;9—发动机

### 3. ASR 工作原理

汽车在光滑路面上起步、加速等,或因驾驶人过分踩下加速踏板而造成车轮滑转时,ASR 通过对车轮施加部分制动(ABS)或减少发动机输出功率(通过控制节气门开度)。使车轮的滑转率保持在最佳范围内,以防止驾驶人过分踩下加速踏板带来的负效应,获得较好的行驶安全性及良好的起步加速性能。

### 4. ASR 实现方法

1)控制制动力

ASR 的制动压力调节装置通常与 ABS 共用,只需增加 ASR 电磁阀(位于通往驱动车轮制动轮缸的制动管路中)。

2)控制发动机输出功率

控制发动机的输出功率可以通过调节节气门开度的方法实现,可以通过几种途径来实现:采用电子节气门、增加电控副节气门、轴荷转移(电控悬架汽车)。

装有 ASR 的车上,从加速踏板到汽油机节气门(柴油机喷油泵操纵杆)之间的机械连接被电控油门装置所取替。当传感器将加速踏板的位置及轮速信号送至电控单元(ECU)时,ECU 就会产生控制电压信号,伺服电动机依此信号重新调整节气门的位置(或柴油机操纵杆的位置),然后将该位置信号反馈至控制单元,以便及时调整制动器。

传统发动机节气门操纵机构是通过拉索或者拉杆,一端连接加速踏板,另一端连接节气门连动板工作,如图 6.17 所示。这种传统节气门应用范畴受到限制,并缺乏精确性。

与传统节气门比较,电子节气门明显的一点是可以用线束来代替拉索或拉杆。在节气门那边装有一个微型电动机,用电动机来驱动节气门开度,所谓的"导线驾驶",即用导线代替了原来的机械传动机构,其结构如图 6.18 所示。

从图 6.18 中可以看出,电子节气门控制系统包括:加速踏板、加速踏板位置传感器(安装在加速踏板内部,随时监测加速踏板的位置)、节气门位置传感器、ECU、数据总线、伺服电动机和节气门执行机构。

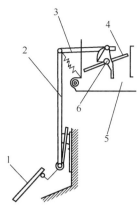

图 6.17　传统节气门

1—加速踏板；2，3—拉杆；4—节气门；
5—气缸；6—连动板

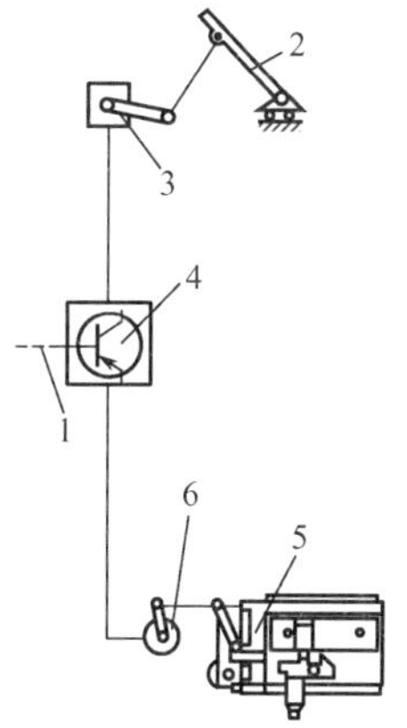

图 6.18　电子节气门

1—数据总线；2—加速踏板；3—加速踏板位置传感器；
4—ECU；5—节气门机构；6—电动机

电子节气门的工作原理是：当监测到加速踏板高度位置有变化，会瞬间将此信息送往 ECU，ECU 对该信息和其他系统传来的数据信息进行运算处理，计算出一个控制信号，通过线路送到伺服电动机继电器，伺服电动机驱动节气门执行机构，数据总线则负责系统 ECU 与其他 ECU 之间的通信。由于电子节气门系统是通过 ECU 来调整节气门的，因此电子节气门系统可以设置各种功能来改善驾驶的安全性和舒适性。

电子节气门 ASR 的工作过程是：当 ASR 系统工作时，ECU 就根据加速踏板的位置、车轮速度和转向盘转向角度等之间的不同而求出合适的滑转率，通过减少节气门开度来调整混合气流量，以降低发动机功率来达到控制目的。而在 ASR 系统中，电子节气门起到十分关键的作用，它涉及整个 ASR 系统中对车速控制、怠速控制等功能，使系统能迅速准确地执行指令。即当电子节气门系统接收到 ASR 系统指令时，它对节气门控制指令只来自于 ASR，这样就可以避免驾驶人的误操作。

主节气门为传统节气门，由加速踏板来控制。电控副节气门位于主节气门上方，为电控节气门，由 ECU 通过步进电动机控制。电控副节气门的工作原理如图 6.19 所示。

ASR 控制单元可以是独立的，也可以与 ABS 共用，如图 6.20 示。

汽车行驶过程中，ABS/ASR 电控单元根据各车轮转速传感器的信号确定驱动车轮的滑转率 S，当 S 超过设定限值时便控制驱动副节气门的步进电动机转动，减小副节气门的开度，发动机输出转矩减小，驱动轮的驱动转矩减小。若 S 仍未降到设定的控制范

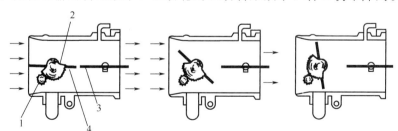

(a) ASR不工作，副节气门全开　　(b) ASR工作，副节气门半开　　(c) ASR工作，副节气门全闭

图 6.19　电控副节气门的工作原理

1—小齿轮；2—凸轮齿轮；3—主节气门；4—副节气门

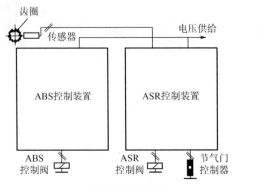
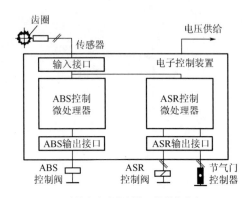
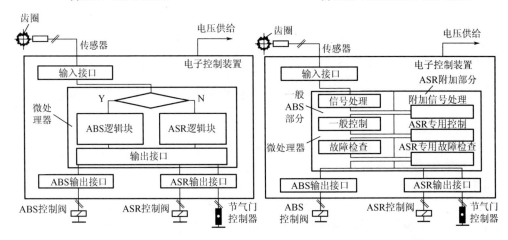

图 6.20 ABS 及 ASR 电子控制装置的组成形式

围内,ABS/ASR 的 ECU 打开 ASR 制动压力调节电磁阀,对驱动轮施加一定的制动力,如图 6.21 所示。ASR 制动液压系统如图 6.22 所示。

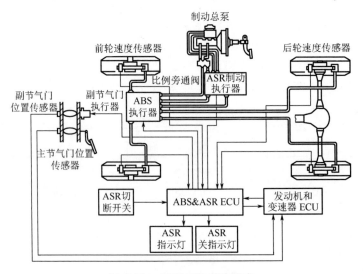

图 6.21 ABS/ASR 系统组成

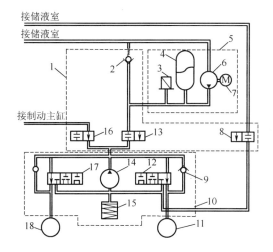

**图 6.22 ASR 液压系统**

1—ASR 电磁阀总成；2—单向阀；3—压力开关；4—蓄能器；5—制动供能装置；6—泵；
7—电动机；8—电磁阀Ⅰ；9—单向阀；10—ABS 制动压力调节装置；11—左后驱动车轮；
12—电磁阀Ⅳ；13—电磁阀Ⅱ；14—回液泵；15—储液罐；16—电磁阀Ⅲ；
17—电池阀Ⅴ；18—右后驱动车轮

## 6.2 汽车转向技术

汽车转向系统对汽车的行驶安全至关重要，汽车转向系统的零件都称为保安件。汽车转向系统按转向的能源不同可分为机械转向系统和动力转向系统两类。

### 6.2.1 机械转向系统

机械转向系统是依靠驾驶人操控转向盘的转向力来实现车轮转向，如图 6.23 所示；其中没有助力装置的机械转向结构如图 6.24 所示，由上述可知转向盘到转向器之间的所有零部件总称为转向操纵机构。转向系统的可以大致分为三个部分：转向操纵机构、转向器、转向传动机构。

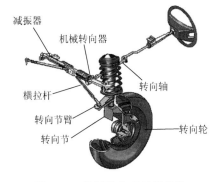

图 6.23 机械转向系统的结构

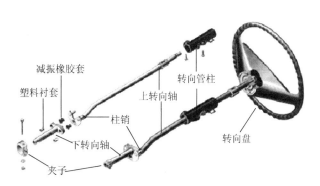

图 6.24 转向操纵机构结构图

转向器是整个转向系统中的核心部件,作用是放大驾驶人传递的力并同时改变力的传递方向,常见的形式有齿轮齿条式、循环球式、蜗杆曲柄指销式等,如图 6.25 所示。

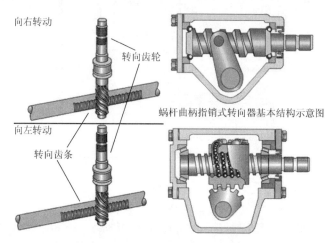

图 6.25 常见转向器结构示意图

转向传动机构是从转向器到转向轮之间所有传动机械、杆件的总称,作用是把转向器输出的力传递到转向节上,从而实现转向轮的转向,同时让转向轮之间的转角遵循一定的规律,保证轮胎和地面之间的相对滑动控制在最低程度。与齿轮齿条转向器配合的转向传递机构如图 6.26 所示。

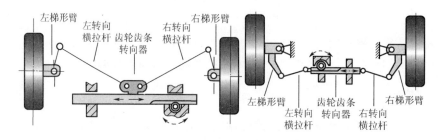

图 6.26 与齿轮齿条转向器配合的转向传递机构

总体而言,在原理上,机械转向系统的结构是用纯人力驱动各种机械结构的组合,通过将人力放大、变向等步骤来操纵轮胎的转动,这种系统的特点是:结构简单,可靠性强,但使用相当费力,稳定性、精确性、安全性无法保证。

机械液压助力转向系统的主要组成有液压泵、油管、压力流体控制阀、V 形传动带、储油罐等。该助力转向方式是将一部分的发动机动力输出转化成液压泵压力,对转向系统施加辅助作用力,从而使轮胎转向。根据系统内液流方式的不同可以分为常压式液压助力和常流式液压助力。

常压式液压助力系统的特点是无论转向盘处于正中位置还是转向位置,转向盘保持静止还是在转动,系统管路中的油液总是保持高压状态,如图 6.27 所示。

常流式液压转向助力系统的转向油泵虽然始终工作,但液压助力系统不工作时,油泵处于空转状态,管路的负荷要比常压式小,如图 6.28 所示。

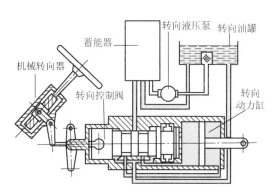
图 6.27 常压式液压转向助力装置示意图

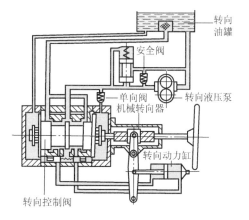
图 6.28 常流式液压转向助力装置示意图

现在大多数液压转向助力系统都采用常流式。不管采用哪种方式，转向油泵都是必备部件，它可以将输入的发动机机械能转化为油液的压力。

由于依靠发动机动力来驱动油泵，能耗较高，车辆的行驶动力无形中就被消耗一部分。液压系统的管路结构复杂，各种控制油液的阀门数量繁多，后期需要保养维护成本；整套油路经常保持高压状态，使用寿命也受到影响，这些都是机械液压助力转向系统的缺点。

机械液压助力转向系统的优点是转向盘与转向轮之间全部是机械部件连接，操控精准，路感直接，信息反馈丰富；液压泵由发动机驱动，转向动力充沛，大小车辆都适用；技术成熟，可靠性高，平均制造成本低。

动力转向系统则是在驾驶人的控制下，借助于汽车发动机产生的液体压力或电动机驱动力来实现车轮转向。所以，动力转向系统也称为转向动力放大装置。

动力转向系统由于使转向操纵灵活、轻便，在设计汽车时对转向器结构形式的选择灵活性增大，能吸收路面对前轮产生的冲击等优点，因此已在各国的汽车制造中普遍采用。

但是，目前汽车上广泛应用的动力转向系统一般都具有固定的放大倍率，这种动力转向系统的主要缺点是：如果所设计的固定放大倍率的动力转向系统是为了减小汽车在停车或低速行驶状态下转动转向盘的操纵力矩，则当汽车以高速行驶时，这一固定放大倍率的动力转向系统会使转动转向盘的操纵力矩显得太大，不利于高速行驶的汽车进行方向控制；反之，如果所设计的固定放大倍率的动力转向系统是为了增加汽车在高速行驶时的转向力矩，则当汽车停驶或低速行驶时，转动转向盘就会因为放大倍率不足而显得非常吃力。

电子控制技术在汽车动力转向系统的应用，使汽车的驾驶性能达到令人满意的程度。电子控制动力转向系统在低速行驶时可使转向轻便、灵活；当汽车在高速转向时，又能保证提供最优的动力放大倍率和稳定的转向手感，从而提高了高速行驶的稳定性。如图 6.29 所示，在车速大小不同时，通过控制，电控转向系统可实现在两种不同的特性线之间转换。低速时提供较大的动力助力，使驾驶人操纵力矩减小；高速时，增加转向阻力矩，使驾驶人的操纵力矩增大，不再感觉飘，使转向操纵轻便，并提高了操纵稳定性。

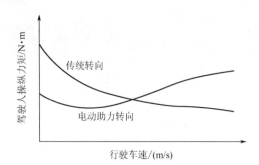

图 6.29 转向助力系统特性

因而,电控动力转向系统成为汽车转向系统的发展方向,在汽车上得到越来越广泛的应用。

电子控制动力转向系统(Electronic Control Power Steering,EPS),根据动力源不同又可分为液压式电子控制动力转向系统(液压式 EPS)(图 6.30)和电动式电子控制动力转向系统(电动式 EPS)(图 6.31)。

液压式 EPS 是在传统的液压动力转向系统的基础上增设了控制液体流量的电磁阀、车速传感器和 ECU 等,ECU 根据检测到的车速信号,控制电磁阀,使转向动力放大倍率实现连续可调,从而满足高、低速时不同的转向助力要求。

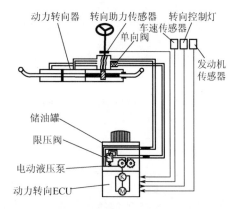

图 6.30 液压助力转向系统结构示意图

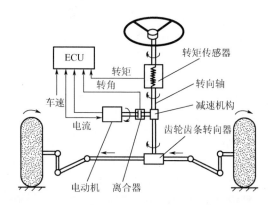

图 6.31 电动式电子控制动力转向系统结构示意图

电动式 EPS 是利用直流电动机作为动力源,电子控制单元根据转向参数和车速等信号,控制电动机扭矩的大小和方向,电动机的扭矩由电磁离合器通过减速机构减速增扭后,加在汽车的转向机构上,使之得到一个与工况相适应的转向作用力矩。

电子液压助力原理与机械液压助力基本相同,不同的是油泵由电动机驱动,同时助力力度可变。车速传感器监控车速,电控单元获取数据后通过控制转向控制阀的开启程度改变油液压力,从而实现转向助力力度的大小调节。

电子液压助力拥有机械液压助力的大部分优点,同时降低了能耗,反应更加灵敏,转向助力大小根据转角、车速等参数自行调节,更加人性化。不过引入了很多电子单元,其制造、维修成本也会相应增加,使用稳定性也不如机械液压式牢靠,随着汽车电子技术的不断成熟,这些缺点正在逐渐被克服,电子液压助力已经成为很多家用车型的选择。

## 6.2.2 液压式 EPS

EPS 在低速时,可以减轻转向力矩以提高转向系统的操纵性;在高速时,则可适当增加转向力矩,以提高操纵稳定性。液压式 EPS 是在传统的液压动力转向系统的基础上,增设电子控制装置而构成的。

根据控制方式的不同,液压式 EPS 又可分为流量控制式、反力控制式和阀灵敏度控制式三种形式。

1. 流量控制式 EPS

图 6.32 所示为某乘用车采用的流量控制式动力转向系统。由图 6.32 可见,该系统主要由车速传感器、电磁阀、整体式动力转向控制阀、动力转向油泵和电子控制单元等组成。

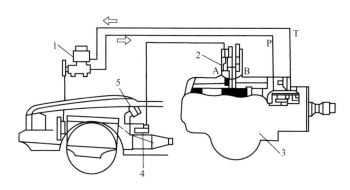

图 6.32 流量控制式动力转向系统
1—动力转向液压泵;2—电磁阀;3—动力转向控制阀;4—ECU;5—车速传感器

电磁阀安装在通向转向动力缸活塞两侧油室的油道之间,当电磁阀的阀针完全开启时,两油道就被电磁阀旁路。流量控制式动力转向系统就是根据车速传感器的信号,控制电磁阀阀针的开启程度,从而控制转向动力缸活塞两侧油室的旁路液压油流量,进而改变转向盘上的转向力矩。车速越高,流过电磁阀电磁线圈的平均电流值越大,电磁阀阀针的开启程度越大,旁路液压油流量越大,液压助力作用越小,使转动转向盘的力也随之增加。这就是流量控制式动力转向系统的工作原理。

图 6.33 所示为该系统电磁阀的结构。图 6.34 所示为电磁阀的驱动信号。由图 6.34 可以看出,驱动电磁阀电磁线圈的脉冲电流信号频率基本不变,但随着车速增大,脉冲电流信号的占空比将逐渐增大,使流过电磁线圈的平均电流值随车速的升高而增大。

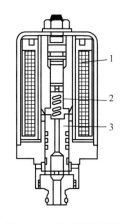

图 6.33 电磁阀的结构
1—线圈;2—弹簧;3—阀

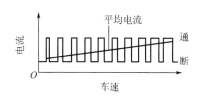

图 6.34 电磁阀的驱动信号

## 2. 反力控制式 EPS

图 6.35 所示为反力控制式动力转向系统的工作原理。由图 6.35 可见，该系统主要由转向控制阀、分流阀、电磁阀、转向动力缸、转向油泵、主油箱、车速传感器（图中未画出）及电子控制单元等组成。

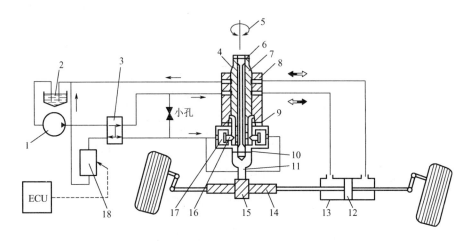

**图 6.35　反力控制式动力转向系统的工作原理**

1—助力油泵；2—储油箱；3—分流阀；4—扭力杆；5—转向盘；6，9，10—销；7—转向阀杆；
8—控制阀阀体；11—小齿轮轴；12—活塞；13—动力缸；14—齿条；15—小齿轮；
16—柱塞；17—油压反力室；18—电磁阀

转向控制阀是在传统的整体转阀式动力转向控制阀的基础上，增设了油压反力室而构成的。扭力杆的上端通过销子与转阀阀杆相连，下端与小齿轮轴用销子链接。小齿轮轴的上端部通过销子与控制阀阀体相连。转向时，转向盘上的转向力矩通过扭力杆传递给小齿轮轴。当转向力矩增大，扭力杆发生扭转变形时，控制阀体和转阀阀杆之间将发生相对转动，于是就改变了阀体和阀杆之间油道的通、断关系和工作油液的流动方向，从而实现转向助力作用。

分流阀是把来自转向油泵的液压油向控制阀一侧和电磁阀一侧进行分流的阀。按照车速和转向要求，改变控制阀一侧与电磁阀一侧的油压，确保电磁阀一侧具有稳定的液压油流量。

固定小孔的作用是把供给转向控制阀的一部分流量分配到油压反力室一侧。

电磁阀的作用是根据需要将油压反力室一侧的液压油流回储油箱，ECU 根据车速的高低先行控制电磁阀的开口面积。当车辆停驶或车速较低时，ECU 使电磁线圈的通电电流增大，电磁阀开口面积增大，经分流阀分流的液压油通过电磁阀重新回流到储油箱中，所以作用于柱塞的背压（油压反力室压力）降低，于是柱塞推动控制阀转阀阀杆的力（反力）较小，因此只需要较小的转向力矩就可使扭力杆扭转变形，使阀体与阀杆发生相对转动而实现转向助力作用。

当车辆在中、高速转向时，ECU 使电磁线圈的通电电流减小，电磁阀开口面积减小，所以油压使反力室的油压升高，作用于柱塞的背压增大，于是柱塞推动转阀阀杆的力矩增大，此时需要较大的转向力矩才能使阀体与阀杆之间作用相对转动（相当于增加了扭力杆的扭转刚度），而实现转向助力作用。所以，在中、高速时可使驾驶人获得良好的转向手感和转向特性。

### 3. 阀灵敏度控制式 EPS

阀灵敏度控制式 EPS 是根据车速控制电磁阀，直接改变动力转向控制阀的油压增益（阀灵敏度）来控制油压的方法。这种转向系统结构简单、部件少、价格便宜，而且具有较大的选择转向力矩的自由度，可以获得自然的转向手感和良好的转向特性。

图 6.36 所示为某乘用车所采用的阀灵敏度控制式动力转向系统。该系统对转向控制阀的转子阀做了局部改进，并增加了电磁阀、车速传感器和电子控制单元等。

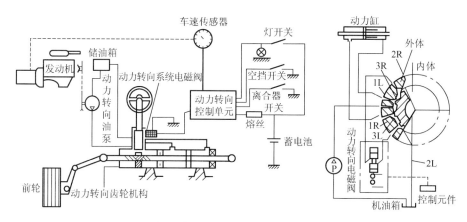

**图 6.36 阀灵敏度控制式动力转向系统及液压回路**

转子阀的可变小孔分为低速专用小孔（1R、1L、2R、2L）和高速专用小孔（3R、3L）两种，在高速专用可变孔的下边设有旁通电磁阀回路。

其工作过程是：当车辆停止时，电磁阀完全关闭，如果此时向右转动转向盘，则高灵敏度低速专用小孔 1R 及 2R 在较小的转向力矩作用下即可关闭，转向油泵的高压油液经 1L 流向转向动力缸右腔室，其左腔室的油液经 3L，2L 流回储油箱。所以，此时具有轻便的转向特性，而且施加在转向盘上的转向力矩越大，可变小孔 1L，2L 的开口面积越大，节流作用越小，转向助力作用越明显。

随着车辆行驶速度的提高，在 ECU 的作用下，电磁阀的开度也呈线性增加，如果向右转动转向盘，则装箱油泵的高压油经 1L、3R 旁通电磁阀流回储油箱。此时，转向动力缸右腔室的转向助力油压就取决于旁通电磁阀和灵敏度低的高速专用可变孔 3R 的开度。车速越高，在电子控制单元的控制下，电磁阀的开度越大，旁通流量越大，转向助力作用越小，在车速不变的情况下，施加在转向盘上的转向力矩越小，高速专用小孔 3R 的开度越大，转向助力作用也越小，当转向力矩增大时，3R 的开度逐渐较小，转向助力作用也随之增大，由此可见，阀灵敏度控制式动力转向系统可使驾驶人获得非常自然的转向手感和良好的速度转向特性。

#### 6.2.3 电动式 EPS

由于工作压力和工作灵敏度较高，外廓尺寸较小，因而液压式动力转向系统获得了广泛的应用。采用气压制动或空气悬架的大型车辆上，也有采用气压动力转向的，但这类动力转向系统的共同缺点是结构复杂、消耗功率大，容易产生泄漏，转向力矩不易有效控制等。近年来，随着微机在汽车上的广泛应用，出现了电动式电子控制动力转向系统，即电动式 EPS。

电动式 EPS 通常由扭矩传感器、车速传感器、ECU、电动机和电磁离合器等组成，如图 6.37 所示。电动式 EPS 是利用电动机作为助力源，根据车速和转向参数等，由 ECU 完成助力转向控制的。

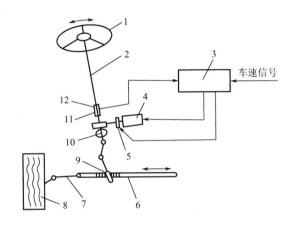

**图 6.37　电动式 EPS 的组成**

1—转向盘；2—输入轴；3—ECU；4—电动机；5—电磁离合器；6—转向齿条；7—横拉杆；
8—转向轮；9—输出轴；10—扭力杆；11—扭矩传感器；12—转向齿条

电动式 EPS 的工作原理：当操纵转向盘时，装在转向盘轴上的扭矩传感器不断地测出转向轴上的扭矩信号，该信号与车速信号同时输入 ECU。ECU 根据这些输入信号，确定助力扭矩的大小和方向，即选定电动机的电流和转向，调整转向辅助动力的大小。电动机的扭矩由电磁离合器通过减速机构减速增扭后，加在汽车的转向机构上，使之得到一个与汽车工况相适应的转向作用力矩。

此外，电动式 EPS 有许多液压式动力转向系统所不具备的优点。

(1) 将电动机、离合器、减速装置、转向杆等各部件装配成一个整体，这既无管道也无控制阀，使其结构紧凑、质量减轻。一般电动式 EPS 的质量比液压式 EPS 质量小 25% 左右。

(2) 没有液压式动力转向系统所必需的常运转转向油泵，电动机只是在需要转向时才接通电源，所以动力消耗和燃油消耗均可降低到最低。

(3) 省去了液压系统，所以不需要给转向油泵补充油，也不必担心漏油。

(4) 可以比较容易地按照汽车性能的需要设置、修改转向助力特性。

**1. 扭矩传感器**

扭矩传感器的作用：测量转向盘与转向器之间的相对扭矩，以作为电动助力的依据之一。图 6.38 所示为无触点式扭矩传感器的机构及工作原理。在输出轴的极靴上分别绕有 A、B、C、D 四个线圈，转向盘处于中间位置（直驶）时，扭力杆的纵向对称面正好处于输出极靴 AC、BD 的对称面上，当在 U、T 两端上连续的输入脉冲电压信号 $U_i$ 时，由于通过每个极靴的磁通量相等，所以在 V、W 两端检测到的输出电压信号 $U_o = 0$。转向时，由于扭力杆和输出轴极靴之间发生相对扭转变形，极靴 A、D 之间的磁阻增加，B、C 之间的磁阻减小，各个极靴的磁通量发生变化，于是 V、W 之间就出现了电位差。其电位差与扭力杆的扭转角 $\theta$ 和输入电压 $U_i$ 成正比。如果比例系数为 $K$，则有

$$U_o = K U_i \theta \qquad (6-2)$$

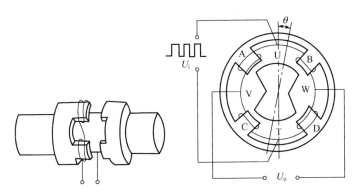

图 6.38　无触点式扭矩传感器

所以，通过测量 V、W 两端的点位差就可以计量出扭力杆的扭转角，于是也就知道了转向盘施加的扭动力矩，图 6.39 所示为滑动可变电阻式扭矩传感器的结构。它是将负载力矩引起的扭力杆角位移转换为电位器电阻的变化，并经滑环传递出来作为扭矩信号。

2. 电动机

电动式 EPS 用电动机与启动用直流电动机原理上基本相同，但一般采用永磁磁场。其最大电流一般为 30A 左右，电压为 DC12V，额定转矩为 10N·m 左右。

转向助力使用直流电动机需要正反转控制，图 6.40 所示为一种比较简单实用的控制电路，$a_1$、$a_2$ 为触发信号端，当 $a_1$ 端得到输入信号时，晶体管 $VT_3$ 导通，$VT_2$ 得到基极电流而导通，电流经 $VT_2$、电动机 M、$VT_3$ 搭铁而构成回路，于是电动机正转；当 $a_2$ 端得到输入信号时，电流则经 $VT_1$、电动机 M、$VT_4$ 搭铁而构成回路，电动机则因电流方向相反而反转。控制触发信号端电流的大小，就可以控制通过电动机电流的大小。

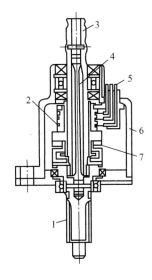

图 6.39　滑动可变电阻式扭矩传感器
1—小齿轮；2—滑环；3—轴；4—力矩杆；
5—输出端；6—外壳；7—电位计

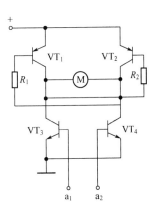

图 6.40　电动机正反转控制电路

### 3. 电磁离合器

图 6.41 所示为单片干式电磁离合器的工作原理。当图 6.39 滑动可变电阻式扭矩传感器的电流通过滑环进入电磁离合器线圈时，主动轮产生电磁吸力，带花键的压力板被吸引与主动轮压紧，于是电动机的动力经过轴、主动轮、压板、花键、从动轴传递给执行机构。

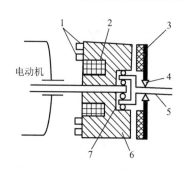

**图 6.41 电磁离合器工作原理**
1—滑环；2—线圈；3—压板；4—花键；
5—从动轴；6—主动轮；7—滚珠轴承

电动式 EPS 一般都设定一个工作范围。如当车速达到 45km/h 时，就不需要辅助动力转向，这时电动机就停止工作，为了不使电动机和电磁离合器的惯性影响转向系统的工作，离合器应及时分离，以切断辅助动力。此外，当电动机发生故障时，离合器会自动分离，这时仍可利用手动控制转向。

### 4. 减速机构

减速机构是电动式 EPS 不可缺少的部件。目前使用的减速机构有多种组合方式，一般采用蜗轮蜗杆与转向驱动组合式，也有采用两级行星齿轮与传动齿轮组合式，为了抑制噪声和提高耐久性，减速机构中的齿轮油的采用特殊齿形，有的采用树脂材料制成。

## 6.2.4 电控四轮转向系统

前面介绍的主要是电控两轮转向控制系统（2WS），这是目前汽车上广泛应用的转向控制系统。通过控制转向力矩，在汽车停驶或低速行驶时，可以保证转向轻便，同时，在汽车高速行驶时，又可以确保其安全、可靠。

现在一些汽车使用了四轮转向系统（4WS）。汽车行驶时，四轮转向系统可以让汽车的前轮和后轮同时发生偏转。四轮转向系统具有后轮转向机构（安装在后悬架上），使驾驶人在操纵转向盘时同时转动前、后四个车轮，不仅提高了高速时的稳定性和可控制性，而且提高了低速时的机动性。电控四轮转向是乘用车动力转向的发展方向。

### 1. 四轮转向系统的转向特性

在车辆运行时，后轮可以向两个不同方向各偏转一定角度。超过一定行驶速度时，后轮将与前轮向相同方向偏移。这将使汽车在高速行驶和高速路上转弯等情况下，具有很好的响应特性；同时车身的角运动相对减少，行车摆动小，稳定性好，乘坐舒适性提高。汽车行驶速度较低时，后轮将与前轮向相反方向偏移。这改善了在掉头行驶和停车入库等工况下的机动性，可使汽车具有较小的转弯半径，转弯容易。所以，在十分狭小拥挤的地方，也可方便地驶出停车位置、转向或调头，如图 6.42 所示。其中图 6.42(a) 所示的 2WS 车的转弯半径较大，图 6.42(b) 所示的 4WS 车的转弯半径较小。

当汽车高速转弯时，离心力使车辆后部产生侧向移动的趋势，从而使后轮发生侧向滑动，车速和转向的急剧程度决定了侧滑量的大小。侧滑过大，会使汽车发生横向扭转，进而失去对车辆的控制。高速时，后轮转向移动方向与前轮相同，侧滑将减轻，汽车稳定性得到改善。

如图 6.43 所示，后轮转角与前轮转角成一定比例，且方向一致时，转向性能类似于 2WS。但后轮与前轮转向方向相同时，横摆角度减小；中、高速行驶时，汽车转向稳定性和操纵能力均得到改善。

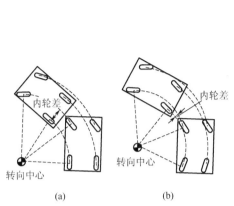

图 6.42　四轮转向系统的转向特性　　图 6.43　中、高速转向时 2WS 和 4WS 同向转向操纵比较

2．四轮转向系统的分类

常见的四轮转向系统有三种：机械式四轮转向、液压式四轮转向和电控式四轮转向系统。

1）机械式四轮转向系统

机械式四轮转向系统是最早开发的四轮转向系统，它包括前轮的齿轮齿条的转向系和前、后轮转向系之间的传动轴。随着前轮偏移，转向力通过传动轴传到后轮。在机械式四轮转向系统中，有时也为后轮加装第二套转向器来帮助转向。机械式四轮转向系统只在汽车高于某一行驶速度时起作用，并且起作用时，前后轮只能往相同方向偏转。

2）液压式四轮转向系统

第二代四轮转向系统利用液压式系统来控制转向。这种类型的四轮转向系统的后轮只能偏转 1.5°左右，并且也只有在速度高于 35km/h 时才起作用。开始时，基本的齿轮齿条转向器时前轮偏转，同时把部分液压送到后轮转向系统的控制阀中，控制该控制阀的位置。前轮向某一方向偏转时，该滑阀向一个方向移动；前轮向另一个方向偏转时，该滑阀向与前面相反的方向移动。以后，该滑阀控制着第二套液压回路工作。这个回路利用由差速器驱动后转向油泵产生的压力油为动力。这些压力油接着又驱动一个齿轮齿条转向器像前轮一样工作。但第二个齿轮齿条转向器只能在很小的范围内移动。后轮的偏转角不得超过 1.5°。

3）电控式四轮转向系统

目前，四轮转向系统越来越多地使用电子和计算机控制。电控式四轮转向系统允许后轮与前轮以相同的方向偏转（在高速时）或者以相反的方向偏转（在低速时），如图 6.44 所示。下面主要介绍电控四轮转向系统的组成和原理。

3．电控四轮转向系统的组成

电控四轮转向系统最早出现在 1992 年。由图 6.44 可知，前轮转向器和后轮转向执

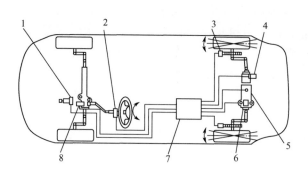

图 6.44　电控式四轮转向系统

1—车辆速度传感器；2—主前轮转角传感器；3—后轮传感器；4—副后轮转角传感器；5—后轮转向执行器；
6—主后轮转向执行器；7—四轮转向控制单元；8—副前轮转角传感器

行器之间没有任何机械连接装置，后轮转向执行器是由安装在左后座椅后部的行李厢内的转向电控模块来控制。其电子控制系统主要由传感器（转向盘转角传感器、车速传感器、前轮转角传感器、后轮转角传感器和后轮转速传感器等）、ECU 和后轮转向驱动电动机组成，如图 6.45 所示。ECU 根据转向盘转角、车速和前轮转角等信号来计算并控制后轮。

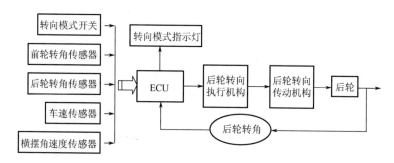

图 6.45　四轮转向系统组成及原理

电控四轮转向系统在工作过程中，车速传感器首先把准确的车速信号传给 ECU，ECU 据此决定后轮与前轮施以相同或者相反的方向偏转。同时，前轮转角传感器把前轮的实际转角信号传给 ECU，ECU 通过后轮传感器和后轮转角传感器得到后轮的实际转角信号，根据这些输入信号，分别控制前、后轮转向器各自的偏转量。

转向角度传感器（图 6.46）为电位计式，安装在转向器内，其电压大小表示转向的角度、正负表示转向的方向。

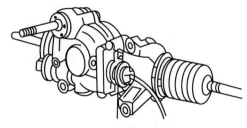

图 6.46　转向角度传感器

驾驶人转动转向盘确定了前轮转动方向和角度，同时，带动前轮的输出齿杆，通过连接轴将前轴转动方向和角度传入后轮执行机构中。后轮驱动电动机由主电动机和副电动机两个电动机组成。电动机接收 ECU 的电控信号，带动继动杆左右移动，驱动后轮偏移。

四轮转向系统的控制过程：ECU 主要根据车速大小控制执行机构中电动机的转动，如图 6.47 所示。

第一种控制方法是：当车速小于预定值（如 40km/h）时，反相转动后轮；当车速大于预定值（40km/h）时，同相转动后轮。

实际控制中，为了提高稳定性存在一个差速，即：当车速小于 40km/h 时，反相转动后轮；当车速大于 60km/h 时，同相转动后轮；当 40km/h＜车速＜60km/h 时，执行机构保持不动。

第二种控制方法是：在汽车行驶时，协调控制后轮转动。当汽车转向、侧向风力、制动等引起侧滑时，系统控制后轮的转动，可提高汽车行驶的稳定性。

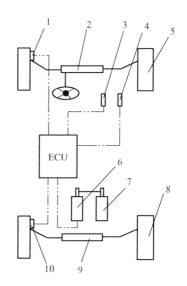

图 6.47　车速响应型电液四轮转向系统
1—前轮转角传感器；2—前轮转向机构；
3—车速传感器；4—横摆角速传感器；5—前车轮；
6—步进电动机；7—减速机构；8—后车轮；
9—后轮转向机构；10—后轮转角传感器

### 6.2.5　电动式 EPS 实例

图 6.48 所示为某汽车电动式 EPS 配件布置。该系统由扭矩传感器、车速传感器、ECU、电动机和减速机构组成。扭矩传感器（滑动可变电阻型）、电动机和减速机构构成一个整体，如图 6.49 所示，安装在转向柱上，电磁离合器安装在电动机的输出端旁，电子控制单元安装在驾驶人座位下面。

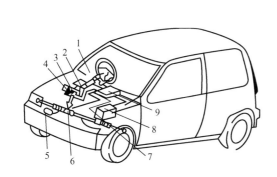

图 6.48　电动式 EPS 的配件布置
1—车速传感器；2—扭矩传感器；
3—减速机构；4—电动机与离合器；
5—发电机；6—转向齿轮；
7—发动机转速传感器；8—蓄电池；
9—电子控制单元

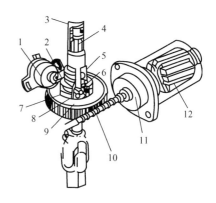

图 6.49　电动式 EPS 的内部结构
1—扭矩传感器；2—控制臂；3—传感器轴；
4—扭杆；5—滑块；6—球槽；7—连接环；
8—钢珠；9—蜗轮；10—蜗杆；
11—离合器；12—电动机

图 6.50 所示为车用扭矩传感器的典型结构。当转向系统工作时，施加在转向盘上的

转向力矩经输入轴、扭杆的扭曲变形使输入轴与输出轴之间发生相对扭转，与此同时滑块沿轴向移动，控制臂将滑块的轴向移动变换成电位器的旋转角度，即将转矩值变换成电压量，并输入电子控制单元。

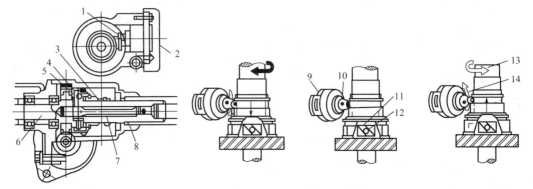

图 6.50 扭矩传感器

1，10—控制臂；2—油位器；3—滑块；4—环座；5，12—钢球；6—输出轴；7—扭杆；
8—输入轴；9—扭矩传感器；11—钢球槽；13—心轴旋转方向；14—控制臂旋转方向

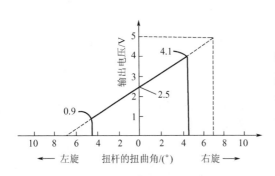

图 6.51 扭矩传感器的输出特性

当转向盘处于中间位置时，传感器的输出电压为 2.5V；当转向盘向右旋转时，其输出电压大于 2.5V；当转向盘向左旋转时，其输出电压小于 2.5V，扭矩传感器的输出特性如图 6.51 所示。因此，电子控制单元根据传感器输出电压的高低，就可以判定转向盘的转动方向和转动角度。

电动式 EPS 的控制内容如图 6.52 所示。

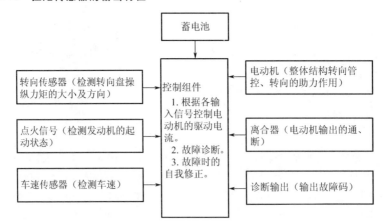

图 6.52 电动式 EPS 的控制内容

1. 电动机电流控制

电子控制单元根据转向力矩和车速信号确定，并控制电动机的驱动电流方向和大小，使其在每一种车速下都可以得到最优的转向助力扭矩。

2. 速度控制

当车速高于 43~52km/h 时，停止对电动机供电，同时，使电动机内的电磁离合器分离，按普通转向控制方式工作，以确保行车安全。

3. 临界控制

临界控制是为了保护系统中的电动机以及控制组件而设的控制项目。在转向器偏转至最大（即临界状态）时，由于此时电动机不能转动，所以流入电动机的电流达到最大值。为了避免持续大电流使电动机及控制组件发热损坏，所以每当较大电流连续通过 30s 后，系统就会控制电流使之逐渐减小。当临界控制状态接触后，控制系统就会再逐渐增大电流，一直达到正常的工作电流值为止。

4. 自诊断和安全控制

电控式 EPS 的电子控制单元具有故障自诊断功能，当电子控制单元检测出系统存在故障时都可显示相应的故障代码，一边采取相应的措施，当检测出系统的基本部件如扭矩传感器、电动机、车速传感器等出现故障而导致系统处于严重故障的情况下，系统就会使电磁离合器断开，停止转向助力控制，力图确保系统安全、可靠。

## 6.3 汽车悬架控制技术

汽车悬架的作用是缓冲和吸收来自车轮的振动，在汽车行驶过程中还要传递车轮与路面间产生的驱动力和制动力。汽车在转向时，悬架还要承受来自车身的侧向力，并在汽车起步和制动时能够抑制车身的俯仰振动，提高汽车的行驶稳定性和乘坐的舒适性。

传统的悬架系统主要由弹簧、减振器和导向机构三部分组成。其中弹簧、减振器和轮胎的综合特性，决定了汽车的行驶性、操纵性和乘坐的舒适性，如图 6.53 所示。尽管多年来汽车悬架系统做了许多改进，但由于传统悬架系统使用的是定刚度弹簧和定阻尼系数减振器，只能适应特定的道路与行驶条件，无法满足变化莫测的路面状况和汽车行驶状况，而且这种悬架只能被动地承受地面对车身的各种作用力，无法对各种情况进行主动地调节，使操纵性和乘坐舒适性达到和谐。所以，一般称传统悬架系统为被动悬架系统。

随着人们对汽车操纵性和舒适性要求的不断提高，以及电子技术的飞速发展，电子控制技术被成功应用于现代汽车悬架系统。电子控制悬架系统的最大优点就是它能使悬架随不同的路况和行驶状态做出不同的反应，既能使汽车的乘坐舒适性达到令人满

图 6.53 典型悬架系统结构

意的状态，又能使汽车的操纵稳定性达到最佳状态。

### 6.3.1 汽车悬架的发展历程

汽车悬架可以按多种形式来划分，总体上主要分为独立悬架（图6.54）和非独立悬架（图6.55）两大类。那怎么来区分独立悬架和非独立悬架呢？独立悬架可以简单理解为左右两个车轮间没有硬轴进行刚性连接，一侧车轮的悬架部件全部都只与车身相连。而非独立悬架的两个车轮间不是相互独立的，之间有硬轴进行刚性连接。从结构上看，独立悬架由于两个车轮间没有干涉，可以有更好的舒适性和操控性，而非独立悬架两个车轮间有硬性连接物，会发生相互干涉，但其结构简单，有更好的刚性和通过性。麦弗逊（Macpherson）悬架（图6.56）是最为常见的一种悬架，主要由A型叉臂和减振机构组成。叉臂与车轮相连，主要承受车轮下端的横向力和纵向力。减振机构的上部与车身相连，下部与叉臂相连，承担减振和支持车身的任务，同时还要承受车轮上端的横向力。麦弗逊悬架的设计特点是结构简单，悬架质量轻和占用空间小，响应速度和回弹速度就会越快，所以麦弗逊悬架的减振能力也相对较强。然而麦弗逊结构结构简单、质量轻，那么抗侧倾和制动点头能力弱，稳定性较差。目前麦弗逊悬架多用于乘用车的前悬架。

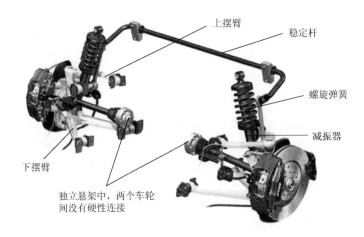

图6.54 独立悬架结构图

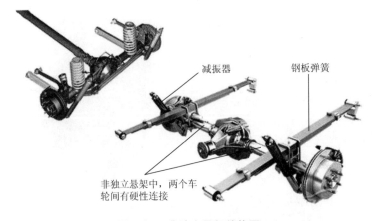

图6.55 非独立悬架结构图

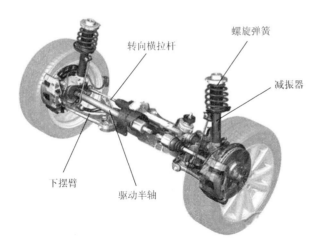

图 6.56 麦弗逊悬架构造图

20 世纪 40 年代，汽车悬架由工字形系统改变为长短臂系统，70 年代末至 80 年代初，在前轮驱动的乘用车上，麦弗逊撑杆式悬架又取代了长短臂悬架系统。传统的汽车悬架主要由弹性元件、减振器及稳定杆组成，其中弹性元件、减振器和轮胎的综合特性，决定了汽车的行驶性、操纵性和乘坐的舒适性。由于弹性元件、减振器均是决定刚度的元件，它们对路面状况和汽车的行驶状况（如汽车直线行驶时的加速和制动，汽车转弯）的适应性均受到了很大的局限。而且汽车的乘坐舒适性和操纵稳定性是一对矛盾的两方面，如果要保证汽车的乘坐舒适性，就要求悬架比较柔和；而要保证汽车的操纵稳定性，就要求悬架具有较大的弹簧刚度和阻尼力较大的减振器。如果这两方面任意地加强一面，均会使另一方面受到较大的影响。因此，在汽车设计时，为了对它们进行兼顾，只能采用折中措施，根据汽车的行驶状况、道路状况、悬架结构等进行最优化设计，如改进悬架的结构和有关参数。近年来的乘用车越来越多地采用横臂式独立悬架（单横臂式和双横臂式）、纵臂式独立悬架（单纵臂式和双纵臂式），车轮沿主销移动的悬架（烛式和麦弗逊式），使汽车的有关性能得到较大的最优化折中。尽管如此，汽车的悬架系统也只能适应特定的道路和行驶条件，无法满足变化莫测的道路条件和汽车行驶的各种状况，而且这种悬架只能被动地承受地面对车身的各种作用力，无法对各种情况进行主动地调节车身的状况，使汽车的操纵稳定性与乘坐的舒适性达到和谐的调节。

近年来，高速路网得到了迅猛的发展，对汽车的性能也提出了更高的要求，许多驾车者在高速公路上行驶时喜欢柔软、舒适的行驶性能；而在急转弯、紧急制动或快加速时又喜欢刚硬稳固的行驶性能，在这些驾驶条件下，刚硬稳固的行驶性能可以降低汽车的横摆、侧倾和俯仰。传统的悬架结构越来越难适应这一发展的势头。为了更进一步地提高汽车的性能，提高汽车的质量和档次，突出汽车工业的经济效益，各国汽车行业竞相开发更能适应现代交通的高性能汽车，除了对汽车的其他总成进行更有效的改进之外，对汽车的悬架系统也进行了切实有效的改良。随着电子技术、传感器技术和各种柔性适时控制技术的发展，用这些技术装备起来的汽车悬架系统，既使汽车的乘坐舒适性达到了令人满意的程度，又促使汽车的操纵稳定性得到了可靠的保证。

1981 年，汽车上开始应用车身高度控制技术，同年又成功开发出可变换减振器阻尼力控制的新技术,以后又开发出自动变换减振器阻尼力、弹性元件刚度的电控悬架。1987年,推出了装有空气弹簧的主动悬架,它是一种通过改变空气弹簧的空气压力来改变弹性元件刚度的主动悬架。1989年,又推出了装有油气弹簧的主动悬架。20世纪90年代是电子技术在汽车悬架系统中的应用推广时期。现在,某些计算机控制的悬架系统已具有在10~12ms内即能对路面和行驶条件做出反应的能力,以改善行驶时的平稳性和操纵性。

### 6.3.2 电子控制悬架系统的功能

电子控制悬架系统的基本目的是通过控制调节悬架的刚度和阻尼力,突破传统被动悬架的局限性,使汽车的悬架特性与道路状况和行驶状态相适应,从而保证汽车行驶的平顺性和操纵的稳定性要求都能得到满足,其基本功能包括以下几项。

1. 车高调整

无论车辆的负载多少,都可以保持汽车高度一定,车身保持水平,从而使前大灯光束方向保持不变;当汽车在坏路面上行驶时,可以使车高升高,防止车桥与路面相碰;当汽车高速行驶时,又可以使车高降低,以便减少空气阻力,提高操纵稳定性。

2. 减振器阻尼力控制

通过对减振器阻尼系数的调整,防止汽车急速起步或急加速时车尾下蹲;防止紧急制动时的车头下沉;防止汽车急转弯时车身横向摇动;防止汽车换挡时车身纵向摇动等,提高行驶平顺性和操纵稳定性。

3. 弹簧刚度控制

在悬架的减振机构中,除了减振器还会有根弹簧。有了减振器为什么还要弹簧呢?如图6.57所示,其实需要它们的合作,才能完成减振的任务。当车辆行驶在不平路面时,弹簧受到地面冲击后发生形变,而弹簧需要恢复原型会出现来回震动的现象,这样显然会影响汽车的操控性和舒适性。而减振器起到对弹簧起到阻尼的作用,抑制弹簧来回摆动。这样在汽车通过不平路段时,才不至于不停地颤动。与减振器一样,在各种工况下,通过对弹簧弹性系数的调整,来改善汽车的乘坐舒适性与操纵稳定性。

有些车型只具有其中的一个或两个功能,而有些车型同时具有以上三个功能。

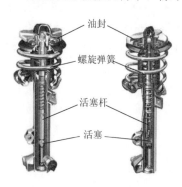

图6.57 减振器结构图

### 6.3.3 电子控制悬架系统的种类

现代汽车装用的电子控制悬架系统种类很多。按传力介质的不同,可分为气压式和油压式两种。按控制理论不同,电子控制悬架系统可分为半主动式、主动式两大类。其中半主动式又分为有级半主动式(阻尼力有级可调)和无级半主动式(阻尼力连续可调)两种;主动式悬架根据频带和能量消耗的不同,分为全主动式(频带宽大于15Hz)和慢全主动式(频带宽3~6Hz);而根据驱动机构和介质的不同,可分为电磁阀驱动的油气主动式悬架和由步进电动机驱动的空气主动式悬架。

无级半主动式悬架可以根据路面的行驶状态和车身的响应对悬架阻尼力进行控制,并在几毫秒内由最小到最大,使车身的振动响应始终被控制在某个范围内。但在转向、起步、制动等工况时不能对阻尼力实施有效的控制。它比全主动式悬架优越的地方是不需要外加动力源,消耗的能量很小,成本较低。

主动式悬架是一种能供给和控制动力源(油压、空气压)的装置。根据各种传感器检测到的汽车载荷、路面状况、行驶速度、起动、制动、转向等状况的变化,自动调整悬架的刚度、阻尼力及车身高度等。它能显著地提高汽车的操纵稳定性和乘坐舒适性。主动式悬架是一种带有动力源的悬架,在悬架系统中附加一个可控制作用力的装置。

通常把用于提高平顺性的控制称为路面感应控制,而把用于增加稳定性的控制称为车身姿势控制。另外,车身高度控制是主动式悬架系统的重要控制项目之一。

### 6.3.4 电控半主动悬架的结构和工作原理

汽车上装用的普通减振器的伸张型减振器,缸筒为全密封式结构,伸缩杆上有一个活塞,阻尼孔位于活塞上,活塞将缸筒分为上、下两腔。当汽车向上振动带动活塞杆伸张时,上腔油液通过活塞上阻尼较大的阻尼孔,流向下腔。由于活塞杆收缩时,油液流动阻尼大,流速慢,汽车振动所消耗的能量大,从而有效地减轻了汽车的振动幅度,提高了汽车行驶的安全性和操纵稳定性。由于这种减振器的阻尼孔的通流截面积在汽车行驶过程中不可调节,它只能满足特定车速和路况条件下的有效减振。而对于在复杂的路况条件下行驶的汽车,就不可能满足汽车在所有行驶车速和行驶条件下的有效减振,也就很难满足现代汽车的舒适性和操纵稳定性、安全性的要求。现代中、高档汽车上很少采用普通的减振器,转而采用电控半主动悬架或电控主动悬架,以提高汽车的综合性能。

大部分半主动悬架采用了手动控制方式,由驾驶人根据路面状况和汽车的行驶条件,手动控制相关的动作,对减振器的阻尼力进行变换。如果当减振器的阻尼力被调整为"硬"时,还可增强汽车在转弯或在不平道路上行驶时抗侧倾的能力,提高汽车操纵的稳定性。如果当减振器的阻尼力被调整为"软"时,使汽车行驶时的上下颠簸幅度减少,提高汽车乘坐的舒适性。这种悬架系统,可以通过驾驶人根据汽车行驶的路面状况,借助挡位转换开关来控制悬架的特性参数变化。悬架系统性能控制的特性参数包括:减振器的阻尼力、横向稳定杆的刚度。其控制方式有机械式和电子控制式两种。

电控半主动悬架的工作原理(图 6.58)是:利用传感器把汽车行驶时路面的状况和车身的状态进行检测,检测到的信号经输入接口电路处理后,传输给计算机进行处理,再通过驱动电路控制悬架系统的执行器动作,完成悬架特性参数的调整。

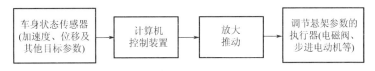

图 6.58 半主动悬架系统的工作原理

1. 阻尼力的调节

所谓阻尼力的调节,是指根据汽车负荷、行驶路面的条件和汽车行驶状态(加速、减速、制动或转弯等）来控制减振器的阻尼力，使汽车在整个行驶状态下，减振阻尼力在二段（软、硬）或三段（软、中等、硬）之间变换。近来大多数阻尼力控制系统允许连续改变减振器的阻尼力，并且各种传感器和执行器也可以连续对行驶情况进行检测，从而提高了系统的响应性。

图 6.59 所示为汽车电子控制半主动悬架系统（TEMS），它主要由模式选择开关、电子控制单元（ECU）、可调节阻尼力的减振器、转换阻尼力的执行器、车速传感器、转向盘转角传感器、节气门位置传感器、制动灯开关、空挡起动开关等部件组成。

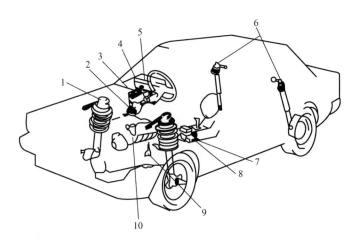

图 6.59　电子控制半主动悬架系统的组成
1—执行部件；2—动力转向传感器；3—停车灯开关；4—TEMS 指示灯；5—速度传感器；
6—执行部件；7—ECU；8—模式选择开关；9—空挡起动开关；10—节气门位置传感器

汽车电子控制系统的基本工作原理是：根据汽车的行驶状态和路面情况，模式选择开关的工作模式，通过相关的传感器对汽车的行驶状态、路面反应及车速等进行检测。ECU对这些信号进行比较和处理后，控制相关的执行机构来改变减振器的阻尼力，抑制汽车急加速时车尾的下蹲、汽车转弯时的侧倾和紧急制动时的点头，以及高速行驶时车身的振动等，来提高汽车乘坐的舒适性和操纵的稳定性。

1）模式选择开关

模式选择开关位于变速器操纵手柄旁。驾驶人根据汽车的行驶状况和路面状况选择模式选择开关的组合方式，从而确定选择模式来决定减振器的阻尼力大小。

模式选择开关的不同组合，可使悬架系统有四种工作方式：即自动、标准；自动、运动；手动、标准；手动、运动。如选择自动模式，悬架系统可以根据汽车行驶状态和车速等自动地调节减振器的阻尼力，以保证汽车乘坐的舒适性和操纵的稳定性。在手动模式下，悬架系统的阻尼力只有标准和运动两种状态的转换。

2）减振器

可调阻尼力的减振器主要由缸筒、活塞及活塞控制杆和回转阀等组成，如图 6.60 所示。活塞杆为一空心杆，在活塞杆的中心装有控制杆，控制杆的上端与执行器相连。控制杆的下端装有回转阀，回转阀上有三个油孔，活塞杆上有两个直孔，缸筒中的油液一部分经活塞上的阻尼孔在缸筒的上下两腔流动；一部分经回转阀与活塞杆上连通的孔在缸筒的上下两腔间流动。根据回转阀与活塞杆上的小孔不同的连通情况，减振器的阻尼力有硬、中等和软三种。这种阻尼力的特性是：

硬：减振器的阻尼力较大，减振能力强，使汽车好像具有跑车的优良操纵稳定性。

中等：适合用于汽车高速行驶。

软：减振器的阻尼力较小，减振能力较弱，可充分发挥弹性元件的缓冲作用，使汽车具有高级旅游车的舒适性。

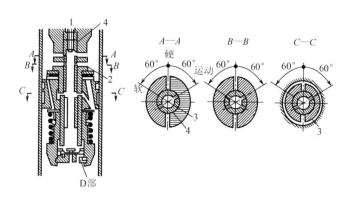

图 6.60 减振器的结构示意图

1—阻尼调节杆（回转阀控制杆）；2—阻尼孔；3—活塞杆；4—回转阀

当模式选择开关处于自动模式下，减振器的阻尼力与汽车的行驶状态和路面状况的配置情况见表 6-6。

表 6-6 减振器的阻尼力与汽车的行驶状态和路面状况的配置情况

|  | 减振器阻尼力 ||
| --- | --- | --- |
|  | 自动、标准 | 自动、运动 |
| 一般情况下 | 软 | 中等 |
| 汽车急加速、急转弯或紧急制动 | 硬 | 硬 |
| 高速行驶 | 中等 | 中等 |

可调节阻尼力的减振器的基本工作原理：当 ECU 促使执行器工作时，通过控制杆带动回转阀相对活塞杆转动，使回转阀与活塞杆上的油孔连通或切断，从而增加或减小油液的流通面积，使油液的流动阻力改变，达到调节减振器阻尼力的目的。当回转阀上的 A、C 油孔相连时，流通面积较大，减振器的阻尼力为软；当只有回转阀 B 油孔与活塞杆油孔相连时，减振器的阻尼力为中等；当回转阀上三个油孔均被堵住时，仅有活塞上的阻尼孔起衰减作用，此时减振器的阻尼力为硬。

3）执行器

图 6.61 所示为直流电动机式执行器的结构和工作原理图。从图 6.61 可以看出，该执行器主要由直流电动机、小齿轮、扇形齿轮、电磁线圈、挡块、控制杆组成。每个执行器安装于悬架系统中减振器的顶部，并通过其上的控制杆与减振器的回转阀相连接，直流电动机和电磁线圈直接受 ECU 的控制。

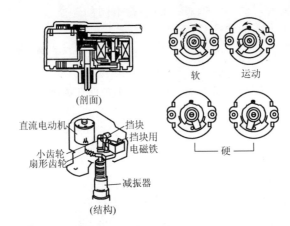

图 6.61 直流电动机式执行器的结构和工作原理

该执行器的基本工作原理是：ECU 输出控制信号使电磁线圈通电控制挡块的动作（如将挡块与扇形齿轮的凹槽分离），另外直流电动机根据输入的电流方向做相应方向的旋转，从而驱动扇形齿轮做对应方向的偏转，带动控制杆改变减振器的回转阀与活塞杆油孔的连通情况，使减振器的阻尼力按需要的阻尼力大小和方向改变。当阻尼力调整合适后，电动机和电磁线圈都断电，挡块重新进入扇形齿轮的凹槽，使被调整好的阻尼力大小能稳定地保持，表 6-7 所示为执行器的直流电动机和电磁线圈在工作时的通电情况。

表 6-7 执行器的直流电动机和电磁线圈在工作时的通电情况

| 减振器的阻尼状态 | | 电动机 | | 电磁线圈 |
|---|---|---|---|---|
| 调整前 | 调整后 | 正极 | 负极 | |
| | 软 | — | + | 断开 |
| | 中等 | + | — | 断开 |
| 软 | 硬 | + | — | 接通 |
| 中等 | 硬 | — | + | 接通 |

当 ECU 发出软阻尼力信号时，电动机转动促使扇形齿轮做逆时针方向转动，直到扇形齿轮上凹槽的一边靠在挡块上为止；如发出中等硬度信号，电动机反向通电，使扇形齿轮顺时针方向偏转，直到扇形齿轮上凹槽的另一边靠在挡块上为止；当 ECU 发出硬阻尼力信号时，ECU 同时向电动机和电磁线圈发出控制信号，电动机带动扇形齿轮离开软阻尼力位置或中等阻尼力位置，同时电磁线圈将挡块拉紧，使挡块进入扇形齿轮中间的一个凹槽内。

图 6.62 所示的驱动器，是由直流电动机与三级齿轮减速机构组成的可调节阻尼力减振器的执行装置。它主要由直流电动机、齿轮减速机构、驱动轴及与轴连在一起的电刷、印制电路板、挡位转换开关、制动电路等组成。

该执行器只有两段模式（Touring，Sport）控制。随着执行器的工作，驱动轴带动电刷在电路板上扫过，可以接通或切断模式选择开关的电流通路。一般驱动轴每转过 90°，

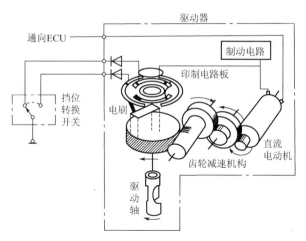

图 6.62 驱动器的构造

就进行一次"Touring/Sport"之间的转换,从而控制直流电动机的工作状态。电刷与印制电路板形成两个接点开关 $SW_1$ 和 $SW_2$,它们分别与模式选择开关的 Touring 挡和 Sport 挡做电路上的连接。接点开关 $SW_1$ 和 $SW_2$ 与模式选择开关的对应位置关系见表 6-8。

表 6-8 接点开关与模式选择开关的对应位置

| 接点开关 | "Touring"挡 | "Sport"挡 |
| --- | --- | --- |
| $SW_1$ | OFF | ON |
| $SW_2$ | ON | OFF |

电路工作分析:当模式转换开关转换到"Touring"挡时,如图 6.63 所示,ECU 与驱动电路被接点开关 $SW_1$ 接通,电动机有电流通过而工作,带动输出轴转动,从而使减振器回转阀也转动,这时减振器的阻尼力变为软(Soft)状态。同时,当输出轴的转角超过 90°时,输出轴上的电刷使接点开关 $SW_1$ 断开,而接点开关 $SW_2$ 接通。电动机电路被切断而停止运转,维持减振器的阻尼力为"Touring"状态。

虽然电动机外电路被切断,但电动机因惯性继续运转,产生较大的感应电动势。为防止电动机被烧坏,此时其感应电动势经制动,电动机处于待命状态,如图 6.64 所示。

4) 转向盘转角传感器

转向盘转角传感器用于检测汽车转向盘的偏转方向和角度,以便于 ECU 判别各减振器阻尼力的控制方式。TEMS 上应用的是光电式转角传感器。ECU 根据转向盘的转角信号、汽车的车速信号及模式开关的挡位等,计算出各车轮减振器阻尼力的大小,然后通过各执行器进行调节,以控制车身姿势的状态。

5) 电子控制单元 ECU

ECU 可根据汽车行驶时的各种传感器信号,如制动灯开关信号、车速传感器信号、模式选择开关信号、节气门位置信号等,经处理后确认汽车的行驶状态和路面情况(如汽车是低速行驶还是高速行驶;是直线行驶还是处于转弯状态;是在制动还是在加速;自动变速器是否处在空挡位置等),以确定各悬架减振器的阻尼力大小,并驱动执行器予以调节。

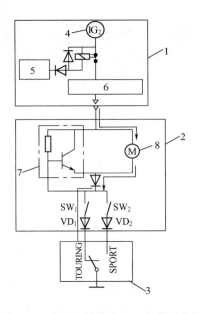 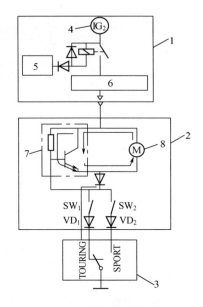

图 6.63　电子控制单元 ECU 与驱动电路　　图 6.64　电动机电流被切断时的电路状态
1—ECU；2—减振器驱动器；3—挡位转换开关；　　1—ECU；2—减振器驱动器；3—挡位转换开关；
4—电源电路；5—时间电路；6—电压控制电路；　　4—电源电路；5—时间电路；6—电压控制电路；
7—制动电路；8—直流电动机　　　　　　　　　　7—制动电路；8—直流电动机

电子控制单元的基本工作原理：各传感器和控制开关产生的电信号，经输入接口电路整形放大后，送入计算机 CPU 中，经过计算机处理和判断后分别输出各控制信号，驱动相关的执行器和显示器工作。这些控制信号有：促使执行器改变悬架减振器阻尼力的阻尼控制信号；促使发光二极管显示悬架系统当前阻尼力状态的显示控制信号。

6) TEMS 指示灯

TEMS 指示灯的作用：一是显示当前状态下悬架系统的阻尼力状况，二是显示 TEMS 系统是否工作正常和指示 TEMS 系统是否存在故障。一般情况下，当打开点火开关时，TEMS 指示灯应持续亮约 2s，然后全部熄灭，表明 TEMS 系统工作正常；如果不亮或出现闪烁的现象，表明 TEMS 系统存在故障，应予以检修。

行驶过程中，当前状态下悬架系统阻尼力的显示情况如下。

阻尼力软：只有左边的一只 LED 灯亮。

阻尼力中等硬度：右边和中间的 LED 灯亮。

阻尼力硬：三只 LED 灯均亮。

一般汽车电控悬架系统的阻尼力大小与汽车的行驶状态、模式选择开关所处的挡位有关。当汽车行驶车速超过 120km/h 时，悬架系统的阻尼力被调节为柔软状态；当模式选择开关转换为"Sport"挡位时，汽车在大部分行驶状态下，悬架系统的阻尼力处于中等硬度状态。

在出现如下的情况时，控制装置自动使减振器从柔软或中等硬度状态变为硬状态：

(1) 速度传感器和转角传感器显示汽车急转弯。

(2) 速度传感器和节气门位置传感器显示汽车在低于 20km/h 的速度下急加速。

(3) 速度传感器和制动灯开关显示汽车在高于 60km/h 的速度下制动。

(4) 速度传感器和空挡起动开关显示汽车在低于 10km/h 的速度下，自动变速器从空挡换入任何其他挡位。

在出现下列情况时，控制装置使减振器从坚硬变为中等硬度或柔软状态：

(1) 根据转向盘急转的程度，转弯行驶 2s 或 2s 以上。
(2) 加速已达 3s 或汽车速度达到 50km/h。
(3) 制动灯开关断开后 2s。
(4) 自动变速器从空挡或停车挡位置换挡后已达 3s 或汽车行驶速度达到 15km/h。

2. 横向稳定器刚度的调节

具有液压缸结构的横向稳定器，可以通过内部油路的开闭，使其成为刚性体或弹性体，从而调节横向稳定器的刚度。基本控制原理是：驱动器根据 ECU 的信号，通过稳定器缆绳来控制稳定杆内部油路的关闭和开启。

1) 稳定器驱动器

图 6.65 为稳定器驱动器的构造示意图。稳定器驱动器由直流电动机、蜗杆、蜗轮、行星齿轮机构及限位开关等组成。行星齿轮机构由与蜗轮一体的小太阳轮、两个行星齿轮和齿圈构成。两个行星齿轮装在与变速输出轴为一体的行星架上，齿圈是固定元件，太阳轮为主动件。变速器输出轴上装有驱动杆，因此，直流电动机可通过蜗杆蜗轮机构和行星齿轮机构使驱动杆转动。

图 6.66 为处于"Sport"挡位时稳定器的驱动器电路。$SW_1$ 和 $SW_2$ 为两个限位开关。表 6-9 为驱动杆位置与限位开关的关系。

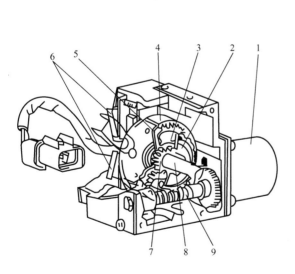

图 6.65 驱动器的结构

1—自流电动机；2—蜗轮；3—小行星齿轮；4—齿圈；
5—托架；6—限位开关；7—太阳轮；
8—变速传动轴；9—蜗杆

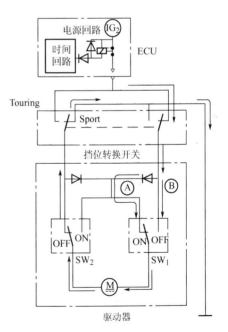

图 6.66 "Sport"挡位的电路状态

表 6-9 驱动杆位置与限位开关的关系

| 限位开关 | "Touring" 挡 | "Sport" 挡 |
| --- | --- | --- |
| SW$_1$ | ON | OFF |
| SW$_2$ | OFF | ON |

电路的工作情况:当模式选择开关刚转换到"Sport"挡时,开关 SW$_1$ 处于 ON 位,而 SW$_2$ 处于 OFF 位。此时电流由 ECU→模式选择开关→右边的二极管→SW$_1$ 的 ON 接点→直流电动机→SW$_2$ 的 OFF 接点→模式选择开关→接地,促使直流电动机旋转,通过蜗杆蜗轮、行星轮机构驱动输出轴转动,带动稳定器驱动杆偏转实现阻尼力变化。稳定器驱动原理及限位开关的位置如图 6.67 所示。

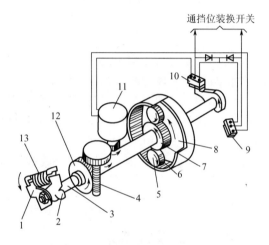

图 6.67 稳定器驱动原理及限位开关的位置
1—驱动杆;2—从动杆;3—变速传感器;4—蜗杆;
5—小行星齿轮;6—齿圈;7—太阳轮;8—托架;
9—限位开关(SW);10—限位开关(SW$_1$);
11—直流电动机;12—蜗轮杆;13—弹簧

当驱动器的输出轴转动,则限位开关 SW$_1$ 由 ON 位转换到 OFF 位(图 6.66 中的虚线所示),此时电动机的电流由 SW$_1$ 的 OFF 接点提供。当驱动杆转过全程时,限位开关 SW$_2$ 变为 ON 状态(图 6.66 中的虚线所示),电动机电流被切断。但此时电动机在惯性作用下,继续旋转,线圈中有感应电动势产生,该电动势通过 SW$_1$(OFF 接点)→右边的二极管→SW$_2$(ON 接点)→电动机,电动机因短路而被强制制动,避免电动机被损坏。

值得提出的是:如果驱动杆上连接的缆绳因卡滞而不能动作时,可在从动杆不动的情况下,通过一边拉伸驱动杆,一边使弹簧回转,直至限位开关动作使电动机被切断,并顺利地实现制动,来防止电动机被烧毁。

2) 稳定器杆

稳定器杆安装在稳定器臂(扭杆)端部与独立悬架下摆臂(下臂)之间。可以以两种状态改变安装在活塞杆上端的稳定器臂的扭转刚度,从而改变汽车的抗侧倾刚度。

当在"Touring"挡时,稳定杆具有能伸缩的弹性体的作用,汽车比以直径为 21mm 的稳定器臂获得的抗侧倾刚度小,相当于直径为 16mm 的稳定器臂的状态。当转为"Sport"挡时,稳定器具有刚性体的作用,汽车的抗侧倾刚度大,即以稳定器臂(直径为 21mm)获得的刚度。

稳定器杆的结构如图 6.68 所示。单向阀与推杆用来开/闭液压缸上、下腔与储油室之间的油路,单向阀受推杆控制。

图 6.69 所示为"Touring"挡时稳定器杆的动作状态。因缆绳呈放松状态,推杆受弹簧力作用而将单向阀推开,使液压缸上腔与储油室、液压缸下腔与储油室之间的油路呈开放状态。因此,液压缸内的油液可在液压缸与储油室之间自由流动,活塞的动作不受限制。但是,由于活塞行程仅有 16mm,因此,在急转弯的情况下,活塞运动达全行程状

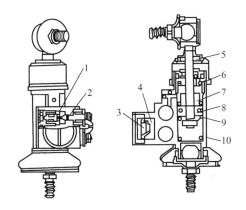

**图 6.68　稳定器杆的结构**
1—单向阀；2—推杆；3—膜片；4—储油腔；5—挡块（压缩侧）；6，9—圈簧；
7—挡块（伸张侧）；8—活塞；10—油泵

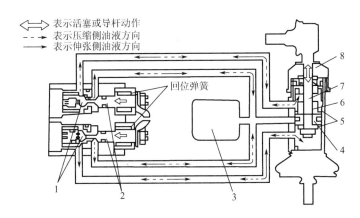

**图 6.69　"Touring"挡位时稳定器杆的动作状态**
1—单向阀；2—推杆；3—储油腔；4—活塞；5—圈簧；6—挡块（伸张侧）；
7—活塞杆；8—挡块（压缩侧）

态，稳定器杆又变为刚性体，汽车的抗侧倾刚度自动增大，避免操纵稳定性过低。

"Sport"挡时，稳定器驱动器通过缆绳拉动推杆向外移，单向阀在弹簧的作用下关闭，切断液压缸上、下腔与储油室之间的油路。液压缸上腔与下腔均是独立的密封状态，活塞动作受限，稳定器具有刚性体作用。

模式选择开关处于"Sport"挡时，活塞可能不处在中央位置。例如，在稳定器杆受压缩状态下向"Sport"挡转换时，推杆与止回阀将各油路的通道关闭，液压缸上、下腔与储油室之间的油路被切断。这样，由于液压缸下腔被封闭，故稳定器推杆不能被进一步压缩，成为刚性体状态。反之，由于液压缸上腔控制孔未被封住，受到拉伸作用时，稳定器伸张，如图 6.70 所示。液压缸上腔油液通过控制孔，被挤回储油室。同时，由于活塞上升而使液压缸下腔形成负压，单向阀打开，储油室向液压缸下腔补充油液。活塞回到中央位置时，控制孔被切断，液压缸上腔也被封闭，活塞被固定在液压缸中央位置。

汽车新技术

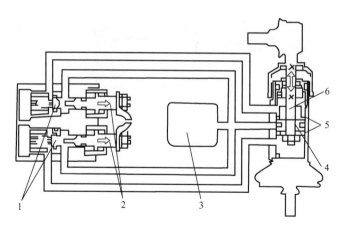

图 6.70 "Sport"挡时的动作状态
1—单向阀（关闭）；2—推杆；3—储油腔；4—活塞；5—圈簧；6—活塞杆

### 6.3.5 悬架系统中的传感器

传感器的作用是将汽车行驶的速度、起动、加速度、转向、制动和路面状况、汽车振动状况、车身高度等信号输送给悬架 ECU。汽车悬架系统所用的传感器主要有：车身加速度传感器、车身高度传感器、车速传感器、转向盘转角传感器、节气门位置传感器等。下面具体介绍这几种传感器。

1. 车身高度传感器

车身高度传感器的作用是把车身高度（汽车悬架装置的位置量）转换为电信号送给悬架 ECU。高度传感器的数量与车上装备的电控空气悬架系统的类型有关。高度传感器的一端与车架连接，另一端装在悬架系统上。

在空气悬架上，高度传感器用于采集车身高度信息，在某些行驶平顺性控制系统上，高度传感器还用来探测悬架运动情况以确定是否需要硬阻尼。

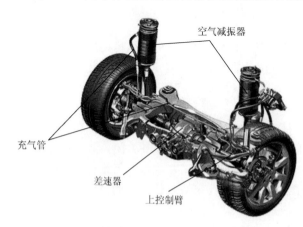

图 6.71 空气悬架结构

空气悬架是指采用空气减振器的悬架，如图 6.71 所示，主要是通过空气泵来调整空气减振器的空气量和压力，可改变空气减振器的硬度和弹性系数。通过调节泵入的空气量，可以调节空气减振器的行程和长度，可以实现底盘的升高或降低。

车身高度传感器可以是模拟式的，也可以是数字式的；可以是线位移式，也可以是角位移式的。下面详细介绍模拟式高度传感器和数字式高度传感器。

1) 模拟式高度传感器

模拟式高度传感器给悬架 ECU 提供与车身高度相关的连续电压信号。每个高度传感器在悬架 ECU 内都设定一个基准电压值，该基准值是高度传感器在汽车处于正常行驶高度时传给悬架 ECU 的电压。悬架 ECU 将高度传感器的实际电压信号与设定的基准值比较，并据此比较进行调整。模拟式高度传感器有一个三线连接器，三线分别是地线、电源线和信号线。

图 6.72 所示为乘用车电控空气悬架系统的模拟式高度传感器，它的上端有一个磁性滑阀，当汽车的车身高度发生变化时，磁性滑阀就在传感器的阀壳内上下运动。传感器的阀壳内有两个电控开关（超高开关和欠高开关），电控开关通过线束与悬架 ECU 连接。

图 6.73 所示为后悬架高度传感器在车身上的安装位置。

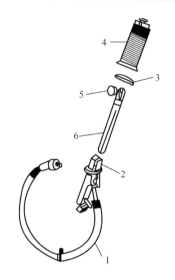 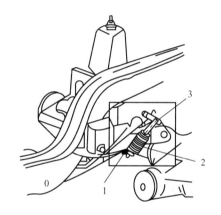

图 6.72 乘用车电控空气悬架系统的模拟式高度传感器

1—电线束；2—阀壳与电控开关；
3—夹子；4—防尘罩；5—球头螺钉；
6—磁性滑阀

图 6.73 乘用车电控空气悬架系统的后悬架高度传感器的安装位置

1—悬架摆臂连接器；2—后部高度传感器；
3—车体连接器

模拟式高度传感器的工作过程如下。

（1）汽车高度正常时，电控开关关闭，悬架 ECU 接收到汽车高度为正常的信号。

（2）当汽车高度增加时，磁性滑阀上移，超高开关打开，并向悬架 ECU 输送车身高度增加的信号。悬架 ECU 收到此信号后，控制空气弹簧电磁阀和排气电磁阀打开，使空气弹簧放气，以降低车身高度，使其达到标准高度（即平衡高度，是指汽车正常行驶时车身应该保持的高度）。

（3）当车身高度降低时，磁性滑阀下移，欠高开关打开，并向悬架 ECU 输送车身高度降低的信号（即欠高信号），悬架 ECU 收到欠高开关的信号后，控制空气压缩机继电器接通，使空气压缩机工作，同时悬架 ECU 控制空气弹簧电磁阀打开，使空气压缩机产生的压缩空气充入空气弹簧，从而使车身高度增加，直至达到标准高度。

## 2) 数字式高度传感器

现在应用最广泛的是光电式数字车身高度传感器。在传感器内部有一个传感器轴,轴外端安装的连接杆与悬架臂相连接,轴上固定一个开有一定数量窄槽的遮光盘。遮光盘两侧对称安装有四组发光二极管和光敏晶体管,组成四对光电耦合器(信号发生器)。当车身高度变化时,车身与悬架臂做相对运动,连接杆带动传感器轴和遮光盘一起转动。当遮光盘上的槽对准耦合器时,光敏晶体管通过该槽感受到发光二极管发出的光线,光电耦合器输出导通(ON)信号,反之则输出截止(OFF)信号。

只要使遮光盘上的槽适当分布,就可以利用这四对光电耦合器导通和截止的组合,把车身高度的变化分成16个区域进行检测,具体划分见表6-10。这种高度传感器有一个六线连接器——电源线、地线及四根信号线。

表6-10 车身高度控制区域与传感器信号的关系

| 光电耦合器 | | | | 车身高度区间 | ECU判断结果 | 光电耦合器 | | | | 车身高度区间 | ECU判断结果 |
|---|---|---|---|---|---|---|---|---|---|---|---|
| 1号 | 2号 | 3号 | 4号 | | | 1号 | 2号 | 3号 | 4号 | | |
| OFF | OFF | ON | OFF | 15 | 超高 | ON | ON | ON | OFF | 7 | 标准 |
| OFF | OFF | ON | ON | 14 | | ON | ON | ON | ON | 6 | |
| ON | OFF | ON | ON | 13 | 高 | OFF | ON | ON | ON | 5 | 低 |
| ON | OFF | ON | OFF | 12 | | OFF | ON | OFF | ON | 4 | |
| ON | OFF | OFF | OFF | 11 | | OFF | ON | OFF | OFF | 3 | |
| ON | OFF | OFF | ON | 10 | | OFF | OFF | OFF | ON | 2 | |
| ON | ON | OFF | ON | 9 | 标准 | OFF | OFF | OFF | ON | 1 | 过低 |
| ON | ON | OFF | OFF | 8 | | OFF | OFF | OFF | OFF | 0 | |

悬架ECU根据传感器输入的"ON""OFF"信号得到车身位移信息。根据车身高度变化的幅度和频率,可以判断车身的振动情况,根据一段时间(一般为10ms)车身高度在某一区域的百分比来判断车身高度。

### 2. 转向盘转角传感器

转向盘转角传感器用于检测转向盘的中间位置、转动方向、转动角度和转动速度。在电控悬架中,悬架ECU根据车速传感器信号和转向盘转角传感器信号,判断汽车转向时侧向力的大小,以控制车身的倾斜。转向盘转角传感器用于检测汽车转向轮的偏转方向。

光电式转角传感器是电控空气悬架中比较常用的转向盘转角传感器,其结构和工作原理如图6.74所示。在压入转向轴的遮光盘上有一定数量的窄槽,遮光盘的两端分别有两个发光二极管和两个光敏晶体管,组成两对光电耦合器(信号发生器)。当转动转向盘时,转向轴带动遮光盘旋转,当转到窄槽处时,光敏晶体管感受到发光二极管发出的光,就会输出"ON"信号;当遮光盘转到出窄槽以外的其他位置时,光敏晶体管感受不到发光二极管的光线,就会输出"OFF"信号。这样随着转向盘的转动,两个光电耦合器的输出端就形成"ON/OFF"的变换。悬架ECU根据两个光电耦合器输出"ON/OFF"变换的速度,检测出转向轴的转向速度。此外由于两个光电耦合器变换的相位错开约90°,所以通过判断哪个遮光盘首先转变为"ON"状态，就可以检测出转向轴的转动方向。

半主动悬架系统应用比较普遍，类型也比较多。例如，日产公司于1988年研制成功装备于Maxima乘用车和Limited乘用车上的超声波悬架系统（SSS）。SSS利用安装于汽车前轮内侧上方与车架上的超声波发射器和接收器对路面的状态进行检测，电控装置利用接收到的信号来驱动执行器，实现悬架阻尼力的

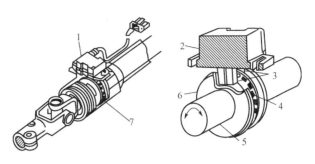

图6.74 光电式转向盘转角传感器
1—转角传感器；2—传感器；3—光电元件；4—遮光盘；
5—轴；6—圆盘；7—传感器圆盘

调节。美国福特公司的雷鸟Turbo乘用车上配置了一种快速作用旋转式螺管电磁开关，在传感器和电控装置的配合下，螺管电磁开关可以调节减振器的阻尼力。

### 6.3.6 电子控制主动悬架系统

**1. 电子控制主动悬架系统的功能**

装备电子控制主动悬架系统的汽车能够根据本身的负载情况、行驶状态和路面情况等，主动地调节包括悬架系统的阻尼力、汽车车身高度和行驶姿势、弹性元件的刚度在内的多项参数。这类悬架系统大多采用空气弹簧或油气弹簧作为弹性元件，通过改变弹簧的空气压力或油液压力的方式来调节弹簧的刚度，使汽车的相关性能始终处于最佳状态。

1）减振器的阻尼力调节

由于减振器的阻尼力对汽车乘坐的舒适性和安全性有较大的影响，所以目前可调节阻尼力的减振器应用十分普遍。这种减振器可以实现以下控制目标。

（1）防止车尾下蹲控制。汽车在急速起步或加速时，在惯性力和驱动力的作用下，汽车尾部的下蹲控制到最小程度，以保持车身的稳定。

（2）防止汽车点头控制。汽车在高速行驶紧急制动时，由于惯性力和车轮与地面之间的附着力的作用，促使车头下沉。防止汽车点头控制就是要使这种点头现象减小到最小程度。

（3）防止汽车侧倾控制。汽车在转弯时，由于离心力的作用，使汽车与车身的外侧下沉，转弯结束时，会产生车身外侧的恢复，造成汽车横向摆动。防止汽车侧倾控制就是使这种现象控制到最佳状态。

（4）防止汽车纵向摇动控制。汽车的纵向摇动一方面是由于汽车在换挡过程中，驱动车轮上的驱动力在短时间内发生较大变化使汽车纵向摇动；另一方面是由于汽车在不平整的道路上行驶时，汽车的车速与路面的波动产生共振，或受路面的影响，造成车身纵向摇动。防止汽车纵向摇动控制就是使车身的这种状态得到最佳的控制。

2）悬架系统弹性元件刚度的调节

影响汽车乘坐的舒适性和行驶的安全性的另一个主要因素就是汽车悬架弹性元件的刚度，悬架弹性元件的刚度将直接影响车身的振动强度和对路况及车速的感应程度。目前，

中、高档汽车倾向于利用可调刚度的空气弹簧或油气弹簧,通过调节这些元件的空气压力的办法来调整弹性元件的刚度。

3)车身高度和姿势的调节

通过调节弹性元件的刚度和减振器的阻尼力,可使汽车四个车轮上的悬架参数具有不同组合,就可进行车身高度和姿势的调节。如使用空气弹簧的悬架,当乘员人数和载物较重使车身下沉时,通过加大空气弹簧气压的办法,使车身恢复到正常高度;当汽车高速行驶时为了提高汽车行驶的安全性,减少空气阻力,可适当减少空气弹簧的气压,同时减少因减振器的阻尼力使车身的高度降低。

2. 电子控制主动悬架系统的组成

图6.75所示为某乘用车上装备电子控制空气主动悬架系统(A-ECS),它能系统地控制汽车的车身高度、行驶姿势和悬架系统的阻尼力特性。

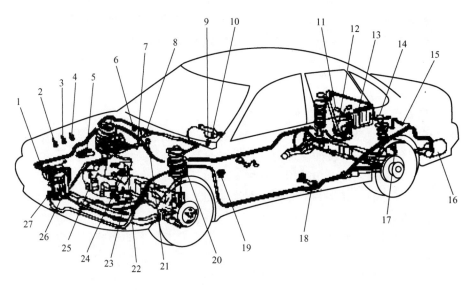

图6.75 某乘用车电子控制主动悬架系统

1—前储气筒;2—回油液压泵继电器;3—空气压缩机继电器;4—电磁阀;5—ECS电源继电器;
6—加速度计开关;7—节气门位置传感器;8—制动灯开关;9—车速传感器;10—转角传感器;
11—右后车门开关;12—后电磁阀总成;13—电子控制单元;14—阻尼力转换执行器;
15—左后车门开关;16—后储气筒;17—后高度传感器;18—左前车门开关;19—ECS开关;
20—阻尼力转换执行器(步进电动机型);21—加速度计位置;22—空气压缩机总成;
23—G传感器;24—前高度传感器;25—系统禁止开关;26—空气干燥器;
27—流量控制电磁阀总成

电子控制主动悬架系统主要由空气弹簧、普通螺旋弹簧、电子控制单元、车速传感器、G传感器、转角传感器、节气门位置传感器、高度传感器、阻尼力转换执行器、电磁阀、空气压缩机、储气筒、空气管路和继电器等组成。

1)汽车车身高度调节系统的结构及工作原理

当出现以下情况时,车身高度调节系统将对车身高度进行调节:

(1)汽车停车状态下,为增强汽车外观的可观赏性,系统将自动使车身高度降低。

(2) 汽车在发动机起动后，为保证汽车行驶的安全性，系统将自动使车身高度升高。

(3) 当汽车乘员数量和载货质量改变时，系统将对局部车身高度进行调整，以防止车身发生倾斜，保证车身高度的协调性。一般因装载质量增加而使车身高度下降时，系统将使受影响一侧的车身高度升高，使其恢复到装载前的高度。反之，将使受影响一侧的车身高度降低。

(4) 汽车在高速状态下行驶，车身高度将降低以减少风阻系数，以提高汽车的抓地性能和行驶时的安全性。

(5) 汽车行驶在坑洼的路面上，为了提高汽车的通过性，防止车身与地面刮擦，系统将使车身高度增加。

(6) 汽车转向或制动时，应保持车身水平姿势。

采用空气弹簧调节车身高度的系统有两类。一类是外排气式，即为了降低车身高度需要将空气弹簧中的空气压力降低，系统将空气弹簧的空气经干燥罐排入大气，同时，可将干燥罐中的水气带走，以维持系统中空气的干燥性。另一类是内排气式，当要降低车身高度，需将空气弹簧中空气量减少，系统将空气弹簧中空气排向储气筒的低压腔而不排入大气。因此，该系统又称封闭式悬架系统。

图 6.76 所示为某乘用车采用的内排气式空气弹簧系统。

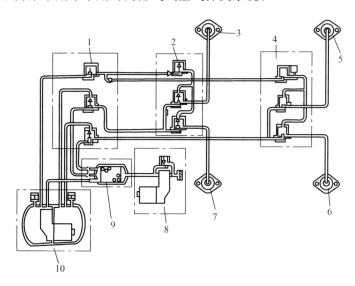

**图 6.76　ECS 空气压力回路**

1—流量控制电磁阀；2—前悬架控制电磁阀；3—右前带减振器空气弹簧；
4—后悬架控制电磁阀；5—右后带减振器空气弹簧；6—左后带减振器空气弹簧；
7—左前带减振器空气弹簧；8—空气压缩机；9—空气干燥器；10—储气筒

内排气式空气弹簧系统由空气压缩机、空气干燥器、储气筒、流量控制电磁阀、前后悬架控制电磁阀、空气弹簧和它们之间的连接管路等组成。

工作原理：

(1) 气压的建立。发动机起动后，当处于充电状态时（如果发电机没有发电，此时空气压缩机将不工作，以防蓄电池放电），直流电动机将带动空气压缩机工作。空气经过滤后，从进气阀进入气缸，被压缩后的空气由排气阀流向空气干燥器，经干燥后空气进入储气筒。

储气筒上有空气压力调节装置，气压达规定值时，空气压缩机将进气阀打开，使空气压缩机空转，防止消耗发动机的功率。储气筒的气压一般保持在750～1000kPa。

(2) 车身高度的升高。当ECU发出提高车身高度的指令时，流量控制电磁阀和前后悬架控制电磁阀的进气阀打开，储气筒的空气进入空气弹簧使其气压提高，车身高度上升至规定高度时，各电磁阀关闭。

(3) 车身高度的降低。当ECU发出降低车身高度的指令时，流量控制电磁阀和前后悬架控制电磁阀的排气阀打开，空气弹簧中的空气经这些阀门流向储气筒的低压腔。当车身降低至预定调节高度时，各电磁阀关闭。

(4) 空气的内部循环。由于内排气式空气弹簧系统是一个封闭系统，从空气弹簧排出的空气并不向大气，而是排入储气筒的低压腔。因此，当储气筒中需要补充气压时，低压腔中压力较高的空气又经空气压缩机进气阀进入气缸，被压缩和干燥后，进入储气筒的高压腔。这样，有助于提高充气效率，减少能量消耗，防止过多的水分进入系统污染元器件。

该系统的各空气弹簧为并联独立式布置，各空气弹簧可以单独地进行充排气操作，互不干扰空气的流动。各控制电磁阀均由ECU进行控制。空气弹簧有三种工作状态：低、正常和高。一般的行驶状态下，车身高度保持正常；车速超过120km/h时，车身高度为低；在100km/h以下时，车身高度为正常；在坏路上行驶，车身高度为高。其他的车身高度由汽车的行驶状态来决定。

2) 可调阻尼力减振器的执行器

可调阻尼力减振器的执行器是安装于悬架系统上方的步进电动机。步进电动机根据ECU发出的脉冲信号的波形数量驱动减振器回转阀动作，改变减振器油孔的通流截面积来改变减振器的阻尼力，使悬架系统具有软、中等、硬三种阻尼力的模式。

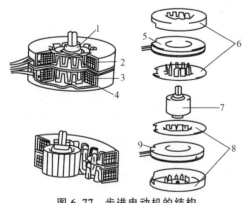

图6.77 步进电动机的结构
1，7—转子；2，3，5，9—线圈；
4，6，8—定子

如图6.77所示，步进电动机主要由转子、定子、电磁线圈组成。其基本工作原理是利用转子和定子间的齿形磁极的相互吸引或排斥，实现相对的转动与停止。一般情况下，每一次脉冲使转子所转过的角度取决于转子或定子上均匀分布的齿形磁极的数量。假设转子上齿形磁极的数量是$N$，电动机转了可做360°范围的旋转。那么，定子线圈每接收一个脉冲信号波，转子所转过的圆心角是$\alpha$，则$\alpha = 360°/N$。

步进电动机的转子旋转方向取决于脉冲信号输入方式。如果输入正脉冲信号使转子正转，那么负脉冲将使步进电动机转子反转。

步进电动机的工作方式是：有脉冲波输入时，转子转动，而且一个脉冲波只能使转子转动一步（即一个圆心角的大小，又称齿距）；没有脉冲波输入，转子处于暂停状态，所以转子的转速只取决于脉冲频率。

近年来，步进电动机发展很快，品种规格与结构形式多种多样，但常用的类型多为3相、4相、5相和6相等。一般励磁相数越多，产生的转矩越大，动作稳定性越好，步距角越小。

另外，励磁方式不同，步距角的大小差别较大。

步进电动机常用于开环控制系统，受数字脉冲信号控制，输出角位与输入的脉冲数成正比，其转速与输入脉冲频率成正比，具有自锁能力，不需要角度传感器和制动机构，控制较简单。对于低速、小转角的控制采用步进电动机较为有利。在机电一体化系统中，步进电动机一般用于精确的角度和位置的控制。通常对于步进电动机的要求为：响应速度快、响应特性好、步距角精度高、阻尼特性好。但响应特性和阻尼特性之间又是相互矛盾的，因此应根据实际使用场合而有所侧重。

3）空气悬架系统弹性元件刚度的基本结构和工作原理

图6.78为空气悬架气动缸的基本结构断面图。气动缸由封入低压惰性气体和阻尼力可调的减振器、旋转式膜片、主气室、副气室和悬架执行元件组成。主气室是可变容积的，在它的下部有一个可伸展的隔膜，压缩空气进入主气室可提升悬架的高度，反之使悬架高度下降。主、副气室设计为一体既省空间，又减轻了质量。悬架的上方与车身相连，下方与车轮相连，如图6.79所示。随着车身与车轮的相对运动，主气室的容积在不断变化。主气室与副气室之间通过一个通道，气体可相互流通。改变主、副气室间的气体通道的大小，就可以改变空气悬架的刚度。减振器的活塞通过中心杆（阻尼调整杆）和齿轮系与直流步进电动机相连接。步进电动机转动可改变活塞阻尼孔的大小，从而改变减振器的阻尼系数。

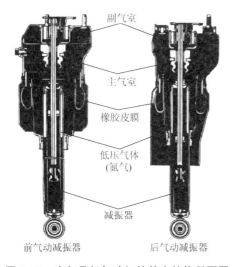

图6.78 空气悬架气动缸的基本结构断面图

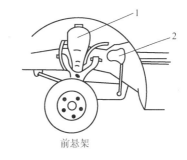

图6.79 悬架安装位置
1—空气悬架；2—车身高度传感器

悬架刚度的自动调节原理如图6.80所示。主、副气室间的气阀体上有大、小两个通道。步进电动机带动空气阀控制杆转动，使空气阀阀芯转过一个角度，改变气体通道的大小，就可以改变主、副气室之间的气体流量，使悬架的刚度发生变化。

悬架刚度可以在低、中、高三种状态下改变。

当阀芯的开口转到对准图 6.80（b）所示的低位置时，气体通道的大孔被打开。主气室的气体经过阀芯的中间孔、阀体侧面通道与副气室的气体相通，两气室之间空气流量越大，相当于参与工作的气体容积增大，悬架刚度处于低状态。

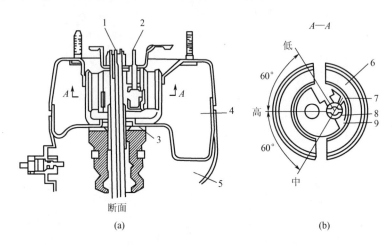

**图 6.80 悬架刚度的自动调节原理**
1—阻尼调节杆；2—空气阀调节杆；3—主、副气室通道；4—副气室；5—主气室；6—气阀体；
7—气体小通道；8—阀芯；9—气体大通道

当阀芯开口转到对准图 6.80(b) 所示的高位置时，两气室之间的气体通道全部被封住，两气室之间的气体相互不能流动。压缩空气只能进入主气室，悬架在振动过程中，只有主气室的气体单独承担缓冲工作，悬架高度处于高状态。

## 6.4 巡航控制技术

### 6.4.1 巡航控制系统的功能

巡航控制系统（Cruise Control System，CCS）是一种利用电子控制技术保持汽车自动等速行驶的系统。当汽车在高速公路上长时间行驶时，接通巡航控制主开关，设定希望的车速，巡航控制系统将根据汽车行驶阻力的变化，自动增大或减小节气门开度，使汽车按设定的车速等速行驶，驾驶人不必操纵加速踏板。因此，巡航控制系统可以减轻驾驶人的疲劳。由于巡航控制系统能够使汽车自动地以等速行驶，避免驾驶人操纵加速踏板使汽车行驶车速反复变化的情况，因而使发动机的运行工况变化平稳，改善了汽车的燃油经济性和发动机的排放性能。另外，由于巡航控制系统工作时汽车等速行驶，当汽车巡航行驶时可以改善汽车的行驶平顺性，提高汽车的舒适性。

汽车巡航控制系统的发展始于 20 世纪 60 年代，经历了机械巡航控制系统、晶体管巡航控制系统、模拟微型计算机巡航控制系统和数字微型计算机巡航控制系统四个发展阶段。

从 20 世纪 80 年代初开始，数字微型计算机巡航控制系统得到广泛应用。驾驶人操纵巡航控制开关，将车速设定、减速、恢复、加速、取消等命令输入计算机。当驾驶人通过巡航控制开关输入了设定命令时，计算机便记忆此时的车速，并按该车速对汽车进行等速行驶控制。汽车在巡航行驶过程中，不断通过比较电路将实际车速与设定车速进行比较，计算出实际车速与设定车速的差值，然后通过补偿电路输出对执行部件的命令，执行部件控制发动机节气门开大或关小，使实际车速接近设定车速。

### 6.4.2 巡航控制系统的组成与原理

巡航控制系统由巡航控制开关、传感器、巡航控制 ECU、执行器等组成。巡航控制开关和传感器将信号送至 ECU，ECU 根据这些信号计算出节气门的合理开度，并给执行器发出信号，调节节气门的开度，保持汽车按设定的车速等速行驶。

**1. 巡航控制开关**

巡航控制开关一般采用手柄式开关，安装于转向盘下方，如图 6.81 所示。也有的采用按键式开关，装在转向盘上。巡航控制开关包括主开关（MAIN）、设定/减速开关（SET/COAST）、恢复/加速开关（RES/ACC）和取消开关（CANCEL）。

1）主开关

主开关是巡航控制系统的主电源开关，位于巡航控制开关的端部，为按键式开关，如图 6.81 所示。按下主开关，电源接通；再按一次主开关，电源断开。当主开关接通时，如果将点火开关关闭，主开关也关闭。当再次接通点火开关时，巡航主开关并不接通，而保持关闭。

2）控制开关

手柄式巡航控制开关一般由设定/减速开关、恢复/加速开关和取消开关组成。该开关为自动回位型。当向下推控制开关时（图 6.81 中的方向 C），设定/

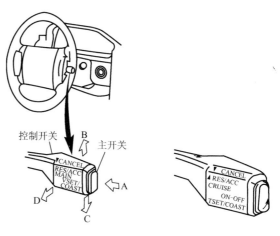

图 6.81 巡航控制开关

减速开关接通，放松控制开关时，开关自动回到原始位置；当向上推控制开关时（图 6.81 中的方向 B），恢复/加速开关接通；当向后拉控制开关时，取消开关接通（图 6.81 中的方向 D）。

3）退出巡航控制开关

退出巡航控制开关是指开关接通后能使巡航系统自动退出工作的开关。退出巡航控制开关除取消开关外，还包括制动灯开关、驻车制动开关、离合器开关（手动变速器）和空挡起动开关（自动变速器）。

（1）制动灯开关。制动灯开关由常闭开关 B 和常开开关 A 两个开关组成，开关 A 为常开开关，踏下制动踏板时开关闭合，将制动灯的电源电路接通，制动灯点亮。同时，电源电压经开关 A 加在巡航控制 ECU 上，将制动信号输入巡航控制 ECU，巡航控制 ECU 取消巡航控制系统的控制，巡航系统停止工作。开关 B 为常闭开关，当踏下制动踏板时，开关 B 断开，直接切断巡航控制 ECU 对巡航控制执行器的控制电路，确保巡航系统停止工作。

（2）驻车制动开关。当使用驻车制动器时，驻车制动器开关接通，将驻车制动信号送至巡航控制 ECU，巡航控制 ECU 将取消巡航系统的工作。同时，驻车制动灯点亮。

(3) 离合器开关。对于装有手动变速器的汽车，当踏下离合器踏板时，离合器开关接通，将取消信号送至巡航控制 ECU，巡航控制 ECU 将取消巡航控制系统的工作。

(4) 空挡起动开关。对于装有自动变速器的汽车，当将变速杆移至 N 位（空挡）时，空挡起动开关接通，将取消信号送至巡航控制 ECU，巡航控制 ECU 将取消巡航控制系统的工作。

2. 传感器

1) 车速传感器

车速传感器的类型有电磁式、霍尔式、光电式、舌簧开关式等。车速传感器信号可同时用于发动机控制、自动变速器控制和巡航控制等。对于巡航控制系统而言，车速传感器信号的作用是巡航控制 ECU 用于巡航车速的设定及将实际车速与设定车速进行比较，以便实现等速控制。

2) 节气门位置传感器

节气门位置传感器一般为线性输出型。节气门位置传感器信号可同时用于发动机控制、自动变速器控制和巡航控制等。对于巡航控制系统而言，节气门位置传感器信号的作用是巡航控制 ECU 用于计算输出与节气门开度的关系，以确定输出量的大小。

3) 节气门控制摇臂传感器

节气门控制摇臂传感器可对巡航控制 ECU 提供节气门摇臂位置信号。节气门摇臂位置传感器为电位计式，该信号的作用是巡航控制 ECU 根据节气门摇臂位置信号对节气门进行控制。

3. 巡航控制 ECU

巡航控制 ECU 接收来自巡航控制开关、车速传感器信号和其他开关信号，按照存储的程序对巡航系统进行控制。巡航控制 ECU 有以下控制功能：

1) 记忆设定车速功能

当主开关接通，车辆在巡航控制车速范围内（一般为 40~200km/h）行驶时，操作设定/减速（SET/COAST）开关可以设定巡航车速。ECU 将设定的车速存储在存储器内，并将按设定车速控制汽车等速行驶。

2) 等速控制功能

ECU 将实际车速与设定车速进行比较，确定节气门是否应该开大或关小，并根据实际车速与设定车速的差值，计算出节气门开大或关小的量，然后对执行器进行控制，保证汽车按设定车速等速行驶。

3) 设定车速调整功能

当汽车以巡航控制模式行驶时，如果需要使设定车速提高或降低，则只要操作恢复/加速或设定/减速开关，就可以使设定车速改变，巡航控制 ECU 将记忆改变后的设定车速，并按新的设定车速进行巡航行驶。

4) 取消和恢复功能

当汽车以巡航控制模式行驶时，如果接通取消开关或接通任何一个其他的退出巡航控制的开关，巡航控制 ECU 将控制执行器使巡航控制取消。取消巡航控制以后，要想重新按巡航控制模式行驶，只要操作恢复/加速开关，巡航控制 ECU 即可恢复原来的巡航控制行驶。

5) 车速下限控制功能

车速下限是巡航控制所能设定的最低车速。不同的车型稍有不同，一般为 40km/h。车速低于 40km/h 时，巡航车速不能被设定，巡航系统不能工作。当巡航行驶时，如果车速降至 40km/h 以下，则巡航控制将自动取消，且巡航控制 ECU 存储器内存储的设定车速将被清除。

6) 车速上限控制功能

车速上限是巡航控制所能设定的最高车速，一般为 200km/h。车速超过该数值，巡航控制车速不能被设定。汽车在巡航控制模式行驶时，如果操作加速开关，车速也不能加速至 200km/h 以上。

7) 安全电磁离合器控制功能

当汽车以巡航控制模式行驶时，如果因为下坡汽车车速高于设定车速 15km/h，则巡航控制 ECU 将切断巡航控制系统的安全电磁离合器使车速降低。当车速降低至比设定车速高出不足 10km/h 时，安全电磁离合器再次接通，恢复巡航控制。

8) 自动取消功能

当汽车以巡航控制模式行驶时，若出现执行器驱动电流过大，伺服电动机始终朝节气门打开的方向旋转时，则巡航控制 ECU 存储器内存储的设定车速将被清除，巡航控制模式将被取消，主开关同时关闭。此外，当巡航控制 ECU 诊断出系统有故障时，将会使巡航系统自动停止工作。

9) 自动变速器控制功能

当具有自动变速器的汽车以巡航控制模式行驶时，如果上坡时变速器在超速挡，车速降至比设定车速低 4km/h 以上时，巡航控制 ECU 将超速挡取消信号取消。当车速升至比设定车速低 2km/h 时，巡航控制 ECU 将超速挡恢复自动变速。

10) 诊断功能

如果巡航控制系统发生故障，巡航控制 ECU 的自诊断系统能够诊断出故障，并使仪表板上的巡航指示灯闪烁，以便提醒驾驶人。同时，巡航控制 ECU 将故障码存储在存储器内，通过巡航控制指示灯的闪烁或使用故障诊断仪可以读取故障码。

4. 执行器

巡航控制系统的执行器由 ECU 控制，根据 ECU 的控制信号控制节气门的开度，以保持车速恒定。巡航控制系统执行器有真空驱动型和电动机驱动型两种。

1) 真空驱动型执行器

真空驱动型执行器依靠真空力驱动节气门。真空源有两种取得方式，一种是仅从发动机进气歧管取得；另一种是从发动机进气歧管和真空泵取得。当进气歧管真空度较低时，真空泵参与工作，提高真空度。真空驱动型执行器主要由控制阀、释放阀、两个电磁线圈、膜片、回位弹簧和空气滤清器等组成。

(1) 控制阀。控制阀用来控制膜片后方的真空度，以改变膜片的位置，从而控制节气门。当 ECU 给控制阀电磁线圈通电时，与大气相通的空气通道关闭，与进气歧管相通的真空通道打开，执行器内的真空度增加，膜片左移将弹簧压缩，与膜片相连的拉杆将节气门开大。当控制阀电磁线圈断电时，与进气歧管相通的真空通道关闭，与大气相通的空气通道打开，空气进入执行器，膜片右移，节气门关小。ECU 通过占空比信号控制电磁线圈的通电与断电，通过改变占空比控制执行器内的真空度，从而控制节气门的开度。

（2）释放阀。释放阀的作用是取消巡航控制时，使空气迅速进入执行器将巡航控制立即取消。巡航系统工作时，释放阀电磁线圈中有电流通过，与大气相通的空气通道关闭，由控制阀控制执行器内的真空度，从而控制节气门的开度，保持汽车等速行驶。取消巡航控制时，巡航控制 ECU 使控制阀电磁线圈断电，控制阀与大气相通的空气通道打开，释放阀电磁线圈也断电，与大气相通的空气通道也打开，让空气迅速进入执行器，使巡航控制立即取消。

（3）真空泵。真空泵由电动机、连杆、膜片和三个单向阀等组成。真空泵的作用是在进气歧管真空度较低时为巡航系统执行器提供真空源。

真空泵的工作原理：当进气歧管真空度较高时，单向阀 A 被打开，由发动机进气歧管向执行器提供真空源，真空泵不工作。当进气歧管真空度较低时，真空控制开关检测到真空泵进气室的真空度变化，并将信号送至巡航控制 ECU，巡航控制 ECU 接通真空泵电源，真空泵电动机转动，带动膜片上下往复运动。当膜片向下运动时，膜片上方产生真空，将单向阀 B 打开，为执行器提供真空源，单向阀 A 和 C 关闭；当膜片向上运动时，单向阀 B 关闭，单向阀 C 打开，将空气排入大气。

2）电动机驱动型执行器

电动机驱动型执行器由电动机、传动机构、电磁离合器和电位器等组成，其结构如图 6.82 所示。

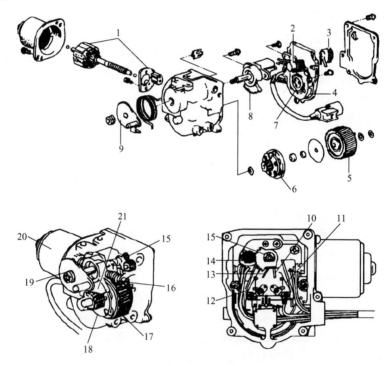

图 6.82　电动机驱动型执行器

1—驱动电动机；2，14—电位计；3，15—电位计主动齿轮；4—电路板；5，17—蜗轮及电磁离合器；6，18—离合器片；7—滑环；8，21—主减速器；9，19—控制臂；10—杆 B；11，12—限位开关；13—杆 A；16—蜗杆；20—电动机

巡航控制 ECU 控制电动机的工作，使电动机顺时针或逆时针旋转，从而改变节气门的开度。当 ECU 控制电动机工作时，电动机轴上的蜗杆 16 带动电磁离合器 17（5）外圆上的蜗轮旋转，蜗轮通过电磁离合器带动小齿轮旋转，小齿轮带动主减速器齿扇 21（8）转动，齿扇通过齿扇轴带动控制臂 19（9）转动，控制臂上的销轴通过拉索使节气门开大或关小。为了防止节气门完全打开或完全关闭后电动机继续转动，电动机安装了两个限位开关 11 和 12，用于控制电动机的转动。

电磁离合器及其控制电路如图 6.83 所示。电磁离合器用于接通或断开电动机与节气门拉索之间的联系。当巡航控制 ECU 给执行器发出控制信号时，电磁离合器 2 和 3 接合，电动机通过蜗杆蜗轮传动和电磁离合器及齿轮和主减速器齿扇 6 的啮合带动控制臂 5 转动，通过销轴拉动拉索使节气门旋转。若取消巡航控制，则 ECU 使电磁离合器断电分离，节气门不受电动机控制。

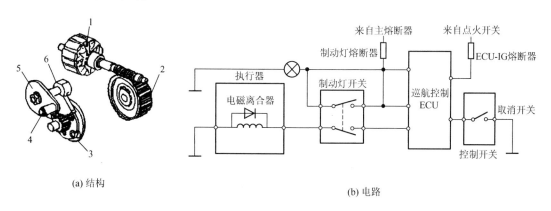

图 6.83　电磁离合器及其控制电路

1—驱动电动机；2—蜗轮及电磁离合器；3—离合器片；
4—节气门拉索轴；5—控制臂；6—齿扇

电位器及其电路如图 6.84 所示。当电动机带动主减速器齿扇转动改变节气门的开度时，主减速器齿扇轴同时带动电位器主动齿轮旋转，然后电位器主动齿轮通过从动齿轮带动电位器内的滑动臂转动，电位器就可以产生节气门控制臂位置信号。当对巡航控制系统进行巡航车速设定时，电位器将节气门控制臂信号送至巡航控制 ECU，ECU 将此数据存储于存储器内，行车中 ECU 以此数据作为参照控制节气门控制臂，使实际车速与设定车速相符。

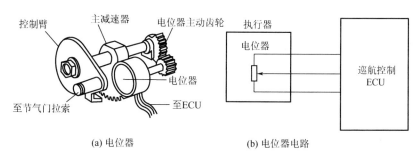

图 6.84　电位器及其电路

### 6.4.3 巡航控制系统的使用方法

巡航控制系统可以减轻驾驶人的疲劳，改善汽车的燃料经济性和发动机的排放性能，改善汽车的行驶平顺性，提高汽车的舒适性。但是，如果巡航控制系统使用不当，不仅不能充分发挥巡航系统的作用，还可能损坏巡航系统，甚至危害汽车行驶安全。因此，使用巡航系统时应注意按正确的使用方法进行操作。巡航控制系统的使用包括设定巡航车速、增加或降低巡航设定车速、取消巡航控制及取消巡航控制后的恢复巡航行驶。

1．设定巡航车速

巡航系统工作时的最低车速一般为 40km/h，这是为了防止汽车转弯时，由于巡航行驶而发生危险。设定巡航车速的方法是：按下巡航控制主开关，踏下加速踏板使汽车加速。当达到希望的车速时（必须高于巡航系统工作时的最低车速），将巡航控制开关推至设定/减速位置后放松，开关放松时的车速即被巡航控制 ECU 记忆为设定车速，巡航系统开始工作。

此时，驾驶人可以放松加速踏板，巡航系统控制节气门按设定车速等速行驶。

2．加速

当汽车巡航行驶时，如果要使巡航设定车速提高，应将巡航控制开关置于恢复/加速位置保持不动，汽车将逐渐加速。当汽车加速至所希望的车速时，放松巡航控制开关，汽车将按新的较高的设定车速等速行驶。

当汽车巡航行驶时，如果需要使汽车临时加速（如超车），则只需踏下加速踏板汽车即可加速，放松加速踏板后，汽车仍按原来设定的车速巡航行驶。

3．减速

当汽车巡航行驶时，如果要使巡航设定车速降低，应将巡航控制开关置于设定/减速位置保持不动，汽车将逐渐减速。当汽车减速至所希望的车速时，放松巡航控制开关，汽车将按新的较低的设定车速等速行驶。

4．点动升速和点动降速

当汽车以巡航控制模式行驶时，如果需要对巡航设定车速进行微调时，只要点动一次恢复/加速开关（接通恢复加速开关后立即放松开关，时间不超过 0.6s），巡航设定车速就升高约 1.6km/h；只要点动一次设定/减速开关，车速就降低约 1.6km/h。

5．取消巡航控制

取消巡航控制有几种方式可以选择：
（1）将巡航控制开关的取消开关接通然后释放。
（2）踏下制动踏板。
（3）对于装有手动变速器的汽车可以踏下离合器踏板。
（4）对于装有自动变速器的汽车可以将变速杆置于空挡位置。

6．恢复巡航行驶

如果通过操作退出巡航控制开关中的任何一个开关使巡航控制取消，要恢复巡航行驶，只要将恢复/加速开关接通然后放松开关，汽车将恢复原来巡航行驶。但如果车速已降低至40km/h以下，或实际车速低于设定车速16km/h以上，ECU将不能恢复巡航行驶。

### 6.4.4 巡航控制系统的使用注意事项

1. 巡航控制系统使用中应注意以下事项

（1）为了保证行车安全，在交通繁忙的道路上或遇到雨、雾、雪天气时，不要使用巡航控制系统。

（2）为了避免巡航控制系统误工作影响驾驶安全，在不使用巡航控制系统时，应将巡航控制系统的主开关关闭。

（3）在较陡的坡道上行驶时，不宜使用巡航控制系统。因为较大的坡度会引起发动机的转速变化过大，不利于发动机的正常工作。如果在巡航行驶时遇到较陡的下坡，汽车车速会高出设定车速许多，此时可首先踏下制动踏板使汽车减速，同时也取消了巡航控制，然后将变速器换入低挡，利用发动机的运转阻力控制汽车车速。

（4）使用巡航控制系统时要注意观察仪表板上的巡航（CRUISE）指示灯是否闪亮，若闪亮说明巡航系统有故障，巡航控制ECU将自动停止巡航系统的工作，应待故障排除后再使用巡航控制系统。

2. 巡航控制系统的维护与检修

巡航控制ECU与汽车上的其他控制系统的ECU一样，对于电磁环境、湿度和机械振动等有较高的要求，使用过程中应注意以下事项：

（1）保持汽车发电机及其电压调节器处于良好的技术状态，为ECU提供稳定的电源电压。如果电源电压波动较大，将影响ECU的工作，甚至损坏ECU。因此要经常检查发电机及其电压调节器的工作状态，如果有故障应及时排除。

（2）保持蓄电池的可靠连接。因为蓄电池能够吸收瞬时脉冲电压，如果蓄电池断开连接，系统内的瞬时脉冲电压就会加到ECU上使其损坏。因此要经常检查蓄电池的连接情况，蓄电池负极电缆的搭铁位置不得随意改动。

（3）在点火开关处于接通位置时，不要拆装系统中的电器元件和线束插接器。若必须拆装系统中的电器元件和线束插接器时，则应先关闭点火开关。

（4）在对ECU插接器进行维修时，应保持ECU插接器内的电源线路的接线正确，连接可靠。

（5）用充电机对车上的蓄电池充电时，要拆下蓄电池电缆线后进行，不可用充电机起动发动机。

（6）车上进行电焊时，应将ECU插接器拔下后进行。

（7）注意ECU的防潮、防振、防磁、防污染、防高温。ECU通常安装在车辆干燥清洁处，其外壳应保持可靠固定，注意防止水、油进入ECU内部。ECU存放时，注意防潮、防尘。ECU的屏蔽罩确保牢固，不可松脱变形，不可在屏蔽罩上打孔、安装螺钉。当对汽车进行烤漆作业时，应视情况将ECU从车上拆下。

汽车新技术

1. 在制动过程中，车轮抱死滑移的根本原因是什么？影响车轮滑移率的因素有哪些？
2. 电子控制防抱死制动系统的作用是什么？
3. 说明 ABS 的基本组成及工作原理。
4. 说明 ASR 系统的基本组成及工作原理。
5. 比较 ABS 及 ASR 系统的关系。
6. 简述电子控制式动力转向系统的类别和工作原理。
7. 简述阀灵敏度可变式 EPS 的工作过程。
8. 试说电动式 EPS 的组成和工作原理。
9. 简述电控半主动悬架的结构和工作原理。
10. 简述电子控制主动悬架系统的结构和工作原理。
11. 巡航控制系统的功能是什么？
12. 巡航控制系统的控制过程是什么？
13. 巡航控制开关有哪些？
14. 巡航控制 ECU 有哪些控制功能？
15. 巡航控制执行器有哪两种形式？各由哪些部分组成？

# 第7章 车身控制技术

本章教学要点

| 知识要点 | 掌握程度 | 相关知识 |
| --- | --- | --- |
| 电子控制安全气囊技术在汽车上的应用、电子控制安全气囊的结构、工作原理 | 熟悉电子控制安全气囊系统的组成、掌握安全气囊控制原理 | 安全气囊的分类、组成、动作过程及其有效范围 |
| 电动天窗及控制技术 | 了解电动天窗的分类与作用、掌握其基本结构 | 电动天窗的作用及其结构 |
| 防盗系统的分类、组成及其功能 | 了解各类防盗系统的工作原理，掌握防盗系统的组成、设定 | 防盗系统的作用、分类与原理及基本组成 |
| 电动座椅的分类、组成及工作原理 | 了解电动座椅的分类，掌握电动座椅的组成及工作原理 | 电动座椅的基本组成与工作原理 |
| 汽车导航的应用与功能 | 了解汽车导航的应用与功能 | 汽车导航的应用与发展方向 |

## 导入案例

汽车安全气囊鲜有人关注，甚至不少车型为缩减成本减少安全气囊数量，然而在事故发生关键时刻，安全气囊将直接关系到驾驶人和乘车人的生命安全。

前不久曝出的日本高田就接二连三在全球召回上千万辆安全气囊隐患车辆，其中美国市场就高达780万辆。不仅要关注安全气囊本身的质量问题，在平时使用时也要注意维护和保养好安全气囊，这样在关键时刻才能够救你一命。

汽车安全气囊由一个折叠好的气囊袋、气体发生器、点火器及控制系统组成。通过安装在车头的几组传感器判断是否需要引爆气囊。当车辆受到强烈的撞击后，安全气囊的控制单元立即点燃点火介质，火焰引燃点火药粉和气体发生剂，产生大量气体，在0.03s的时间内将气囊充气，使气囊膨胀用以保护驾驶人和乘车人致命关键部位，如图7.1所示。

图7.1　安全气囊打开图

汽车车身附件繁多，这里所涉及的是指安装在车身上面的电器与电子设备，如安全气囊、电动天窗、电动座椅、防盗系统和车载导航系统等。

## 7.1　安全气囊及其电子控制技术

安全气囊系统（Supplement Restrain System，SRS）是国外汽车一种常见的被动安全装置。目前较为普遍地安装驾驶人安全气囊和副驾驶人安全气囊（前排座椅）。一旦车辆发生碰撞时，由ECU提供电流引爆安放在转向盘中央及仪表板（杂物箱）后面的气囊中的氮化合物，它像"火药"似地迅速燃烧而产生大量的氮气，此气体在瞬间充满气囊，整个动作过程约在0.03s内完成。这样，在驾驶人与转向盘之间、副驾驶人与仪表板（杂物箱）之间立刻形成一种缓冲的软垫，以避免硬性撞击而发生严重的伤亡。若将安全气囊与安全带配合使用，则对乘员的保护效果会更好。

### 7.1.1　安全气囊的组成

当汽车受到碰撞导致车速急剧变化时，安全气囊迅速膨胀，承受并缓冲驾驶人或乘员头部与身体上部产生的惯性力，从而减轻人体遭受伤害的程度。汽车安全气囊有驾驶人安全气囊、副驾驶人安全气囊和乘客（后排或侧面）安全气囊等几种。

电子式安全气囊系统主要由传感器、ECU、气囊组件和警告与诊断系统等组成，如图7.2所示。

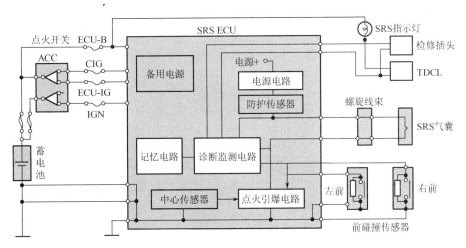

图 7.2　安全气囊的控制系统原理框图

图 7.3 为四个安全气囊（正、副驾驶人及两侧）展开保护人体示意图。安全气囊对人体进行保护的作用原理如图 7.4 所示，汽车在行驶过程中发生碰撞时，首先由碰撞传感器接收撞击信号，只要达到其规定强度，传感器即产生动作并向 ECU 发出信号，ECU 接收到信号后，与其原存储数据相比较，若达到气囊胀开条件，则由驱动电路向气囊组件中的气体发生器送去起动信号，气体发生器接到信号后引燃气化剂，产生大量气体，经过滤并冷却后进入气囊，使气体在极短时间内突破衬垫迅

图 7.3　四个安全气囊胀开时的保护作用

速胀开，在驾驶人或乘客的前部形成弹性气垫，并及时泄漏收缩的方式吸收冲击能量，从而有效地保护人体头部及胸部，以免于伤害或减轻伤害程度。

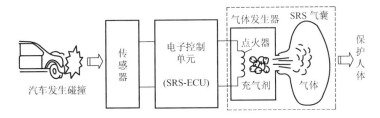

图 7.4　安全气囊控制保护原理

1. 气囊组件

安全气囊按在车上的布置可分为驾驶人侧气囊、侧面气囊、后排座椅气囊。按大小可分为保护整个上身的大型气囊和主要保护面部的小型护面气囊。驾驶人气囊与副驾驶人气囊无论是安装位置还是结构、外形均有不同。

驾驶人的气囊组件位于转向盘中心处。气囊组件主要由螺旋形电缆、气囊、气体发生器和衬垫四部分组成。其结构如图7.5所示，其中气囊折叠在气囊盒中，其材料为尼龙织物，内层涂聚氯丁二烯，能承受大于2.5kN的拉力。气囊衬垫也是一个关键部件，它具有保护气囊的作用，又必须在气囊胀开时易于碎裂而不影响气囊膨胀，而且碎裂时不会伤害驾乘人员，采用轻度发泡的聚氨酯塑料薄板制成。

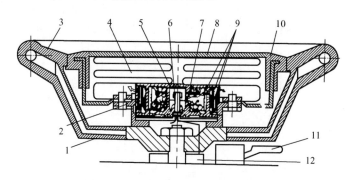

图7.5 气囊组件的结构

1—安装架；2—充气器外壳；3—转向盘；4—气囊；5—发火剂；6—电雷管；
7—气化剂；8—气囊保护盖；9—过滤器；10—气囊盒；11—经济速度开关；12—时钟弹簧式电缆

气体发生器由引燃器（电雷管）、气化剂（气体发生剂）和过滤器等组成。在碰撞减速力的作用下，传感器向ECU发出碰撞信号，ECU向电雷管输送一个电流信号并点燃引火药，产生的火焰加热气化剂，使其产生大量的氮气，通过金属过滤器的过滤、冷压、降压，使气囊迅速膨胀。实际上，气体发生器是以爆炸的形式迅速产生气体。因此，其外壳强度和爆炸气体在进入气囊之前的过滤、降温、降压处理显得十分重要。此外，采用多孔粉末冶金金属板作为过滤器，不仅其降温、降压效果好，而且价格便宜。

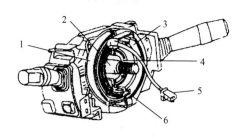

图7.6 螺旋形电缆

1—线缆；2—转向盘转轴；3—转子；
4—解除凸轮；5—至电爆管接头；6—壳

1）螺旋形电缆

螺旋形电缆的作用是把电信号输送到安全气囊引燃器（装在转向盘内）的接线上。由于驾驶人气囊是安装在转向盘上的，而转向盘需要转动，为了实现这种静止端与活动端的可靠连接，因此采用螺旋形电缆，如图7.6所示，它被安装在托盘内，托盘则通过螺栓固定在转向轴顶部。它是以顺、逆两个方向的盘绕来实现做旋转运动的一段与固定端的可靠连接的。电缆内侧是固定端，用键与转向轴固定在一起；外侧是活动端，通过连接器与引燃器连在一起。

螺旋形电缆的电阻取决于其本身材料和长度。电缆材料为复合膜铜带，一面是铜，一面是聚酯薄膜。长度由转向盘最大转向圈数和转向轴安装毂的最小内径决定，一般电缆长约4.8m。转向轴处于中间位置，可分别向左右做2.5圈转动。由于与电缆连接的引燃器阻抗很小，故对电缆阻抗的偏差要严格控制，否则会影响ECU对引燃器故障的诊断。

螺旋形电缆的中心与转向轴圆心的同轴度，对于能否保证安全气囊系统的性能有很大关系。若偏差过大，就会导致螺旋形电缆旋转过量而造成永久性的损伤。又因偏差无法避免，所以在安装电缆时，在顺、逆两个方向都要留出半圈的余量。

2）气囊

由于欧洲普遍使用安全带，气囊只是补充性的保护装置，故欧洲气囊多为小型护面气囊。小型护面气囊的优点是体积小而轻，成本低，但它一定要与安全带配合使用。美国则针对未使用安全带而设计，采用了大型气囊，能保护乘员的头部和上肢。

(1) 气体发生器。气体发生器是气囊组件中非常重要而又复杂的一部分。该装置最突出的特点是爆燃性，在极短的时间内可使环境发生剧烈变化。

气体发生器通常分为固体燃料式和混合式两种。固体燃料式气体发生器所产生的气体全部来自气体发生剂（即气化剂）的燃烧，所以气体灼热。混合式气体发生器则是在储气缸中储有压缩气体和一小部分火药。工作时火药将储气缸阀门炸开，压缩气体冲出。由于瞬间储气缸内没有热交换，储气缸内的温度将骤然下降，并引起气体压力下降。为了补偿失去的压力，利用燃烧的火药对冲出的气体加热，以使气囊内部有足够的工作压力。使用混合式气体发生器时的气囊温度比使用固体式气体发生器时的温度低，但是对于人体来说，气囊的温度还是比较高。

气体发生器主要由外壳、引发器或引燃器、增压充剂、气体发生剂、过滤器等组成，如图7.7所示。

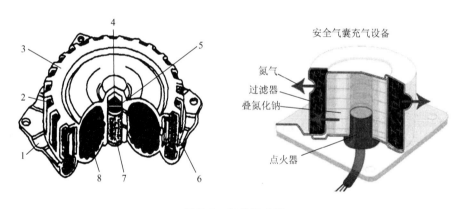

图 7.7 气体发生器

1—下盖；2—出气孔；3—上盖；4—引爆器；5—电热丝；
6—过滤器；7—药阀；8—气体发生剂

① 气体发生器外壳。一般采用铝合金或钢板冲压成型。目前铝合金外壳已逐步取代钢板外壳。铝合金外壳底部采用惰性气体焊接，出气口处用铝箔粘接封严。

② 引发器（引燃器）。引发器由引爆筒总成和尼龙壳体组成。引爆筒又由电热丝、药托、药筒等组成。在传感器动作时，引发器响应来自电源的低电平信号使气囊点火系统触发。其作用过程是：引发器引线端有电，电流通过电热丝，电热丝产生热量，引燃火药，生成的压力和热量冲击波药筒将增压充剂引燃。与引发器相接的连接器中设有短路条，当连接器摘下或未完全接合时，短路条将引线短接搭铁，防止因静电感应或误充电而造成气囊误膨胀。

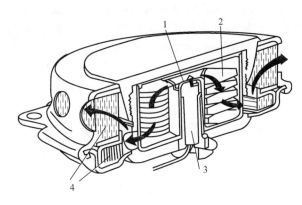

图 7.8 气体发生器结构示意图
1—点火剂（硼、硝酸盐、钾）；2—氮气发生剂；
3—电气点火装置；4—滤网

引发器及其触发装置通常安装在气囊气体发生器的中心部位，如图 7.8 所示，该气体发生器的外壳是用钢板冲压件焊接和铆接而成，有的壳体是用铝合金制造，再用摩擦焊接而成。壳体内装有引燃器、气化剂冷却器、过滤器等。当引燃器中的点火剂引燃气化剂后，燃料迅速燃烧产生大量氮气，并达到 1000℃ 的高温，气体通过冷却器层降温后进入过滤器，阻止燃烧后的残渣进入气囊，使过滤后的清洁气体充入气囊，使气囊迅速膨胀展开。

③ 增压充剂。增压充剂装于引发器与气体发生剂之间。当引发器引燃后，引燃增压充剂，冲撞（或粉碎）气体发生剂，促进气体发生剂的快速燃烧。

④ 气体发生剂（气化剂）。目前气体发生器使用的气体发生剂主要是叠氮化钠合剂，该合剂燃烧后产生氮气。为使叠氮化钠充分燃烧，需加入助燃剂。叠氮化钠合剂的优点是在高温时化学性能较稳定，而且可以通过调整助燃剂的比例，较容易地调整火药的燃烧速度和燃烧后的杂质。在使用过程中，它通常制作成片状，这是因为这种工艺比较成熟并且便于通过改变片剂厚度来调节气体发生器的特性。

叠氮化钠合剂具有毒性，所以用其他无毒化合物作燃料的气体发生器相继产生。由于大多数这类无毒化合物几乎不需要催化剂，产生所需体积气体的剂量也很小，所以该气体发生器可以设计得很小。但是，在环境温度升高时，这类气体发生剂的化学性能不够稳定，很难控制其燃烧速度，而且它的爆炸力也比叠氮化钠大得多。在长时间较高环境温度下，这类气体发生剂的爆炸力将大大超过设计要求，使得气体发生器非常危险。因此，采用非叠氮化钠化合物作为气体发生剂还有待完善。

⑤ 过滤器。过滤器有两个作用：一是冷却生成的气体；二是滤出燃烧后产生的杂质。一般采用金属纤维毡加陶瓷纤维纸作过滤介质。

（2）衬垫。衬垫是气囊组件中的一个重要组成部分，由聚氨酯制成。在制造过程中使用了很薄的水基发泡剂，所以质量特别轻。平时它就作为转向盘的上表盘把气囊与外界隔离开，既起到了保护作用，也起到了装饰作用。气囊胀开时，它在气囊爆发力的作用下及时断开，并且对气囊胀开过程毫无阻碍。

衬垫最重要的问题就是对它的处理问题，即当报废装有安全气囊系统的车辆或只报废带有安全气囊的转向盘衬垫时对衬垫的处理。在处理过程中必须按照规定的操作步骤进行严格操作。

副驾驶人气囊安装在仪表板的上部，发生事故时它可以沿着风窗玻璃胀开，并采用可使气囊平滑胀开且使气囊折叠和收存的方法。

壳盖是仪表板的一部分，其表面形状与仪表板相配。为了保证仪表板有足够的刚性，通常用嵌入铅板的聚氨酯塑料制成盖，另外在设计时还应预先设定部分阻力。

副驾驶人气囊应根据乘客的各种体格、形态及碰撞状态来确定气囊的形状和容积。一般副驾驶人气囊的容积是驾驶人气囊容积的 2.5 倍，约为 150L，气囊应在保持架中纵向折叠，这样能使氮气快速地充到气囊的各个角落，使气囊在保持架中向外平滑的膨胀，且阻力小，气囊是先沿着风窗玻璃，然后转向下方平滑地胀开。

保持架分上、下两部分。上保持架的作用是固定盖，下保持架的作用是固定压气泵。将两个保持架组合起来，就成为固定和收存气囊的装置。压气泵安装在下保持架的下部。为了有效地向大容量气囊充入氮气，它被制成圆筒形。在设计压气泵时应合理控制气体的输出特性，以缓和气囊胀出时的冲击力。

2. 电控单元（ECU）

安全气囊 ECU 的内部结构如图 7.9 所示，主要由微处理器 CPU、随机存储器（RAM）、只读存储器（ROM）、放大器、驱动器、输入/输出（I/O）接口等电子电路组成。

ECU 核心部件是单片机，一般与其他电路做成两块印制电路板，外壳用金属制作。一方面加强机械强度，另一方面为了屏蔽外界的电磁波的干扰。它通过牢固的插接件把传感器的输入信号及引燃器、警报器等输出信号和 ECU 连接起来。一般电路图上的接线标号就是插接件上的标号。

随机存储器（RAM）是 CPU 在工作过程中用来存储中间结果并随机存取数据的部件，如气囊在自检中发现左前方传感器有故障，CPU 把其代码找出后，就放在 RAM 里供随时显示用。其特点是一旦电源切断，存放在其中的信息就丢失。

只读存储器（ROM）则用来存放气囊运行的所有固定程序和一些不变的量，如自检中各主要元器件的故障编码等。它只能输出，而断电后存放在里面的信息仍然存在。

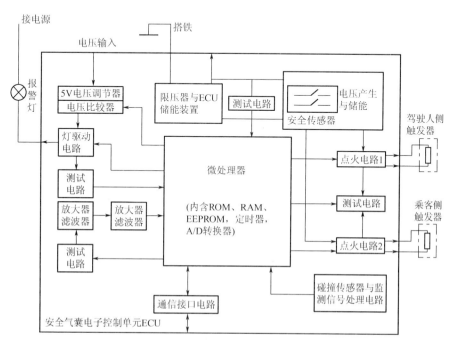

图 7.9　安全气囊电子控制系统结构框图

## 7.1.2 碰撞与点火的判断

如图 7.10 所示,在电子控制系统中,纵向加速度传感器将检查到的加速度信号 $G$ 分别送到加速程度计算装置和变化率计算装置中。加速程度计算装置根据信号 $G$ 计算加速度值 $a$,并将该信号输入第一和第二判断装置中。变化率计算装置检测信号 $G$ 的变化率 $B_P$,随后将 $B_P$ 输入第一判断装置中。

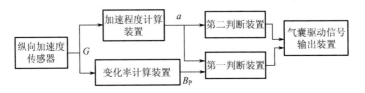

图 7.10 安全气囊系统碰撞判断方法 (1)

第一判断装置根据加速度值 $a$ 和变化率 $B_P$ 确定是否发生撞击,并将一个输出信号送入气囊驱动信号输出装置中;第二判断装置计算时间 $t_1$,这个时间表示加速度值 $a$ 超过一个预定值的时间周期,随后,根据 $t_1$ 和加速度 $a$ 判断是否发生撞击,并将结果也输入气囊驱动信号输出装置中。气囊驱动信号输出装置根据第一和第二判断装置的信号,确定气囊是否需要充气,并可按照其判断结果确定是否产生气囊驱动信号。

加速度信号 $G$ 的变化率 $B_P$ 是确定碰撞类型的参数之一。例如,在车辆发生正面撞击时,加速度变化率 $B_P$ 会产生一个骤变,并且同时车身有变形。当然,加速度值 $a$ 本身也应作为判断是否发生撞击的因素,因为在车辆通过粗糙的路面时,加速度也可能骤变,而此时并不需要打开气囊,同时考虑加速度值,可以避免气囊的误充气。

另外,还可以用时间 $t_1$ 来判断撞击类型。例如,在车辆发生倾斜撞击或碰撞时,由于撞击的时间相对较长,并且车身不会产生突然的变形。因此,加速度值 $a$ 可以在一段时间内保持一个较高的值。同样,在用 $t_1$ 作为判断撞击类型时也还是要考虑加速度值 $a$ 的。

在气囊的控制系统中,除了仅使用纵向加速度传感器外,还可以同时再设置一个横向加速度传感器,以便更好地确定撞击类型。

在图 7.11 所示的系统中,除了具有与图 7.10 相同的部分外,还可以在设置纵向加速度传感器的同时设置一个横向加速度传感器。

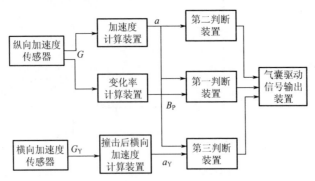

图 7.11 安全气囊系统碰撞判断方法 (2)

横向加速度传感器检测垂直于车身轴线方向上的车辆加速度,并将其检测信号 $G_Y$ 送入一个撞击后横向速度计算装置中。该计算装置根据 $G_Y$ 计算车辆遇到撞击后的横向速度 $a_Y$,其计算结果与加速度值 $a$ 一起输入第三判断装置中。第三判断装置中输出信号也如同第一和第二判断装置一样,输入气囊驱动信号输出装置中进行处理。

撞击后的横向速度 $a_Y$ 也可以作为判断撞击类型的因素之一。例如,在偏移撞击和倾斜撞击时,还会在撞击方向上产生一个横向加速度。

气囊点火电路的任务是向引燃器发送引燃电流,该电流一般由点火电压形成电路和点火储能电路提供。点火储能电路是利用一组电容器来实现储能的,也称为气囊后备电源。当汽车发生碰撞时,气囊点火电路的电源直接取自车上的蓄电池。若汽车上装有双气囊或多气囊,则应设置两条或多条气囊点火电路。

气囊点火时刻的判断应由其逻辑电路来完成,图 7.12 所示即为一般气囊点火判断的逻辑电路图。由图 7.12 可知,气囊点火电路的信号来自(逻辑)"与"门,而"与"门的输入信号由安全传感器和(逻辑)"或"门的输出,"或"门的输入信号又取决于中央(碰撞)传感器和前方(碰撞)传感器两部分,当二者相"或"(逻辑加)后,再与安全传感器相"与"(逻辑乘),然后才能决定气囊是否不点火。

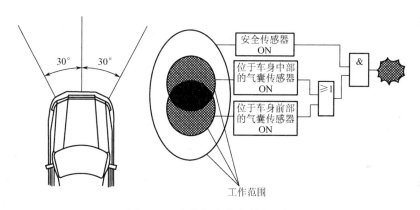

**图 7.12 安全气囊点火判断逻辑**

安全气囊的动作过程完全由 ECU 的工作程序进行控制,按照人们事先设计的工作内容与步骤逐条执行。安全气囊电子控制流程如图 7.13 所示。

汽车的点火开关闭合后安全气囊系统就开始工作。首先把 ECU 等电子电路复位,紧接着是进行自检,专门由自检子程序对各传感器、引燃器、RAM、ROM、电源等部件逐个进行检查。如果有故障,先执行总的故障显示灯显示子程序,使故障灯发出闪亮信号,驾驶人迅速把故障码读取开关闭合(或用线接好),读取故障码,查出气囊故障的部位。

如果自检时安全气囊无故障,起动传感器采集子程序,对所有的传感器进行巡回检测。如果没有碰撞,程序又返回到自检子程序。如果一直没有碰撞则程序就这样循环下去。

如果有碰撞,经 ECU 的判断,当碰撞速度小于 30km/h 时,ECU 发出引爆双安全带预紧器的指令,并且发出光、电报警指令。如果碰撞速度大于 30km/h,则 ECU 向所有的引燃器发出引爆指令,使两个安全带拉紧,两个气囊胀开,同时发出光电报警指令。

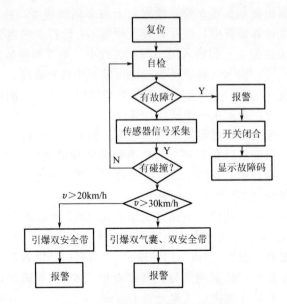

图 7.13　安全气囊电子控制流程

如果在较大速度碰撞后，主电源被切断，则电源监控器自动启动备用电源，支持整个系统工作，并使警报工作直至备用电源耗尽。

图 7.14 所示为某汽车在速度为 50km/h 与前面故障物相撞时，驾驶人安全气囊引起爆炸的时序。

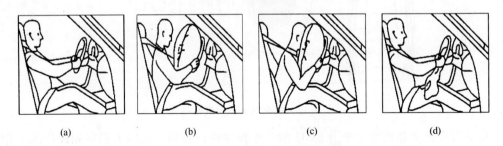

图 7.14　安全气囊电子控制动作过程

图 7.14(a) 所示为撞车 10ms 后，达到引爆系统的引爆极限，引燃器引燃火药，产生大量的炽热气体。此时，驾驶人由于惯性仍然坐立在座椅上。20ms 后驾驶人开始移动，但还没有到达气囊。

图 7.14(b) 所示为 30ms 后气囊已完全胀起，驾驶人逐渐向前移动，安全带被拉长，人的部分冲击能量已吸收。60ms 后驾驶人已经开始沉向气囊。

图 7.14(c) 所示为 80ms 后驾驶人的头和身体上部沉向气囊。气囊的排气口打开，其中的气体在高压下匀速地逸出，以吸收能量。100ms 后车速已降为零，这时对车内的乘员来说，事故的危险期已经结束。

图 7.14(d) 所示为 110ms 后驾驶人向前移动达到最大距离，随后身体开始后移，回到座位。这时大部分气体已从气囊中逸出，前方又恢复了清晰的视野。

## 7.2 电动天窗及其电子控制技术

### 7.2.1 电动天窗分类与作用

汽车天窗安装于车顶,能够有效地使车内空气流通,增加新鲜空气进入,为车主带来健康、舒适的享受。同时汽车车窗也可以开阔视野,也常用用于移动摄影摄像的拍摄需求。天窗的型号多种多样,有电动的、手动的;有内藏式的、外倾式的。从理论上讲,一辆车可以安装任何一款天窗,专业天窗安装店会根据汽车的售价和车内空间、车顶尺寸帮助车主选择天窗。一般来说,外掀式的手动天窗多用于经济型乘用车,而内藏式的电动天窗则多用于商务车、高档车。

1. 汽车天窗的分类

汽车天窗按驱动方式的不同可分为手动式和电动式,按开启方向不同可分为内藏式、外倾式和敞篷式等。手动天窗主要有外倾式和敞篷式,此类天窗结构比较简单,价格也较便宜;电动天窗主要有内藏式、外倾式,此类天窗档次较高,价格较贵。另外天窗还可分为普通天窗和全景天窗两种。

1) 内藏式天窗

内藏式天窗是指滑动总成置于内饰与车顶之间的天窗,其优点是天窗开口大,外形简洁美观。目前大部分乘用车多采用内藏式天窗。

2) 外倾式天窗

外倾式天窗具有体积小、结构简单的优点,可以倾斜升高,打开一定角度,但是开口大小有限,此类天窗主要安装在中小型乘用车上。

3) 敞篷式天窗

敞篷式天窗在开启后天窗完全打开,使用高品质的特殊材料组合而成,具有防紫外线隔热的效果。此款天窗非常前卫,适用年轻人口味。相对于前两款天窗,敞篷式天窗的密闭防尘效果要略差一些。

2. 汽车天窗的作用

很多人都说汽车的天窗是用来耍帅耍酷用的,其实并不然,总结起来天窗的用途还是很多的,有了天窗便能为我们的乘驾带来不少方便。天窗不仅能排出驾驶舱内浑浊的空气,改善车内环境;并且在高速行驶的时候,使用天窗换气所产生的噪声也远远低于侧窗。

1) 打破传统的换气模式

因为天窗是利用负压换气的原理,依靠汽车在行驶时气流在车顶快速流动形成车内的负压,将车内污浊的空气抽出。由于不是直接进风,而是将污浊的空气抽出、新鲜空气从进气口补充的方式进行换气,因此车内气流柔和,没风直接刮在身上的不舒适感,也不会有尘土的卷入,而且风噪很小。

2) 快捷消除雾气

使用天窗除雾是一种快捷除雾的方法。特别是在夏秋两季,雨水多,湿差大。开车的人都知道,如果行车过程中将车的侧窗紧闭,就会增大车内外温差,前风窗玻璃容易形成雾气。虽然大多数车都配备了防雾装置,但有的防雾效果并不那么明显。车主只需要打开天窗便可快捷消除前风窗玻璃的雾气。

3) 快速降温节约能耗

炎热的夏天,车在太阳下暴晒一小时,车内温度便会达到60℃左右。很多车主会选择马上打开车内的空调降低车内温度。如果你的车有天窗,那么只需打开天窗,利用车辆行驶过程中车顶形成的负压抽出燥热的空气便可降温。使用这种方法比使用空调降温的速度快2~3倍,而且还降低了能耗。

4) 提高汽车档次

一般进口高档汽车上基本都配有天窗,天窗除了作为一个很好的换气设备,还可以使汽车变得更美观、更舒适。现代人对于天窗车型的喜爱,除了考虑功能上的好处外,还缘于他们在买车前的浪漫憧憬:驾驶爱车,带上家人或爱人在林荫路上驰骋,尽享与大自然的亲密接触。

目前,许多乘用车采用了可以任意打开与关闭的电动天窗,以便车内乘员采光、通风、遮阳、取暖等。电动天窗主要由月牙形天窗玻璃、遮阳板、驱动电动机及齿轮、滑动螺杆,ECU及继电器等组成,如图7.15所示。月牙形天窗玻璃是一种染色玻璃,它有三种颜色:青铜色、蓝色和灰色;天窗本身具有滑动和倾斜(斜升、斜降)两种功能,当其斜升到天窗玻璃的后端约45mm时,便会显现出遮阳板;遮阳板随着天窗玻璃的完全关闭,可以用手随意地打开和关闭。

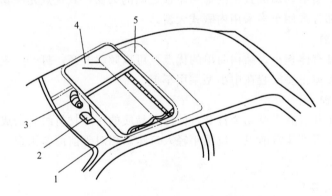

图7.15 电动天窗的基本结构

1—滑动螺杆;2—ECU;3—电动机及驱动齿轮;4—天窗玻璃;5—遮阳板

### 7.2.2 电动天窗的基本结构

1. 滑动机构

电动天窗的滑动机构主要由驱动电动机、驱动齿轮、滑动螺杆、后(前)枕座等构成,如图7.16所示。工作时,驱动电动机所产生的转矩由驱动齿轮传送给滑动螺杆,直至后枕座。根据驱动电动机的正转与反转,来决定向前滑动还是向后滑动,也就决定了天窗玻璃打开还是关闭。

车身控制技术 第7章

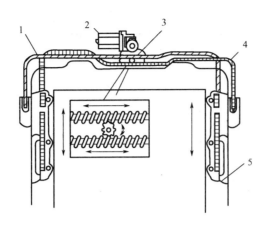

图 7.16 电动天窗的滑动机构
1—滑动螺杆；2—电动机；3—驱动齿轮；4—滑动螺杆；5—后枕座

2. 连接机构

电动天窗的连接机构主要由（前）后枕座、连杆、导向块、托架等组成。两个导向销安装在连杆的两侧，并可在导向槽内移动。

1) 斜升

当后枕座向前移动时，导向销也沿导向槽向前滑动，连杆（撑杆）向左移动，从而斜升起天窗玻璃。

2) 斜降

当天窗玻璃斜降开始时，后枕座中的撑杆向右移动收回与合拢，于是天窗玻璃便斜降下来。此项工作完成之后，天窗玻璃才可按常规进行滑动打开。

3. 驱动机构

电动天窗的驱动机构由电动机、驱动齿轮、凸轮、限位开关等组成。电动机通过蜗轮、中间齿轮和中间齿轮进行减速，将动力传递给驱动齿轮后移动滑动螺杆。由驱动齿轮再做一次减速，将动力传送给凸轮。

4. 限位及控制开关

1) 限位开关

天窗有两个限位开关：限位开关 1 和限位开关 2，它们的闭、关靠凸轮来检测天窗玻璃所在的位置，然后将此检测信号送给 ECU。限位开关 1 检测天窗玻璃停止的位置，即在全关闭位置前约 200mm 处和在斜降过程中的全关闭位置；限位开关 2 检测天窗玻璃在滑动过程中的全关闭位置。

2) 控制开关

控制开关包括滑动开关和倾斜开关，工作中它们将开关信号送至 ECU。滑动开关推向打开一侧，天窗玻璃便滑动打开；推向关闭一侧时它就做滑动关闭。在滑动关闭中，即使滑动开关处于关闭一侧，但一旦运行至全关闭位置前约 200mm 时，天窗玻璃的滑动也会立即停止（限位开关作用）。一旦放松或再次推动滑动开关时，天窗玻璃会完全关闭。

当倾斜开关推向斜升（UP）一侧时，天窗玻璃便会斜升；推向斜降（DOWN）一侧时，天窗玻璃就会斜降。天窗玻璃是不会在同时既做倾斜又做滑动运动的。

限位开关、滑动开关和倾斜开关的工作状态见表 7-1。

表 7-1　限位开关、滑动开关和倾斜开关的工作状态

| 车顶玻璃位置 | | | 斜升 | 斜降 | 全关闭 | 暂停位置 | 全打开 |
|---|---|---|---|---|---|---|---|
| | | | ←倾斜期间→ | | ←滑动期间→ ←暂停期间→ | | ←滑动期间→ ←暂停期间→ |
| 限位开关1 | | ON | | | | | |
| | | OFF | | | | | |
| 限位开关2 | | ON | | | | | |
| | | OFF | | | | | |
| 车顶开关 | 滑动 | 打开 | × | O | O | O | O |
| | | 关闭 | × | × | O | O | O |
| | 倾斜 | 斜升 | O | O | × | × | × |
| | | 斜降 | O | × | × | × | × |

注：O——工作；×——不工作。

### 7.2.3　电动天窗的电子控制系统

汽车电动天窗的电子控制系统主要由电源继电器、天窗开关（滑动和倾斜）、限位开关、ECU、执行器（驱动电动机）等组成。其工作原理如图 7-17 所示。该系统有九种工作状态，即：滑动打开、滑动关闭、全关闭前 200mm 处停止、从停止到全关闭、全关闭时的停止、斜升、斜升提醒、斜降、斜降至全关闭位置是停止。

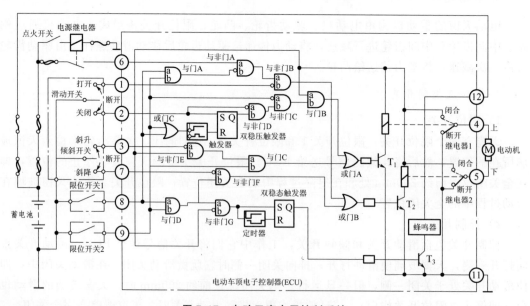

图 7.17　电动天窗电子控制系统

1. 天窗的打开与关闭

1) 滑动打开

注意：此时限位开关 1 和限位开关 2 均保持闭合（即接通）。另外，只要玻璃处于全开与全闭之间，限位开关 2 就保持闭合。

(1) 当滑动开关推至打开位置时，0 信号就由与门 A 的 a、b 两端输入，其输出为 0，与非门 A 的输出则为 1。

(2) 由于滑动开关置于打开位置，故有 0 信号输入与非门 B 的 b 端，从而使该门输出 1 信号；或门 B 的输出为 1，使晶体管 $T_2$ 有基极电流，$T_2$ 导通。

(3) 当 $T_2$ 导通时，继电器 2 线圈通电，其触电闭合，驱动电动机电路接通，电流方向由下至上，驱动电动机正转，使天窗玻璃滑动打开。

2) 滑动关闭

(1) 由于限位开关 1 和限位开关 2 闭合，或门 C 的两端输入均为 0 信号，其输出为 0，当此信号输送给触发器时，触发器的输出也为 0，与此同时，0 信号也送至与非门 C 的 a 端。

(2) 当滑动开关推至关闭时，信号由 1 变到 0，并输送到双稳态触发器的 S 端，触发器输出的 0 信号送至其 R 端，故使双稳态触发器输出为 1。

(3) 与非门 D 的输入端 a 端为 0，b 端为 1，其输出为 1；与此相类似，与非门 C 的输入端 a 为 0，b 为 1，其输出亦为 1。

此时，与门 B 的两输入端 a、b 均为 1，其输出为 1。

(4) 由于或门 A 输入 1 信号，其输出也为 1，晶体管 $T_1$ 有基极电流，$T_1$ 导通。

当 $T_1$ 导通时，继电器 1 线圈通电，其触电闭合，驱动电动机电路接通，电流方向由上至下，驱动电动机反转，使天窗玻璃滑动关闭。

3) 全关闭前 200mm 处停止

(1) 当天窗玻璃滑动到全关闭位置前 200mm 处时，限位开关 1 断开，或门 C 的输出由 0 变到 1，并将 1 信号送至触发器；触发器的输出立刻变为 1，然后又到 0。

(2) 由于滑动开关一直置于关闭状态，0 信号送至双稳态触发器的 S 端，因此，双稳态触发器的输出端 Q 由 1 变到 0，与非门 D、与非门 C、与门 B 和或门 A 的输出均由 1 变到 0，使晶体管 $T_1$ 的基极电流中断，$T_1$ 截止。

当 $T_1$ 截止时，继电器 1 线圈断电，其触点断开（直接搭铁），驱动电动机电路被切断而停止转动，从而使天窗玻璃的滑动停止。

4) 从停止到全关闭

(1) 由上所述，天窗玻璃在关闭过程中自动停止之后，滑动开关应被关闭，如图 7.18(a) 所示，此时，1 信号既送至双稳态触发器的 S 端，又送给与非门 D 的输入端。触发器输出的 0 信号送至双稳态触发器的 R 端，因而使其 Q 端输出信号为 1，故使与非门 D 输出 0 信号。

当滑动开关再次推至关闭位置时，即滑动开关接通，如图 7.18(b) 所示，0 信号送至双稳态触发器的 S 端和与非门 D 的输入端 a；触发器的 0 信号输出送至双稳态触发器的 R 端，使其 Q 端输出信号为 1，故使与非门 D 输出 1 信号。

(2) 由于上述结果，与非门 C 的 a 端由限位开关 2 输入 0 信号，b 端由与非门 D 输入

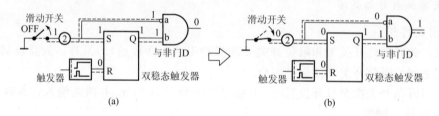

图 7.18 开关断开

1 信号,因而其输出则为 1;这样,与门 B 的输出信号也为 1,此信号送给或门 A。

(3) 由于或门 A 的输出为 1,使得晶体管 $T_1$ 有基极电流通过,$T_1$ 导通,继电器 1 线圈通电,其触点闭合,驱动电动机电路接通而回返反转,使天窗玻璃全关闭。

5) 全关闭位置时的停止

(1) 如果天窗玻璃滑动到全关闭之后,滑动开关仍保持在开关位置,限位开关 2 就会自动断开,此时或门 C 的输入由 0 变为 1,输出也由 0 变为 1。

(2) 触发器的输入同样由 0 变为 1,而其输出立刻由 0 变为 1,然后又变为 0;由于滑动开关保持在关闭位置,双稳态触发器 S 端为 0,故使其输出端 Q 则由 1 变为 0,与非门 D、与非门 C、与门 B、或门 A 的输出均由 1 变为 0,引起晶体管 $T_1$ 的基极电流从有到无,最后使 $T_1$ 截止。

(3) $T_1$ 截止,继电器 1 线圈断电,其触点断开(直接搭铁),使驱动电动机电路切断而停转,天窗玻璃便在全关闭位置完全停止。

2. 天窗斜升与斜降

1) 斜升

(1) 天窗玻璃在斜升和全关闭位置之间,限位开关 2 处于断开状态,此结果引起与门 C 的输入端 b 获得 1 信号,其 a 端也为 1(来自与非门 E 的输出),因而与门 C 的输出也为 1;而其中与非门 E 的输入是倾斜开关置于斜升(UP)后送出 0 信号给 a 端的,b 端直接与电源正极 1 信号相连。这样一来,或门 A 的输入(来自与门 C)和输出均为 1。

此时,晶体管 $T_1$ 的基极有电流,$T_1$ 导通,继电器 1 线圈通电,其触点闭合,驱动电动机电路接通而驱动天窗玻璃做斜升运动。

(2) 斜升提醒。由于在斜升过程中限位开关 1 和限位开关 2 均处于断开状态,因而与门 D 的输入端 a、b 均为 1,其输出也为 1,故使与非门 G 的输入端 a 也为 1。

在斜升期间,如果驾驶人要下车,将点火开关由 ON 位置转至 ACC 或 OFF 位置,与非门 G 的输入端 b 立即由 1 变到 0,其输出信号为 1,此信号既送给双稳态触发器的 S 端,又送至定时器输入端,于是,定时器输出的 1 信号又送给双稳态触发器的 R 端,使其输出端 Q 为 1。

由于此时晶体管 $T_3$ 获得正向偏压,所以 $T_3$ 导通,蜂鸣器电路接通而发出蜂鸣声,以做天窗玻璃斜升时提醒。该提醒时间为 8s,其波形如图 7.19 所示,它由定时器控制,也即蜂鸣器响过 8s 之后,双稳态触发器的 R 端就由 0 变到 1,Q 端也就由 1 变到 0,使晶体管 $T_3$ 截止,蜂鸣器的蜂鸣声停止。

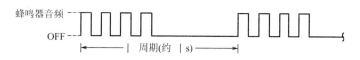

图 7.19 蜂鸣器音频频率

2) 斜降

(1) 当倾斜开关置于斜降位置时，与非门 F 的 a 端为 0，b 端为 1（来自与门 D 的输出，因为限位开关 1 和限位开关 2 均断开），或门 B 的输入和输出均为 1。

由于或门 B 的输出为 1，所以晶体管 $T_2$ 有基极电流，$T_2$ 通电，继电器 2 线圈通电，其触点闭合，驱动电动机电路接通而驱动天窗玻璃做斜降运动。

(2) 斜降至全关闭位置时停止。当天窗玻璃斜降至全关闭位置时，限位开关 1 由断开变为闭合，此时，与门 D 的输入端 a 由 1 变到 0，其输出也由 1 变到 0；这样，与非门 F 的两输入端 a 和 b 均为 0，其输出也为 0；信号送至或门 B，或门 B 的输出又为 0，致使晶体管 $T_2$ 基极无电流通过，$T_2$ 截止。

$T_2$ 截止之后，继电器 2 线圈断电，其触点断开（直接搭铁），驱动电动机电路切断而停转，天窗玻璃斜降至全关闭位置而停止。

## 7.3 防盗系统及其电子控制技术

统计数据表明，2014 年我国的汽车产量为 2372.29 万辆，同时销售量超过 2349.19 万辆，国民汽车保有量超过 1.54 亿辆，而且连续多年呈逐年递增趋势。在用车辆越多，使得被盗汽车也越多，如何防止汽车被盗已成为一个重要的社会问题之一。随着社会的进步，汽车防盗技术已经与安全、环保、节能一起被列为汽车技术发展的四大课题。特别是到了 21 世纪的今天，融合电子信息技术、数据通信技术、传感器技术、控制技术、计算机处理技术和汽车网络技术于一身的汽车防盗技术正朝着高度智能化、功能多样化和网络化发展。

狭义的防盗系统主要是指一些防盗设备，如各种防盗锁和各类报警器，广义的防盗系统应包括中控门锁、发动机控制单元和报警系统。特别是先进的汽车门锁控制系统和发动机控制单元是先进的防盗系统不可或缺的一部分。

总的来说，车辆防盗系统的功能主要包括以下三方面：防止非法进入汽车、防止破坏或非法搬运汽车、防止汽车被非法开走。换句话说，汽车防盗一般应从三个方面考虑：门锁的工作可靠性、发动机的防盗性和汽车的防盗报警功能。

汽车防盗系统利用门锁控制系统的有关部件和其他零部件，当有人不用钥匙强行进入汽车或强行打开发动机罩盖与行李厢门时，该系统便接通报警电路，防盗喇叭发出响声，前照灯和尾灯同时闪亮约 30s 或 1min，以示警报。与此同时，所有的车门都被锁上，起动机的电源也被切断。

### 7.3.1 汽车防盗系统的分类

汽车的防盗系统主要有两类，一类是汽车原配的防盗系统，另一类则是附加的防盗设备。各种高级乘用车一般都配有原装防盗系统，而且这类防盗系统都采用了最新的技术，

**汽车新技术**

如射频识别技术（RFID）。对于普通的汽车来讲如果防盗系统不完善的话，车主会自己装备一些防盗设备。按汽车防盗设备的结构与功能可分为四大类：机械式防盗锁、电子式防盗产品、芯片式防盗系统和网络式（GPS）防盗技术，其中电子式防盗产品是应用最广泛的汽车防盗设备，但一般作为车辆原装的防盗系统的额外设备，而网络式（GPS）防盗系统由于造价和技术原因还处于试用阶段。

1. 机械式防盗锁

机械式的防盗锁是早期的汽车防盗器材，它主要靠机械的方法锁定离合器、油路、变速挡、转向盘、制动器等来达到防盗的目的，如变速杆锁（锁住变速杆使其不能移动）、转向盘锁（也称拐杖锁，挂在转向盘与离合器踏板之间）、轮胎锁（固定住轮胎）等。这类防盗器材只能起到限制车辆操作的作用而不能报警，故对防盗方面能够提供的帮助有限，现在已经很少单独使用，主要和另两类防盗系统联合使用。机械锁的技术也在发展，经过数次技术升级，目前已有了较可靠的转向盘锁和排挡锁等，其中排挡锁是目前车主最欣赏的防盗装置之一。排挡锁一般安装在中控台上，既简便又坚固，采用特殊高硬度合金钢制造，防撬、防钻、防锯，且采用同材质镍银合金锁芯和钥匙，没有原厂配备的钥匙极难打开，如果钥匙丢失，必须用原厂电脑卡复制钥匙。

2. 电子式防盗产品

电子式防盗系统是目前应用最广的防盗设备之一。第一代电子式防盗产品现在还是市场的主流产品之一。车主通过遥控器来控制汽车，但是车辆的真实状况却无法反馈回车主。

当电子式防盗系统启动（激活）之后，如有非法移动汽车，打碎玻璃，破坏点火开关锁芯，拆卸轮胎和音响，非法打开车门、燃油箱加注口盖、行李厢门或非法接通点火开关等，防盗系统均会立即报警。报警的方式有灯光闪烁、警笛长鸣、发射电波报警。有些车型在报警的同时切断起动机电路、切断燃油供给、切断点火系统、切断喷油控制电路、切断发动机 ECU 接地电路，甚至切断变速器控制电路，从而使汽车发动机不能起动和运转，变速器不能换挡，使汽车处于完全瘫痪的状态。但是这种汽车防盗器发出的报警声不仅不让人关注，还让人讨厌，而且质量不稳定，抗干扰度较差，在电视台发射塔周围、闹市区里、大机器的噪声下，不易接收到信号，所以势必要被淘汰。

第二代可视防盗产品最早在韩国出现，设计相当人性化，与第一代相比更为直观，不仅可以使车主遥控车辆，还能将车辆状态传递给车主，让车主彻底知道汽车现实情况，具有被盗报警、寻车防抢等功能。当车有异动报警时，遥控器上的液晶显示器会显示汽车遭遇的状况，如哪一侧的车门被开启或车窗玻璃被破坏等。同时遥控有效距离比第一代防盗器远，可分为两类，一类为100m左右，另一类为400~500m，但反馈信息距离却可以达到1000m。

但是上述两类电子防盗产品普遍存在误报警现象，而且也没有从根本上解决车辆丢失的问题。

3. 芯片式防盗系统

芯片式防盗系统是现在汽车防盗系统发展的重点，它具有特殊诊断功能，即合法使用者在读取钥匙保密信息时，能够得到该防盗系统的历史信息。大多数高级乘用车均采用这种防盗方式作为原配防盗器。其基本原理是用密码钥匙锁住汽车的发动机、电路和油路，在没有钥匙的情况下无法起动车辆。由于数字化的密码重码率极低，而且要用密码钥匙接触车上的密码锁才能开锁，杜绝了被扫描的弊病。芯片式防盗系统不仅比以往的电子防盗系统更有效地起到防盗作用外，还具有其他先进之处：芯片式防盗系统采用的独特射频识别技术（RFID）可以保证系统在任何情况下都能正确识别驾驶者，在车主接近或远离车辆时可自动识别其身份，自动打开或关闭车锁；无论在车内还是车外，独创的感应防盗系统都能够轻松探测到电子钥匙的位置。

目前，很多进口的高档车以及国产的大众、广州本田等车型，都装有原厂配备的芯片式防盗系统。

4. 网络式（GPS）防盗技术

全球卫星定位系统（GPS）技术首先出现在1991年的美伊海湾战争中。战争结束后，GPS技术开始应用在非军事领域，特别是在汽车反劫防盗领域中取得了实际效果。该系统由卫星监控中心的中央控制系统、车辆上的移动GPS终端设备及GSM通信网络组成。监控中心通过定位卫星对全国范围内车辆（必须安装移动GPS终端设备）进行24h不间断、高精度的监控，同时利用GSM网络的短信息平台作为通信媒介来实现定位信息的传输。正是由于GPS可以随时从电子地图了解车辆位置及情况，与车主保持联系，所以实现了对车辆的跟踪掌握。

当车辆遭受到非正常起动或人为破坏，车辆就会通过电台自动报警，GPS将报警信息和报警车辆所在位置无声地传送到报警中心，不会引起盗贼的警觉。车辆报警后，监控中心可以马上显示出该车辆的警示图标和周边情况，以便指挥有关人员协助搜寻，还可以通过车载移动电话监听车内声音，必要时可以通过手机关闭车辆油路、电路并锁死所有门窗。如果GPS防盗器被非法拆卸，那么它会自己发出报警信息，报警台很快就能准确判断车辆方位。

目前网络式防盗技术正在开始应用到汽车租赁、物流车辆、出租车辆等管理及私家车防盗，但是由于造价太高，车主需要交纳一定的服务费，某些技术问题还未完全解决，目前该技术在市场上还没有普及应用。

### 7.3.2 防盗系统的组成、设定与实现

1. 防盗系统的组成

汽车防盗系统与门锁控制系统共同使用一个电子控制器，称为防盗与门锁控制 ECU。防盗系统装置如图7.20所示，主要包括：门控开关（发动机罩盖开关、行李厢开关和车门控制开关），继电器（前照灯和尾灯控制继电器、警报继电器和起动继电器等），警报装置（防盗喇叭和汽车电喇叭）及指示灯。

2. 防盗模式的设定与实现

汽车防盗与门锁控制ECU有两种控制模式，即门锁控制模式与防盗控制模式。门锁控制模式的功能是自动控制门锁的开和关（具体内容见门锁自动控制）；防盗控制模式具有警报和阻止起动发动机功能，保护汽车不被偷盗。在防盗控制模式下，禁止由门锁控制开关来锁门和开门，或禁止由行李厢门开启开关来打开行李厢，即取消所有的门锁控制

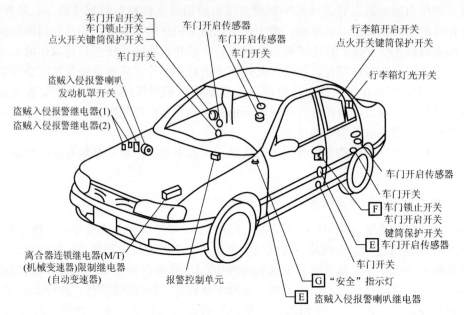

图 7.20 防盗装置在汽车上的布置

功能。

1)防盗模式的设定

防盗与门锁控制 ECU 通常工作在门锁控制模式,只有同时满足如下所述①、②、③三个条件,并执行①、②、③中的任何一个操作时,经过约 30s 的预设定后,防盗控制模式才能完成设定。防盗模式设定的条件:①所有的车门都关闭;②发动机罩和行李厢关闭;③点火钥匙没有插入点火开关钥匙孔内。

防盗模式设定的操作:①锁上左前或右前车门(所有的车门都由钥匙来锁);②锁上所有的车门(用无线电遥控来锁);③左前或右前车门锁上后,其他的车门不用钥匙锁(此时后门既能锁上,同时也能开)。由上可知,在执行①或②操作后,所有车门均被锁上。如果这种状态保持约 28s 不变,并经过约 2s 的检验后,该系统设定为防盗控制模式。在进行③操作时,如果后车门在 28s 内关闭并自动锁上,则系统的工作如同①或②;如果后车门是在 28s 之后锁上,并经过约 2s 的检验后,该系统便自动地设定为防盗控制模式,如图 7.21 所示。

2)防盗功能的实现

在系统设定为防盗控制模式后,并满足下列任一条件时,该系统都要发出警报:

(1)任何一个车门(不包括发动机罩盖和行李厢门)被打开,或不用钥匙而被偷盗者设法打开。

(2)不用点火钥匙将点火开关接通,即置于 ACC 或 ON 的位置。

(3)蓄电池电路断开后又被接通(如果蓄电池电路在断开后 1h 内又被接通,则防盗控制模式又恢复)。

如果防盗系统被触发,防盗喇叭就会发出警报响声,前照灯和尾灯点亮并闪烁约 30s 或 1min;同时切断起动机电源和锁上所有的车门(如果所有的车门不能立刻锁上,系统在警报期间每隔 2s 重复一次锁门的操作)。

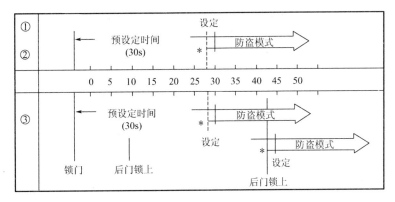

**图 7.21 防盗控制模式的设定**

注：系统检验为了保证所有的车门完全关闭，防止车门在半开时产生误操作

防盗系统的警报方式根据不同国家车型的不同而有所不同，具体见表 7-2。

**表 7-2 防盗系统的警报方式**

| 国　　家 | 警报方式 |
| --- | --- |
| 欧洲国家（除瑞士） | 防盗喇叭在 30s 内（1 个周期）重复地接通与切断（时间间隔为 0.2s），断续发出警报响声 |
| 瑞士 | 防盗喇叭在 30s 内连续发出警报响声 |
| 澳大利亚及其他国家 | 汽车电喇叭和防盗喇叭在 1min 内重复地接通与切断（时间间隔为 0.2s），发出断续的警报响声；同时前照灯和尾灯闪烁 |

3）防盗模式的取消

当满足表 7-3 所列条件时，防盗控制模式即被取消。

**表 7-3 取消防盗模式的条件**

| 条　　件 | 取消操作 | 取消模式 |
| --- | --- | --- |
| 用钥匙打开左或右车门 | ○ | ○ |
| 用遥控器打开车门 | ○ | ○ |
| 将钥匙插入点火开关并置于 ACC 或 ON 位置 | ○[1] | ○[2] |
| 防盗系统工作约 30s 或 1min 后 | 自动停止[3] | — |
| 用钥匙打开行李厢门 | × | ○[4] |

注：○—有效，×—无效。
[1] 在这种情况下，起动机电源切断不被取消；
[2] 仅在防盗系统工作时采用，如果防盗系统工作，则起动机电源不被取消；
[3] 如果所有车门被锁上，自动停止 2s 又重新设定为防盗控制模式；
[4] 在用钥匙打开行李厢门时，防盗控制模式只是暂时被取消，当行李厢门锁上后，约 2s 又重新设定为防盗控制模式。

另外，在防盗控制模式中，指示灯根据系统的工作状态具有亮、灭和闪烁三种不同的指示，具体见表 7-4。

表 7-4　指示灯与系统状态对应关系

| 系统状态 | 指示灯 | 系统状态 | 指示灯 |
| --- | --- | --- | --- |
| 预设定期间 | 亮 | 警报时 | 亮 |
| 防盗模式设定时 | 闪烁 | 防盗模式暂时取消 | 灭 |

### 7.3.3　中央控制门锁及其电子控制技术

车门锁通常是和汽车的防盗系统结合在一起的，如果没有性能良好的车门锁，汽车防盗就会成为一句空话，因此汽车防盗的大部分措施都是围绕车门锁来开展的。

较先进的车门锁是从以下几个方面来提高其防盗工作性能的：

（1）用钥匙打开车门时，先测量车门锁钥匙电阻。

（2）装密码锁，只有密码正确时才能打开车门。

（3）增加遥控器的保险功能。

汽车装备中央控制门锁（简称"中控门锁"）使用起来非常方便，它可以实现以下基本功能：

（1）将驾驶人或前排乘客侧车门锁按钮按下时，其他几个车门及行李厢门都能自动锁定，如同用钥匙锁门，也可同时锁好其他车门和行李厢门。

（2）将驾驶人或前排乘客侧车门解锁按钮按下时，其他车门和行李厢门锁都能同时打开，如同用钥匙开门，也可实现该动作。

（3）车室内个别车门需要打开时，可分别对其单独操纵。

**1. 中央控制门锁组成与分类**

通过电动机或电磁铁操纵门锁继电器从而控制门锁的开/关称为电动门锁。随着对汽车安全性、可靠性和方便性要求的不断提高，现在一些中高档乘用车都配置了中央控制门锁，这种门锁系统是在电动门锁的基础上采用计算机控制技术发展而来的，能够区分正常打开车门与非法打开车门，门锁系统的控制单元与防盗系统的控制单元通过信号线连接起来，即两个系统共用一个控制单元，控制信号可以交互使用。

中央控制门锁系统是由微机根据各个开关信号控制门锁的开/关，可使驾驶人更加方便安全地使用汽车。当驾驶人用钥匙锁定左侧前门时，其他三个车门及行李厢门锁也同时被锁好，打开时可单独开左前车门，也可同时打开所有车门及行李厢门。

中央控制门锁系统主要由门锁开关、门锁继电器及执行机构三部分组成。

1）门锁开关

门锁开关的作用是控制门锁继电器的动作，接通或断开执行机构的电路。常见的门锁开关有普通门锁和带电容定时装置的门锁开关两种。

（1）普通门锁开关。图 7.22 所示即为此种开关，其结构简单。当接通闭锁开关时，闭锁继电器线圈中有电流通过，闭锁继电器触点闭合，接通闭锁线圈电路，线圈产生的电磁力吸引执行机构动作，将所有车门锁紧。

当接通开锁开关时，开锁继电线圈中有电流通过，开锁继电器触点闭合，接通开锁线圈电路，线圈产生的电磁力吸引活动铁心通过连杆机构拉动锁舌，门锁被打开。

（2）带电容定时装置的门锁开关。图 7.23 所示的门锁开关带有电容定时装置，采用

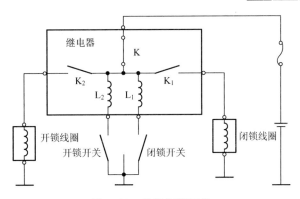

图 7.22 普通门锁开关

双掷双位开关。当门锁开关处于图示位置（即开锁位置）时，闭锁电容 $C_1$ 与电源相通，电源向 $C_1$ 充电直到充满电。此时，若将门锁开关接到闭锁位置时，开锁电容 $C_2$ 与电源接通，而充满电的闭锁电容 $C_1$ 则接通闭锁继电器，通过闭锁继电器线圈放电，使闭锁继电器的触点 $K_1$ 闭合，接通闭锁电磁线圈电路，使执行机构动作，锁住车上所有车门。

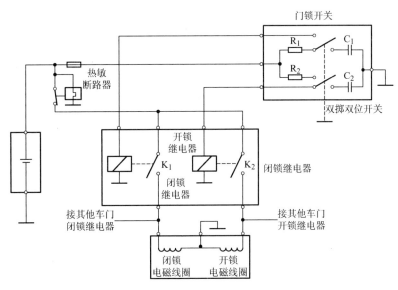

图 7.23 带电容定时装置的门锁开关

此后若再将门锁开关接到开锁状态，充满电的开锁电容 $C_2$ 对开锁继电器线圈通电，使其触点 $K_2$ 闭合，接通开锁电磁线圈电路，使其执行机构动作，打开车上所有车门。

这种门锁开关利用电容器的充放电特性，具有自动切断电路的功能，避免了电动机的长时间通电运转，节约了电能，克服了普通门锁开关的闭合时间由人控制且容易因通电时间过长而过热的缺点，同时当汽车四门门锁同时动作的一瞬间，其电流值的变化会造成车上整个电路网络的不平衡，而电容器的充放电特性能避免车上电流发生大幅度波动。

2）门锁继电器

门锁继电器的作用是控制电磁线圈或电动机，从而达到控制执行机构动作的目的。

3）执行机构

执行机构的作用是根据电路中电流方向的不同而实现闭锁或开锁动作。

汽车新技术

常用的门锁执行机构有电磁线圈式、直流电动机式或永磁式旋转电动机式。电磁线圈式执行机构的工作过程是：当给闭锁线圈通电时，该线圈产生的电磁力吸引柱塞向一方移动，通过拉杆将车门锁住；当给开锁线圈通电时，该线圈产生的电磁力吸引柱塞向另一方移动，通过拉杆将门打开。

直流电动机式门锁机构只有一个电磁线圈，活动铁心为永久磁铁，通过利用控制直流电动机的正、反转来双向改变磁场方向，使活动铁心向两个方向移动，实现闭锁或开锁功能。

电动机操作的车锁体积小、耗电少，而电磁铁操作的车锁结构简单、动作敏捷，但体积大、质量大，工作时有撞击声。

2. 无线遥控系统

无线遥控系统也称无钥匙进入系统，由手持遥控发射器、遥控高频接收电路、ECU和执行器驱动电路这四个功能部件组成。其中，遥控高频接收电路和执行器驱动电路分成两个模块，以便于缩小接收电路的体积并与大电流电路分离，可以很灵活地选择安装位置从而优化无线信号接收性能。无线遥控系统为车主打开门锁提供了一个方便手段，同时，这个系统还可以提供相关的行李厢、灯光和喇叭的控制功能。车门和车门锁是车身上被操作最多的部件之一，也是车身舒适性得以实现的最基本的一个环节；但是从防盗和安全的角度来讲，遥控中央门锁控制系统需要使正常开启和非法侵入的操作途径分离开来，同时车门和车门锁需要更加坚固，合法使用者可通过射频遥控进行操作，享受它的便捷和舒适，而非法侵入者却只能面对坚固的机械机构束手无策。

无线遥控系统的性能和质量必须达到汽车工业的标准，而国际上在此产品的原车配套领域中活跃的公司屈指可数。仅以汽车温度环境为例，首先要求系统可以工作在极端温度之下，手持部件和车载部件之间的温差可以达到 60~70℃。这就要求两个电路的工作频率有很高的稳定性。此外，电磁兼容性对这类产品的要求也较高。首先，发射器的功率受到国家无线电法规的限制，接收器要在信号功率受限的情况下保证遥控距离；其次，高频接收通路本身会成为干扰信号发射源。因此，只有经过慎重设计和严格试验认证的遥控系统，才能真正达到汽车工业的要求。

## 7.4 电动座椅及其电子控制技术

汽车座椅在设计造型时，应充分考虑人体身高、质量、乘坐姿势和质量分布等因素，应用人体工程学等先进技术，使座椅乘坐舒适、久坐不乏。可调式电动座椅应按人体轮廓要求设计，能为人体的头部、背部、腰部和臀部提供最佳位置，有些还具有加热功能，在寒冷天气可使乘坐更加舒适。由于座椅还起到车厢装饰的作用，因此座椅面料的颜色要与车厢的总色调配合一致，且手感柔和、质地优良，使人们一坐上去就有一种舒适的感觉。

### 7.4.1 电动座椅的分类

在一些高级乘用车中，乘客的电动座椅控制系统依靠电力可以实现座椅滑行、倾斜的调整；驾驶人的电动座椅控制系统不仅可以实现座椅滑行、倾斜的调整，而且还可以实现前垂直、后垂直、头枕和腰垫位置的调整，有的还带有位置存储功能。

电动座椅的类型根据分类方式的不同可分为以下几种：

1. 按使用电动机的数量分类

根据使用电动机的数量,电动座椅可分为单电动机式、双电动机式、三电动机式和四电动机式等。

1) 单电动机

单电动机式只能对电动座椅的前后两个方向进行调整。

2) 双电动机

双电动机式可以对电动座椅的四个方向进行调整,即不仅前后两个方向的位置可以移动,其高低也可以进行自动调整。

3) 三电动机

三电动机式可以对电动座椅的六个方向进行调整,即不仅能向前后两个方向移动,还可分别对座椅的前部和后部的高低进行调整。

4) 四电动机

四电动机式的调整功能除了具有以上三电动机式的调整功能以外,还可对靠背的倾斜度进行调整。

电动座椅装用的电动机最多可达八个,除了保证上述基本运动外,还可对头枕高度、座椅长度和扶手的位置进行调整。

2. 根据有无加热器分类

根据有无加热器,电动座椅可分为无加热器式与有加热器式两种。有加热器式电动座椅可以在冬季寒冷的时候对座椅的坐垫进行加热,以使驾驶人或乘客乘坐更舒适。

3. 根据有无存储功能分类

根据有无存储功能,电动座椅可分为无存储功能与有存储功能两种。有存储功能的电动座椅,可以将每次驾驶人或乘客调整电动座椅后的数据存储下来,作为以后重新调整座椅位置时的基准。

此外,在座椅中还附加了一些特种功能的装置,如在气垫座椅上使用电动气泵,对各个专用气囊(腰椎支撑气囊、侧背支撑气囊、座位前部的大腿支撑气囊)进行充气,起到调节支撑腰椎、侧背、大腿的作用。具有8种功能的电动座椅如图7.24所示。

### 7.4.2 电动座椅的组成

座椅的作用是支撑人体,使驾驶操作方便和乘坐舒适。座椅由骨架、坐垫、靠背、头枕和调节机构等部分组成。手动调节座椅如图7.25所示,电动调节座椅如图7.26所示。电动调节座椅主要由座椅开关和位置传感器、电子控制单元ECU、执行机构的驱动电动机三大部分组成。开

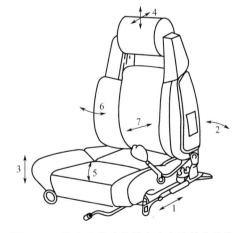

图 7.24 具有八种功能的电动座椅基本结构
1—前后调节;2—靠背倾斜调节;3—座椅上下调节;
4—靠枕上下、前后调节;5—座椅前部支撑调节;
6—侧背支撑调节;7—腰椎支撑气垫调节

关和位置传感器包括座椅各位置（头枕、靠背、腰部、滑动、前垂直、后垂直）的电动开关、座椅各位置传感器、安全带扣环传感器及转向盘倾斜传感器等；ECU 包括转向柱倾斜与伸缩 ECU 和电动座椅 ECU；执行机构主要包括座椅调整、安全带扣环及转向盘倾斜调整的驱动电动机等，这些电动机均可灵活地进行正反转，以执行各种装置的调整功能。

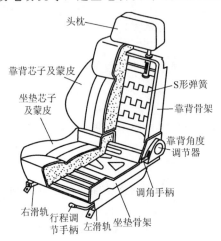

图 7.25 手动调节座椅

图 7.26 电动调节座椅

1）电动机

电动座椅大多采用永磁式电动机驱动，并通过装在座位侧板上或门扶手上的肘节式控制开关来控制电路通路和电流方向，使某一电动机按所需的方向运转，以达到调整座椅的目的。

为了防止电动机过载，大多数永磁式电动机内装有热过载保护断路器。有些电动座椅采用串励电动机来驱动，并装有两个磁场线圈，使其可做双向运转。这种电动机多使用继电器控制电流方向，当开关换向时，可听到继电器动作的"咔嗒"声。

2）手动调节开关

手动调节开关主要是用来调整座椅的各种位置。当按下此开关后，电控单元就会控制相应电动机运转，按照驾驶人的要求调整座椅的位置。

3）存储和复位开关

存储和复位开关主要是用来存储或恢复驾驶人已经调整好的座椅位置。只要按下此按钮，就能按存储的各个座椅位置的要求调整座椅的位置。

4）位置传感器

位置传感器主要是用来检测座椅的各种位置，它主要由齿轮、滑块和螺旋杆（可变电阻器）组成，其工作原理和一般电位器相似。螺旋杆由电动机通过齿轮驱动旋转，并带动滑块在电阻器上滑动，从而使输出电压信号发生变化。电控单元根据此电压信号决定座椅的位置。只要座椅位置调定后，驾驶人按下存储和复位开关，电控单元就把这些电压信号存储起来，作为重新调整位置时的基准。

5）ECU 及其控制

ECU 主要用来控制靠手动调节开关的座椅调节装置，也能根据从转向柱倾斜与伸缩 ECU、位置传感器等送来的信号存储座椅位置。考虑到驾驶人的不同体型和喜好的驾驶姿势，自动调节系统能在该 ECU 中存储两种不同的座椅位置（供选择），靠一个"单独"开关的点动，ECU即可将座椅调整到驾驶人所期望的位置。

座椅进行调整时，由手动调节开关通过电控单元控制调整量，然后利用存储和复位开关控制某一位置的数据存储；座椅位置信号取自变阻器上的电压降。根据每个自由度上的电动机驱动座椅，从而使变阻器随动。根据变阻器的电压降，控制单元识别座椅的运动机构是否到达"死点"，如果到达"死点"位置时，电控单元及时切断供电电源，保护电动机和座椅驱动机构。

### 7.4.3 自动座椅的结构工作原理

**1. 自动座椅的基本组成**

自动座椅的基本结构及驱动方式与普通电动座椅（图7.24）相似，不同之处是附加了一套电子控制系统。电子控制系统有两套控制装置，一套是主动的，它包括电动座椅开关、腰垫开关、腰垫电动机及一组座椅位置调整电动机等，根据需要通过相应的座椅开关和腰垫开关来调整，此套控制方式与普通电动座椅完全相同；另一套是自动的，它包括一组位置传感器、存储和复位开关、ECU及与手动系统公用的一组座椅位置调整电动机。此套装置可以根据位置传感器的信号将座椅位置存储起来，以备下次恢复座椅位置时使用。驾驶人可以根据不同需要，通过操纵存储与复位开关选择使用这两套装置。

图7.27所示即为带调节系统的电动座椅基本结构，包括前后滑动调节、前后垂直调节、靠背位置调节、头枕高度调节、头枕前后调节、腰部支撑调节装置等，各装置（或总成）在座椅上的布置。具有全方位可调节功能的电动座椅如图7.27所示，各总成在座椅上的布置如图7.28所示。

图7.27 具有全方位可调节功能的电动座椅
1—座椅前后移动调节；2—靠背倾斜度调节；
3—靠背上部调节；4—靠枕前后调节；
5—靠枕上下调节；6—侧背支撑调节；
7—腰椎支撑气垫调节；
8—座椅前部支撑调节；9—座椅高度调节

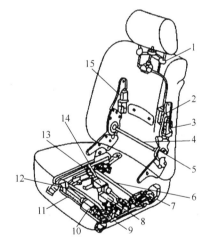

图7.28 各总成在座椅上的布置
1—头枕调节装置；2—电动机（头枕）；
3—电动机（靠背）；4—连接管（靠背）；
5—靠背调节装置；6—连接杆（后垂直）；
7—后垂直调节装置；8—电动机（前垂直）；
9—前垂直调节装置；10—电动机（滑动）；
11，13—电动机支架；12—连接杆（前垂直）；
14—电动机（后垂直）；15—电动机（腰部支撑）

1) 控制开关

电动座椅控制开关（图7.29）主要指以下三种开关：滑动与垂直调节开关、靠背与头枕调节开关、腰部支撑调节开关。

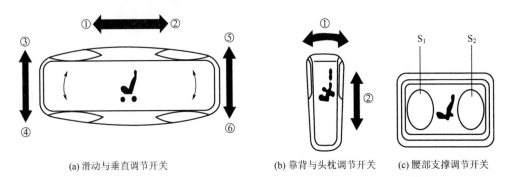

(a) 滑动与垂直调节开关　　(b) 靠背与头枕调节开关　　(c) 腰部支撑调节开关

图7.29　电动座椅控制开关

(1) 滑动与垂直调节开关。如图7.29(a)所示，当此开关置向①或②方向时，座椅就向前或向后移动；当此开关向③或④方向转动时，座椅前端的高度即可改变；向⑤或⑥方向移动时，座椅后端的高度可调节。当此开关整个拉出或下压时，便可进行整个座椅的垂直（高度）调节，也即座椅前、后垂直调节的电动机同时工作。

(2) 靠背与头枕调节开关。如图7.29(b)所示，当此开关按照①方向工作时，即可改变座椅靠背的角度；当此开关按②方向滑动时，可调节头枕的高度（只限带自动调节系统的车辆）。

(3) 腰部支撑调节机构。如图7.29(c)所示，压下开关$S_1$可增加腰部的支撑力，压下开关$S_2$则能减少腰部的支撑力（仅限驾驶人座椅）。

2) 调节机构

(1) 前、后滑动调节机构。如图7.30所示，该调节机构主要由电动机、滑动轨道（上轨、下轨）、挡块、螺母、支架、外壳等组成。工作时，当滑动与垂直调节开关A（实箭头）方向移动时，电动机运转，动力依次经外壳、螺杆、塑料螺母，沿螺杆方向将座椅向前移动；当滑动与垂直调节开关向B（空心箭头）方向移动时，座椅可向后滑动。座椅的滑动量（调节范围）由固定在螺杆上的挡块来决定，驾驶人座椅的最大滑动量约为240mm，乘客座椅约为210mm。

(2) 前垂直调节机构。如图7.30所示，当滑动与垂直调节开关扳向A（实箭头）方向时，电动机正转，依次经外壳、螺杆转动。而塑料螺母按A所示的方向沿着螺杆移动；然

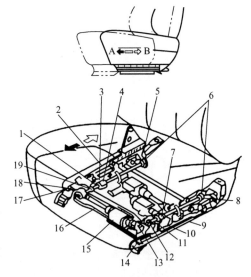

图7.30　前、后滑动调节机构

1，11—螺杆；2，9—上轨；3，10—螺母支架；
4，7—塑料螺母；5，8，12，19—挡块；
6—螺杆支架；13，18—外壳；14，
17—下轨；15—电动机；
16—电动机支架

后,连杆2经连杆1,绕着支点P朝着B方向转动,于是,座椅前端经连杆3和支架垂直升高。当滑动与垂直调节开关扳向B(空心箭头)方向时,电动机反转,座椅前端垂直降低。其垂直调节范围(调节量)取决于固定在螺杆上的挡块。

(3) 后垂直调节机构。后垂直调节机构如图7.31所示,其基本结构与工作原理与垂直调节机构相同。

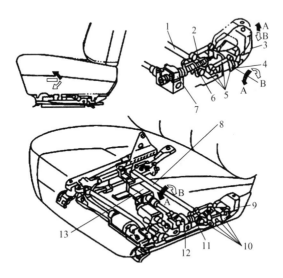

**图7.31 后垂直调节机构**
1,8—连接杆;2—螺杆;3,9—支架;4—支点P;5,10—连杆;
6,11—塑料螺母;7,12—外壳;13—电动机

整个座椅高度(垂直)的调节可参见图7.32,当滑动与垂直调节开关置于A或B(实心或空心箭头)方向时,座椅的前、后垂直调节机构同时工作,整个座椅即可做升高或降低的调节,其垂直调节的最大范围(最大调节量)约为30mm。

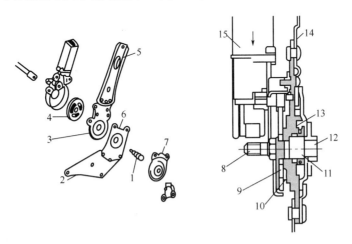

**图7.32 整个座椅高度(垂直)的调节机构**
1,11—铰链销钉;2—下臂;3,10—内齿轮;4,9—链轮;5,14—上臂;6,13—外齿轮;
7—上加固件;8—中间轴B;12—中间轴A;15—电动机

(4)靠背调节机构。靠背调节机构（图7.33）的主要部件是铰链销钉、链轮、内齿轮（30个齿）、外齿轮（29个齿）、电动机等。铰链销钉有一个偏心凸轮，凸轮中间轴A与安装在坐垫侧的外齿轮同轴；铰链销钉的中间轴B与安装在座椅靠背侧的链轮同轴，并与内齿轮同轴转动。

靠背调节机构的工作状况如图7.34所示，当靠背与头枕调节开关置于A或B方向时，靠背调节用的电动机运转，并带动链轮传动，安装在链轮上的铰链销钉也以同样的转向一起转动。由于外齿轮安装在坐垫侧，因而铰链销钉的中间轴B围绕着带偏心凸轮的中间轴A旋转。这样，内齿轮就与外齿轮啮合，铰链销钉每转一圈，所啮合的齿轮传动12°。

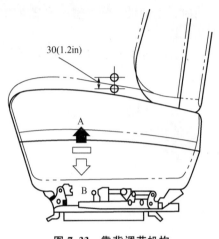

图7.33 靠背调节机构

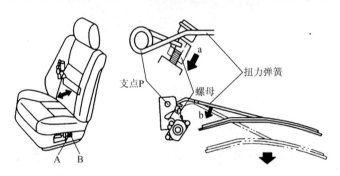

图7.34 靠背调节机构工作情况

座椅靠背调节的最大角度约为54°，当铰链销钉转动 $N$ 圈，靠背调节的角度 $\alpha$ 为

$$\alpha = N \times \frac{Z_2 - Z_1}{Z_2} \times 360° \tag{7-1}$$

式中，$\alpha$——靠背角度；

$N$——铰链销钉转动的圈数；

$Z_1$——外齿轮的齿数（29个齿）；

$Z_2$——内齿轮的齿数（30个齿）。

(5)腰部支撑调节机构

腰部支撑调节机构主要由电动机、螺母、扭力弹簧、压板等组成，其工作情况如图7.35所示。当把腰部支撑调节开关推向A时，电动机即开始运转，并使螺母朝a方向移动，扭力弹簧则向支点P（即b）方向移动，以增加腰部支撑的压力；而当腰部支撑调节开关推向B时，电动机、螺母及扭力弹簧的工作情况与此相反，其结果是减小腰部支撑的压力。

(5)头枕高度调节机构

如图7.36所示，头枕高度调节机构主要由电动机、外壳、螺杆以及固装在靠背框架上的轴等组成。工作时，当靠背与头枕调节开关扳向A方向，电动机即运转，经钢索、外

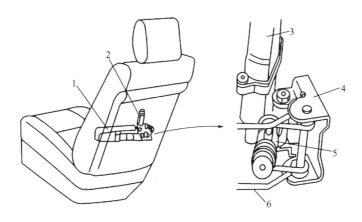

图 7.35 腰部支撑调节机构
1—压板；2，3—电动机；4—支架；5—螺母；6—扭力弹簧

壳带动螺杆转动，与螺杆啮合的塑料螺母即沿螺杆向 a（实箭头）方向移动，使头枕升高；当靠背与头枕调节开关打向 B 方向时，其工作过程与上述相反，结果使头枕降低。

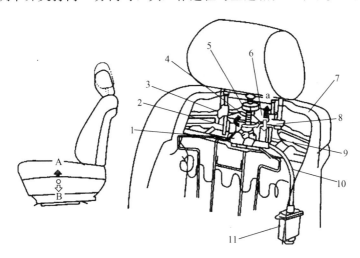

图 7.36 头枕高度调节机构
1—外壳；2，9—轴；3，8—塑料件；4—螺杆；5—塑料螺母；
6—支架；7—靠背架；10—钢索；11—电动机

2. 自动座椅的基本工作原理

自动座椅的动作方式有座椅前后滑动调节、座椅前部的上下调节、座椅后部的上下调节、靠背的倾斜调节、头枕的上下调节及腰垫的前后调节等。腰垫的前后调节是通过腰垫开关和腰垫电动机直接控制的，并无存储功能。驾驶人通过操纵电动座椅开关可以控制其余的五种调整。当座椅位置调好后，按下储存和复位开关，电控装置就把各位置传感器的信号储存起来，以备下次恢复座椅位置时再用。当下次使用时，只要一按位置储存和复位开关，座位 ECU 便驱动座椅电动机，将座椅调整到原来位置。

有的电动座椅具有记忆功能。电动座椅的记忆功能是指将电动座椅与车载电脑结合在一起,增加座椅的记忆功能,对座椅的信息参数实现智能化管理,如图 7.37 所示。

图 7.37 电动座椅记忆功能

例如,前者调好的座椅状态,后者使用时为确保舒适进行重新调整,这时电脑会将前者的调节参数存储保存,当前者重新乘坐时,只需要按动一个键钮,便可轻松获得以前存储的适合个人需要的设定。电动座椅记忆一般可以存储 2~4 个记忆组数。

## 7.5 汽车导航系统

全球定位系统(GPS)是以全球 24 颗定位人造卫星为基础,向全球各地全天候地提供三维位置、三维速度等信息的一种无线电导航定位系统。它由三部分构成:第一部分为地面控制部分,由主控站、地面天线、滥测站及通信辅助系统组成,第二部分为空间部分,由 24 颗卫星组成,分布在 6 个轨道平面;第三部分为用户装置部分,由 GPS 接收机和卫星天线组成。现在民用的定位精度可达 10m 内。

北斗卫星导航系统是由中国自主研发、独立运行的卫星导航系统,它是现在世界上有四大导航系统之一,另外几个分别是美国的 GPS、俄罗斯的格洛纳斯系统和欧洲的伽利略系统。几个系统之间的功能基本相同,但具体的制式、终端的模块等方面都不一样,如图 7.38 所示。也就是说,北斗卫星导航系统并不等于 GPS,但两者的功能非常

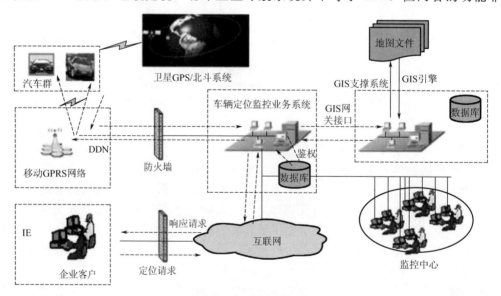

图 7.38 导航系统

相似。如果要打个简单的比方的话，GPS 和北斗卫星导航系统有点像手机的 iphone 系统和安卓系统，都是智能手机系统，但软硬件方面都有一定的差别。

### 7.5.1 概述

汽车导航系统是指车辆道路交通信息通信系统，包括微机及显示屏、地球同步卫星定位系统、雷达系统等。汽车导航系统在微机内存储有大量的与道路相关的系统资料，用安装在道路上的雷达测定车辆间距及数量等交通信息，传输至电脑控制中心并发射到通信卫星上，卫星把交通信号发回汽车接收器，驾驶人便可从车内显示屏上掌握交通信息。当驾驶人把行程的起点、路线及目的地输入计算机后，计算机即可为驾驶人筹划最佳路线并提供详细资料，实现导航功能，甚至实现自动驾驶功能（自动加速或减速、自动变道或超车，遇到紧急情况自动制动防撞）。该通信系统在汽车发生故障时，还可作为维修服务系统和安全预警系统，因为这一切都可通过通信卫星及地面服务中心实现。在 20 世纪 90 年代，电子导航装置开始大量应用于民用汽车领域，其主要目的是方便用户查询汽车行驶路线，从而更容易地按照行驶路线的指引抵达目的地。

汽车导航系统的另一个功能是缓解城市的交通拥挤与堵塞。汽车导航系统不像其他汽车电子设备可以自成系统，而是除了车载电子设备外，还需要与全球定位系统、当地交通管理中心等联网，获取有关信息，才能完成实时路线规划及引导任务。因此，不仅结构较复杂，而且要求相应的基础结构相配合。一般汽车导航装置包括全球定位接收系统、微机、液晶显示屏、地图存储阅读装置等，根据定位系统（可以是全球定位系统，也可以是自律定位系统，或两者的结合）可以获得精确的汽车实时位置，结合存有的地图，确定到达目的地的路线，并根据交通管理中心监测到的实时交通情况，给出最佳路线的修正，最后显示于显示屏上。可显示一条街，一个路口到一个路口的具体指引，还可以同时发出语音导引。

早期的导航系统误差范围较大，并且只能显示液晶屏幕车辆与周边地图的相对位置。目前，已发展到可通过服务中心查询信息，再结合电子地图显示的功能，新的导航系统的误差范围小，引导操作方式有多种选择，且具有各种附加服务系统。完整的汽车导航系统，应该包括全球定位系统和车辆自动导航系统，一般是由 GS 天线，集成了显示屏幕路线，并能用语音来提供导航信息，有的甚至只用语音就能引导驾驶人到达目的地，而且还能与互联网连通，收听天气预报、股市行情，以及提供公路前方是堵车的信息并能指出避开堵车路线的其他行驶路线。

### 7.5.2 汽车 GPS 技术的应用与功能

GPS 全球导航系统，也称全球卫星定位系统。它根据美国发射地球周围的 24 颗定位卫星提供的信号，不断对地面发射并提供三维位置、三维速度的信息，使地球上安装的接收设备，接收到这些信息并用中转设备对这些信息进行分析，从而判定发射信息的物体所处方位的一种定位系统。车辆自动导航系统，是根据 GPS 接收机提供的车辆当前位置和用户输入的车辆目的地，参照电子地图计算合适的行驶路线并在行驶中以适当的方式给驾驶人提供必要的信息。

汽车 GPS 的功能主要为及时显示汽车在预先制定的电子地图中的位置、行驶速度及与目的地的距离。输入目的地后主动生成一条去目的地的最佳行驶路线，并在转弯时用语言提醒用户,使其去任何地方不用问路就可直接到达。随时可查询沿途的酒店、商店、加油站、修理厂、车站、码头等处的最新路况信息,为用户提供方便。可在汽车遭遇抢劫后,在指定范围内停止发动机的运行,并把汽车所处的位置报告警察。停车后可用其播放音乐或 VCD。

### 7.5.3 导航工作过程

1. 用户输入目的地

在出发前,用户通过系统提供的输入方法将目的地输入导航设备中。除了在系统显示的电子图上直接点击选取地点外,更多时候是借助某种输入方法,将目的地名输入系统中。国内汽车自主导航产品基本都是基于 PC 机构,或者借助外接键盘,以类似 PC 机的中文输入法作为地名输入方法的汽车导航系统,或者利用触摸屏借助日益成熟的手写识别技术进行中文输入。依靠键盘或触摸屏同时也可以实现几乎所有的功能按键的功能。基于"以人为本"的设计思想,特别是考虑到安全性能要求,目前人们也在开发基于语音技术的产品。

2. 行驶路线

汽车导航主机从 GPS 接收机得到经过计算确定的当前经纬度,通过与电子地图数据的对比,就可以随时确定车辆当前所在的地点。一般汽车导航系统将车辆当前位置默认为出发点,在用户输入目的地之后,导航系统根据电子地图上存储的地图信息,就可以自动算出一条最合适的路线,作为新的路线。

3. 行驶中的导航

汽车自动导航系统的输出设备包括显示屏幕和语音输出设备。在行驶过程中,驾驶人必须全神贯注于驾驶,而不能经常查看显示屏幕,因此,实用而人性化的车辆自动导航系统会利用语音输出,在必要时刻向驾驶人提示信息。比如,车辆按照系统推荐路线行驶到应该转弯的路口前,语音输出设备提示驾驶人:"300m 后请向左转",这样驾驶人不必关注屏幕的显示,也可以按照推荐路线正确快捷地到达目的地。

目前,世界几大著名汽车公司的导航系统已经达到一个相当完善而且很实用的程度了。我国自主开发了带有局部地图的汽车导航产品。国内一些大城市的公安系统、出租车公司以及其他公共调度系统中,还开发出另外一种车辆定位导航系统,以满足集中调度、快速反应的要求。在这些公共调度系统中的车辆上,除 GPS 天线和接收机外,并不需要自主导航设备,车辆通过车载通信设备和总部保持联系。车辆上的通信发射机可以随时把本车 GPS 接收机计算出的车辆位置经纬度传送回总部。总部收到每辆外出车辆的位置经纬度信息后,可随时掌握它们的准确位置。通过与外出车辆之间建立的语音通信信道准确、快捷地做出调度。车载导航系统的 GPS 导航功能突出,可以帮助驾驶人在错综复杂的城市交通道路网中及时迅速地到达目的地。运用多层引导菜单方便地按地区、城市、设施功能分类选定目标,导航系统能够立刻测算出最短的行车路线,图文并茂地显示在二维或三维电子地图上,汽车一旦启动,代表实时位置的标志会自动沿着已设定的路线行进。当遇到前方道路堵车或意外情况需改变行车路线时,卫星导航系统会自动复位,并于数秒后自动设置新的行车路线,重新恢复导航功能。汽车导航装置应用于汽车的时间虽不长,但发展很快，尤其在日本。目前全球汽车导航系统的市场日本占据领先地位，1998年生产达140万套。日本各大汽车公司纷纷将其作为选装件向顾客提供，1998年为新车配套就占总产量的64%。

日本在这方面发展很快，据报载，目前日本有600万辆汽车使用了电子导航系统，占全部汽车保有量的10%，而2000年以来出产的新车中的30%，安装了电子导航系统。通用汽车公司投放美国的绝大部分车型现在都已将车辆智能信息系统当作了标准装置。另据报道，标致公司已将所有LX级406型和607型车都已安装了卫星导航装置，成为车内标准设备。丰田公司正计划将电子导航系统作为天津丰田新车型的选装部件。主要是他们很早就开始了数字地图的准备，投入了15亿日元，制作了一条较完整的数字化公路与街区地图。另外，日本一些城市街道比较复杂，以及日本人对电子产品的爱好，故这类新产品的市场发展很快。

1. 简述安全气囊的组成。
2. 简述汽车电动天窗的组成。
3. 汽车电动天窗按动力形式怎样分类？各有什么特点？
4. 简述汽车天窗的结构形式和种类。
5. 简述四种防盗设备的特点。
6. 简述德国宝马（BMW）车系防盗系统的工作原理。
7. 什么是中央控制门锁系统？其组成是什么？
8. 简述电动座椅的分类。
9. 简述电动座椅的组成及工作原理。
10. 简述汽车导航系统的作用。

# 第 8 章
# 新能源汽车技术

本章教学要点

| 知识要点 | 掌握程度 | 相关知识 |
| --- | --- | --- |
| 电动汽车的优势、分类、结构、工作原理及关键技术 | 了解电动汽车的现状和优势，掌握电动汽车的分类方法、典型结构、工作原理及关键技术 | 电动汽车对车载电源技术、电机技术、整车控制及轻量化技术的要求 |
| 混合动力汽车的特点、结构、分类、动力耦合方式、节能机理及关键技术 | 了解混合动力汽车的典型结构和分类方法，掌握混合动力汽车动力耦合方式和节能机理，重点掌握混合动力汽车的关键技术 | 混合动力汽车的动力耦合方式、节能机理和节能潜力，混合动力汽车的控制策略、性能仿真及测试方法，混合动力技术的发展前景 |
| 新能源汽车对车载电源技术的要求、发展现状及典型车载电源性能比较 | 了解新能源汽车对车载电源技术的基本要求、发展现状，掌握提高车载电源性能的方法 | 车载电源性能指标的要求以及提高各项性能指标的方法，突破车载电源技术瓶颈的努力方向 |
| 燃料电池汽车的特点、分类、典型结构及关键零部件 | 了解燃料电池汽车的特点，掌握燃料电池汽车的典型结构及对关键零部件的技术要求 | 燃料电池汽车的驱动机理及控制方法，燃料电池汽车的优势与弊端及推广普及的主要障碍 |
| 太阳能汽车的概念、特点、典型结构、驱动机理及关键技术 | 了解太阳能汽车的特点和典型结构，掌握太阳能汽车的驱动机理和关键技术 | 太阳能汽车的节能环保意义及在应用方面的局限性 |

# 新能源汽车技术 第8章

## 导入案例

纯电动汽车是迄今为止最具前景的新能源汽车。电池技术是制约纯电动汽车的技术瓶颈,如何突破车载电源技术瓶颈,提高纯电动汽车的续驶里程,缩短每次充电的时间是当前纯电动汽车发展的关键。

2012年,特斯拉MODEL S正式上市,这款电动汽车既做到了零排放又兼顾了传统汽车的优势,而且还具有超强的动力和较长的续航里程,非常符合未来汽车发展的思路。电动汽车的关键技术在于电池,特斯拉MODEL S采用了18650钴酸锂电池,虽然单节电池的电压仅为3.7V,容量仅为3.1A·h,但由若干单节电池组成电池砖,若干电池砖又组成电池片,最终,若干电池片又组成一个车载动力电池组,可为整车提供85kW·h的电量,每次充电可以持续行驶480km。图8.1所示为特斯拉电池组在整车上的布置,图8.2所示为特斯拉电池组的构成。

特斯拉MODEL S的动力是由三相310kW的感应电动机提供,可为整车提供600N·m的强劲动力,0~100km/h的加速时间仅为3.7s,最高时速可达210km/h,其动力性能与高级跑车相当。

图8.1　特斯拉电池组在整车上的布置

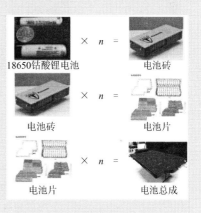

图8.2　特斯拉电池组的构成

"科学技术是一把双刃剑",汽车技术也是如此。不可否认,先进的汽车技术给人类的生产和生活带来了巨大的方便,但同时也正以逐年递增的速度吞噬着地球上逐渐枯竭的能源,给日趋恶化的生存环境雪上加霜。面对节能与环保两大全球性焦点问题,寻找一条既能节约宝贵能源,减轻环境污染,又能充分享受汽车带给我们的方便和愉悦的发展之路是当今汽车行业发展的正确方向。

汽车的节能与环保问题已经引起全世界范围的密切关注。各国政府一方面颁布严格的法规限制汽车排放污染,另一方面出台政策鼓励和资助新能源汽车的研发、推广和应用。在排放法规和节能补贴政策的双重作用下,新能源汽车技术得到了飞速的发展。本章主要介绍电动汽车、混合动力汽车、燃料电池汽车、太阳能汽车及车载动力电源等新能源汽车技术。

## 8.1 电动汽车技术

电动汽车是指以车载电源为动力,用电动机驱动车轮行驶,符合道路交通安全法规各项要求的车辆,一般采用高效率充电蓄电池作为动力源。纯电动汽车不需要再用内燃机,因此,纯电动汽车的电动机相当于传统汽车的发动机,蓄电池相当于传统汽车的油箱,电能是二次能源,可以来源于风能、水能、热能、太阳能等多种方式。

### 8.1.1 电动汽车的优势

由于电动汽车采用电动机驱动,与传统汽车相比,电动汽车具有以下优势:

1. 污染低

电动汽车由电力驱动,在行驶中不排放有害气体,即使电动汽车所消耗的电力由使用石油燃料的火力发电厂提供,火力发电厂的大气污染物主要是 $NO_x$,根据电动汽车所消耗电力折算出以火力发电来估计 $NO_x$ 的排放量,也不到同类型燃油汽车的 10%。

2. 可使用多种能源

由于电动汽车使用二次电力能源,它不受石油资源的限制,电动汽车的应用可有效地减少对石油资源的依赖,可将有限的石油用于更重要的方面。向蓄电池充电的电力可以由煤炭、天然气、水力、核能、太阳能、风力、潮汐等能源转化,从而可节省日渐枯竭的石油资源。而且电动车可以利用夜间大量富裕电力充电,有利于电网均衡负荷,减少了能源浪费,提高了电力系统整体效益。

3. 效率高

对电动汽车的研究表明,其能源效率超过燃油汽车。特别是在城市运行,汽车走走停停,行驶速度不高,电动汽车没有怠速损失,在制动时能回收能量,80% 以上的电池能量可由电动机转为汽车的动力,电动汽车停止时不消耗电量,在制动过程中,电动机可自动转化为发电机,实现制动减速时能量的再利用。即使考虑原油的发电效率,配送电效率,充放电效率等,其最终效率也比内燃机高。

4. 噪声低

噪声对人的听觉、神经、心血管、消化、内分泌、免疫系统是有危害的。发动机性能是影响汽车噪声、振动的重要因素。电动汽车和传统汽车相比,由动力部分引起的噪声和振动低,特别是在加速时,电动机的噪声和振动要比发动机低得多。

5. 结构简单、使用维修方便

电动汽车较内燃机汽车结构简单,运转、传动部件少,维修保养工作量小。当采用交流感应电动机时,电动机不用保养维护。更重要的是电动汽车易操纵。

6. 更有利于智能化

由于电动汽车已达到电气化,所以电动汽车系统中更利于采用先进的电子信息技术,提高汽车智能化程度。电动汽车的电动机控制系统，可与各个电子控制系统包括无级变速、防抱死制动系统、制动能量回收系统、安全气囊系统、自动空调系统等相协调，在电动汽车上实现计算机智能控制。

电动汽车并非是十全十美的新能源汽车，目前电动汽车尚不如内燃机汽车技术完善，尤其是动力电池的寿命短、使用成本高。电池的储能量小，一次充电后行驶里程不理想，且电动车的价格较贵。但随着电动汽车技术的发展，电动汽车存在的缺陷会逐步得到解决。

### 8.1.2 电动汽车的关键技术

电动汽车结构如图 8.3 所示，其驱动系统主要由蓄电池、电驱系统、动力电池和 ECU 等组成。

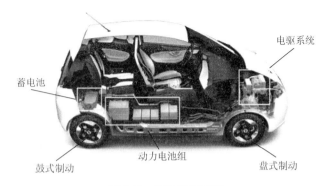

图 8.3 电动汽车结构

发展电动汽车必须解决好四个方面的关键技术：电池及管理技术、电机及控制技术、整车控制技术、整车轻量化技术及充电技术。

1. 电池及管理技术

电池是电动汽车的动力源，也是一直制约电动汽车发展的关键因素。要使电动汽车能与燃油汽车相竞争，关键就是要开发出比能量高、比功率大、使用寿命长、成本低的高效电池。但是随着科学技术的发展，现在电动汽车的电池技术得到了飞速发展，已达到实用化的要求。各种车用电池的性能比较见表 8-1。

表 8-1 各种车用电池性能比较

| 电池类型 | 比能量 /(W·h/kg) | 比功率 /(W/kg) | 能量密度 /(W·h/L) | 功率密度 /(W/L) | 循环寿命 /次 |
|---|---|---|---|---|---|
| 铅酸蓄电池 | 35 | 130 | 90 | 500 | 400~600 |
| 镍镉蓄电池 | 55 | 170 | 94 | 278 | 500 以上 |
| 镍氢蓄电池 | 80 | 225 | 143 | 470 | 1000 以上 |
| 锂离子蓄电池 | 100 | 200 | 215 | 778 | 1200 |
| 燃料电池 | 500 | 60 | — | — | — |
| 飞轮电池 | 14 | 800 | — | — | 25 年 |

电池组性能直接影响整车的加速性能、续驶里程及制动能量回收的效率等。电池的成本和循环寿命直接影响车辆的成本和可靠性,所有影响电池性能的参数必须得到优化。电动汽车的电池在使用中发热量很大,电池温度影响电池的电化学系统的运行、循环寿命和充电可接受性、功率和能量、安全性和可靠性等。所以,为了达到最佳的性能和寿命,需将电池包的温度控制在一定范围内,减小包内不均匀的温度分布以避免模块间的不平衡,以此避免电池性能下降,且可以消除相关的潜在危险。

2. 电动机及控制技术

由于蓄电池提供的是直流电源,因此直流电动机很早就被用作电动汽车的驱动电动机。由于直流驱动系统技术成熟,因此在电动汽车上有很大一部分采用直流驱动系统。但是传统直流电动机转子上的电枢绕组使转子体积和惯性都有所增大,机械式换向器使其工作环境受到限制,效率比其他类型电动机低,并且经常需要维修保养。

1) 电动汽车用电动机性能分析

目前,电动汽车用电动机主要有直流电动机、感应电动机、永磁无刷电动机和开关磁阻电动机 4 类,其性能对比见表 8-2。

表 8-2 电动汽车用电动机及驱动系统比较

| 电机动类型 | 直流电动机 | 感应电动机 | 永磁无刷电动机 | 开关磁阻电动机 |
| --- | --- | --- | --- | --- |
| 功率密度 | 差 | 一般 | 好 | 一般 |
| 转矩转速特性 | 一般 | 好 | 好 | 好 |
| 转速范围 | 小 | 一般 | 大 | 最大 |
| 效率 | 差 | 一般 | 高 | 一般 |
| 易操作性 | 最好 | 好 | 好 | 好 |
| 可靠性 | 差 | 好 | 一般 | 好 |
| 成本 | 高 | 高 | 低 | 较高 |
| 尺寸 | 大 | 一般 | 小 | 小 |
| 质量 | 重 | 一般 | 轻 | 轻 |
| 控制性 | 好 | 好 | 好 | 一般 |
| 综合性能 | 差 | 一般 | 最好 | 好 |

电动汽车的驱动电机属于特种电机,是电动汽车的关键部件。要使电动汽车有良好的使用性能,驱动电机应具有较宽的调速范围及较高的转速,足够大的起动转矩,体积小、质量轻、效率高且有动态制动强和能量回馈的性能。目前电动汽车所采用的电机中,直流电动机基本上已被交流电动机、永磁电机或开关磁阻电机所取代。电动汽车所用的电机正在向大功率、高转速、高效率和小型化方向发展。当今世界已研制出功率密度超过 1kW/kg,额定点的效率大于 90% 的小型电机,电机满足低速衡(大)转矩和高速衡功率的牵引控制要求。

2) 电动汽车用电机的控制系统

随着电机及驱动系统的发展,控制系统趋于智能化和数字化。变结构控制、模糊控制、神经网络、自适应控制、专家系统、遗传算法等非线性智能控制技术,都将各自或结合应用于电动汽车的电机控制系统。这些技术的应用将使系统结构简单，响应迅速，抗干扰能力强，参数变化具有鲁棒性，可大大提高整个系统的综合性能。

电动汽车再生制动控制系统可以节约能源，提高续驶里程，具有显著的经济价值和社会效益。再生制动还可以减少制动片的磨损，降低车辆故障率及使用成本。图8.4所示为某电动汽车再生制动控制系统结构图。该系统由蓄电池、电机、传动系统、制动系统及控制器组成，利用车辆在制动过程的动能拖动电机发电的原理回收制动能量，具有非常突出的优点。当汽车制动时，电机工作于发电机工况，将一部分动能或重力势能转化为电能储存在蓄电池中，要求蓄电池有足够的功率密度，可以更快速、高效地吸收电机回馈能量。在汽车起动或加速时，将蓄电池存储的能量释放出来，向电机供电，不但增加了电动汽车一次充电的行驶里程，而且避免了蓄电池的大电流放电，达到了节约能源、降低制动片磨损和提高蓄电池寿命的目的。

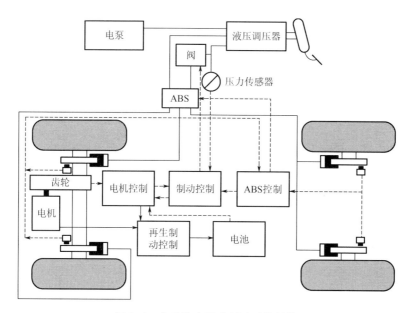

图 8.4　电动汽车再生制动系统结构

3．整车控制技术

尽管电动汽车的发展已有100多年的历史，但多能源动力电动汽车的研究开发则始于20世纪80年代。动力总成是整个电动汽车的重要部件，也是电动汽车区别于普通汽车的重要特点和发挥其节能、环保优势的关键，当然也就成为研究的重点。所以，多能源动力总成控制系统融合了现代电子技术、通信技术、计算机技术和控制技术等最新研究成果。

当前，人们一般都采用嵌入式计算机或高性能单片机作为主控计算机。就控制器的结构而言，国外主要经历了两代。第一代为集中式控制系统。也就是说，用一台计算机采集电动汽车所有的输入信号，通过处理、计算然后输出控制信号。这种控制方式有其明显的局限性，因为电动汽车的输入输出信号分布于汽车的各个部位，它们到计算机的连线不仅多而且长，这样增加了系统的复杂程度，降低了可靠性；而且一旦系统的软硬件确定下来之后，很难再进行任何扩展，不利于系统的升级。另外，由于系统不是一个模块化的结构，各个部分相互关联，开发效率不高，因此，这种方式目前已遭淘汰。第二代为分布式控制系统。这种方式是根据汽车的布局，在相对输入输出比较集中的某一部位，用一个高性能单片机，组成一个相对独立的模块，完成这一部位的信号采集和控制。例如，通用汽车公司的 Percept 混合电动汽车，整车一共用了 47 个计算机模块。各个模块之间通过现场总线进行数据交换，也可以再用一台性价比较高的计算机通过现场总线与各个模块连接。这种方式的优点非常明显。其一是系统的连线大大减少，因为输入输出点与各个模块的距离较近，模块之间用现场总线相连。据报道，分布式控制方式比集中控制方式的连线少 50% 以上。其二是结构简化，可靠性大大提高。其三，系统具有通用、开放和可扩展性能。所以，这种分布式结构在当前电动汽车控制系统中得到了广泛的应用。

现代电动汽车控制系统常采用"V"形开发模式（图 8.5），既能保证控制系统的各项功能完备，又能大大地缩短控制系统的开发时间。目前这种控制系统的开发模式在混合动力电动汽车上得到了广泛应用，一些传统汽车甚至其他领域的控制系统也正在应用这种开发模式。

随着信息技术的飞速发展，当前电动汽车动力总成控制设备的主流已开始采用 32 位处理器、嵌入式实时操作系统为基本技术特征的新一代 ECU 软硬件平台，该产品已日趋成熟，在国内外主要汽车公司均已得到广泛应用。

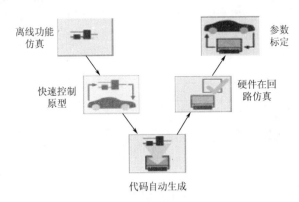

图 8.5 控制系统的"V"形开发模式

### 4. 整车轻量化技术

电动汽车是高科技综合性产品，除电池、电动机外，车体本身也包含很多高新技术。采用轻质材料如镁、铝、优质钢材及复合材料，优化结构，可使汽车自身质量减轻 30%～50%；实现制动、下坡和怠速时的能量回收；采用高弹滞材料制成的高气压子午线轮胎，可使汽车的滚动阻力减少 50%；汽车车身特别是汽车底部流线型，可使汽车的空气阻力减少 50%。

整车轻量化技术始终是汽车技术重要的研究内容。纯电动汽车由于布置了电池组，整车质量增加较多，轻量化问题更加突出，可以采用以下措施减轻整车质量。

（1）通过对整车实际使用工况和使用要求的分析，对电池的电压、容量、驱动电机功率、转速和转矩、整车性能等车辆参数的整体优化，合理选择电池和电动机参数。

（2）通过结构优化和集成化、模块化优化设计，减轻动力总成和车载能源系统的重量。这里包括对电动机及驱动器、传动系统、冷却系统、空调和制动真空系统的集成和模块化设计，使系统得到优化；通过电池、电池箱、电池管理系统、车载充电机组成的车载能源系统的合理集成和分散，实现系统优化。

（3）积极采用轻质材料，如电池箱的结构框架、箱体封皮、轮毂等采用轻质合金材料。

（4）利用 CAD 技术对车身承载结构件（如前后桥、新增的边梁、横梁等）进行有限元分析研究，用计算和试验相结合的方式，实现结构最优化。

5. 电动汽车的充电技术

自19世纪第1辆电动汽车面世至今，电动汽车均采用可充蓄电池作为其动力源。对于一辆电动汽车来讲，蓄电池充电设备是不可缺少的子系统之一。它的功能是将电网的电能转化为电动汽车车载动力蓄电池的电能。电动汽车充电装置的分类有不同的方法，总体上可分为车载充电装置和非车载充电装置。

车载充电装置指安装在电动汽车上的采用地面交流电网和车载电源对电池组进行充电的装置，包括车载充电机，如图8.6所示。

车载充电发电机组和运行能量回收充电装置，将一根带插头的交流动力电缆线直接插到电动汽车的充电插座中给蓄电池充电。车载充电装置通常使用结构简单、控制方便的接触式充电器，也可以是感应充电器，它完全按照车载蓄电池的种类进行设计，针对性较强。

非车载充电装置，即地面充电装置，主要包括专用充电机、专用充电站、通用充电机、公共场所用充电站等，如图8.7所示，可以满足各种电池的各种充电方式。通常非车载充电器的功率、体积和质量均比较大，以便能够适应各种充电方式。

图8.6　车载充电机

图8.7　小型充电站

根据对电动汽车蓄电池充电时能量转换的方式不同，充电装置可以分为接触式和感应式。随着电力电子技术和变流控制技术的飞速发展，高精度可控变流技术的成熟和普及，分阶段恒流充电模式已经基本被充电电流和充电电压连续变化的恒压限流充电模式取代。直到目前，主导充电工艺的还是恒压限流充电模式。接触式充电的最大问题在于安全性和通用性。为了满足严格的安全充电标准，接触式充电必须在电路上采用许多措施使充电设备能够在各种环境下安全充电。恒压限流充电和分阶段恒流充电均属于接触式充电技术。

近年来，新型的电动汽车感应充电技术发展很快。感应充电器是利用高频交流磁场的变压器原理，将电能从离车的源方感应到车载的副方，以达到给蓄电池充电的目的，如图8.8所示。感应充电的最大优点是安全，这是因为充电器与车辆之间并无直接的点接触，即使车辆在恶劣的气候下，如雨雪天，进行充电也无触电的危险。

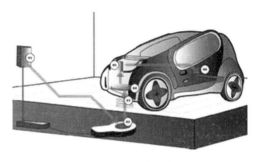

图8.8　感应充电

### 8.1.3 电动汽车的类型

电动汽车可分为两种类型，即采用蓄电池作为动力源的电动汽车和装有辅助动力源的电动汽车。

**1. 蓄电池电动汽车**

用单一蓄电池作为动力源的电动汽车，只装置了蓄电池组，它的电力和动力传输系统如图 8.9 所示。狭义的电动汽车就是指这一类汽车，但是受电池技术瓶颈的影响，这一类电动汽车的续驶里程不理想，于是出现了以装有辅助动力源的电动汽车为代表的广义电动汽车。

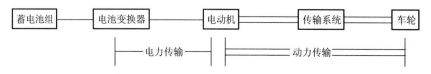

图 8.9　蓄电池电动汽车的电力和动力传输系统

**2. 装有辅助动力源的电动汽车**

用单一蓄电池作为动力源的电动汽车，目前蓄电池的比能量和比功率尚比较低，电池组的质量和体积较大。因此，在某些纯电动汽车上增加辅助动力源，如超级电容器、发电机组、太阳能等，由此改善纯电动汽车的起动性能和增加续驶里程。装有辅助动力源的电动汽车的电力和动力传输系统如图 8.10 所示。

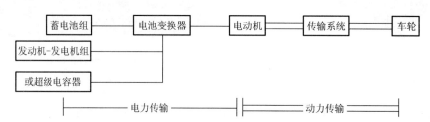

图 8.10　装有辅助动力源电动汽车的电力和动力传输系统

### 8.1.4 电动汽车的结构原理

传统汽车主要由发动机、底盘、车身和电气四大部分组成。电动汽车的结构与传统汽车相比，主要增加了电力驱动控制系统，而取消了发动机。电力驱动控制系统的组成与工作原理如图 8.11 所示，它由电力驱动主模块、车载电源模块和辅助模块三大部分组成。

当汽车行驶时，由蓄电池输出电能（电流）通过控制器驱动电动机运转，电动机输出的转矩经传动系统带动车轮前进或后退。电动汽车续驶里程与蓄电池容量有关，蓄电池容量受诸多因素限制。要提高一次充电续驶里程，必须尽可能地节省蓄电池的能量。

**1. 电力驱动主模块**

电力驱动主模块主要包括中央控制单元驱动控制器、电动机、机械传动装置和车轮

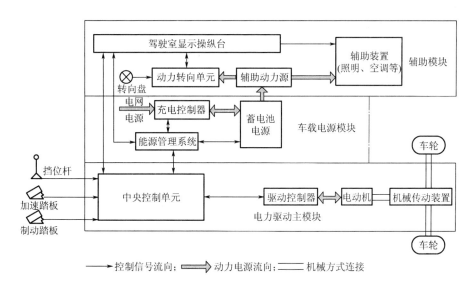

**图 8.11 电力驱动控制系统的组成与工作原理图**

等。它的功用是将储存在蓄电池中的电能高效地转化为车轮的动能,并能够在汽车减速制动时,将车轮的动能转化为电能充入蓄电池。

中央控制单元根据加速踏板和制动踏板的输入信号,向驱动控制器发出相应的控制指令,对电动机进行起动、加速、减速、制动控制。

驱动控制器是按中央控制单元的指令、电动机的速度和电流反馈信号,对电动机的速度、驱动转矩和旋转方向进行控制。驱动控制器必须和电动机配套使用。

电动机在电动汽车中被要求承担电动和发电的双重功能,即在正常行驶时发挥其主要的电动机功能,将电能转化为机械能;在减速和下坡滑行时又被要求进行发电,将车轮的惯性动能转化为电能。

机械传动装置是将电动机的驱动转矩传输给汽车的驱动轴,从而带动汽车车轮行驶。

**2. 车载电源模块**

车载电源模块主要包括蓄电池电源、能量管理系统和充电控制器等。它的功用是向电动机提供驱动电能、监测电源使用情况及控制充电机向蓄电池充电。

电动汽车的常用车载电源包括铅酸电池、镍镉电池、镍氢电池、锂离子电池、超级电容等。

电动汽车的能量管理主要是指电池管理系统,它的主要功用是对电动汽车用电池单体及整组进行实时监控、充放电、巡检、温度监测等。

充电控制器的作用是把交流电转化为相应电压的直流电,并按要求控制其电流。

**3. 辅助模块**

辅助模块主要包括辅助动力源、动力转向系统、驾驶室显示操纵台和辅助装置等。辅助模块除辅助动力源外,依据不同车型而不同。

辅助动力源主要由辅助电源和 DC/DC 功率变换器组成,其功用是供给电动汽车其他各种辅助装置所需要的动力电源,一般为 12V 或 24V 的直流低压电源,它主要给动力转向单元、制动力调节控制、照明、空调、电动门窗等各种辅助装置提供所需的能源。

动力转向系统是为实现汽车的转弯而设置的,由转向盘、转向器、转向机构和转向轮等组成。作用在转向盘上的控制力,通过转向器和转向机构使转向轮偏转一定的角度,实现汽车的转向。

驾驶室显示操纵台类似于传统汽车驾驶室的仪表板,不过其功能根据电动汽车驱动的控制特点有所增减,其信息指示更多地选用数字或液晶屏幕显示。

辅助装置主要有照明、各种声光信号装置、车载音箱设备、空调、刮水器、风窗玻璃除霜清洗器、电动门窗、电控玻璃升降器、电控后视镜调节器、电动座椅调节器、车身安全防护装置控制器等。它们主要是为提高汽车的操控性、舒适性、安全性而设置的,可根据需要进行选用。

### 8.1.5 电动汽车发展现状

电动汽车被公认为是最有发展前景的交通工具,随着电池性能的提高、研究开发新型电池、采用先进的驱动推进系统、减轻车体质量、降低阻力等诸多方面研究取得的重大进展,世界上已经研发出了续驶里程达到 200~300km,只要十几分钟就能快速恢复持续驱动能力的电动汽车。

电动汽车经历了长期的发展,在美国、日本和欧洲等国家和地区已经得到商业化的推广应用。截至 2010 年,全世界已有 4 万辆纯电动汽车在运行,其中法国 8000 辆,美国 7000 辆,日本 7400 辆,主要应用于公共交通领域。

电动汽车的杰出代表当属美国汽车生产商特斯拉,2012 年推出的 Tesla Model S 纯电动汽车,该车外观比较圆润流畅,内部配置高端,轴距 2959mm,车身全长 4978mm,宽 1963mm,高 1435mm,如图 8.12 所示。该车采用松下公司生产的 18650 钴酸铝锂离子电池,虽然单节电池的电压仅为 3.7V,容量仅为 3.1A·h,但由若干单节电池组成电池砖,若干电池砖又组成电池片,最终,若干电池片又组成一个车载动力电池组,电池组的最大储电能力可达 85kW·h,一次充满电可以续驶 480km,即便是 20min 的快速充电也可续驶 200km 以上。特斯拉公司对其配备的大功率动力电池也是信心十足,承诺 8 年或 20 万 km 内如出现电池故障可免费更换新动力电池。最大扭矩 600N·m,最大功率 310kW 的三相交流异步电动机为 Tesla 提供了强劲动力,0~100km/h 的加速时间仅需 3.7s,最高时速可达 210km/h,其动力性可以与高级跑车相媲美。

图 8.12 Tesla 纯电动汽车

2006 年 7 月,比亚迪公司为了加速电动汽车的商业化步伐,推出了一款全新技术的电动乘用车 F3e。目前该公司已经在北京、上海、深圳和西安四大基地完成了内部实验性电动汽车充电站的建设。F3e 使用比亚迪核心的磷酸铁锂电池技术,处于绝对的国际领先水平，对国际汽车产业将产生颠覆性影响。F3e的最高车速可达150km/h，0～100km/h的加速时间仅需13.5s，百公里耗电量为12kW·h，一次充电后续驶里程可达350km。

万向集团公司从1999年开始涉足电动汽车领域，目前已经研制出了电动乘用车和电动公交车。其电动乘用车最高时速可达126km/h，经济时速下的最长续驶里程为380km，百公里平均耗电量为11kW·h；其电动公交车最高车速可达90km/h，经济时速下的最长续驶里程为280km，百公里平均耗电量为70kW·h，其充电方式采用快速更换电池组的方式，最大限度地缩短充电时间。

## 8.2 混合动力汽车技术

混合动力汽车是车载电源技术尚未取得革命性突破之前传统汽车向纯电动汽车发展过程中的过渡车型，一方面它可以缓解传统汽车对石化燃料的依赖，另一方面它又弥补了当前纯电动车载电源技术尚不成熟，续驶里程不足的缺陷。经过二十余年的发展，混合动力汽车技术已相对成熟，其节能减排功效也得到广泛认可。世界上最成功的混合动力汽车当属丰田公司于1997年推出的普锐斯混合动力汽车，目前该车销量已经超过了260万辆。

### 8.2.1 混合动力汽车的定义与分类

1. 混合动力汽车的定义

从狭义上讲，混合动力汽车是指同时装备两种动力源——热动力源（由传统的汽油机或者柴油机产生）与电动力源（电池与电动机）的汽车。通过在混合动力汽车上使用电机，使得动力系统可以按照整车的实际运行工况要求灵活调控，而发动机保持在综合性能最佳的区域内工作，从而降低油耗与排放。也可以认为混合动力汽车通常是指既有蓄电池可提供电力驱动，又装有一个相对小型内燃机的汽车。

从广义上来讲，混合动力汽车是指装备有两种具有不同特点驱动装置的车辆。这两个驱动装置中有一个是车辆的主要动力来源，它能够提供稳定的动力输出，满足汽车稳定行驶的动力需求，由于内燃机在汽车上成功的应用，使之成为首选的驱动装置；另外还有一个辅助驱动装置，它具有良好的变工况特性，能够进行功率的平衡、能量的再生与存储，目前应用最多的是油-电混合系统。

国际电子技术委员会对混合动力车辆的定义为：在特定的工作条件下，可以从两种或两种以上的能量存储器、能量源或能量转化器中获取驱动能量的汽车。其中至少一种存储器或转化器要安装在汽车上。混合动力汽车至少有一种能量存储器、能量源或能量转化器可以传递电能。串联式混合动力车辆只有一种能量转化器可以提供驱动力，并联式混合车辆则不止由一种能量转化器提供驱动力。

2. 混合动力汽车的分类

混合动力汽车分类方法较多，这里主要介绍以下6种分类方法。
1) 按照动力系统结构形式划分

根据混合动力汽车零部件的种类、数量和连接关系，可以将其分为串联式混合动力汽车（SHEV）、并联式混合动力汽车（PHEV）和混联式混合动力汽车（PSHEV）。

串联式混合动力汽车是指车辆行驶系统的驱动力只来源于电动机的混合动力汽车。它的结构特点是发动机带动发电机发电，电能通过电机控制器输送给电动机，由电动机驱动汽车行驶。另外，动力电池也可以单独向电动机提供电能驱动汽车行驶。

并联式混合动力汽车是指车辆行驶系统的驱动力由电动机及发动机同时或单独供给的混合动力汽车。它的结构特点是并联式驱动系统可以单独使用发动机或电动机作为动力源，也可以同时使用电动机和发动机作为动力源驱动汽车行驶。

混联式混合动力汽车是指具备串联式和并联式两种混合动力系统结构的混合动力汽车。它的结构特点是可以在串联混合模式下工作，也可以在并联混合模式下工作，同时兼顾了串联式和并联式的特点。

2）按照混合度划分

按照电动机相对于燃油发动机的功率比大小，可以将其分为微混合型混合动力汽车、轻度混合（弱混合）型混合动力汽车、中度混合型混合动力汽车和重度混合（强混合）型混合动力汽车。

微混合型混合动力汽车是以发动机为主要动力源，不具备纯电动行驶模式的混合动力汽车。只具备停车急速停机功能的混合动力汽车是一种典型的微混合模式。一般情况下，电动机的峰值功率和发动机的额定功率比不大于5％。

轻度混合型混合动力汽车是以发动机为主要动力源，电动机作为辅助动力，在车辆加速和爬坡时，电动机可向车辆行驶系统提供辅助驱动力矩，但不能单独驱动车辆行驶的混合动力汽车。一般情况下，电动机的峰值功率和发动机的额定功率比为5％～15％。

中度混合型混合动力汽车是以发动机和（或）电动机为动力源的混合动力汽车。一般情况下，电动机的峰值功率和发动机的额定功率比为15％～40％。

重度混合型混合动力汽车是以发动机和（或）电动机为动力源，且电动机可以独立驱动车辆行驶的混合动力汽车。一般情况下，电动机的峰值功率和发动机的额定功率比大于40％。

混合度越大，说明发动机占的比例越小，越接近纯电动汽车。相反，混合度越小，相应发动机功率较大，越接近传统汽车。可以认为传统汽车是混合度为0的混合动力汽车，而纯电动汽车是混合度为1的混合动力汽车，如图8.13所示。

不同的混合度代表不同类型的汽车，从传统型到助力型、双模式、续驶里程、最后到纯电动汽车，混合度是逐渐增大的。从混合动力汽车类型与混合度关系可以看出，对于双模式型，即电功率与发动机功率基本相同，混合度约为50％。这种类型汽车的主要特点为：既可以充当传统汽车在郊外行驶，也可充当纯电动汽车以零排放模式行驶相当长距离，因此，这种系统的发动机、电机与电池选择都较大，系统复杂，成本较高。而续驶里程延伸型混合动力汽车是在普通电动车辆上增加一附加的车载能源（或原动机）并及时为蓄电池补充充电（或承担部分车辆行驶功率），减小蓄电池的能量消耗，延长电动车辆的续行里程，其电池组容量通常较大，使整车质量与成本增

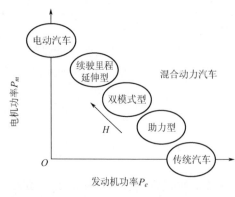

图8.13 按混合度划分的混合动力汽车

加。另外，其电机功率通常大于发动机功率，即混合度大于50%。而助力型混合动力汽车，发动机为主动力源，电机作为辅助动力源以优化发动机的工作特性，提高车辆的经济性和降低排放，具有良好的节能潜力，同时整车布置、质量与成本也非常有利，因此，这种助力型是目前混合动力汽车应用最多的一种类型，其混合度小于50%。

3）按照外接充电能力划分

按照是否能够外接充电，可分为可外接充电型混合动力汽车和不可外接充电型混合动力汽车。

可外接充电型混合动力汽车是一种被设计成可以在正常使用情况下从非车载装置中获取能量的混合动力汽车，如插电式混合动力汽车（Plug-In HEV）。

插电式混合动力汽车是一种能极大减少燃油消耗的混合动力汽车。插电式混合动力汽车能够单独依靠电池能量维持车辆行驶较长里程，当电池能量较低或整车负荷较高时发动机仍然可以像并联混合动力汽车一样单独驱动或联合驱动。插电式混合动力汽车优势在于其可以使用家用电源对其电池快速充电，插电式混合动力汽车实质上是并联混合动力汽车相对于纯电动汽车方向的延伸和扩展，因此它匹配的发动机功率比并联混合动力汽车小，但电机和电池功率要比并联混合动力汽车大。

不可外接充电型混合动力汽车是一种被设计成在正常使用情况下从车载燃料中获取全部能量的混合动力汽车。

4）按照行驶模式的选择方式划分

可分为有手动选择功能的混合动力汽车和无手动选择功能的混合动力汽车。

有手动选择功能的混合动力汽车是指具备行驶模式手动选择功能的混合动力汽车，车辆可选择的行驶模式包括热机模式、纯电动模式和混合动力模式等工作模式。

无手动选择功能的混合动力汽车是指不具备行驶模式手动选择功能的混合动力汽车，车辆的行驶模式根据不同工况自动切换。

5）按照车辆用途划分

可以分为混合动力电动乘用车、混合动力电动客车和混合动力电动货车等。

6）按照与发动机混合的可再充电能量储存系统划分

按照与发动机混合的可再充电能量储存系统不同，可以划分为动力蓄电池式混合动力汽车、超级电容器式混合动力汽车、惯性飞轮式混合动力汽车和动力蓄电池与超级电容器组合式（复合电源）混合动力汽车。

## 8.2.2 混合动力汽车的特点

混合动力汽车是将发动机、电动机、能量储存装置（蓄电池）等组合在一起，它们之间的良好匹配和优化控制，可充分发挥内燃机汽车和电动汽车的优点，避免各自的不足，混合动力汽车是当前最具实际开发意义的低排放和低油耗汽车。

与纯电动汽车相比，混合动力汽车具有如下优点：

（1）由于有发动机作为辅助动力，蓄电池的数量和质量可减少，因此汽车自身质量可以减小。

（2）汽车的续驶里程和动力性可达传统汽车的水平。

（3）借助发动机的动力，可带动空调、真空助力、转向助力及其他辅助电器，不用消耗蓄电池组有限的电能，从而保证了驾车和乘坐的舒适性。

与传统的内燃机汽车相比，混合动力汽车具有如下优点：

（1）可使发动机在最佳的工况区域稳定运行，避免或减少了发动机在变工况下的不良运行，使发动机的排污和油耗大为降低。首先，混合动力汽车能量效率高，传统汽车在城市中行驶时发动机大多处于低速低负荷工况下运行，能量效率很低，而混合动力汽车在低负荷时可以由电动机驱动或通过选用小型发动机使其依旧保持在高效区运行，多余的能量给蓄电池充电。

（2）在人口密集的商业区、居民区等地可用纯电动方式驱动车辆，实现零排放。混合动力汽车由于引入电动部分，可以明显地改善起动变工况和低速低负荷等工况的排放性能。如今越来越严格的排放法规向传统的内燃机汽车提出了极大的挑战，而混合动力电动汽车在改善排放性能方面存在的先天优势成为其发展的重要推动力。

（3）可通过电动机提供动力，因此可配备功率较小的发动机，并可通过电动机回收汽车减速和制动时的能量，进一步降低了汽车的能量消耗和排污。

显然，混合动力汽车研究开发的主要目的就是要减少石油能源的消耗，减少汽车尾气中的有害气体量，降低大气污染。

与电动汽车和内燃机汽车相比，混合动力汽车也有其不足之处，主要表现在以下几方面：

（1）结构形式多种多样，构型相对复杂，开发难度较大。

（2）制造及养护成本较高。

（3）仍然依赖于传统的石化燃料，对环境的污染仍然存在。

（4）节能潜力受到具体的结构构型、控制策略和运行工况的影响较大，其节能效果受不稳定因素影响严重。

### 8.2.3 混合动力汽车的结构与工作原理

混合动力汽车具有至少两种动力源，一般根据这两种动力源的布置结构将其分为串联式混合动力汽车、并联式混合动力汽车和混联式混合动力汽车。近年又出现了一种前后轴分别采用发动机和电动机驱动的复合驱动式混合动力汽车。

1. 串联式混合动力汽车

串联式混合动力汽车系统结构如图 8.14 所示，其动力总成主要由发动机、发电机、电动机和蓄电池组等部件组成。发动机仅仅用于发电，发电机发出的电能通过电动机控制器直接输送到电动机，由电动机产生的电磁力矩驱动汽车行驶。发电机发出的部分电能向蓄电池充电，来延长混合动力汽车的行驶里程。另外，蓄电池还可以单独向电动机提供电能来驱动电动汽车，使混合动力汽车在零污染状态下行驶。

在串联式混合动力汽车上，由发动机带动发电机所产生的电能和蓄电池输出的电能，共同输出到电动机来驱动汽车行驶，电力驱动是唯一的驱动模式。动力流程图如图 8.15 所示。电动机直接与驱动桥相连，发动机与发电机直接连接产生电能，来驱动电动机或者给蓄电池充电，汽车行驶时的驱动力由电动机输出，将储存在蓄电池中的电能转化为车轮上的机械能。当蓄电池的荷电状态到一个预定值时，发动机即开始对蓄电池进行充电。发动机与驱动系统并没有机械地连接在一起，这种方式可以很大程度地减少发动机所受到的车辆瞬态响应。瞬态响应的减少可以使发动机进行最优的喷油和点火控制，使其在最佳工况点附近工作。

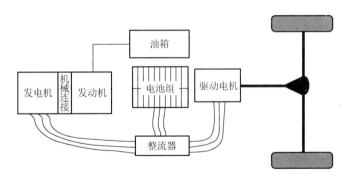

图 8.14　串联式混合动力汽车结构图

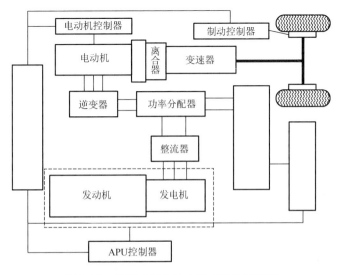

图 8.15　串联式混合动力汽车传动路线图

串联式混合动力汽车的发动机能够经常保持在稳定、高效、低污染的运转状态，使有害排放气体控制在最低范围。串联式混合动力汽车从总体结构上看比较简单，易于控制，只有电动机的电力驱动系统，其特点更加趋近于纯电动汽车。发动机、发电机、电动机三大部件总成在电动汽车上布置起来，有较大的自由度，但各自的功率较大，外形较大，质量也较大，在中小型电动汽车上布置有一定的困难。另外，在发动机-发电机-电动机驱动系统中的热能-电能-机械能的能量转换过程中，能量损失较大。从发动机发出的能量以机械能的形式从曲轴输出，并立即被发电机转换为电能，由于发电机的内阻和涡流，将会产生能量损失（效率为90%~95%）。电能随后又被电动机转换为机械能，在电动机和控制器中能量又进一步损失，最终的能量转换效率为80%~85%。能量转换的效率要比内燃机汽车低，串联式混合动力驱动系统较适合在大型客车上使用。

2. 并联式混合动力汽车

并联式混合动力汽车系统（图 8.16）主要由发动机、电动/发电机和蓄电池等部件组成，有多种组合形式，可以根据使用要求选用。并联式混合动力系统采用发动机和电动机两套独立的驱动系统驱动车轮。发动机和电动机通常通过不同的离合器来驱动车轮，可以采用发动机单独驱动、电动机单独驱动或者发动机和电动机混合驱动三种工作模式。当发动机提供的功率大于车辆所需驱动功率时或者当车辆制动时,电动机工作于发电机状态,给蓄电池充电。发动机和电动机的功率可以互相叠加,发动机和电动/发电机的额定功率为纯电动汽车所需最大驱动功率的 0.5~1,因此,可以采用较小功率的发动机与电动/发电机,使得整个动力系统的装机尺寸、质量都较小,造价也更低,行程也可以比串联式混合动力电动汽车长一些,其特点更加趋近于内燃机汽车。并联式混合动力驱动系统通常被应用在小型混合动力汽车上。

如图 8.16 所示,发动机和电动机通过某种变速装置同时与驱动桥直接相连接。电动机可以用来平衡发动机所受的载荷,使其能在高效率区域工作,因为通常发动机工作在满负荷(中等转速)下燃油经济性最好。当车辆在较小的路面载荷下工作时,内燃机车辆的发动机燃油经济性比较差,而并联式混合动力汽车的发动机此时可以被关闭掉而只用电动机来驱动汽车,或者增加发动机的负荷使电动机作为发电机,给蓄电池充电以备后用(即一边驱动汽车,一边充电)。由于并联式混合动力汽车在稳定的高速下发动机具有比较高的效率和相对较小的质量,所以它在高速公路上行驶具有比较好的燃油经济性。

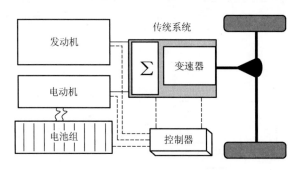

**图 8.16 并联式混合动力汽车系统结构图**

并联式驱动系统有两条能量传输路线,可以同时使用电动机和发动机作为动力源来驱动汽车,这种设计方式可以使其以纯电动汽车或低排放汽车的状态运行,但是此时不能提供全部的动力能源。

并联式驱动系统的主要元件为动力耦合装置,由于动力耦合的实现方法具有多样性,相应的动力传递系统结构也多种多样,通常可归类为驱动力耦合式、转矩耦合式、转速耦合式和混合耦合式。

1)驱动力耦合式

驱动力耦合式并联混合动力汽车如图 8.17 所示。其采用一个小功率的发动机,单独地驱动汽车的后轮。另外一套电动机驱动系统单独地驱动汽车的前轮,可以在汽车起动、爬坡或加速时增加混合动力汽车的驱动力。两套驱动系统可以独立驱动汽车,也可以联合驱动汽车,使汽车变成四轮驱动的电动汽车。此种混合动力汽车具有四轮驱动汽车的特性。

2)转矩耦合式

发动机通过传动系统直接驱动混合动力汽车,在发动机动力输出轴上通过同轴耦合的方式与电动机/发电机进行转矩耦合,称为同轴转矩耦合式并联混合动力汽车,如图 8.18 所示。关闭电动机/发电机,该系统可实现发动机单独驱动模式;电动机/发电机工作于驱

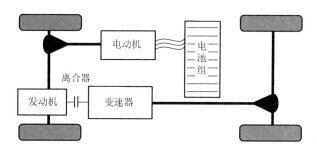

图 8.17 驱动力耦合式四轮驱动混合动力汽车结构

动状态同时开启发动机,该系统可实现电动机助力驱动模式;电动机/发电机工作于发电状态同时开启发动机,该系统可实现驱动发电工作模式;关闭发动机并且断开离合器同时电动机/发电机工作于驱动状态,该系统可实现电动机单独驱动模式;该系统在制动过程中还可以实现再生制动工作模式,利用电动机发电回收车身的动能。

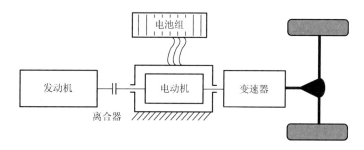

图 8.18 同轴转矩耦合式混合动力汽车结构

发动机和电动机/发电机也可以布置在不同的轴上,通过齿轮啮合或带传动实现转矩耦合,称为双轴转矩耦合式并联混合动力汽车,同样能实现上述转矩耦合功能,如图 8.19 所示。

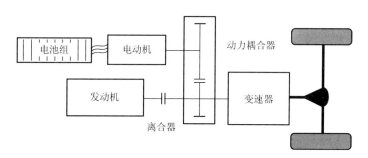

图 8.19 双轴转矩耦合式混合动力汽车结构

3)转速耦合式

图 8.20 所示为北京理工大学与华沙工业大学合作开发的行星齿轮转速耦合式混合动力汽车结构,该系统利用一组行星齿轮将发动机和电动机/发电机的动力进行耦合,通过一组离合器和两组制动器的接合/分离控制混合动力汽车的模式切换过程。当离合器和制动器Ⅱ结合且制动器Ⅰ分离时,系统能实现发动机单独驱动功能;离合器和制动器Ⅱ分离并且制动器Ⅰ结合时,系统能实现电动机单独驱动或再生制动功能;当离合器结合,且制

动器Ⅰ和制动器Ⅱ均分离时，系统能实现电动机助力和驱动发电等功能。这套系统的优点是发动机和电动机/发电机转速互不干扰，增加了系统的控制自由度。

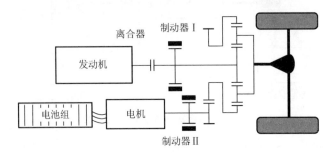

图 8.20 行星齿轮耦合式混合动力汽车结构

4) 混合耦合式

近几年出现了在同一辆车上应用几种动力耦合方式的混合动力汽车，即混合耦合式。丰田公司的 Prius、Camry，福特公司的 Escape 以及多新开发的混合动力汽车均采用混合耦合式。图 8.21 所示为 Camry 混合动力版的动力耦合原理图。

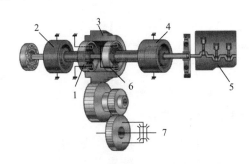

图 8.21 混合耦合式混合动力汽车结构
1—扭矩耦合端；2—M2 电动机；3—动力耦合装置；
4—M1 电动机；5—发动机；
6—转速耦合端；7—动力输出端

发动机和 M1 电动机通过转速合成端的行星齿轮构成转速耦合，动力从齿圈输出，由于 M1 电动机的转速调节作用，使发动机转速与车速独立，即实现了 e-CVT 功能。转速耦合后的动力再与 M2 电动机形成转矩耦合，动力在齿圈上叠加输出。这种耦合方式能汇集多种耦合方式的优点，避免它们的不足，实现多种工作模式，与变速系统紧密配合，使混合动力汽车节能减排的优势得到充分发挥，但同时也是结构最复杂、控制难度最大的动力耦合方式。这种耦合方式已经成为未来混合动力汽车发展的趋势。

3. 混联式混合动力汽车

混联式驱动系统是串联式与并联式的综合，某典型混合动力汽车系统结构如图 8.22 所示，它主要由发动机、发电机、电动机、行星齿轮机构和蓄电池组等部件组成。发动机发出的功率一部分通过机械传动输送给驱动桥，另一部分则驱动发电机发电。发电机发出的电能输送给电动机或蓄电池，电动机产生的驱动力矩通过动力耦合装置传送给驱动桥。混联式驱动系统的控制策略是：在汽车低速行驶时，驱动系统主要以串联方式工作；当汽车高速稳定行驶时，则以并联工作方式为主。

目前，混联式混合动力结构一般采用行星齿轮机构作为动力分配装置。有一种最佳的混联式结构是将发动机、发电机和电动机通过一个行星齿轮装置连接起来，动力从发动机输出到与其相连的行星架，行星架将一部分转矩传送到发电机，另一部分传送到传动轴，同时发电机也可以驱动电动机来驱动传动轴。这种机构有两个自由度，可以自由地控制两个不同的速度。此时车辆并不是串联式或并联式,而是两种驱动形式同时存在,充分利用两种驱动形式的优点。

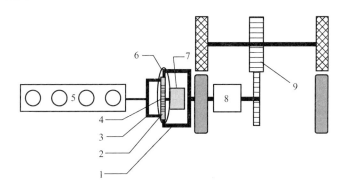

图 8.22 典型混联式混合动力汽车系统结构
1—齿圈;2—行星齿轮;3—行星架;4—太阳轮;5—发动机;6—行星动力耦合机构;
7—发电机;8—电动机;9—齿轮传动系

混联式驱动系统充分发挥了串联式和并联式的优点,能够使发动机、发电机、电动机等部件进行更多的优化匹配,从而在结构上保证了在更复杂的工况下使系统在最优状态下工作,所以更容易实现排放和油耗的控制目标,因此是最具影响力的混合动力汽车。

与并联式相比,混联式的动力耦合形式更复杂,因此对动力复合装置的要求更高。目前的混联式结构一般以行星齿轮作为动力复合装置的基本构架。

### 8.2.4 混合动力汽车的节能机理

混合动力汽车可通过下列途径达到节油目的:选择较小功率发动机(发动机 DownSize);取消发动机怠速;控制发动机工作在高效区;回收再生制动能量;发动机断油;适当增大电池荷电状态(State of Charge,SOC)窗口。

1. 选择较小功率发动机

并联混合动力汽车的基本控制策略为:通过限制发动机的工作区间,将发动机控制在高效率区运行,提供所要求的扭矩;将电动机作为载荷调节装置,当需要大扭矩输出时参与驱动,当需要小扭矩输出时吸收发动机能量进行发电,并将电池组的电量状态维持在高效率区间内。发动机的选择只需满足整车要求的平均功率即可,因此降低了发动机需求功率。

发动机功率降低带来如下优点:①减小功率损失,提高了发动机的效率;②所消耗的燃油减少,相应降低了油耗。

原来传统汽车需求的 6 缸机降为 4 缸机,即可满足混合动力汽车的整车要求。研究表明,发动机由大功率降为中等功率,可节油 5%~15%。

2. 取消发动机怠速

以城市公交客车为例阐述这一问题。

研究表明:公交客车采用的大型柴油机怠速每小时消耗燃油约 3.875L。按照统计,发动机怠速时间占整个工作循环时间的 30%~40%。如果一辆公交汽车每天运行 8h,则怠速燃油消耗将达到 9~12L,可见取消发动机怠速有利于节约燃油。混合动力汽车通过控制策略可以实现发动机的起动与停止。当车速为零、加速踏板松开时,程序控制自动关闭发动机;当踩下加速踏板时,程序控制电动机在0.5s内起动发动机,实现发动机无怠速控制,进而实现节约燃油的目的。

由表8-3可见,相对传统客车,混合动力客车由于消除怠速可节省17%~44%的燃油。其中,北京循环工况能够节省33.6%的燃油,而纽约城市循环工况节省最多达44%。另外,从所计算的停车段怠速消耗燃油来看,即使不通过发动机的高速断油控制,仅由混合动力技术实现停车怠速控制的话,那么怠速节省的燃油占总消耗燃油的6%~35%,如表8-3的最后一行所示。其中,马德拉斯循环工况由于停车时间较短,其节省的燃油较少,只有5.7%;而纽约循环工况,由于其停车怠速时间最长,因此节省燃油也最多,为35%;对于北京循环工况,通过停车怠速控制能节省燃油消耗20%。可见,对于混合动力城市公交客车,消除怠速的节能效果是相当可观的。

表8-3 典型循环工况的怠速油耗比率

| 循 环 工 况 | 伦敦 | 北京 | 马德拉斯 | 曼哈顿 | 纽约 | WVUCITY |
|---|---|---|---|---|---|---|
| 怠速燃油消耗/(%) | 27.40 | 33.56 | 17.38 | 27.06 | 44.04 | 25.62 |
| 制动段怠速消耗燃油/(%) | 13.55 | 13.04 | 11.61 | 9.40 | 8.99 | 6.79 |
| 停车段怠速消耗燃油/(%) | 13.85 | 20.52 | 5.77 | 17.66 | 35.05 | 18.83 |

3. 控制发动机工作在高效区

传统汽车其动力来源只有发动机,为满足汽车的各种动力性能要求,发动机必然要选择得很大,使得汽车在绝大多数情况下的低负荷运行时,造成发动机在较小负载区域内工作,因此使发动机经济性和排放性变差。由发动机燃油MAP图可知,发动机在较高的负荷率及中高转速下工作时发动机的平均效率明显提高。混合动力汽车通过控制策略并选用了较小功率的发动机,可使绝大多数的工作点落在发动机的高效区间。在低速低负荷时如果电动机能够满足需求功率,则电动机单独驱动,实现纯电动模式;如果电动机不能够满足需求功率,则控制发动机工作在高效区,剩余的功率为电池充电,以提高燃料利用率。而在汽车急加速和爬坡、发动机满足不了整车需求时,电动机参与工作,实现电动机助力联合驱动模式。控制发动机工作在高效区,可以实现节油。

图8.23所示为UDDSHDV循环工况下传统汽车发动机工作点分布,从图中可以看出,传统汽车发动机的实际工作点大部分落在了其低效区,经济性和排放很差。

采用混合动力汽车,通过控制策略可控制发动机工作在高效区。图8.24所示的发动机的工作点基本上落在了发动机高效工作区间,大大提高了发动机的燃油经济性。研究表明,控制发动机工作在高效区,可以节油5%~10%。

4. 回收再生制动能量

当车辆滑行或制动时,传统汽车通过机械制动系统将车辆的动能转化为热能,消耗在制动鼓(盘)上而浪费掉。混合动力汽车由于加装了电动机系统,在车辆滑行或制动时,可利用电动机吸收能量,回馈到电池组中储存起来。为了最大限度地回收再生制动能量,控制策略应是优先由电动机再生制动,当电动机满足不了整车制动强度或电池的荷电状态达到上限值时,机械制动参与工作以实现制动的可靠性。在制动过程中,整车控制策略分配制动力矩，实现电动机最大限度地回收再生制动能量。研究表明，由于电动机再生制动能量的回收可节约燃油 10%～12%。

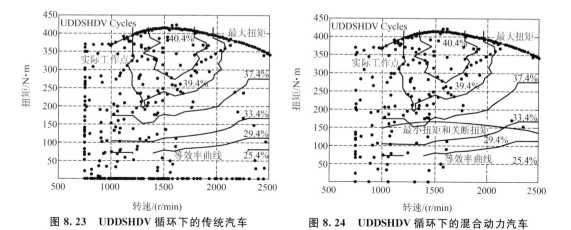

图 8.23　UDDSHDV 循环下的传统汽车　　　图 8.24　UDDSHDV 循环下的混合动力汽车
　　　　　发动机工作点分布　　　　　　　　　　　　　　发动机工作点分布

**5. 适当增大电池荷电状态窗口**

对于电量平衡型的混合动力汽车（所谓电量平衡型是指汽车经过某一循环工况后，电池的荷电状态的变化率维持在很小范围内，即 ΔSOC=0 或 |SOC|<1%），电池 SOC 窗口适当增大有利于节油。因为适当增大电池 SOC 窗口，电池所能提供的能量越多，电动机参与的工作越多，而电动机和电池的效率要高于发动机，因此可以实现节油。另外，适当增大电池 SOC 窗口，电池的充放电频率减少，这样能量间的转化损失减少，因此更节油。图 8.25 所示为电池 SOC 窗口对燃油消耗的影响。电池 SOC 窗口从 65%～80% 到 60%～80% 再到 40%～80%，燃油经济性分别提高 0.01% 和 3%。因此，根据每种电池的性能，以及所允许的电池 SOC 工作窗口不同，在兼顾电池效率（要求效率最高）和内阻（内阻最小）的情况下，可适当增大电池 SOC 窗口，以达到节油的目的。

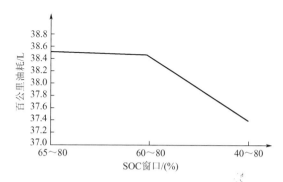

图 8.25　电池 SOC 窗口对混合动力汽车燃油经济性的影响

**6. 发动机断油控制**

当松开加速踏板使汽车减速时，可以控制发动机高速反拖断油，直到急速恢复供油为止，实现节油目的。研究表明，控制发动机断油，可节油 5%。

综合上述各种节能途径，混合动力汽车可以大大地降低燃油消耗，理论上具有30%～50%的节能潜力，如图8.26所示。

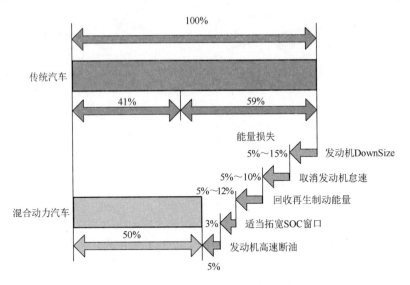

图8.26 混合动力汽车节能潜力分析

### 8.2.5 混合动力汽车关键技术

混合动力系统的研发需要解决很多技术问题，例如控制策略的设计、内燃机燃烧系统的优化、蓄电池的改进、传动系统的匹配设计和新材料新工艺的应用等。下面针对几项关键技术在混合动力汽车上的应用问题进行初步分析。

1. 内燃机技术

经过100多年的发展，车用内燃机在动力性、经济性及排放控制方面获得了很大改善。近年来，电控燃油喷射、废气再循环、增压中冷、可变进气涡轮、高压共轨和催化后处理等技术的应用，使发动机的性能得到了飞速的提高，因此，作为一种成熟的动力设备，内燃机在混合动力汽车上的应用难度不大。由于可移动性能好、比功率大、热效率也较高（较先进的内燃机的热效率一般在40%左右），因此，内燃机仍然是影响整车效率和性能的关键设备。

由于混合动力汽车不要求发动机全时工作，在某个特定工作区域具有较突出的动力性、经济性和排放性，而在一些可用电动机动力代替的工作区域则降低了相应的要求，这使得混合动力汽车专用发动机在这些性能指标上仍有潜力可以继续挖掘。

混合动力系统中，由于发动机的工况可以控制在一定范围内，因而可以进行优化设计，以进一步提高其燃油经济性，降低排放，主要可从内燃机改进和使用其他形式热机（如燃气轮机、斯特林发动机等）两方面进行研究。如丰田Prius的1.5L汽油机采用具有高效率、高膨胀比的阿特金森工作循环、紧凑型倾斜式挤气燃烧室及铝合金缸体，其主要目的是追求高效率而不是高功率。由于电动机承担了功率调峰的作用，发动机可舍弃非经济工作区的性能而追求经济工作区的更高效率。2009年7月，长安汽车公司研制出针对中型混合动力汽车的专用发动机，此发动机的工作基于阿特金森循环，通过提高压缩比、对原有配气相位进行全新设计、对电喷系统进行优化匹配等技术措施，提高了发动机的热效率，改善了发动机的燃油消耗率。

2. 电力驱动技术

用于混合动力汽车的电动机必须要具有良好的可控性和容错能力以及具有低噪声、高效率的特点，具有在四个象限稳定工作的能力，同时具有对电压波动不敏感等性能。用于混合动力汽车的电动机类型有交流感应电动机、永磁电动机和开关磁阻电动机等。具有代表性的是交流感应电动机，但这种电动机与生俱来就很难解决其功率和效率之间的矛盾，因此，需要研究出能够用于混合动力汽车的具有更高效率和功率密度的永磁电动机、开关磁阻电动机等先进电动机来替代目前使用的交流感应电动机。同时对电动机的控制方法和冷却系统的研究也应继续深入。近年来，对永磁同步电动机和开关磁阻电动机的研究和运用均取得了长足的进步。

3. 电池技术

蓄电池是混合动力汽车发展的关键技术，也是提高整车性能和降低成本的重要发展方向。自 20 世纪 90 年代以来，蓄电池的比能量、比功率、循环寿命等方面的问题就一直成为电动汽车发展的主要障碍。对于混合动力汽车来说，由于电动比例较高，因此同样面临着蓄电池技术改进的问题。

第一，比能量相对不足，因而成本较高，比能量值越高汽车经济性越好。

第二，蓄电池的寿命相对较短，蓄电池寿命一般为充放电 1000 次左右，比整车寿命低得多，若在汽车十几年的生命周期频繁更换蓄电池的话，混合动力汽车的运营成本将大大提高。

另外，蓄电池的应用还涉及充电时间较长、电池 SOC 判别等问题，这些都在不同程度上影响着整车性能。

目前，在混合动力汽车上使用的蓄电池主要是铅酸电池、镍氢电池和锂离子电池及正在研发的锂离子电池和超级电容组合的复合电源等。

混合动力汽车对电池有如下 7 项基本的性能要求：

(1) 比能量。比能量是保证混合动力汽车能够达到基本合理的行驶里程的重要性能。连续 2h 放电率的比能量至少不低于 $44W \cdot h/kg$。

(2) 充电时间短。蓄电池对充电技术没有特殊要求，能够实现感应充电。蓄电池的正常充电时间应小于 6h，蓄电池能够适应快速充电的要求，蓄电池快速充电达到额定容量的 50% 的时间为 20min 左右。

(3) 连续放电率高，自放电率低。蓄电池能够适应快速放电的要求，连续 1h 放电率可以达到额定容量的 70% 左右。自放电率要低，蓄电池能够长期存放。

(4) 不需要复杂的运行环境。蓄电池能够在常温条件下正常稳定地工作，不受环境温度的影响，不需要特殊加热。保温热管理系统能够适应混合动力汽车行驶时的振动。

(5) 安全可靠。蓄电池应干燥、洁净，电解质不会渗漏腐蚀接线柱和外壳。不会自燃或燃烧，在发生碰撞等事故时，不会对乘员造成伤害。

(6) 寿命长，免维修。蓄电池循环寿命不低于 10000 次，使用寿命期间不需要进行维护。

(7) 散热性能好。蓄电池还必须对热能进行控制管理，判定 SOC，选择适当的充电或放电模式,对电池进行均衡充电,防止电池过充电或过放电,并平衡电池组的工作温度。

4. 变速技术

变速器作为车辆传动系统的重要部件,直接影响车辆的动力性和经济性指标。目前可用于混合动力系统的变速器一般有手动变速器、机械式自动变速器、传统的液力式自动变速器、带传动无级变速器、行星齿轮自动变速器及电子式无级变速器等。

行星齿轮变速器被成功地应用在丰田 Prius 混合动力汽车上,由于行星齿轮机构有两个自由度,因此该车上装有两台电动机和一台发动机,利用对两台电动机的转速和转矩调节来实现变速控制和转矩分配。无级变速器虽然能实现无级变速,但其传动效率没有机械变速器高,其成本也较高。电子式无级变速器还处于研究阶段。机械式自动变速器具有较高的传动效率,成本也相对较低,但其自动换挡操作较复杂,不容易控制,目前得到较多的研究。传统的液力式自动变速器采用行星齿轮系实现变速,变速过程中靠行星轮系中的摩擦式离合器和制动器来调节轮系中齿轮运动与否,没有齿轮的啮合过程,冲击较机械变速器小,换挡操作已实现自动控制,有利于混合动力汽车的换挡控制。传统液力式自动变速器的最大缺陷是所采用的液力变矩器的传动效率较低,直接用于混合动力系统势必影响其经济性的发挥。为此,有学者通过对传统液力自动变速器进行一定的结构改造,去除其传动效率较低的液力变矩器,保留其行星齿轮机构、换挡用的离合器和制动器,将其改造成行星齿轮机械式自动变速器,此变速器既具有行星齿轮变速器的换挡方便性,又具有传统液力式自动变速器的高效性。

5. 动力耦合技术

在并联和混联系统中,机械的动力耦合装置是耦合发动机和电动机功率的关键部件,它不仅具有一定的机械复杂性,而且直接影响整车控制策略,因而成为混合动力系统开发的重点和难点。目前采用的动力耦合方式有驱动力耦合式、转速耦合式和转矩耦合式(同轴式和双轴式)。

驱动力耦合式中,车辆驱动系统中机械动能的联合是在驱动轮处通过路面实现的,这种结构可充分利用车辆的地面附着力,大大改善车辆的驱动性能、实现四轮驱动,但不能实现发动机输出转矩和电动机输出转矩的直接叠加,并且系统组成庞大、控制复杂。转速耦合式装置类似于差速器,由于这种结构需要发动机和电动机输出转矩时刻保持相等,控制复杂,因此实际中很难采用。转矩耦合式并联混合动力汽车的发动机通过传动系统直接驱动汽车,并直接(同轴式)或间接(双轴式)带动电动/发电机转动向蓄电池充电,这种耦合方式被广泛应用于并联混合动力汽车中。

6. 控制系统

这里的控制系统是指汽车动力总成集中控制系统,它是整车正常行驶的核心单元,传统内燃汽车的控制系统包括:发动机的空燃比或喷油量控制、点火控制、怠速控制及变速器的挡位变换和换挡感觉控制等。混合动力汽车的控制还需要根据转速、负荷及车速等信息和相关设备的状态,确定发动机与电动机的功率分配策略,即当汽车的负荷给定后,首先要确定发动机与电动机输出功率的比例,以保证满足汽车动力性、经济性和排放性等性能指标的要求。为了满足混合动力汽车的包括驾驶性能等各方面的要求,需要设计与混合动力系统相适应的控制系统和控制策略。很多科研机构和公司已经展开了这方面的工作，其中以美国可再生能源实验室（NREL）最具代表性，它开发的仿真控制策略包括串联自动调温式控制策略、串联功率跟踪式控制策略、并联电辅助驱动式控制策略、并联实时控制策略等。当然，混合动力控制系统的研究还处于起步阶段，而且各种控制策略的效果还有待于实验的验证。

7. 控制策略

混合动力汽车的控制策略是整车设计的关键环节，一般来说开发人员首先采用仿真程序模拟待定的控制策略，然后通过比较分析再把可行的控制策略应用于实际的系统中。美国能源部可再生能源实验室在混合动力汽车仿真设计方面开展了很多研究工作，并于1994年开发出了ADVISOR软件，目前最新的版本为ADVISOR 3.2，利用该软件所提供的仿真汽车框架可以对混合动力控制策略进行优化，下面介绍几种有代表性的控制策略。

1）串联自动调温器式控制策略

串联混合驱动汽车利用发动机及发电机把生成的电能存储在蓄电池中，再利用电能驱动汽车。为了保持蓄电池工作的高效率，电池供电时的SOC有上界和下界的限制，其典型的控制策略如下：

(1) 当SOC降到下界时发动机驱动。

(2) 当SOC升到上界时关闭发动机。

(3) 保持发动机在效率最高的转速和转矩点上运行。

2）串联功率跟踪式控制策略

这种控制策略根据电池的SOC和整车负荷确定发动机的开关状态和输出功率的大小，目的是满足下游设备的功率需求，为使发动机在最佳功率点附近运行，ADVISOR事先保存了发动机最佳效率运行点，根据工况直接查表获得转矩和转速。

发动机的状态控制：发动机开关状态的控制需考虑SOC、负荷和发动机的原状态三方面因素。例如，高负荷时，即使SOC处于蓄电池正常工作范围，为了满足功率需求也要使发动机运行。

(1) 若SOC低于下界，无论负荷大小，都要使发动机运行。当发动机功率需求小于最小输出功率时，发动机的输出功率调整为最小值；

(2) 若SOC高于下界，汽车总的需求负荷未超出电池容量，但超过发动机最大功率，则发动机输出功率调整为最大值。

3）并联电辅助驱动式控制策略

在电辅助驱动控制策略中，利用电动机提供额外功率，并要保持电池的SOC处于允许的工作范围，具体的控制策略如下：

(1) 当车速低于某一数值时，电机动提供全部的驱动转矩。

(2) 当转矩需求高于发动机的最大值时，电动机提供额外的驱动转矩。

(3) 回收制动能量为蓄电池充电。

(4) 当发动机在给定的车速上效率很低时，关闭发动机并由电动机提供驱动转矩。

(5) 当电池SOC很低时，发动机的输出转矩高于驱动转矩，多出的部分为蓄电池充电。

### 4）并联自适应式控制策略（实时控制策略）

这种控制策略兼顾了燃油经济性和发动机废气排放两方面的性能，在每一个时间段内都对发动机和电动机的转矩分配进行优化控制，在有效的工作转矩范围内，该控制策略考察了能耗和 HC、CO、$NO_x$ 及 PM 的排放量，主要特点如下：

（1）汽车的优化设计中运用发动机、排气装置、电动机和蓄电池的瞬时效率。

（2）根据发动机、电动机及蓄电池的温度和可回收的制动能量等条件，动态调整控制策略。

（3）燃油经济性和排放目标由用户定义。

（4）每一工况都对发动机和电动机转矩组合进行优化，进而确定最佳运行点。

（5）整个测试过程的各性能瞬时值加权。

### 5）模糊逻辑控制策略

上述几种控制策略往往是通过优化发动机的工作区间来提高燃油经济性或效率，这样并不能完全发挥混合驱动的潜力；而模糊逻辑控制策略不同，它的控制思想是对发动机、电动机和蓄电池同时进行优化控制。研究表明：模糊逻辑非常适合混合动力汽车的控制应用。

在混合动力控制中，首先根据发动机、电动机和蓄电池的效率 MAP 图确定基本的模糊规则；然后利用神经网络、遗传算法和归纳推进等方法设计控制变量的隶属函数；在模糊逻辑控制器中接受清晰的输入变量（如总的需求负荷、电动机转速和蓄电池 SOC），利用控制变量的隶属函数，根据已定的模糊控制规则，经过相应的模糊逻辑运算求解出模糊控制结果（如电动机功率）；最后把结果非模糊化并输出。模糊逻辑控制策略是一种基于规则的控制方式，所掌握的规则越多，对系统的描述就越清晰，控制结果也就越接近最优值。

## 8. 仿真技术

在研究和开发混合动力汽车的部件和选择最佳结构时，需要设计和制造者能够很快缩小研究范围，找到技术突破口。技术方案选择阶段，在系统选择上，可依靠计算机，利用高效的建模工具通过交替使用候选的子系统进行模拟仿真，从而找到最佳的方案。计算机模型为每个候选子系统提供了详细规格和设计参数，从而方便了设计者的比较和筛选，而且还有助于为设计和制造样车制订工程目标和计划。

目前，国外用于混合动力汽车的仿真软件很多，如 CRUISE、AMESim、SIMPLEV、CarSi、HVEC、CSM、HEV 和 V-Elph 等，各大汽车生产厂家也有自己的仿真软件。在众多的汽车仿真软件中，ADVISOR 是专门为美国能源部混合动力电动汽车计划而开发的混合动力汽车仿真软件。ADVISOR 可通过简单的物理模型和经过性能测试的各总成去建立实际的或想象中的汽车，其主要功能在于能够对还未制造的汽车进行性能预测，即能够提供制造一辆汽车需要确定的性能参数，包括加速性和爬坡性能、燃料经济性及排放性能等。

目前，国内还没有较系统和成熟的混合动力汽车仿真软件，因此，这也是我国汽车工业应该研究的一个方面。在仿真技术的研究与软件开发中，应该遵循的目标是：

（1）精确，即能够使不同结构的动力传动系统间的比较具有意义。

（2）快速，即能快速进行汽车分析和空间研究设计，如对多维变量参数的研究和优化等。

（3）灵活，即能对不同控制策略和结构组成的汽车进行评价。

（4）共享，即能够与潜在的合作者共享，推动混合动力汽车的发展并促进公众的了解。

（5）实用，即能针对各种车型建模，如传统汽车、电动汽车、串联式和并联式混合动力汽车等。

（6）方便，即使用者对汽车建模没有经验也能快速掌握。

9. 测试技术

混合动力汽车在传统发动机的基础上增加了电动机/发电机、电池等，在混合动力汽车测试系统中，不仅要对发动机的转矩、转速等性能参数进行测量，还要对电池的充/放电状态和 SOC 等进行测量。因此，在传统台架测试数据采集系统的基础上，还应设计一个电池充/放电数据采集装置，对电池 SOC 测试。但由于电池的性能随着温度和使用环境的变化会发生变化，且电池 SOC 的变化对发动机的油耗和排放有一定影响，从而使数据采集系统设计难度加大。不过随着计算机技术的不断进步、测试仪器精度的提高、测试方法的改进，中国目前已经形成完善的混合动力汽车油耗和排放测试法规，规范了混合动力汽车相关的油耗和排放的测试技术。

## 8.3 车载动力电源技术

纯电动汽车和混合动力电动汽车均需搭载移动储电装置（习惯上称为车载电源），与普通的电源相比车载电源有其独特的要求。车载电源要具有较高的比功率，以满足汽车加速和爬坡时对大功率的需要。车载电源还要具有快速充电能力，以保证制动时能量能及时回收，而目前高功率电池往往存在快速充电接受能力差的问题，还需做进一步的研究。车载电源还要提高充放电效率，这对提高整车工作效率至关重要。此外，还必须对热能进行控制管理，判定 SOC，选择适当的充电或放电模式，对车载电源进行均衡充电，防止车载电源过充电或过放电，并平衡车载电源的工作温度。同时，车载电源还要有较高的比能量、较长的使用寿命和低廉的制造成本。本节将系统介绍车载电源的相关知识。

### 8.3.1 车载电源的种类

1. 化学电池

化学电池按电解质不同可分为酸性电池、碱性电池、中性电池、有机电解质电池、非水无机电解质电池、固体电解质电池等。

化学电池按电池的特性不同可分为高容量电池、密封电池、高功率电池、免维护电池、防爆电池等。

化学电池按正负极材料不同可分为锌锰电池系列、镍镉镍氢系列、铅酸系列、锂电池系列等。

2. 物理电池

物理电池是利用光、热、物理吸附等物理能量发电的电池，如太阳能电池、超级电容器、飞轮电池等。

3. 生物电池

生物电池是利用生物化学反应发电的电池，如微生物电池、酶电池、生物太阳能电池等。

迄今为止已经实用化的车用动力蓄电池有传统的铅酸蓄电池、镍镉电池、镍氢电池和锂离子电池。在物理电池领域中，超级电容器已应用于电动汽车中。生物燃料电池在车用动力中应用前景也十分广阔，以氢为燃料的燃料电池和氧化物燃料电池的研发已进入重要发展阶段。

### 8.3.2 电池的性能指标

电池作为电动汽车的储能装置，在电动汽车上发挥着非常重要的作用，要评定电池的实际效应，主要是看电池的性能指标。电池的性能指标主要有电压、容量、内阻、能量、功率、输出效率、自放电率、放电倍率、使用寿命等。根据电池种类不同，其性能指标也有差异。

1. 电压

电压分为端电压、开路电压、额定电压、充电终止电压和放电终止电压等。

电池的端电压是指电池正极与负极之间的电位差；开路电压是指电池在没有负载情况下的端电压；额定电压是电池在标准规定条件下工作时应达到的电压；蓄电池充足电时，极板上的活性物质已达到饱和状态，再继续充电，电池的电压也不会上升，此时的电压称为充电终止电压；放电终止电压是指电池放电时允许的最低电压。如果电压低于放电终止电压后电池继续放电，电池两端电压会迅速下降，形成深度放电，这样，极板上形成的生成物在正常充电时就不易再恢复，从而影响电池的寿命。放电终止电压和放电率有关，放电电流直接影响放电终止电压。在规定的放电终止电压下，放电电流越大，电池的容量越小。

例如，镍镉电池和镍氢电池的额定电压为1.2V，锂离子电池的额定电压为3.6V；镍镉电池的充电终止电压为1.75~1.8V，镍氢电池的充电终止电压为1.5V，锂离子电池的充电终止电压为4.25V；镍镉电池的放电终止电压一般为1.0~1.1V，镍氢电池的放电终止电压一般规定为1V，锂离子电池的放电终止电压为3.0V。

2. 容量

电池在一定的放电条件下所能放出的电量称为电池的容量，常用单位为A·h（安培·小时），它等于放电电流与放电时间的乘积。

电池的容量可以分为理论容量、实际容量、标称容量和额定容量等。

理论容量是把活性物质的质量按法拉第定律计算而得到的最高理论值。为了比较不同系列的电池，常用比容量的概念，即单位体积或单位质量电池所能给出的理论电量，单位为A·h/L或A·h/kg。

实际容量是指电池在一定条件下所能输出的电量，它等于放电电流与放电时间的乘积，单位为A·h，其值小于理论容量。实际容量反映了电池实际存储电量的大小，电池容量越大，电动汽车的续驶里程就越远。在使用过程中，电池的实际容量会逐步衰减。国家标准规定新出厂的电池实际容量大于额定容量值为合格电池。

标称容量是用来鉴别电池的近似安时值的。

额定容量也称保证容量，是按国家或有关部门颁布的标准，保证电流在一定的放电条件下，应该放出的最低限度的容量。按照IEC61436标准和国标，镍镉和镍氢电池在（20±5）℃条件下，以0.1C充电16h后以0.2C放电至1.0V时所放出的电量为电池的额定容量，这种方法以C5表示，即以5h率放电模式。锂离子电池在常温、恒流（0.1C）、恒压（4.2V）条件下充电3h后，再以0.2C放电至2.75V时所放出的电量为电池的额定容量。

以230mA·h镍氢充电电池为例，表示该电池以230mA（0.1C）充电16h后以460mA（0.2C）放电至1.0V时，总放电时间为5h，所放出的电量为2300mA·h。相应地，若以230mA（0.1C）的电流放电，其放电时间约为10h。

SOC是电池在一定放电倍率下，剩余电量与相同条件下额定容量的比值，它反映电池容量的变化。即SOC=100%表示电池充满状态，随着电池的放电，电池的电荷逐渐减少，此时可以用SOC的百分数的相对量来表示电池中电荷的变化状态。一般电池当SOC处于50%~80%的区间为高效工作区域。

3．内阻

电池的内阻是指电流流过电池内部时所受到的阻力。充电电池的内阻很小，需要用专门的仪器才可以测量到比较准确的结果。一般所知的电池内阻是充电态内阻，即电池充满电时的内阻（与之对应的是放电态内阻，指电池充分放电后的内阻，一般来说，放电态内阻比充电态内阻大，并且不太稳定）。电池内阻越大，电池自身消耗掉的能量越多，电池的使用效率越低。内阻很大的电池在充电时发热很厉害，使电池的温度急剧上升，对电池和充电器的影响都很大。随着电池使用次数的增多，由于电解液的消耗及电池内部化学物质活性的降低，电池的内阻会有不同程度的升高。

4．能量

电池的能量是指在一定放电制度下，电池所能输出的电能，单位是W·h或kW·h。它与电动汽车的行驶距离直接相关。能量分为理论能量、实际能量、比能量和能量密度。

理论能量是电池的理论容量与额定电压的乘积，指一定标准所规定的放电条件下，电池所输出的能量；实际能量是电池实际容量与平均工作电压的乘积，表示在一定条件下电池所能输出的能量；比能量也称质量比能量，是指电池单位质量所输出的电能，单位是W·h/kg，常用比能量来比较不同的电池系统；能量密度也称体积比能量，是指电池单位体积所能输出的电能，单位是W·h/L。

电池的比能量是综合性指标，它反映了电池的质量水平。电池的比能量影响电动汽车的整车质量和续驶里程，是评价电动汽车的动力电池是否满足预定续驶里程的重要指标。

5．功率

电池的功率是指电池在一定放电深度下，单位时间内所输出能量的多少，单位为W或kW。电池的功率决定了电动汽车的加速性能和爬坡能力。功率分为比功率和功率密度。

汽车新技术

比功率是指单位质量电池所能输出的功率，也称质量比功率，单位为 W/kg 或 kW/kg；功率密度是指单位体积电池所能输出的功率，也称体积比功率，单位为 W/L 或 kW/L。

6. 输出效率

动力电池作为能量储存器，充电时把电能转化为化学能储存起来，放电时把化学能转化为电能释放出来。在这个可逆的电化学转换过程中，有一定的能量损耗，这通常用电池的容量效率和能量效率来表示。

容量效率是指电池放电时输出的容量与充电时输入的容量之比；能量效率是指电池放电时输出的能量与充电时输入的能量之比。

7. 自放电率

自放电率是指电池在存放期间容量的下降率，即电池无负荷时自身放电使容量损失的速度。自放电率用单位时间容量降低的百分数表示。

8. 放电倍率

电池放电电流的大小常用"放电倍率"表示，即电池的放电倍率用放电时间表示或者以一定的放电电流放完额定容量所需的小时数来表示，由此可见，放电时间越短，即放电倍率越高，则放电电流越大。

放电倍率等于额定容量与放电电流之比。根据放电倍率的大小，可分为低倍率（＜0.5C）、中倍率（0.5～3.5C）、高倍率（3.5～7.0C）、超高倍率（＞7.0C）。

例如，某电池的额定容量为 20A·h，若用 4A 电流放电，则放完 20A·h 的额定容量需用 5h，也就是说以 5 倍率放电，用符号 C/5 或 0.2C 表示，为低倍率。

9. 使用寿命

使用寿命是指电池在规定条件下的有效寿命期限。电池发生内部短路或损坏而不能使用，以及容量达不到规范要求时电池使用失效，这时电池的使用寿命终止。

电池的使用寿命包括使用期限和使用周期。使用期限是指电池可供使用的时间，包括电池的存放时间。使用周期是指电池可供重复使用的次数。

除此之外，成本也是一个重要的指标，电动汽车发展的瓶颈之一就是电池价格过高。

### 8.3.3 电动汽车对动力电池的要求

电动汽车对动力电池的要求主要有如下几点。

1. 比能量高

为了提高电动汽车的续驶里程，要求电动汽车上的动力电池尽可能多地储存能量，但电动汽车又不能太重，其安装电池的空间也有限，这就要求电池具有高的比能量。

2. 比功率大

为了使电动汽车在加速行驶、爬坡能力和负载行驶等方面能与燃油汽车相竞争，就要求电池具有高的比功率。

3. 充/放电效率高

电池中能量的循环必须经过充电—放电—充电的循环,高的充/放电效率对保证整车效率具有至关重要的作用。

4. 相对稳定性好

电池应当在快速充放电和充放电过程变工况的条件下保持性能的相对稳定,使其在动力系统使用条件下能达到足够的充放电循环次数。

5. 使用成本低

除了降低电池的初始购买成本外,还要提高电池的使用寿命以延长其更换周期。

6. 安全性好

电池应不会引起自燃或燃烧,在发生碰撞等事故时,不会对乘员造成伤害。

1991年,美国先进电池开发联合体(USABC)对电动汽车用动力电池制订了开发目标,见表8-4。

表8-4 USABC对电动汽车动力电池制定的开发目标

| 性能参数 | 中期目标 | 长期目标 |
| --- | --- | --- |
| 能量密度/(W·h/L) | 135 | 300 |
| 比能量/(W·h/kg) | 80~100 | 200 |
| 功率密度/(W/L) | 250 | 600 |
| 比功率/(W/kg) | 150~200 | 400 |
| 使用寿命/年 | 5 | 10 |
| 循环寿命/次 | 600 | 1000 |
| 正常充电时间/h | <6 | 3~6 |
| 工作循环温度/℃ | -30~65 | -40~80 |

目前,虽然有些电池的性能参数已经超过了开发目标,但距离大规模推广应用还有很多问题需要解决,电动汽车动力电池普遍存在安全性得不到保障、电池容量满足不了续驶里程的需要、电池循环寿命短、电池质量和尺寸较大、电池价格昂贵等问题,这些问题都有待进一步解决。

2010年,工业和信息化部颁发了先进动力电池系统的规格和等级:工作温度为-20~55℃;储存和运输温度为-40~80℃;比能量≥90A·h/kg(以电池包总体计);最大放电倍率≥5C;最大充电倍率≥3C;循环寿命≥2000次(单体),1200次(系统)。

### 8.3.4 蓄电池

电动汽车使用的蓄电池主要有铅酸蓄电池、镍氢电池、镍镉电池、锂离子电池、锌镍电池、空气电池等。

1. 铅酸蓄电池

铅酸蓄电池自1859年发明以来,其使用和发展已有150余年的历史,广泛用作内燃机汽车的起动动力源。铅酸蓄电池作为纯电动汽车动力电源在比能量、深度放电循环寿命、快速充电等方面均比镍氢电池、锂离子电池差，不适合于电动乘用车。但由于其价格低廉，国内外将它的应用定位在车速不高、路线固定、充电站设立容易规划的车辆上。铅酸蓄电池的主要发展方向是提高比能量，增大循环使用寿命。

1) 铅酸蓄电池的分类

铅酸蓄电池分为免维护铅酸蓄电池和阀控密封式铅酸蓄电池。

免维护铅酸蓄电池具有自身结构上的优势，电解液的消耗量非常小，在使用寿命内基本不需要补充蒸馏水。它具有耐震、耐高温、体积小、自放电小的特点，使用寿命一般为普通铅酸蓄电池的两倍。市场上的免维护铅酸蓄电池有两种：一种在购买时一次性加电解液，以后使用中不需要添加补充液；另一种是电池本身出厂时就已经加好电解液并封死，用户根本就不能添加补充液。

阀控密封式铅酸蓄电池在使用期间不用加酸、加水维护，电池为密封结构，不会漏酸，也不会排酸雾，电池盖子上设有溢气阀（或安全阀），该阀的作用是当电池内部气体量超过一定值，即当电池内部气压升高到一定值时，溢气阀自动打开，排出气体，然后自动关闭，防止空气进入电池内部。

阀控密封式铅酸蓄电池分为吸液式和胶体两种。吸液式铅酸蓄电池采用吸附式玻璃纤维棉作隔膜，电解液吸附在极板和隔膜中，电池内无流动的电解液，电池可以立放工作，也可以卧放工作；胶体铅酸蓄电池以 $SiO_2$ 作为凝固剂，电解液吸附在极板和胶体内，一般立放工作。如无特殊说明，阀控密封式铅酸蓄电池皆指吸液式铅酸蓄电池。

电动汽车使用的动力电池一般是阀控密封式铅酸蓄电池。

2) 铅酸蓄电池的结构

铅酸蓄电池的基本结构如图 8.27 所示，由正/负极板、隔板、电解液、溢气阀、壳体等部分组成。极板是铅酸蓄电池的核心部件，正极板上的活性物质是二氧化铅，负极板上的活性物质为海绵状纯铅。隔板隔离正、负极板，防止短路；它作为电解液的载体，能够吸收大量的电解液，起到促进离子良好扩散的作用；它还是正极板产生的氧气到达负极板的"通道"，以顺利建立氧循环，减少水的损失。电解液由蒸馏水和纯硫酸按一定比例配制而成，主要作用是参与电化学反应，是铅酸蓄电池的活性物质之一。电池槽中装入一定密度的电解液后，由于电化学反应，正、负极板间会产生约 2.0V 的电动势。溢气阀位于电池顶部，起到安全、密封、防爆等作用。

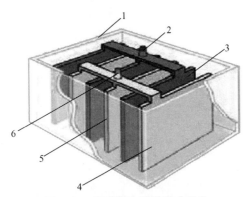

图 8.27 铅酸蓄电池的基本结构

1—ABS 外壳；2—正极；3—正极板；4—AGM 隔板；5—负极板；6—负极

3) 铅酸蓄电池的工作原理

铅酸蓄电池使用时，把化学能转换为电能的过程称为放电。在使用后，借助于直流电在电池内进行化学反应，把电能转变为化学能而储蓄起来，这种蓄电过程称为充电。铅酸蓄电池是酸性蓄电池，其化学反应式为：

$$PbO + H_2SO_4 \rightarrow PbSO_4 + H_2O \tag{8-1}$$

充电时,把铅板分别与直流电源的正、负极相连,进行充电电解,阴极的还原反应为:

$$PbSO_4 + 2e^- \rightarrow Pb + SO_4^{2-} \tag{8-2}$$

阳极的氧化反应为:

$$PbSO_4 + 2H_2O \rightarrow PbO_2 + 4H^+ + SO_4^{2-} + 2e^- \tag{8-3}$$

充电时的总反应为:

$$2PbSO_4 + 2H_2O \rightarrow Pb + PbO_2 + 2H_2SO_4 \tag{8-4}$$

随着电流的通过,$PbSO_4$ 在阴极上变成蓬松的金属铅,在阳极上变成黑褐色的二氧化铅,溶液中有 $H_2SO_4$ 生成。铅酸蓄电池放电过程如图 8.28 所示。

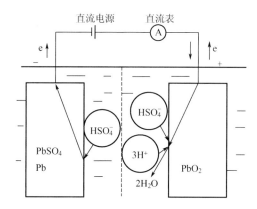

**图 8.28 铅酸蓄电池放电示意图**

放电时蓄电池阴极的氧化反应为:

$$Pb \rightarrow Pb_2^+ + 2e^- \tag{8-5}$$

由于硫酸的存在,$Pb_2^+$ 立即生成难溶解的 $PbSO_4$。

阳极的还原反应为:

$$PbO_2 + 4H^+ + 2e^- \rightarrow Pb_2^+ + 2H_2O \tag{8-6}$$

同样,由于硫酸的存在,$Pb_2^+$ 也立即生成 $PbSO_4$。

放电时总的反应为:

$$Pb + PbO_2 + 2H_2SO_4 \rightarrow 2PbSO_4 + 2H_2O \tag{8-7}$$

蓄电池充电的时候,随着电池端电压的升高,水开始被电解,当电池电压达到约 2.39V/单体时,水的电解不可忽视。水电解时阳极和阴极的化学反应式分别为:

$$2H_2O \rightarrow O_2 + 4H^+ + 4e^- \tag{8-8}$$

$$2H^+ + 2e^- \rightarrow H_2 \tag{8-9}$$

阳极给出电子,阴极得到电子,从而形成了回路电流。端电压越高,电解水也越激烈,此时充入的大部分电荷会参加水电解,形成的活性物质很少。

4) 铅酸蓄电池的特点

铅酸蓄电池具有以下优点。

(1) 除锂离子电池外,在常用蓄电池中,铅酸蓄电池的电压最高,为 2.0V。

(2) 价格低廉。

(3) 可制成小至 1A·h 大至几千安培·小时的各种尺寸和结构的蓄电池。

(4) 高倍率放电性能良好,可用于引擎起动。

(5) 高低温性能良好,可在-40~60℃条件下工作。

(6) 电能效率高达60%。

(7) 易于浮充使用,没有"记忆"效应。

(8) 易于判定SOC。

铅酸蓄电池具有以下缺点。

(1) 比能量低,在电动汽车中所占的质量和体积较大,一次充电行驶里程短。

(2) 使用寿命短,使用成本高。

(3) 充电时间长。

(4) 铅是重金属,存在污染。

铅酸蓄电池可以用于电动旅游观光车、电动高尔夫车、电动叉车、电动巡逻车和电动清洁车等低速电动汽车上。

## 2. 镍氢电池

镍氢电池是20世纪90年代发展起来的一种新型电池。它的正极活性物质主要由镍制成,负极活性物质主要由储氢合金制成,是一种碱性蓄电池。镍氢电池具有高比能量、高功率、适合大电流放电、可循环充/放电、无污染等优点,被誉为"绿色电源"。

在电动汽车领域,目前镍氢电池是商用化的主流,包括全球销量最高的丰田普锐斯在内的混合动力汽车都普遍使用了镍氢电池。从产业周期来看,镍氢电池已经进入成熟期,形成了规模化生产,具有价格上的优势。而且镍氢电池也是目前混合动力汽车所用电池体系中唯一被实际验证并被商业化、规模化生产的动力电池。

虽然镍氢电池在技术上取得了很大突破,但仍有不少因素制约其实际应用,包括高温性能、储存性能、循环寿命、电池组管理系统和热管理系统等。

1) 镍氢电池的分类

按照外形,镍氢电池分为方形镍氢电池和圆形镍氢电池。

2) 镍氢电池的结构

镍氢电池主要由正极、负极、极板、隔板、电解液等组成。

镍氢电池正极是活性物质氢氧化镍,负极是储氢合金,用氢氧化钾作为电解质,在正、负极之间有隔膜,共同组成镍氢单体电池。在金属铂的催化作用下,完成充电和放电的可逆反应。

镍氢电池的极板有发泡体和烧结体两种,发泡体极板的镍氢电池在出厂前必须进行预充电,且放电电压不能低于0.9V,工作电压也不太稳定,特别是在存放一段时间后,会有近20%的电荷流失,老化现象比较严重,为避免发泡镍氢电池老化所造成的内阻增高,镍氢电池在出厂前必须进行预充电。经过改进的烧结体极板的镍氢电池,其烧结体极板本身就是活性物质,不需要进行活性处理,也不需要进行预充电,电压平衡、稳定,具有低温放电性能好、不易老化和寿命长的优点。

3) 镍氢电池的工作原理

镍氢电池是将物质的化学反应产生的能量直接转化成电能的一种装置。镍氢电池由镍氢化合物正电极、储氢合金负电极以及碱性电解液(如30%的氢氧化钾溶液)组成。镍氢电池的性能特点主要取决于本身体系的电极反应。

充电时正、负极的电化学反应为：

$$Ni(OH)_2 + OH^- \rightarrow NiOOH + H_2O + e^- \qquad (8-10)$$

$$M + H_2O + e^- \rightarrow MH + OH^- \qquad (8-11)$$

充电时总的反应为：

$$M + Ni(OH)_2 \rightarrow MH + NiOOH \qquad (8-12)$$

放电时正、负极的电化学反应为：

$$NiOOH + H_2O + e^- \rightarrow Ni(OH)_2 + OH^- \qquad (8-13)$$

$$MH + OH^- \rightarrow M + H_2O + e^- \qquad (8-14)$$

放电时总的反应为：

$$MH + NiOOH \rightarrow M + Ni(OH)_2 \qquad (8-15)$$

当镍氢电池以标准电流放电时，平均工作电压为1.2V。当电池以8C倍率放电，端电压降至1.1V时，则认为放电已完成。电压1.1V称为8C倍率放电时的放电终止电压。

4) 镍氢电池的特点

镍氢电池具有无污染、高比能、大功率、快速充放电、耐用等许多优点。与铅酸蓄电池相比，镍氢电池具有比能量高、质量轻、体积小、循环寿命长的特点。

(1) 比功率高。目前商业化的镍氢功率型电池能做到1350W/kg。

(2) 循环次数多。目前应用在电动汽车上的镍氢电池，80%放电深度循环可以达到1000次以上，为铅酸蓄电池的3倍以上，100%DOD循环寿命也在500次以上，在混合动力汽车中可使用5年以上。

(3) 无污染。镍氢电池不含铅、镉等对人体有害的金属，为21世纪"绿色环保电源"。

(4) 耐过充/放。

(5) 使用温度范围宽。正常使用温度范围-30~55℃，储存温度范围-40~70℃。

(6) 安全可靠。短路、挤压、针刺、安全阀工作能力、跌落、加热、耐振动等安全性及可靠性试验，无爆炸、燃烧现象。

镍氢电池的基本单元是单体电池，单体电压为1.2V，按使用要求组合成不同电压和不同电荷量的镍氢电池总成。

3. 锂离子电池

锂离子电池是1990年由日本索尼公司首先推向市场的新型高能蓄电池，是目前世界上最新一代的充电电池。与其他蓄电池相比，锂离子电池具有电压高、比能量高、充/放电寿命长、无记忆效应、无污染、快速充电、自放电率低、工作温度范围宽和安全可靠等优点，它已成为未来电动汽车较为理想的动力电源。

随着成本的急剧降低和性能的大幅度提高，已有许多汽车生产厂家开始投入使用锂离子电池。

我国在锂离子电池方面的研究有多项指标超过了美国先进电池开发联合体提出的长期目标所规定的指标，目前，我国已经把锂离子电池作为电动汽车用动力电池的重要发展目标。

1) 锂离子电池的分类

按照锂离子电池的外形形状，可以分为方形锂离子电池和圆柱形锂离子电池。

按照锂离子电池所用电解质材料的不同,可以分为聚合物锂离子电池和液态锂离子电池。

按照锂离子电池正极材料的不同,可以分为锰酸锂离子电池、磷酸铁锂离子电池、镍钴锂离子电池或镍钴锰锂离子电池。

第一代车用锂离子电池是锰酸锂离子电池,其成本低、安全性较好,但循环寿命欠佳,在高温环境下循环寿命更短,高温时会出现锰离子溶出的现象。第二代车用锂离子电池是具有美国专利的磷酸铁锂离子电池,是锂离子电池的发展方向,它的原材料价格低,磷、铁、锂的资源丰富,工作电压适中,充/放电特性好,放电功率高,可快速充电,循环寿命长,高温和高热稳定性好,储能特性强,完全无毒。

为了避开磷酸铁锂离子电池的专利纠纷,一些国家开发了镍钴锂离子电池或镍钴锰锂离子电池。由于钴价格昂贵,所以成本较高,安全性比磷酸铁锂离子电池稍差,循环寿命优于锰酸锂离子电池。

2) 锂离子电池的结构

锂离子电池由正极、负极、隔板、电解液和安全阀等组成。圆柱形锂离子电池结构如图8.29所示。

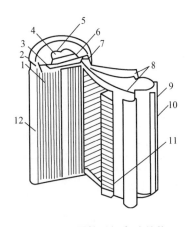

图 8.29　圆柱形锂电池结构

1—绝缘体;2—垫圈;3—PTC 元件;
4—正极端子;5—排气孔;6—安全阀;
7—正极板;8—隔板;9—负极;
10—负极板;11—正极;12—外壳

(1) 正极。正极物质在锰酸锂离子电池中以锰酸锂为主要原料,在磷酸铁锂离子电池中以磷酸铁锂为主要原料,在镍钴锂离子电池中以镍钴锂为主要材料,在镍钴锰锂离子电池中以镍钴锰锂为主要材料。在正极活性物质中再加入导电剂、树脂黏合剂,并涂覆在铝基体上,呈细薄层分布。

(2) 负极。负极活性物质是由碳材料与黏合剂的混合物再加上有机溶剂调和制成糊状,并涂覆在铜基上,呈薄层状分布。

(3) 隔板。隔板的功能是关闭或阻断通道,它一般使用聚乙烯或聚丙烯材料的微多孔膜。所谓关闭或阻断功能,是指电池出现异常温度上升、阻塞或阻断作为离子通道的细孔时,使蓄电池停止充放电反应。隔板可以有效防止因外部短路等引起的过大电流而使电池产生的异常发热现象。这种现象如果产生一次,电池就不能正常使用了。

(4) 电解液。电解液是以混合溶剂为主体的有机电解液。为了使主要电解质成分锂盐溶解,电解液必须是具有高电容率,并且具有与锂离子相容性好的溶剂,即以不阻碍离子移动的低黏度的有机溶液为宜,而且在锂离子蓄电池的工作温度范围内,它必须呈液体状态,凝固点低、沸点高。电解液对于活性物质具有化学稳定性,必须良好地适应充/放电反应过程中发生的剧烈的氧化还原反应。由于使用单一溶剂很难满足上述严酷条件,因此电解液一般为几种不同性质的溶剂的混合。

(5) 安全阀。为了保证锂离子电池的使用安全性,一般会采取控制外部电路或在蓄电池内部设置异常电流切断安全装置的措施。即使这样,在使用过程中也有可能因其他原因引起蓄电池内压异常上升,这样,设置安全阀来释放气体,可以防止蓄电池破裂。安全阀实际上是一次性非修复式的破裂膜，一旦其进入工作状态，就会保护蓄电池使其停止工作，因此是蓄电池的最后保护手段。

3) 锂离子电池的工作原理

锂离子电池正极材料采用锂化合物 $LiCoO_2$、$LiNiO_2$ 或 $LiMn_2O_4$，负极采用锂-碳层间化合物 $Li_xC_6$，电解液为有机溶液。

图 8.30 为锂离子电池的工作原理图，电池在充电时，锂离子从正极材料的晶格中脱出，通过电解质溶液和隔膜，嵌入负极中；放电时，锂离子从负极脱出，通过电解质溶液和隔膜，嵌入正极材料晶格中。在整个充/放电过程中，锂离子往返于正负极之间。

以 $LiCoO_2$ 为正极材料，石墨为负极材料的锂离子电池，正、负极的电化学反应为：

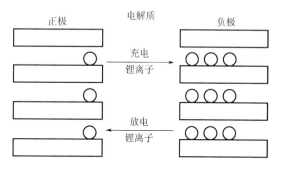

图 8.30　锂离子电池工作原理

$$LiCoO_2 \rightarrow Li_{(1-x)}CoO_2 + xLi^+ + xe^- \tag{8-16}$$

$$6C + xLi^+ + xe^- \rightarrow Li_xC_6 \tag{8-17}$$

总反应为：

$$LiCoO_2 + 6C \rightarrow Li_{(1-x)}CoO_2 + Li_xC_6 \tag{8-18}$$

因为锂离子电池只涉及锂离子而不涉及金属锂的充/放电过程，这从根本上解决了由于锂枝晶的产生而带来的电池循环性和安全性的问题。

4) 锂离子电池的特点

锂离子电池有许多显著特点，它的优点主要表现如下。

(1) 工作电压高。锂离子电池工作电压为 3.6V，是镍氢和镍镉电池工作电压的 3 倍。

(2) 比能量高。锂离子电池比能量已达到 150W·h/kg，是镍镉电池的 3 倍，镍氢电池的 1.5 倍。

(3) 循环寿命长。目前锂离子电池循环寿命已达到 1000 次以上，在低放电深度下可达几万次，超过了其他几种二次电池。

(4) 自放电率低。锂离子电池的自放电率仅为 6%～8%，远低于镍镉电池（25%～30%）和镍氢电池（15%～20%）。

(5) 无记忆性。可以根据要求随时充电，而不会降低电池性能。

(6) 对环境无污染。锂离子电池中不存在有害物质，是名副其实的"绿色电池"。

(7) 能够制造成任意形状。

锂离子电池也有一些不足，主要表现如下：

(1) 成本高。锂离子电池的正极材料 $LiCoO_2$ 的价格高，但按单位瓦时的价格来计算，已经低于镍氢电池，与镍镉电池持平，但高于铅酸蓄电池。

(2) 必须有特殊的保护电路，以防止过充。

### 8.3.5　超级电容器

超级电容器是一种具有超级储电能力、可提供强大脉冲功率的物理二次电源，它是介于蓄电池和传统静电电容器之间的一种新型储能装置。超级电容器主要利用电极/电解质界面电荷分离所形成的双电层，或借助电极表面快速的氧化还原反应所产生的法拉第准电容来实现电荷和能量的储存。超级电容器又称双电层电容器、黄金电容、法拉第电容，它是一种电化学元件，在电极与电解液接触面间具有极高的比电容和非常大的接触表面积，但其储能的过程并不发生化学反应，并且这种储能过程是可逆的，因此超级电容器可反复充放电数十万次。

1. 超级电容器的结构原理

超级电容单体主要由电极、电解质、集电极、隔离膜连线极柱、密封材料和排气阀等组成。电极材料一般有碳电极材料、金属氧化物及其水合物电极材料、导电聚合物电极材料，要求电极内阻小、导电率高、表面积大、尽量薄；电解质需有较高导电性（内阻小）和足够的电化学稳定性（提高单体电压），电解质材料分为有机类和无机类，或分为液态和固态类；集电极选用导电性能良好的金属和石墨等来充当，如泡沫镍、镍网（箔）、铝箔、钛网（箔）以及碳纤维等；隔离膜防止超级电容相邻两电极短路，保证接触电阻较小，尽量薄，通常使用多孔隔膜，有机电解质通常使用聚合物或纸作为隔膜，水溶液电解质可采用玻璃纤维或陶瓷隔膜。

电极的材料、制造技术、电解质的组成和隔离膜质量对超级电容器的性能有较大影响。

在电动汽车上广泛使用的主要是碳电极超级电容器。碳电极超级电容器的面积是基于多孔碳材料，该材料的多孔结构允许其面积达到 $2000m^2/g$，通过一些措施还可以实现更大的表面积。碳电极超级电容器电荷分离开的距离是由被吸引到带电电极的电解质离子尺寸决定的，该距离（<10A）比传统电容器薄膜材料所能实现的距离更小。这种庞大的表面积再加上非常小的电荷分离距离使得超级电容器较传统电容器而言有巨大的静电容量。超级电容器中，多孔化电极采用的是活性炭粉、活性炭或活性炭纤维，电解液采用有机电解质，如丙烯碳酸脂或高氯酸四乙氨等。工作时，在可极化电极和电解质溶液之间的界面上形成的双电层中聚集电容量，其多孔化电极在电解液中吸附电荷，因而可以存储很大的静电能量，超级电容器的这一储电特性介于传统的电容器与电池之间。尽管其能量密度比电池低，但是这种能量的储存方式具有快速充/放电的特点，可以应用在传统电池难以解决的短时高峰值电流应用之中。

双电层电容本质上是一种静电型能量储存方式，目前已经研制出的活性炭材料表面积可以达到 $2000m^2/g$，单位质量的电容量可达 $100F/g$，并且电容的内阻还能保持在很低的水平；而且炭材料还具有成本低、技术成熟等优点，使得该类超级电容器在汽车上应用广泛。

2. 超级电容器的分类

超级电容器可以按以下不同的方式进行分类。

1) 按照储能原理分类

按照储能原理分类，可分为因电荷分离而产生的双电层电容器、欠电位沉积或吸附电容而产生的法拉第准电容器、双电层与准电容混合型电容器。

2) 按照结构形式分类

按照结构形式分类，可分为对称型与非对称型。两电极组成相同且电极反应相同，但反应方向相反，称为对称型；两电极组成不同或反应不同，称为非对称型。

3）按照电极材料分类

按照电极材料分类，可分为以活性炭粉末、活性炭纤维、炭气凝胶、纳米炭管、网络结构活性炭为电极材料的超级电容器；以贵金属二氧化钌、氧化镍、氧化锰为电极材料的超级电容器；以聚吡咯、聚苯胺、聚对苯等聚合有机物为电极的超级电容器。

4）按照电解液不同分类

按照电解液不同分类，可分为三种：水溶液体系超级电容器，这种电容器导电率高、成本低、分解电压低（1.2V）；有机体系超级电容器，这种电容器导电率低、成本高、分解电压高（3.5V）；固体物电解质超级电容器，这种电容器可靠性高、导电率低、无泄漏、比能量高、薄型化。

3. 超级电容器的特点

1）优点

超级电容器具有以下优点。

(1) 高功率密度。超级电容器的内阻小，输出功率密度高，是一般蓄电池的数十倍。

(2) 循环寿命长。超级电容器具有至少十万次以上的充电寿命，没有"记忆效应"。

(3) 充电速度快。可以用大电流给超级电容器充电，充电 10s～10min 可达到其额定容量的 95% 以上。

(4) 工作温度范围宽。超级电容器能在 -40～60℃ 的环境温度中正常工作。

(5) 简单方便。超级电容器充放电线路简单，无须充电电池那样的充电电路，安全系数高，长期使用免维护；检测方便，剩余电量可直接读出。

(6) 绿色环保。超级电容器在生产过程中不使用重金属和其他有害化学物质，因而在生产、使用、储存以及拆解过程中均没有污染，是一种新型的绿色环保电源。

2）缺点

超级电容器自身也存在缺点。

(1) 线性放电。超级电容器线性放电的特性使它无法完全放电。

(2) 低能量密度。目前超级电容器可储存的能量比化学电源少得多。

(3) 低电压。超级电容单体电压低，需要多个电容串联才能提升整体电压。

(4) 高自放电。它的自放电速率比化学电源要高。

4. 超级电容器在汽车上的应用

目前超级电容器被广泛应用到新能源汽车中，用作起动、制动、爬坡时的辅助动力。汽车频繁的起步、爬坡和制动造成其功率需求曲线变化很大，在城市路况下更是如此。一辆高性能的电动汽车的峰值功率与平均功率之比可达 16∶1，但是这些峰值功率的特点是持续时间一般都比较短，需要的能量并不高。对于纯电动、燃料电池和串联混合动力汽车而言，这就意味着要么汽车动力性不足，要么电压总线上要经常承受大的尖峰电流，这无疑会大大损害电池、燃料电池或其他辅助动力单元的寿命。如果使用比功率较大的超级电容器，当瞬时功率需求较大时，由超级电容器提供尖峰功率，并且在制动回馈时吸收尖峰功率，那么就可以减轻对电池、燃料电池或其他辅助动力单元的压力，从而可以大大增加起步、加速时系统的功率输出，而且可以高效地回收大功率的制动能量，这样做还可以提高电池的使用寿命，改善其放电性能。

超级电容器除了用于动力驱动系统外，在汽车零部件领域也有广泛的应用前景。例如，未来汽车设计使用的 42V 电系统（转向、制动、空调、高保真音响、电动座椅等），如果使用长寿命的超级电容器，可以使需求功率经常变化的子系统性能大大提高，另外还可以减少车内用于电制动、电转向等子系统的布线，同时减少汽车子系统对电池的功率消耗，延长电池使用寿命。

超级电容器的快速充/放电特点使其十分适合为公交车提供主动力。超级电容器具有很高的功率密度，放电电流可以达到数百安培，在大电流应用场合，特别是高能脉冲环境，可更好地满足功率要求。同时，超级电容器充/放电时间短、效率高，可在很短的时间内完成一个充/放电循环，所用时间远远低于可充电电池，特别适合短距离行驶车辆。超级电容器的循环使用寿命可达 10 万次以上，比目前最好的电池要高出 100 倍，同时在使用过程中不需要经常维护，其适用温度范围宽，可在 -40～70℃ 范围内使用，可满足车辆动力系统在低温环境下的起动，安全性高，这些使它成为城市公交动力理想的选择。

### 8.3.6 飞轮电池

飞轮电池是 20 世纪 90 年代才提出的新概念电池，它突破了化学电池的局限，用物理方法实现储能。

#### 1. 飞轮电池的结构与原理

飞轮电池由飞轮、电动机、发电机和输入/输出电子装置共同组成，如图 8.31 所示。

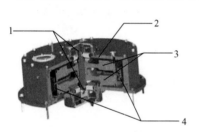

图 8.31 飞轮电池组成结构
1—电池轴承；2—高真空室；
3—飞轮转子；4—电动机定子

飞轮电池通过输入/输出电子装置与外部大功率的电气系统相连，外部系统所传输的能量经由电动机通过提升飞轮的转速将电能转化为机械能储存。当需要向负载输出功率时，飞轮通过发电机再将机械能转化为电能，同时飞轮转速相应降低。由于飞轮电池系统的能量转换是单线程的，即不能同时输入和输出能量，为了降低电池系统质量和制造成本，通常将电动/发动机以及输入/输出电子装置集成在一起。

飞轮储能的关键在于降低机械能的损失，这部分能量损失主要由空气摩擦阻力和旋转摩擦阻力两部分组成。根据降低空气摩擦阻力方式的不同，可以将飞轮电池分为高速飞轮电池和低速飞轮电池。其中低速飞轮电池通过增加飞轮质量来降低空气摩擦所带来的影响，而高速飞轮电池则通过降低飞轮工作环境的空气压力来降低空气摩擦阻力。此类电池的飞轮由于新型高强度复合材料的使用而具有轻质量和高转速的特点，其理想工作环境为真空环境，但由于技术限制，通常只是将空气摩擦阻力降低至可以接受的程度。为了减小高速旋转时所产生的旋转摩擦阻力，飞轮电池系统通常通过两个磁悬浮轴承的非接触式支撑被固定在真空空间内。高速飞轮电池体积小，适合车载使用。

#### 2. 飞轮电池在汽车上的应用

由于技术和材料价格的限制，飞轮电池的价格相对较高，在小型场合还无法体现其优势。但在一些需要大型储能装置的场合，使用化学电池的价格也非常昂贵，飞轮电池已得到逐步应用。

飞轮电池充电快，放电完全，非常适合应用于混合能量推动的车辆中。车辆在正常行驶和制动时，给飞轮电池充电，飞轮电池则在加速或爬坡时，给车辆提供动力，保证车辆运行在一种平稳、最优的状态下，可减少燃料消耗、空气和噪声污染、发动机的维护，延长发动机的寿命。美国得克萨斯州大学已研制出汽车用飞轮电池，电池在车辆需要时，可提供150kW的能量，能加速满载车辆到100km/h。

美国国防部预测未来的战斗车辆在通信、武器和防护系统等方面都广泛需要电能，飞轮电池由于其快速的充/放电，独立而稳定的能量输出，质量轻，能使车辆工作处于最优状态，减少车辆的噪声，提高车辆的加速性能等优点，已成为美国军方首要考虑的储能装置。

作为一种新兴的储能方式，飞轮电池所拥有传统化学电池无法比拟的优点已被人们广泛认同，它非常符合未来储能技术的发展方向。目前，飞轮电池正在向小型化、低廉化的方向发展。可以预见，伴随着技术和材料学的进步，飞轮电池将在未来的各行各业中发挥重要的作用。

3. 储能电池性能的比较

现在广泛使用的储能电池是基于电化学原理的化学电池，它将电能转变为化学能储存，再转化为电能输出，主要优点是价格低廉、技术成熟。主要缺点是污染严重、效率低下、充电时间长、用电时间短、使用过程中电能不易控制。

另一种储能电池是超导电池，它把电能转化为磁能储存在超导线圈的磁场中，由于超导状态下线圈没有电阻，所以能量损耗非常小，效率也较高，对环境污染也较小。但由于超导状态是线圈处于极低温度下才能实现，维持线圈处于超导状态所需要的低温需耗费大量能量，而且维持装置过大，不易小型化，民用的市场前景并不看好。

飞轮电池则兼顾了两者的优点，虽然近阶段的价格较高，但伴随着技术的进步，必将有一个非常广阔的应用前景。

三种典型储能电池的性能见表8-5。

表8-5 三种典型储能电池的性能比较

| 性　　能 | 储 能 电 池 | | |
| --- | --- | --- | --- |
| | 化学电池 | 飞轮电池 | 超导电池 |
| 储能方式 | 化学能 | 机械能 | 磁能 |
| 使用寿命 | 3～5年 | >20年 | ≈20年 |
| 技术 | 成熟 | 验证 | 验证 |
| 温度范围 | 限制 | 不限 | 不限 |
| 外形尺寸（同功率） | 大 | 最小 | 大 |
| 储能密度 | 小 | 大 | 大 |
| 方能深度 | 浅 | 深 | 深 |
| 价格 | 低 | 高 | 较高 |
| 环境影响 | 污染 | 无污染 | 无污染 |

## 8.4 燃料电池汽车技术

电动汽车作为一种排放低、能源利用多样化的环保节能交通工具，呈现出加速发展的趋势，并且将对于促进高科技的发展、新兴工业的发展以及经济的发展产生深远的影响。初始成本高和续驶里程不理想是电动汽车的主要问题。为解决续驶里程问题，现在正在研发一些先进的电池，如镍氢电池、锌空气电池和锂离子电池等。而燃料电池则能从根本上解决续驶里程不长的问题，被认为是目前最有发展前景的重要能源之一。它能大大降低燃料电池的初始成本，它将最有希望代替燃油汽车成为今后的主要交通工具的动力源。

### 8.4.1 燃料电池的概念

燃料电池技术并不是一个新型的技术，早在19世纪30年代就出现了。1839年William Grove发明了世界上第一个燃料电池的试验装置，他将两条白金带分别放入两个密封的瓶中，一个瓶中盛有氢，另一个瓶中盛有氧。当这两个盛器浸入稀释的硫酸溶液时，电流开始在两个电极之间流动，盛有气体的瓶中生成了水，同时他将几个这种相同装置串联起来获得了更高的电压，如图8.32所示。

图 8.32 Grove 燃料电池模型

经过100多年的发展，目前已发展出多种类型的燃料电池，但所有类型燃料电池的工作原理仍然和William Grove所发明的燃料电池模型相似，燃料电池就是一种电化学反应装置，其工作过程可以看作是电解水的逆过程。

氢和氧发生电化学反应生成水，同时产生电和一部分热量。目前燃料电池有质子交换膜燃料电池（PEMFC）——采用极薄的塑料薄膜作为其电解质；碱性燃料电池（AFC）——采用氢氧化钾溶液作为电解液；磷酸燃料电池（PAFC）——采用200℃高温下的磷酸作为其电解质；固体氧化物燃料电池（SOFC）——采用固态电解质；熔融碳酸盐燃料电池（MCFC）；直接甲醇（DMFC）等种类。各种燃料电池的主要特性见表8-6。

表8-6 不同类型燃料电池特性

| 类 型 | PEMFC | AFC | PAFC | MCFC | SOFC |
|---|---|---|---|---|---|
| 电解质 | 含水固体聚合体质子交换膜 | 氢氧化钾石棉格 | 高浓度磷酸溶液 | 以氧化铝锂为载体的熔融碳酸盐 | 以陶瓷为载体的钙钛矿 |

(续)

| 类　型 | PEMFC | AFC | PAFC | MCFC | SOFC |
|---|---|---|---|---|---|
| 电极材料 | 碳（石墨） | 过渡金属（镍等） | 碳 | 镍及其氧化物 | 钙钛矿和金属陶瓷 |
| 催化剂 | 铂 | 铂 | 铂 | 电极材料 | 电极材料 |
| 连接材料 | 碳或金属 | 金属 | 石墨 | 不锈钢或镍 | 镍、陶瓷或钢 |
| 电荷载体 | 氢离子 | 氢氧根 | 氢离子 | 碳酸根 | 氧离子 |
| 工作温度/℃ | 40～80 | 65～220 | 205 | 650 | 600～1000 |
| 生成热管理 | 反应气体及液态冷却介质 | 反应气体及电解质循环 | 反应气体及液态冷却介质和生成蒸气 | 内部重整器及反应气体 | 内部重整器及反应气体 |

采用燃料电池作为电源的电动汽车称为燃料电池电动汽车（Fuel Cell Electric Vehicle，FCEV），燃料电池电动汽车一般以质子交换膜燃料电池（PEMFC）作为车载能量源。燃料电池通常由阳极、阴极和电解液三部分组成，如图 8.33 所示。

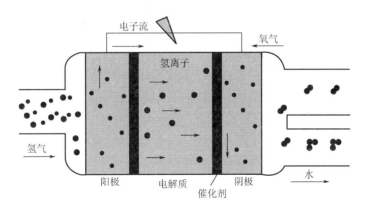

图 8.33　燃料电池工作原理

以酸性燃料电池为例，如图 8.34 所示，其电化学反应方程式如下。

阳极：
$$2H_2 \rightarrow 4H^+ + 4e^- \tag{8-19}$$

阴极：
$$O_2 + 4e^- + 4H^+ \rightarrow 2H_2O \tag{8-20}$$

质子交换膜燃料电池使用固体聚合隔膜作电解液，隔膜夹在两片多孔电极即阳极和阴极之间，使用铂作电极反应催化剂。

相对于其他燃料电池，质子交换膜燃料电池有以下优点：功率密度高，工作温度低，电解液为固态，对二氧化碳不敏感。所以质子交换膜燃料电池为目前最有前途的一种燃料电池，其原理如图 8.35 所示。

从长远看，质子交换膜燃料电池是最有发展潜力的电动车动力电源。目前，国际上各大汽车公司无一例外，均在开发质子交换膜燃料电池电动汽车。各大汽车公司在质子交换膜燃料电池电动汽车研究与开发方面的格局是：奔驰、克莱斯勒、福特、马自达与 Ballard 结成战略联盟，是推动质子交换膜燃料电池电动汽车的主导力量；通用汽车与丰田公司是自主开发质子交换膜燃料电池动力系统；而其他公司开发的质子交换膜燃料电池电动汽车则分别直接采用了 Ballard（如大众、沃尔沃等）和 De Nora（如雪铁龙、雷诺、标致等）的质子交换膜燃料电池发动机。

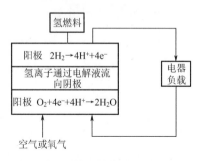

图 8.34　酸性燃料电池反应方程式

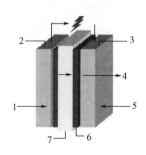

图 8.35　质子交换膜燃料电池的工作原理
1—燃料氢气；2—阳极；3—阴极；
4—水+热；5—空气；6—催化剂；
7—质子交换膜

### 8.4.2　燃料电池汽车的类型

燃料电池电动汽车按燃料特点可分为直接燃料电池电动汽车和重整燃料电池电动汽车。

直接燃料电池电动汽车的燃料主要是氢气，重整燃料电池电动汽车的燃料主要有汽油、天然气、甲醇、甲烷、液化石油气等。直接燃料电池电动汽车零排放、无污染，被认为是最理想的汽车，但存在氢的制取和存储困难等缺点，重整燃料电池电动汽车的结构比氢燃料电池电动汽车复杂得多。

燃料电池电动汽车按燃料氢的存储方式可分为压缩氢燃料电池电动汽车、液氢燃料电池电动汽车和合金（碳纳米管）吸附氢燃料电池电动汽车。

燃料电池电动汽车按"多电源"的配置不同，可分为纯燃料电池驱动的电动汽车、燃料电池与辅助蓄电池联合驱动的电动汽车、燃料电池与超级电容联合驱动的电动汽车及燃料电池与辅助蓄电池和超级电容联合驱动的电动汽车。

**1. 纯燃料电池汽车**

纯燃料电池驱动的电动汽车只有燃料电池一个动力源，汽车的所有功率负荷都由燃料电池承担。纯燃料电池驱动的电动汽车的动力系统如图 8.36 所示。

纯燃料电池驱动系统将氢气与氧气反应产生的电能通过总线传给驱动电动机，驱动电动机将电能转化为机械能再传给传动系，从而驱动汽车行驶。这种系统结构简单，系统控

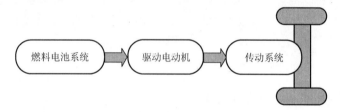

图 8.36　纯燃料电池驱动系统结构

制和整体布置容易；系统部件少，有利于整车的轻量化；整体的能量传递效率高，从而提高了整车的燃料经济性。但燃料电池功率大、成本高；对燃料电池系统的动态性能和可靠性提出了很高的要求，且不能进行制动能量回收。

为了有效解决上述问题，必须使用辅助能量储存系统作为燃料电池系统的辅助动力源和燃料电池联合工作，组成混合驱动系统共同驱动汽车。从本质上来讲，这种结构的燃料电池电动汽车采用的是混合动力结构。它与传统意义上的混合动力结构的差别仅在于发动机是燃料电池而不是内燃机。在燃料电池混合动力结构汽车中，燃料电池和辅助能量存储装置共同向电动机提供电能，通过变速机构来驱动汽车。

2. 燃料电池与辅助蓄电池联合驱动汽车

燃料电池与辅助蓄电池联合驱动的燃料电池电动汽车的动力系统如图 8.37 所示。该结构是一个典型的并联式混合动力结构。在该动力系统结构中，燃料电池和蓄电池一起为驱动电动机提供能量，驱动电动机将电能转化成机械能传给传动系统，从而驱动汽车行驶；在汽车制动时，驱动电动机变成发电机，蓄电池将储存回馈的能量。在燃料电池和蓄电池联合供能时，燃料电池的能量输出变化较为平缓，随时间变化波动较小，而能量需求变化的高频部分由蓄电池分担。

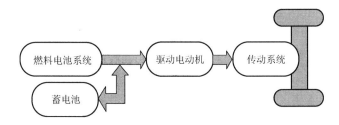

图 8.37 "燃料电池＋辅助蓄电池"动力系统结构

这种结构由于增加了比功率价格相对低廉得多的蓄电池组，系统对燃料电池的功率要求较纯燃料电池结构形式有很大的降低，从而大大地降低了整车成本。燃料电池可以在比较好的设定工作条件下工作，工作时燃料电池的效率较高。系统对燃料电池的动态响应性能要求较低，汽车的冷起动性能较好，制动能量回馈的采用可以回收汽车制动时的部分动能，该措施可能会增加整车的能量效率。但这种结构形式由于蓄电池的使用使得整车的质量增加，动力性和经济性受到影响，这一点在能量复合型混合动力汽车上表现更为明显。蓄电池充/放电过程会有能量损耗，系统变得复杂，系统控制和整体布置难度增加。

3. 燃料电池与超级电容联合驱动汽车

"燃料电池＋超级电容"的结构与"燃料电池＋蓄电池"结构相似，只是把蓄电池换成超级电容。相对于蓄电池，超级电容充/放电效率更高，能量损失更小，功率密度更大，在回收制动能量方面比蓄电池更具有优势，理论循环寿命更长，但是超级电容的能量密度较小。随着超级电容技术的不断进步，这种结构将成为一种新的重要研究方向。

4. 燃料电池与辅助蓄电池和超级电容联合驱动汽车

燃料电池与蓄电池和超级电容联合驱动的电动汽车的动力系统如图 8.38 所示，该结构也为并联式混合动力结构。在该动力系统结构中，燃料电池、蓄电池和超级电容一起为驱动电动机提供能量，驱动电动机将电能转化成机械能传给传动系，从而驱动汽车行驶。在汽车制动时，驱动电动机变成发电机，蓄电池和超级电容将储存回馈的能量。在燃料电池、蓄电池和超级电容联合供能时，燃料电池的能量输出较为平缓，随时间变化波动较小，而能量需求变化的低频部分由蓄电池承担，能量需求变化的高频部分由超级电容承担。在这种结构中，各动力源的分工更加明细，因此它们的优势也得到更好的发挥。

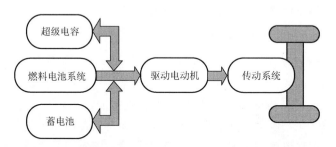

图 8.38 "燃料电池＋蓄电池＋超级电容"动力系统结构

这种结构的优点相比"燃料电池＋蓄电池"的结构形式的优点更加明显，尤其是在部件效率、动态特性、制动能量回馈等方面。缺点也一样更加明显，增加了超级电容，整个系统的质量将可能增加，系统更加复杂化，系统控制和整体布置的难度也随之增大。

总的来说，如果能够对系统进行很好地匹配和优化，这种结构带来的汽车良好的性能具有很大的吸引力。

在这三种混合驱动中，燃料电池与辅助蓄电池和超级电容的组合被认为能够最大限度满足整车的起动、加速、制动的动力和效率需求，但成本最高，结构和控制也最为复杂。目前燃料电池电动汽车动力系统的一般结构是燃料电池与辅助蓄电池相组合，这是因为它具有以下特点：

（1）功率互补。燃料电池单独或与动力电池共同提供持续功率，且在车辆起动、爬坡和加速等峰值功率需求时，动力电池提供峰值功率。

（2）交替驱动。在车辆起步时和功率需求量不大时，蓄电池可以单独输出能量。

（3）技术成熟。蓄电池技术比较成熟，可以在一定程度上弥补燃料电池技术上的不足。

可用于电动汽车的蓄电池包括铅酸电池、镍镉电池、镍锌电池、锌空气电池、铝空气电池、钠硫电池、钠镍氯化物电池、锂聚合物电池和锂离子电池等多种类型。

目前，燃料电池与辅助蓄电池混合驱动系统主要有两种结构形式：燃料电池直接混合系统和动力电池直接混合系统。

燃料电池直接混合系统是燃料电池直接接入直流母线，所以驱动系统的电压必须设计在燃料电池可以调节的范围内，由于动力电池需要向驱动系统传输能量，并从燃料电池与车辆系统取得能量，所以必须安装双向 DC/DC，且必须具有响应速度快的特点。燃料电池和动力蓄电池之间的功率平衡由 DC/DC 和燃料电池管理系统共同实现。该结构形式对于燃料电池的输出电压达到了最优化设计。但是对燃料电池的要求比较高，同时 DC/DC 要实现双向快速控制，双向 DC/DC 的成本较高，整个系统的控制也比较复杂。

动力电池直接混合系统中，DC/DC变换器将燃料电池的输出电压和系统电压分开，驱动系统电压可以设计得比较高，这样可以降低驱动系统的电流值，有利于延长各电器元件的寿命，同时高的系统电压可以充分满足动力电池的需要。DC/DC还负责燃料电池和动力蓄电池之间的功率平衡。但是由于燃料电池的能量输出需要通过DC/DC才能进入直流母线，导致系统的效率比较低，特别是对于连续负载来说不是最优化设计。例如，匀速工况下，系统功率需求较小，由燃料电池单独提供车辆行驶所需的功率。

两种结构形式的主要差别在于DC/DC变换器的使用上。DC/DC的位置和结构决定了动力系统的构型。DC/DC的位置主要取决于电动机及其控制器特性和燃料电池特性，另一个重要的因素是混合度。

### 8.4.3 典型燃料电池汽车结构

目前燃料电池电动汽车绝大多数采用的是混合式燃料电池驱动系统，将燃料电池与辅助动力源相结合，燃料电池可以只满足持续功率需求，借助辅助动力源提供加速、爬坡等所需的峰值功率，而且在制动时可以将回馈的能量储存在辅助动力源中。混合式燃料电池驱动系统有并联式和串联式两种，如图8.39所示。

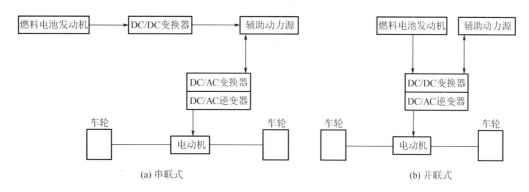

图8.39 混合式燃料电池电动汽车驱动系统框图

混合式燃料电池电动汽车的动力系统主要由燃料电池发动机、辅助动力源、DC/DC变换器、DC/AC逆变器、电动机和动力电控系统等组成。

在燃料电池电动汽车所采用的燃料电池发动机中，为保证质子交换膜燃料电池组的正常工作，除以质子交换膜燃料电池组为核心外，还装有氢气供给系统、氧气供给系统、气体加湿系统、反应生成物的处理系统、冷却系统和电能转换系统等。只有这些辅助系统匹配恰当和正常运转，才能保证燃料电池发动机正常运转。

1. 以氢为燃料的燃料电池汽车

图8.40所示为以氢为燃料的燃料电池发动机系统。

以氢为燃料的燃料电池发动机有以下四个关键系统组成：

1）氢气供应、管理和回收系统

气态氢的储存装置通常用高压储气瓶来装载，对高压储气瓶的品质要求很高，为保证燃料电池电动汽车一次充气有足够的行驶里程，就需要多个高压储气瓶来储存气态氢气。一般乘用车需要2~4个高压储气瓶，大客车上需要5~10个高压储气瓶。

液态氢气虽然比能量高于气态氢，但由于液态氢气处于高压状态，它不仅需要用高压

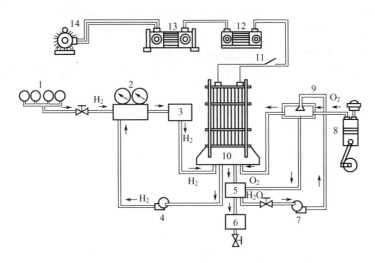

**图 8.40　以氢为燃料的燃料电池发动机系统**

1—氢气储存罐；2—氢气压力调节仪表；3—热交换器；4—氢气循环泵；5—冷凝及水气分离器；
6—散热器；7—水泵；8—空气压缩机（或氧气罐）；9—加湿器及去离子过滤装置；
10—燃料电池组；11—电源开关；12—DC/DC 变换器；13—逆变器；14—驱动电动机

储气瓶储存，还要用低温保温装置来保持低温，且低温的保温装置是一套复杂的系统。

在使用不同压力的氢气（高压气态氢气和高压低温液态氢气）时，就需要用不同的氢气储存容器，不同的减压阀、调压阀、安全阀、压力表、流量表、热量交换器和传感器等来进行控制。并对各种管道、阀和仪表等的接头采取严格的防泄漏措施。从燃料电池中排出的水，含有未发生反应的少量的氢气。正常情况下，从燃料电池排出的少量的氢气应低于 1% 以下，应用氢气循环泵将这少量的氢气回收。

2）氧气供应和管理系统

氧气的来源有从空气中获取氧气或从氧气罐中获取氧气，空气需要用压缩机来提高压力，以增加燃料电池反应的速度。在燃料电池系统中，配套压缩机的性能有特定的要求，压缩机质量和体积会增加燃料电池发动机系统的质量、体积和成本，压缩机所消耗的功率会使燃料电池的效率降低。空气供应系统的各种阀、压力表、流量表等的接头要采取防泄漏措施。在空气供应系统中还要对空气进行加湿处理，保证空气有一定的湿度。

3）水循环系统

燃料电池发动机在反应过程中将产生水和热量，在水循环系统中用冷凝器、气水分离器和水泵等对反应生成的水和热量进行处理，其中一部分水可以用于空气的加湿。另外，还需要装置一套冷却系统，以保证燃料电池的正常运作。

4）电力管理系统

燃料电池所产生的是直流电，需要经过 DC/DC 变换器进行调压，在采用交流电动机的驱动系统中，还需要用逆变器将直流电转换为三相交流电。

以氢气为燃料的燃料电池发动机的各种外围装置的体积和质量占燃料电池发动机总体积和质量的 1/3～1/2。

图 8.41 所示为以氢气为燃料的燃料电池电动汽车总布置基本结构模型。

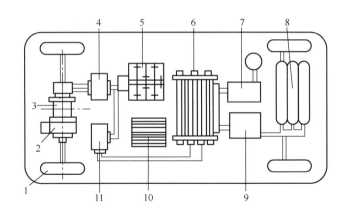

**图 8.41 以氢为燃料的燃料电池汽车总体布置结构**
1—驱动轮；2—驱动系统；3—驱动电动机；4—逆变器；
5—辅助电源装置（动力电池组＋飞轮储能器或动力电池组＋超级电容）；6—燃料电池发动机；
7—空气压缩机及空气供应系统辅助装置；8—氢气储存罐；9—氢气供应系统辅助装置；
10—中央控制器；11—动力 DC/DC 变换器

2. 甲醇为燃料的燃料电池汽车

图 8.42 所示为以甲醇为燃料的燃料电池发动机系统。在以甲醇为燃料的燃料电池发动机系统中，用甲醇供应系统代替了上述的氢气供应系统。它包括甲醇储存装置、甲醇供应系统的泵、管道、阀门、加热器及控制装置等。

1）甲醇储存装置

甲醇可以用普通容器储存，不需要加压或冷藏，可以部分利用内燃机汽车的供应系统，有利于降低燃料电池电动汽车的使用费用。

2）燃烧器、加热器和蒸发器

甲醇进入改质器之前，要用加热器加热甲醇和纯净水的混合物，使甲醇和纯净水的混合物一起受高温（621℃）热量的作用，蒸发成甲醇和纯净水的混合气，然后进入改质器。

3）重整器

重整器是将甲醇用改质技术转化为氢气的关键设备。不同的碳氢化合物采用不同的重整技术，在重整过程中的温度、压力会有所不同。例如，甲醇用水蒸气重整法的温度为 621℃，用部分氧化重整法的温度为 985℃，用废气重整法的第一阶段温度为 985℃，第二阶段温度为 250℃。在燃料电池电动汽车用甲醇经过重整产生的氢气作燃料时，就需要对各种重整方法进行分析，选择最佳重整技术和最适合燃料电池电动汽车配套的重整器。

4）氢气净化器

改质器所产生的氢气因为含有少量的一氧化碳，因此必须对氢气进行净化处理。净化器中用催化剂来控制，使氢气中所含的一氧化碳被氧化成二氧化碳后排出，最终，进入质子交换膜燃料电池的氢气中的一氧化碳的含量不超过规定的 $10\times10^{-6}$。甲醇经过改质后所获得的氢气作为燃料时，燃料电池的效率为 40%～42%。以甲醇为燃料的燃料电池系统

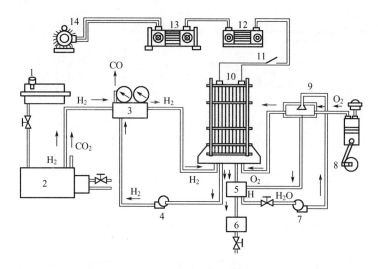

**图 8.42　以甲醇为燃料的燃料电池发动机系统**

1—甲醇储存罐；2—带燃烧室的改质器；3—$H_2$净化装置；4—氢气循环泵水循环系统；
5—冷凝器及水气分离器；6—散热器；7—水泵；8—空气压缩机（或氧气罐）；
9—加湿器及去离子过滤装置；10—燃料电池组；11—电源开关；12—DC/DC 变换器；
13—逆变器；14—驱动电动机

中的氧气供应、管理系统，反应生成的水和热量的处理系统和电力管理系统与以氢气为燃料的燃料电池系统基本相同。

图 8.43 所示为以甲醇为燃料的燃料电池电动汽车的总布置基本模型。

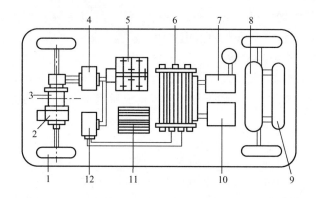

**图 8.43　以甲醇为燃料的燃料电池电动汽车总体布置结构**

1—驱动轮；2—驱动系统；3—驱动电动机；4—逆变器；
5—辅助电源装置（动力电池组＋飞轮储能器或动力电池组＋超级电容）；6—燃料电池发动机；
7—空气压缩机及空气供应系统辅助装置；8—重整器；9—甲醇罐；
10—氢气供应系统辅助装置；11—中央控制器；12—动力 DC/DC 变换器

燃料电池发动机的运作一般采用计算机进行控制，根据燃料电池电动汽车的运行工况，通过 CAN 总线系统进行信息传递和反馈，并经过计算机的处理，以保证燃料电池正常运行。

### 8.4.4 燃料电池电动汽车的其他部件

1. 辅助动力源

在燃料电池电动汽车上,燃料电池发动机是主要电源,另外还配备有辅助动力源。根据燃料电池电动汽车的设计方案不同,其所采用的辅助动力源也有所不同,可以用蓄电池组、飞轮储能器或超大容量电容器等共同组成双电源系统。在具有双电源系统的燃料电池电动汽车上,驱动电动机的辅助动力源有以下几种驱动模式。

1) 起动助力模式

在燃料电池电动汽车起动时,由辅助动力源提供电能带动燃料电池发动机起动,或带动车辆起步。

2) 回收盈余功率模式

车辆行驶时,由燃料电池发动机提供驱动所需全部电能,剩余的电能储存到辅助动力源装置中。

3) 辅助驱动模式

在加速和爬坡时,若燃料电池发动机提供的电能还不足以满足燃料电池电动汽车驱动功率要求,则由辅助动力源提供额外的电能,使驱动电动机的功率或转矩达到最大,形成燃料电池发动机与辅助动力源同时供电的双电源的供电模式。

4) 再生制动模式

储存制动时反馈的电能,以及向车辆的各种电子、电器设备提供所需要的电能。

由于燃料电池发动机的比功率和比能量在不断改进和提高,现代燃料电池电动汽车逐步向加大燃料电池发动机功率的方向发展,可以由燃料电池发动机提供驱动所需全部电能。

另外,采用42V蓄电池来储存制动时反馈的电能,并为车载电子电器系统提供电能,可以取消用于辅助驱动的动力电池组,减轻辅助电池组和整车的质量。

2. DC/DC 变换器

燃料电池电动汽车采用的电源有各自的特性,燃料电池只提供直流电,电压和电流随输出电流的变化而变化。燃料电池不可能接受外电源的充电,电流的方向只是单向流动。燃料电池电动汽车采用的辅助电源(蓄电池或超级电容器)在充电和放电时,也是以直流电的形式流动,但电流的方向是可逆性流动。燃料电池电动汽车上的各种电源的电压和电流受工况变化的影响呈不稳定状态。为了满足驱动电动机对电压和电流的要求及对多电源电力系统的控制,在电源与驱动电动机之间,用计算机控制实现对燃料电池电动汽车的多电源的综合控制,保证燃料电池电动汽车的正常运行。燃料电池电动汽车的燃料电池需要装置单向 DC/DC 变换器,蓄电池和超级电容器需要装置双向 DC/DC 变换器。

1) 主要功能

燃料电池乘用车中的 DC/DC 变换器的主要功能概括起来包括以下三点。

(1) 调节燃料电池的输出电压。由于燃料电池的输出特性较软,输出电压随负载的变化而变化,轻载时输出电压偏高,重载时输出电压偏低,难以满足驱动电动机控制器的需求,所以借助 DC/DC 变换器对燃料电池的输出电压进行调节。

(2) 调节整车能量分配。燃料电池乘用车是一种混合动力乘用车,具有燃料电池和动力蓄电池两种能源,控制燃料电池的输出能量就可以控制整车能量的分配,如果燃料电池的输出能量不足以驱动电动机,缺口能量就由动力蓄电池来补充,当燃料电池输出的能量超出电动机的需求时,多余的能量可以后进入蓄电池中,补充蓄电池的能量,DC/DC 变换器用于控制燃料电池的能量输出。

(3) 稳定整车直流母线电压。燃料电池的输出电压经过 DC/DC 变换器后能稳定整车直流母线电压。

2) 性能要求

DC/DC 变换器在燃料电池电动汽车中起着重要的作用,它的性能必须满足以下要求。

(1) 转换效率高。变换器是能量传递部件,因此需要转换效率高,以便提高能源的利用率。

(2) 提升电压。为了降低对燃料电池的输出电压要求,变换器应具有升压功能。

(3) 稳定电压。由于燃料电池输出的不稳定,需要变换器闭环运行进行稳压,为了给驱动器稳定的输入,需要变换器有较好的动态调节能力。

(4) 结构紧凑。体积小、质量轻。

3. 驱动电动机

燃料电池电动汽车用的驱动电动机主要有直流电动机、交流电动机、永磁电动机和开关磁阻电动机等。燃料电池汽车驱动电动机的选型必须结合整车开发目标,综合考虑电动机的特点。

4. 动力电控系统

燃料电池电动汽车的动力电控系统主要由燃料电池发动机管理系统、蓄电池管理系统、动力控制系统及整车控制系统组成,而原型车的变速器系统会简化很多,其系统结构框图如图 8.44 所示。

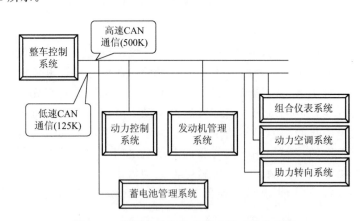

图 8.44 燃料电池汽车动力电控系统结构图

1) 发动机管理系统

燃料电池发动机管理系统按整车控制器的功率设定值控制燃料电池发动机的功率输出,监测发动机的工作状态,保证发动机稳定可靠地运行时进行故障诊断及管理。其具体组成包括供氢系统、供氧系统、水循环及冷却系统。

2) 蓄电池管理系统

蓄电池管理系统分上、下两级。下级蓄电池管理系统负责蓄电池组电压、温度等物理参数的测量，进行过充/放保护及组内组间均衡；上级蓄电池管理系统负责动力蓄电池组的电流检测及 SOC 估算，以及相关的故障诊断，同时运行高压漏电保护策略。

3) 动力控制系统

动力控制系统包含 DC/DC 变换器、DC/AC 逆变器、DCL 和空调控制器及空调压缩机变频器，以及电动机冷却系统控制器。DC/DC 逆变器和 DC/AC 逆变器的作用如前所述，DCL 负责将高压电源转换为系统零部件所需的 12V/24V 低压电源，电动机冷却系统控制器负责电动机及 ECU 的水冷却系统控制。

4) 整车控制系统

整车控制系统的核心是多能源控制策略（包括再生制动控制），它一方面接收来自驾驶人的需求信息（如点火开关、加速踏板、制动踏板、变速信息等）实现整车工况控制；另一方面基于反馈的实际工况（如：车速、制动、电动机转速等）以及动力系统的状况（燃料电池及动力蓄电池的电压、电流等），根据预先匹配好的多能源控制策略进行能量分配调节控制。当然，整车的故障诊断及管理也由它负责。

上述各系统都通过高速 CAN-BUS 进行信息交换。在上述基本动力系统架构基础上，可以根据混合度的不同，把燃料电池混合动力汽车分为电量消耗型和电量维持型。所谓混合度，是指燃料电池额定输出功率与驱动电动机额定功率之比。前者的混合度较低，蓄电池是主要的能量源，燃料电池只作为里程延长器来使用；后者的混合度较高，在行驶过程中蓄电池的荷电状态基本保持在一个合理的范围，目前，国外大部分国家及我国全部采用该方案。

### 8.4.5 燃料电池汽车的特点

**1. 优点**

燃料电池电动汽车技术与传统汽车、纯电动汽车技术相比，具有以下优点。

1) 效率高

燃料电池的工作过程是化学能转化为电能的过程，不受卡诺循环的限制，能量转换效率较高，可以达到 30% 以上，而汽油机和柴油机汽车整车效率分别为 16%~18% 和 22%~24%。

2) 续驶里程长

采用燃料电池系统作为能量源，克服了纯电动汽车续驶里程短的缺点，其长途行驶能力及动力性已经接近于传统汽车。

3) 绿色环保

燃料电池没有燃烧过程，以纯氢作为燃料，生成物只有水，属于零排放。采用其他富氢有机化合物用车载重整器制氢作为燃料电池的燃料，生产物除水之外还可能有少量的 $CO_2$，接近零排放。

4) 过载能力强

燃料电池除了在较宽的工作范围内具有较高的工作效率外，其短时过载能力可达额定功率的 200% 或更大。

5）低噪声

燃料电池属于静态能量转换装置，除了空气压缩机和冷却系统以外无其他运动部件，因此与内燃机汽车相比，运行过程中噪声和振动都较小。

6）设计方便灵活

燃料电池汽车可以按照 X-by-wire 的思路进行汽车设计，改变传统的汽车设计概念，可以在空间和质量等问题上进行灵活的配置。

2. 缺点

燃料电池电动汽车的主要缺点如下。

1）燃料电池汽车的制造成本和使用成本过高

燃料电池发动机的制造成本居高不下，国内估计3万元/kW，国外成本约3000美元/kW，与传统内燃机（仅为200～350元/kW）相比，差距巨大。使用成本过高，例如：高纯度（纯度＞99.999%）、高压（压力＞200bar，$1bar = 10^5 Pa$）的氢售价为80～100元/kg，按1kg氢可发10kW·h电能计算，仅燃料费即约为10元/kW·h，按燃料电池发动机工作寿命1000h计算，折旧费为30元/kW·h。所以总的动力成本达40元/kW·h。目前，由燃料电池发动机提供1kW·h电能的成本远高于各种动力电池，这从一个侧面反映了作为汽车动力源，燃料电池还有相当的距离。

2）辅助设备复杂，且质量和体积较大

在以甲醇或者汽油为燃料的燃料电池电动汽车中，经重整器出来的"粗氢气"含有使催化剂"中毒"失效的少量有害气体，必须采用相应的净化装置进行处理，增加了结构和工艺的复杂性，并使系统变得笨重，而目前普遍采用的氢气燃料的燃料电池电动汽车，因需要高压、低温和防护的特种储存罐，导致体积庞大，给燃料电池电动汽车带来了许多不便。

3）起动时间长，系统抗震能力有待进一步提高

采用氢气为燃料的燃料电池电动汽车起动时间一般需要约3min，而采用甲醇或者汽油重整技术的燃料电池电动汽车起动时间则长达约10min，比起内燃机汽车起动的时间长得多，影响其机动性能。此外，在燃料电池电动汽车受到振动或者冲击时，各种管道的连接和密封的可靠性需要进一步提高，以防止泄漏，降低效率，严重时还会引发安全事故。

## 8.5　太阳能汽车技术

从某种意义上讲，地球上所有能源均来自太阳能，太阳能具有取之不尽、用之不竭、清洁环保的特点。太阳能汽车是一种利用太阳能电池将太阳能直接转化为电能，再利用电动机驱动汽车的一种新能源汽车。在光照强度比较好的情况下，太阳能电池吸收的太阳能通过光能转化而来的电流可以直接或者协同蓄电池同时供电来驱动汽车电动机，或将多余的能量储存在蓄电池中以便在阳光不足的环境下利用。相比于传统热机驱动的汽车，太阳能汽车无需加注燃料，是真正意义的节能汽车，也无需向大气种排放废气，真正做到了零排放。

### 8.5.1 太阳能汽车的研究历史

**1. 国外研究进展**

1978年,世界上第一辆太阳能汽车在英国研制成功,车速为13km/h。

1982年,墨西哥研制出三轮太阳能汽车,车速达到40km/h,但这辆汽车每天所获得的电能只能行驶40min,不具备长时间、长距离行驶的能力。同年,丹麦冒险家、环保倡导者汉斯·索斯特洛普也建造了一辆名为"安静的到达者"的太阳能汽车。

1987年11月,在澳大利亚举行的世界太阳能汽车拉力赛中,美国队的"圣雷伊莎"太阳能汽车以约45h的时间跑完了全程3200km,夺得冠军,并创造了车速100km/h的世界纪录。

1996年,日本推出一款名为"多目利"的太阳能汽车,该款汽车在当年举行的太阳能汽车竞赛中刷新了1993年的纪录,创下了最高车速134.34km/h、行程3010km耗时33.5h、平均车速89.76km/h的纪录。

1999年5月,巴西圣保罗大学的科研人员设计出了一款新型太阳能汽车,最高车速超过了100km/h。

2003年,在澳大利亚太阳能汽车大赛上,由荷兰学生制造的"纽纳2号"太阳能汽车获得了冠军。"纽纳2号"安装了欧洲太空局发明的太阳能电池,它以31h的时间跑完了全程3010km的赛程,创造了太阳能汽车最高车速170km/h的新世界纪录。

2012年1月27日,SolarWorld美国子公司宣布,其赞助的太阳能汽车开始了21000mile环球旅行的美国段旅程。SolarWorld GT于2011年11月在澳大利亚和新西兰开始其环球旅行,在12月到达美国之前已经行驶了超过3100mile。SolarWorld GT是一部由顶板集成太阳能电池供电的双座赛车,计划创造太阳能汽车行驶最长历程的吉尼斯世界纪录。

**2. 国内研究现状**

1984年9月,我国首次研制的"太阳号"太阳能汽车试验成功,并开进了北京中南海的勤政殿。该车车顶安装了2808块单晶硅片,组成10$m^2$的硅板,装有三个车轮,自重159kg,车速可达20km/h。

1996年,清华大学研制了"追日"号太阳能汽车。该车质量为800kg,最高车速80km/h,采用的太阳能电池板为我国研制的第五代产品,当时太阳能转化率仅为14%。

2001年,全国高校首届可载人的太阳能电动汽车"思源号"在上海交通大学诞生。该车无须任何助动原料,只需在阳光下照射3~4h,便能轻松跑上十余千米。之后,中山大学太阳能系统研究所也推出了一辆酷似公园电动车的太阳能电动车,该车可搭乘6名乘客,但是最高车速只有48km/h,持续行驶时间仅1h。

### 8.5.2 太阳能汽车的驱动原理

**1. 太阳能的特点**

太阳能之所以受到人们如此重视,是因为它具有许多优点:太阳是一个巨大的能源,它以光辐射的形式向太空发射能量。太阳辐射到地球大气层的能量约$3.75\times10^{26}$W,每秒的辐射能量相当于燃烧 500 万吨煤所释放的热量。即使把地球表面 0.1% 的太阳能转为电能，转化率为 5%，那么每年发电量也可达 $5.6 \times 10^{12}$ kW·h，相当于目前全世界每年能耗总量的 40 倍。可见，太阳能是一个极其巨大的能量宝库。

1) 太阳能的优点

（1）普遍。太阳光普照大地，没有地域的限制，无论陆地或海洋，无论高山或岛屿，处处皆有，可直接开发和利用，便于采集，且无须开采和运输。

（2）无害。开发利用太阳能不会污染环境，它是最清洁能源之一，在环境污染越来越严重的今天，这一点是极其宝贵的。

（3）巨大。每年到达地球表面上的太阳辐射能约相当于 130 万亿吨煤，其总量属现今世界上可以开发的最大能源。

（4）长久。根据太阳产生的核能速率估算，氢的贮量足够维持上百亿年，而地球的寿命也约为几十亿年，从这个意义上讲，可以说太阳的能量是用之不竭的。

2) 太阳能的缺点

（1）能流密度低。到达地球表面的太阳辐射的总量尽管很大，但是能流密度很低。平均说来，北回归线附近，夏季在天气较为晴朗的情况下，正午时太阳辐射的辐照度最大，在垂直于太阳光方向 $1m^2$ 面积上接收到的太阳能平均有 1000W 左右；若按全年日夜平均，则只有 200W 左右。而在冬季大致只有一半，阴天一般只有 1/5 左右，这样的能流密度是很低的。因此，在利用太阳能时，想要得到一定的转换功率，往往需要面积相当大的一套收集和转换设备，造价较高。

（2）不稳定性。由于受到昼夜、季节、地理纬度和海拔高度等自然条件的限制，以及晴、阴、云、雨等随机因素的影响，所以，到达某一地面的太阳辐照度既是间断的，又是极不稳定的，这给太阳能的大规模应用增加了难度。为了使太阳能成为连续、稳定的能源，从而最终成为能够与常规能源相竞争的替代能源，就必须很好地解决蓄能问题，即把晴朗白天的太阳辐射能尽量储存起来，以供夜间或阴雨天使用，但蓄能也是太阳能利用中较为薄弱的环节之一。

（3）效率低和成本高。太阳能利用的发展水平，有些方面在理论上是可行的，技术上也是成熟的。但有的太阳能利用装置，因为效率偏低，成本较高，现在的实验室利用效率也不超过 30%，总的来说，经济性还不能与常规能源相竞争。在今后相当一段时期内，太阳能利用的进一步发展，主要受到经济性的制约。

2. 太阳能在汽车上的应用

太阳能作为一种能源在汽车上通常有两种用途：作为驱动力和作为汽车辅助能源。

1) 作为驱动力

这一应用方式，一般采用特殊装置吸收太阳能，再转化为电能驱动汽车运行，这种汽车即为通常意义的太阳能汽车。按照应用太阳能的程度和方式不同又可分为如下两种形式：

（1）太阳能作为第一驱动力驱动汽车。完全用太阳能为驱动力代替传统燃油，这种太阳能汽车与传统的汽车不论在外观还是运行原理上都有很大的不同，太阳能汽车已经没有发动机、底盘、驱动、变速箱等构件，而是由电池板、储电器和电动机组成。利用贴在车体外表的太阳能电池板，将太阳能直接转换成电能，再通过电能的消耗，驱动车辆行驶，车的行驶快慢只要控制输入电动机的电流就可以解决。

（2）太阳能和其他能量混合驱动汽车。太阳能辐射强度较弱，光伏电池板造价昂贵，加之蓄电池容量和天气的限制，使得完全靠太阳能驱动的汽车的实用性受到极大的限制，不利于推广。因此就出现了一种采用太阳能和其他能量混合驱动的汽车。这种汽车既有汽油发动机，又有电动机，汽油发动机驱动前轮，蓄电池给电动机供电驱动后轮。电动机用于低速行驶。当车速达到某一速度以后，汽油发动机起动，电动机脱离驱动轴，汽车便像普通汽车一样行驶。

2）作为汽车辅助能源

在传统汽车上可以用太阳能作为辅助动力，以减少常规燃料的消耗，而且现代汽车的电器化程度日益提高，各辅助设备的耗电量也因此急剧增加。这方面的应用主要有以下几种形式：

（1）太阳能用作汽车蓄电池的辅助充电能源。在乘用车上加装太阳能电池后，可在车辆停止使用时，继续为电池充电，从而避免电池过度放电，节约能源。

（2）用于驱动风扇和汽车空调等系统。汽车在阳光下停泊，由于车内空气不流通，使得车体成了收集太阳能的温室，造成车内温度升高，使车内释放大量的有害物质，从而使车内空气品质变差。若加装太阳能装置，比如加装太阳能风扇等，则可以为车辆在停泊期间无能耗提供新风并降温，保证车辆再次上路时有良好的空气品质

3．太阳能汽车的结构

太阳能汽车主要依靠太阳能电池通过能量转化来驱动汽车行驶，它已经没有传统汽车的发动机、变速箱和底盘传动系统了，而由车身、太阳电池板、电力驱动系统、蓄电池和底盘等部分组成，如图 8.45 所示。太阳照射太阳能电池板时，产生电流，能量通过峰值功率跟踪器驱动轮边电动机使车辆行驶。剩余电量由蓄电池储存，以便太阳能电池板电量不足时驱动电动机。当车辆制动时还可以回收制动能量，目前此类汽车的车速最高能达到 100km/h 以上，而无太阳光最大续行能力也在 100km 左右。

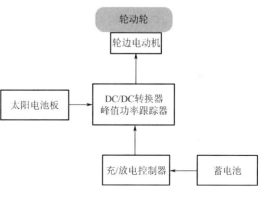

图 8.45 太阳能汽车运行原理

由于安装太阳能电池板的需要，太阳能汽车的车身造型与普通汽车有较大的区别，其表面积往往也大于普通汽车的表面积。目前，太阳能汽车的外形大同小异，基本上都是宽且扁平的，这是由于太阳能汽车本身的功能特点决定的，因为太阳能汽车要尽量拓展表面积以吸收更多的太阳能，同时为了使有限的能量得到充分利用，提高整车的动力性能，车身外形设计成流线型，而且整车相对较薄以减小其正面投影面积，从而减小空气阻力。即便是这样，也难以满足汽车高速行驶所需要的足够动力，而 7～8m² 的太阳能电池板也导致车身过大转动不够灵活，内部空间过于狭小等问题，如图 8.46 所示。

图 8.46 太阳能汽车

4. 太阳能汽车的分类

目前，太阳能汽车有三种驱动方式：直接驱动式、间接驱动式和混合驱动式。

1) 直接驱动式

太阳能电池产生的电流不经过蓄电池组，直接通过控制器、电动机、传动系统来驱动汽车行驶。

2) 间接驱动式

太阳能电池产生的电流通过控制器先给蓄电池组充电，当汽车需要行驶时电流从电池组中流出，通过控制器、电动机、传动系统驱动汽车行驶。

3) 混合驱动式

太阳能电池既可以用产生的电流直接驱动汽车行驶，也可以用之前储存在蓄电池组里的电能驱动汽车行驶，还可以在汽车行驶过程中给蓄电池组充电。

为了长途行驶或预防连续阴雨天气的需要，在蓄电池组上还可以增加外界充电接口。

### 8.5.3 太阳能汽车的关键技术

太阳能汽车的关键技术可以归纳为五个主要方面：电池技术、车体技术、电力驱动技术、蓄电池技术和能量管理技术。

1. 太阳能电池技术

将太阳能转换为电能是大规模利用太阳能的重要手段。而太阳能电池则是实现这一过程的主要部件。1954 年，美国贝尔实验室研制出世界上第一块太阳能电池，揭开了太阳能电力开发利用的序幕。在 20 世纪 70 年代以前，由于太阳能电池效率低下、造价昂贵，一般只应用于空间技术。20 世纪 70 年代以后，人们在世界范围内对太阳能电池的材料、结构和工艺等进行了深入研究，在提高效率和降低成本方面取得了较大进展，其应用规模逐渐扩大。但与常规发电相比，成本仍然偏高。从 20 世纪 90 年代开始，太阳能电池技术不断走向成熟，并逐渐向商用化、民用化领域渗透。

太阳能电池板表面主要是有感光半导体组成，当太阳能光照射在半导体 PN 结上时，半导体会形成新的空穴-电子对，在 PN 结电场的作用下，空穴由 N 区流向 P 区，电子由 P 区流向 N 区，接通电路后就形成电流。根据材料不同，太阳能电池可分为：硅太阳能电池；以无机盐如砷化镓、硫化镉、铜铟硒等多元化合物为材料的太阳能电池；功能高分子材料制备的太阳能电池；纳米晶太阳能电池等。其中，硅太阳能电池以其在宽度、转换效率、环境友好性、稳定性等方面性能优越，成为最理想的太阳能电池材料。硅系列太阳能电池按晶体结构的不同可分为单晶硅太阳能电池和多晶硅太阳能电池。其中单晶硅太阳能电池转换效率最高，技术也最为成熟，在光伏产品家族中占主导地位。

转换效率是太阳能电池一个非常重要的指标，它表示太阳能电池将光辐射转化为电能的效率和能力。对于晶体硅电池而言，世界最高水平为：单晶硅电池 24% （4cm$^2$），多晶硅电池 18.6% （4cm$^2$）。我国太阳能电池转换效率的最高水平为：单晶硅电池 20.4% （2cm$^2$），多晶硅电池 14.5% （2cm$^2$）、12% （10cm$^2$）。

从 20 世纪 80 年代开始，尤其是进入 21 世纪以后，全球的光伏产量出现了爆发性增长。在 2004 年，太阳能组件的年产量突破了 1200MW。另外，太阳能电池的发电成本也不断下降，现阶段的单位功率发电成本已降至 3~4 美元，与传统能源的差距正在不断缩小。

一方面，太阳能电池转换效率的不断提高，另一方面，太阳能电池成本的不断下降，为未来太阳能电池汽车发展提供了可能，同时也为太阳能汽车的实用化奠定了基础。

2. 车体技术

太阳能汽车最独特的地方是车身外形新颖而柔顺。设计车身时，主要目标是使空气阻力最小，太阳能吸收能量最大化，质量最小化和安全最大化。为了得到最佳外形，需要进行大量模拟和测试，如风洞试验，大多数太阳能汽车的车身呈扁平状。通常，有三类底盘在太阳能汽车里使用：①空间框架结构通常使用焊接的管状结构来支撑车体，车身则是不承受载荷的组合式壳体。一个空间框架使用一个焊接或保护管结构用于支撑或装载车体，这种车体质量轻，但不能装载。合成的外壳是可以将分离的底盘组装起来。②半承载式结构使用合成梁和舱壁承受载荷。半单体横造或碳横梁使用合成横梁和空间隔开达到支撑装载的能力，而整合就不能支撑装载并承受一个整体的腹部底盘。在太阳能汽车的顶部每段是经常分割成片状，从而能够附加到腹部盘的上面。③承载式结构使用车身部分结构支持负荷。一个单体横造的太阳能汽车的底盘使用躯体结构并用来支撑装载。这三类底盘都能形成高强度、低质量的车身，很多太阳能汽车综合使用上述种类底盘技术。

3. 电力驱动技术

电力驱动技术包括电动机制造与控制技术。太阳能汽车通常有 3~4 个车轮，采用轮边驱动系统，后轮驱动。永磁无刷直流电动机具有优越的起动性能和调速性能、寿命长、运行可靠、易控制等一系列优点，且其功率密度高，转矩与比质量大，因此目前它最适合于在太阳能汽车上应用。

4. 蓄电池技术

考虑到天气和特殊工况的要求，蓄电池通常作为辅助能源在太阳能汽车上应用。若按比功率、比能量、充放电循环寿命等各项指标综合比较的结果，镍氢和锂电池最为适合太阳能汽车使用。储能电池的发展趋势是要提高比功率、比能量、循环寿命等技术指标，降低成本，完善电池的能量管理系统，增强稳定性和环保性能。

5. 能量管理技术

太阳能电池在一定的温度和日照强度下具有唯一的最大功率点，使电池在最大功率点工作将最大限度地利用太阳能。利用最大功率点跟踪控制实现快速、准确跟踪最优工作点，可以使系统最大程度地利用太阳能，而且还能根据事先设定的控制策略实现对能源的管理。最大功率点跟踪控制弥补太阳能电池本身性能和使用条件的不足。

太阳能电池最大功率跟踪控制的方法有很多。从比较简单的控制方法如：功率比较法、扰动观察法等发展到具有智能化的控制方法，如：模糊控制、神经网络控制等。在实现过程中，调节依据的变量会有所不同：有依据电压的，也有依据功率的。

最大功率点跟踪控制在电力电子技术应用，采用单片机控制直流变换器的占空比来调节光伏阵列的输出、给逆变器输入小正弦信号改变其开关频率来调节光伏阵列端电压和通过控制器输出电流、电压来使输出功率达到最大等。对蓄电池及其能量系统的有效管理、合理匹配及正确使用将大大提高太阳能汽车的续驶里程，提高蓄电池的使用寿命并降低成本。

### 8.5.4 太阳能汽车的典型应用

太阳能汽车受阳光强弱、太阳高度角、气候等因素的影响较大。不可否认其实际应用存在一定局限性。因此，为其寻找一个理想应用领域就成为其实用化的关键所在。

现阶段太阳能汽车的实用化必须满足以下几方面的条件：首先是工作场所必须光照充足，为驱动汽车提供足够的能量来源；其次是其本身对速度或载重的要求不高，并能通过轻量化的车身结构进一步减轻整车对功率的需求。

实用型的太阳能汽车主要有两种：一是与比赛用车相近的专用车身上装载的 $5\sim7m^2$ 的电池板和 $3\sim5kW\cdot h$ 的蓄电池的汽车；二是在轻型且结构紧凑的专用车身上装载 $2\sim3m^2$ 的太阳能电池和 $5\sim9kW\cdot h$ 的蓄电池汽车。

另外，还有一种实用型太阳能汽车，就是将市场上出售的小型乘用车改造后的电动汽车上装载 $1.5\sim2m^2$ 的太阳能电池和 $14\sim18kW\cdot h$ 的蓄电池的汽车。实用型太阳能汽车上的车载蓄电池，除应付天气变化外，还起到在太阳能电池电力不足时，能配合太阳能电池一同工作的作用。

比赛用太阳能汽车的车身为了减少空气阻力，将其侧断面制成流线型；为了使车身更为轻便，大量使用了轻合金，复合材料等来制造。而且在车身表面搭载了面积在 $7\sim10\ m^2$ 的太阳能电池板。另外，为了应付太阳辐射量及天气情况的变化，增添了 $3\sim5kW\cdot h$ 的蓄电池。

1. 电动汽车与传统汽车相比具有哪些优势？存在哪些弊端？
2. 电动汽车的关键技术有哪些？
3. 电动汽车对车载电源性能有哪些具体的要求？
4. 当前电动汽车已经相对普及了，还有必要发展混合动力技术吗？
5. 按照结构形式划分，混合动力汽车分为哪三种类型？各自的优缺点是什么？
6. 按照动力耦合方式划分，混合动力汽车分为哪几类？
7. 混合动力汽车有哪几种节能机理？各种节能机理的节能潜力如何？
8. 混合动力汽车的节能效果受到哪些使用因素的影响？

9. 混合动力汽车有哪些关键技术？
10. 车载电源的主要性能指标包括哪几方面？
11. 典型的车载电源包括哪几类？各种车载电源的各方面性能指标如何？
12. 燃料电池汽车与纯电动汽车的区别是什么？它们各自的优势和缺陷是什么？
13. 燃料电池汽车的核心部件有哪些？这些部件的性能决定了燃料电池汽车哪方面的特性？
14. 太阳能汽车的发展现状如何？是否适合推广应用？
15. 太阳能汽车的驱动原理是什么？
16. 太阳能汽车的关键技术包括哪些？
17. 太阳能汽车与电动汽车的区别和联系是什么？

# 参 考 文 献

[1] 史文库. 现代汽车新技术 [M]. 北京：国防工业出版社，2011.
[2] 李建秋，赵六奇，韩晓东，等. 汽车电子学教程 [M]. 北京：清华大学出版社，2006.
[3] [德] 赖夫. 汽车电子学 [M]. 3版. 李裕华，李航，马慧敏，译. 西安：西安交通大学出版社，2011.
[4] 冯崇毅，鲁植雄，何丹娅. 汽车电子控制技术 [M]. 2版. 北京：人民交通出版社，2011.
[5] 王绍铫，李建秋，夏群生，等. 汽车电子学 [M]. 2版. 北京：清华大学出版社，2011.
[6] 凌永成，于京诺 汽车电子控制技术 [M]. 2版. 北京大学出版社，2010.
[7] 冯崇毅，鲁植雄，何丹娅. 汽车电子控制技术 [M]. 北京：人民交通出版社，2005.
[8] 韩进玉，张永. 汽车电子技术 [M]. 北京：中国水利水电出版社，2011.
[9] 吴基安，吴洋. 汽车电子控制技术 [M]. 北京：金盾出版社，2010.
[10] 孙仁云，付百学. 汽车电器与电子技术 [M]. 北京：机械工业出版社，2011.
[11] 麻友良. 汽车电器与电子控制系统 [M]. 2版. 北京：机械工业出版社，2011.
[12] 崔胜民. 新能源汽车技术 [M]. 北京：北京大学出版社，2009.
[13] 初亮. 混合动力总成的控制算法和参数匹配研究 [D]. 长春：吉林大学博士学位论文，2002.
[14] 赵航，史广奎. 混合动力电动汽车技术 [M]. 北京：机械工业出版社，2012.
[15] 李兴虎. 混合动力汽车结构与原理 [M]. 北京：人民交通出版社，2009.
[16] 何洪文. 电动汽车原理与构造 [M]. 北京：机械工业出版社，2012.
[17] 杨世春. 电动汽车设计基础 [M]. 北京：国防工业出版社，2013.
[18] 章桐，贾永轩. 电动汽车技术革命 [M]. 北京：机械工业出版社，2010.
[19] 刘明辉，赵子亮，李俊. 混合动力汽车机油机理研究 [J]. 汽车技术，2005（5）：11-13.
[20] 张卫青. 混合动力汽车的发展现状及其关键技术 [J]. 重庆工学院学报，2006，20（5）：19-22.
[21] 段岩波，张武高，黄震. 混合动力电动汽车技术分析 [J]. 柴油机 Diesel Engine，2002（6）：43-47.
[22] 赵云峰，万杰，朱自萍，等. 太阳能电池在汽车上的应用分析 [J]. 农业装备与车辆工程，2011（4）：38-41.

# 北京大学出版社汽车类教材书目

| 序号 | 书　名 | 标准书号 | 著作者 | 定价 | 出版日期 |
|---|---|---|---|---|---|
| 1 | 汽车构造(第 2 版) | 978-7-301-19907-7 | 肖生发,赵树朋 | 56 | 2014.1 |
| 2 | 汽车构造学习指导与习题详解 | 978-7-301-22066-5 | 肖生发 | 26 | 2014.1 |
| 3 | 汽车发动机原理(第 2 版) | 978-7-301-21012-3 | 韩同群 | 42 | 2013.5 |
| 4 | 汽车设计 | 978-7-301-12369-0 | 刘涛 | 45 | 2008.1 |
| 5 | 汽车运用基础 | 978-7-301-13118-3 | 凌永成,李雪飞 | 26 | 2008.1 |
| 6 | 现代汽车系统控制技术 | 978-7-301-12363-8 | 崔胜民 | 36 | 2008.1 |
| 7 | 汽车电气设备实验与实习 | 978-7-301-12356-0 | 谢在玉 | 29 | 2008.2 |
| 8 | 汽车试验测试技术（第 2 版） | 978-7-301-25436-3 | 王丰元,邹旭东 | 36 | 2015.3 |
| 9 | 汽车运用工程基础(第 2 版) | 978-7-301-21925-6 | 姜立标 | 34 | 2016.3 |
| 10 | 汽车制造工艺（第 2 版） | 978-7-301-22348-2 | 赵桂范,杨　娜 | 40 | 2013.4 |
| 11 | 车辆制造工艺 | 978-7-301-24272-8 | 孙建民 | 45 | 2014.6 |
| 12 | 汽车工程概论 | 978-7-301-12364-5 | 张京明,江浩斌 | 36 | 2008.6 |
| 13 | 汽车运行材料（第 2 版） | 978-7-301-22525-7 | 凌永成 | 45 | 2015.6 |
| 14 | 汽车运动工程基础 | 978-7-301-25017-4 | 赵英勋,宋新德 | 38 | 2014.10 |
| 15 | 汽车试验学 | 978-7-301-12358-4 | 赵立军,白　欣 | 28 | 2014.7 |
| 16 | 内燃机构造 | 978-7-301-12366-9 | 林　波,李兴虎 | 26 | 2014.12 |
| 17 | 汽车故障诊断与检测技术 | 978-7-301-13634-8 | 刘占峰,林丽华 | 34 | 2013.8 |
| 18 | 汽车维修技术与设备（第 2 版） | 978-7-301-25846-0 | 凌永成 | 36 | 2015.6 |
| 19 | 热工基础（第 2 版） | 978-7-301-25537-7 | 于秋红,鞠晓丽等 | 45 | 2015.3 |
| 20 | 汽车检测与诊断技术 | 978-7-301-12361-4 | 罗念宁,张京明 | 30 | 2009.1 |
| 21 | 汽车评估（第 2 版） | 978-7-301-26615-1 | 鲁植雄 | 38 | 2016.1 |
| 22 | 汽车车身设计基础 | 978-7-301-15619-3 | 王宏雁,陈君毅 | 28 | 2009.9 |
| 23 | 汽车车身轻量化结构与轻质材料 | 978-7-301-15620-9 | 王宏雁,陈君毅 | 25 | 2009.9 |
| 24 | 车辆自动变速器构造原理与设计方法 | 978-7-301-15609-4 | 田晋跃 | 30 | 2009.9 |
| 25 | 新能源汽车技术（第 2 版） | 978-7-301-23700-7 | 崔胜民 | 39 | 2015.4 |
| 26 | 工程流体力学 | 978-7-301-12365-2 | 杨建国,张兆营等 | 35 | 2011.12 |
| 27 | 高等工程热力学 | 978-7-301-16077-0 | 曹建明,李跟宝 | 30 | 2010.1 |
| 28 | 汽车电气设备（第 3 版） | 978-7-301-27275-6 | 凌永成 | 47 | 2016.8 |
| 29 | 汽车电气设备 | 978-7-301-24947-5 | 吴焕芹,卢彦群 | 42 | 2014.10 |
| 30 | 汽车电器与电子设备 | 978-7-301-25295-6 | 唐文初,张春花 | 26 | 2015.2 |
| 31 | 现代汽车发动机原理 | 978-7-301-17203-2 | 赵丹平,吴双群 | 35 | 2013.8 |
| 32 | 现代汽车新技术概论（第 2 版） | 978-7-301-24114-1 | 田晋跃 | 42 | 2016.1 |
| 33 | 现代汽车排放控制技术 | 978-7-301-17231-5 | 周庆辉 | 32 | 2012.6 |
| 34 | 汽车服务工程（第 2 版） | 978-7-301-24120-2 | 鲁植雄 | 42 | 2015.4 |
| 35 | 汽车使用与管理 | 978-7-301-18761-6 | 郭宏亮,张铁军 | 39 | 2013.6 |
| 36 | 汽车数字开发技术 | 978-7-301-17598-9 | 姜立标 | 40 | 2010.8 |
| 37 | 汽车人机工程学 | 978-7-301-17562-0 | 任金东 | 35 | 2015.4 |
| 38 | 专用汽车结构与设计 | 978-7-301-17744-0 | 乔维高 | 45 | 2014.6 |
| 39 | 汽车空调 | 978-7-301-18066-2 | 刘占峰,宋　力等 | 28 | 2013.8 |
| 40 | 汽车空调技术 | 978-7-301-23996-4 | 麻友良 | 36 | 2014.4 |
| 41 | 汽车 CAD 技术及 Pro/E 应用 | 978-7-301-18113-3 | 石沛林,李玉善 | 32 | 2015.4 |
| 42 | 汽车振动分析与测试 | 978-7-301-18524-7 | 周长城,周金宝等 | 40 | 2011.3 |
| 43 | 新能源汽车概论（第 2 版） | 978-7-301-25633-6 | 崔胜民 | 37 | 2016.3 |
| 44 | 新能源汽车基础 | 978-7-301-25882-8 | 姜顺明 | 38 | 2015.7 |
| 45 | 汽车空气动力学数值模拟技术 | 978-7-301-16742-7 | 张英朝 | 45 | 2011.6 |

| 序号 | 书　名 | 标准书号 | 著作者 | 定价 | 出版日期 |
|---|---|---|---|---|---|
| 46 | 汽车电子控制技术(第2版) | 978-7-301-19225-2 | 凌永成，于京诺 | 40 | 2015.1 |
| 47 | 车辆液压传动与控制技术 | 978-7-301-19293-1 | 田晋跃 | 28 | 2015.4 |
| 48 | 车辆悬架设计及理论 | 978-7-301-19298-6 | 周长城 | 48 | 2011.8 |
| 49 | 汽车电器及电子控制技术 | 978-7-301-17538-5 | 司景萍，高志鹰 | 58 | 2012.1 |
| 50 | 汽车车身计算机辅助设计 | 978-7-301-19889-6 | 徐家川，王翠萍 | 35 | 2012.1 |
| 51 | 现代汽车新技术 | 978-7-301-20100-8 | 姜立标 | 49 | 2016.1 |
| 52 | 电动汽车测试与评价 | 978-7-301-20603-4 | 赵立军 | 35 | 2012.7 |
| 53 | 电动汽车结构与原理 | 978-7-301-20820-5 | 赵立军，佟钦智 | 35 | 2015.1 |
| 54 | 二手车鉴定与评估 | 978-7-301-21291-2 | 卢　伟，韩　平 | 36 | 2015.4 |
| 55 | 汽车微控制器结构原理与应用 | 978-7-301-22347-5 | 蓝志坤 | 45 | 2013.4 |
| 56 | 汽车振动学基础及其应用 | 978-7-301-22583-7 | 潘公宇 | 29 | 2015.2 |
| 57 | 车辆优化设计理论与实践 | 978-7-301-22675-9 | 潘公宇，商高高 | 32 | 2015.2 |
| 58 | 汽车专业英语 | 978-7-301-23187-6 | 姚　嘉，马丽丽 | 36 | 2013.8 |
| 59 | 车辆底盘建模与分析 | 978-7-301-23332-0 | 顾　林，朱　跃 | 30 | 2014.1 |
| 60 | 汽车安全辅助驾驶技术 | 978-7-301-23545-4 | 郭　烈，葛平淑等 | 43 | 2014.1 |
| 61 | 汽车安全 | 978-7-301-23794-6 | 郑安文 | 45 | 2015.4 |
| 62 | 汽车安全概论 | 978-7-301-22666-7 | 郑安文，郭健忠 | 35 | 2015.10 |
| 63 | 汽车系统动力学与仿真 | 978-7-301-25037-2 | 崔胜民 | 42 | 2014.11 |
| 64 | 汽车营销学 | 978-7-301-25747-0 | 都雪静，安惠珠 | 50 | 2015.5 |
| 65 | 车辆工程专业导论 | 978-7-301-26036-4 | 崔胜民 | 35 | 2015.8 |
| 66 | 汽车保险与理赔 | 978-7-301-26409-6 | 吴立勋，陈立辉 | 32 | 2016.1 |
| 67 | 汽车理论 | 978-7-301-26758-5 | 崔胜民 | 32 | 2016.1 |
| 68 | 新能源汽车动力电池技术 | 978-7-301-26866-7 | 麻友良 | 42 | 2016.3 |
| 69 | 汽车车身控制系统 | 978-7-301-27023-3 | 杭卫星 | 28 | 2016.5 |
| 70 | 汽车发动机管理系统 | 978-7-301-27083-7 | 贝绍轶 | 28 | 2016.6 |
| 71 | 汽车底盘控制系统 | 978-7-301-27693-8 | 赵景波 | 32 | 2016.11 |
| 72 | 汽车底盘机械系统 | 978-7-301-27270-1 | 李国庆 | 28 | 2016.7 |
| 73 | 现代汽车新技术（第2版） | 978-7-301-27425-5 | 姜立标 | 57 | 2016.8 |
| 74 | 汽车新能源与排放控制（双语教学版） | 978-7-301-27589-4 | 周庆辉 | 35 | 2016.10 |
| 75 | 汽车新技术 | 978-7-301-27692-1 | 邹乃威，周大帅 | 46 | 2016.11 |

　　如您需要更多教学资源如电子课件、电子样章、习题答案等，请登录北京大学出版社第六事业部官网www.pup6.cn搜索下载。

　　如您需要浏览更多专业教材，请扫下面的二维码，关注北京大学出版社第六事业部官方微信（微信号：pup6book），随时查询专业教材、浏览教材目录、内容简介等信息，并可在线申请纸质样书用于教学。

　　感谢您使用我们的教材，欢迎您随时与我们联系，我们将及时做好全方位的服务。联系方式：010-62750667，童编辑，13426433315@163.com，pup_6@163.com，lihu80@163.com，欢迎来电来信。客户服务QQ号：1292552107，欢迎随时咨询。